Monique Deheinzelin
Doutora em Educação pela Universidade de São Paulo (USP).
Pesquisadora, escritora e editora, dedica-se à educação infantil.

Priscila Monteiro
Mestre em Educação Matemática pela Pontifícia Universidade Católica (PUC–SP).
Assessora pedagógica de escolas particulares e de redes públicas de ensino.

Ana Flávia Castanho
Mestre em Psicologia Escolar e do Desenvolvimento Humano pela Universidade de São Paulo (USP).
Assessora pedagógica de escolas particulares e de redes públicas de ensino.

Aprender com a criança
EXPERIÊNCIA E CONHECIMENTO

Livro do Professor da Educação Infantil | CRECHE E PRÉ-ESCOLA | 0 A 5 ANOS E 11 MESES

1ª edição   autêntica   Belo Horizonte | 2018

Copyright © 2018 Monique Deheinzelin, Priscila Monteiro, Ana Flávia Castanho
Copyright © 2018 Autêntica Editora

Todos os direitos reservados pela Autêntica Editora. Nenhuma parte desta publicação poderá ser reproduzida, seja por meios mecânicos, eletrônicos, seja via cópia xerográfica, sem a autorização prévia da Editora.

EDITORA RESPONSÁVEL
Rejane Dias

EDITORA ASSISTENTE
Rafaela Lamas

ORGANIZAÇÃO EDITORIAL
Valdemar Vello

PREPARAÇÃO DE TEXTO
Lúcia Assumpção

PESQUISA ICONOGRÁFICA
Monique Deheinzelin
Priscila Monteiro
Ana Flávia Castanho
Ludymilla Duarte
Luísa Araujo

ILUSTRAÇÕES
Mirella Spinelli

REVISÃO
Carolina Quetz
Lívia Martins
Lúcia Assumpção
Mariana Faria

CAPA E PROJETO GRÁFICO
Diogo Droschi

DIAGRAMAÇÃO
Overleap Studio

Dados Internacionais de Catalogação na Publicação (CIP)
(Câmara Brasileira do Livro, SP, Brasil)

Deheinzelin, Monique
  Aprender com a criança : experiência e conhecimento : Livro do Professor da Educação Infantil : Creche e Pré-Escola : 0 a 5 anos e 11 meses / Monique Deheinzelin, Priscila Monteiro, Ana Flávia Castanho. – 1. ed. – Belo Horizonte : Autêntica Editora, 2018.

  ISBN: 978-85-513-0339-9

  1. Creches 2. Educação infantil 3. Educação pré-escolar I. Monteiro, Priscila. II. Castanho, Ana Flávia. III. Título.

18-12306   CDD-372.21

Índices para catálogo sistemático:
1. Educação infantil : Educação pré-escolar 372.21

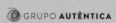

Belo Horizonte
Rua Carlos Turner, 420
Silveira . 31140-520
Belo Horizonte . MG
Tel.: (55 31) 3465 4500

www.autenticaeditora.com.br

APRESENTAÇÃO

Caras educadoras, prezados educadores

Este é um livro concebido e realizado para cada um de nós que, de um modo ou de outro, dedica-se à Educação Infantil. A partir de nossa própria experiência e de tudo aquilo que nos constitui, podemos pensar, realizar e aperfeiçoar atividades significativas abrangentes. Boas o bastante para todos, essas atividades significativas são também simples exemplos do que é possível propor às crianças que chegam ao tempo e ao espaço da Educação Infantil.

Aqui, vocês encontram um repertório de histórias, músicas, jogos e brincadeiras a ser continuamente expandido a partir de sua própria experiência no lugar onde vivem e trabalham. Assim como buscamos natureza e cultura que nos são próximas, a expectativa é que cada um de vocês faça o mesmo em sua prática cotidiana.

Problematizamos no livro aquilo que já está pronto e não exige de nós interação e desenvolvimento de competências. Pois é preciso aprender a aprender ao longo da vida. Daí decorre o princípio que oferecemos: aprender com a criança.

O que aprendemos com a criança? A nos afetar pela experiência – o que nos acontece. Assim como uma criança que pela observação e imaginação tenta compreender o seu entorno. Para isso é preciso realizar procedimentos, agir sobre a realidade. Aprender com a criança que conhecimento de si e conhecimento do mundo são movimentos solidários e indissolúveis.

Procedimentos realizados deixam traços, falas, desenhos; caminhos são percorridos e permanecem abertos. Neles prosseguimos a compreender processos de construção de conhecimentos. Para que nos fiquem claros esses caminhos, abrimos cada um dos cinco capítulos com um texto que contém modos de ser e de pensar de uma criança. A reflexão sobre o texto nos faz tomar consciência do que aprendemos com ela, e a partir disso propomos uma abordagem para os temas.

Buscamos autores e autoras que se dedicam à compreensão de processos de aprendizagem e de ensino para fundamentar e dar sustentação às atividades propostas. Estas estão organizadas em atividades habituais, sequências e projetos didáticos a serem combinadas no planejamento da rotina de trabalho. Valendo-nos do manancial que é a cultura popular brasileira, no final dos capítulos, sugerimos audiovisuais para assistir, pensar e conversar, e também livros para ler e ver com as crianças.

Além disso, ao longo do texto, são dadas orientações sobre o que se deve avaliar, observar, escutar e registrar, e, ao final, constam os objetivos de aprendizagem e desenvolvimento. O livro conta, ainda, com material digital com conteúdo complementar – materiais gráficos, lúdicos e de avaliação – disponibilizado em mídia digital (DVD) anexa.

O resultado é para ser usado à sua própria maneira: como um livro de cabeceira que se abre em qualquer página, como fonte de referência, ou como repertório para composição de atividades.

Professores, professoras, pensamos sempre em sua voz singular, autoral; que este livro do professor de Educação Infantil seja um bom, e quem sabe, ótimo companheiro para colocar na prática intenções educativas que nos exigem, todos os dias, presença e dedicação.

As autoras

SUMÁRIO

Espaço e tempo
na Educação Infantil

1

12. O MAR VEM A BENJAMIM

ACOLHIMENTO
14. Boas-vindas
14. Recepção aos pais e crianças na creche
15. Painel de fotos de cada uma das crianças da Educação Infantil
15. Chegada das crianças no espaço da Educação Infantil
18. Experiência
21. A criança bebê em casa, e nós, educadoras, na creche
23. Alguém que fala, responde e cria narrativas
24. Sonoridade da língua
25. A leitura para crianças
26. Música das palavras

ORGANIZAÇÃO DO ESPAÇO
29. Um espaço de explorações e descobertas
30. O que cabe numa caixa?
33. Cestos de tesouros
37. Percursos
44. Biblioteca na sala

ROTINA
50. Banhaço!
53. Onde ficam nossos territórios?
54. Eba! Vamos comer!
57. Dormir, devanear, sonhar

BRINCADEIRAS
58. Objetos transicionais
59. Brincadeiras ioiô

INTERAGIR E PARTICIPAR DE BRINCADEIRAS
64. Objetivos de aprendizagem e desenvolvimento

2 Representação, linguagem e expressão

80. POR QUE O MAR SE CHAMA MAR?

A LINGUAGEM E A VIDA
82. Brincar com as palavras
86. Eu e o outro: nome próprio

CULTURA ESCRITA E EDUCAÇÃO INFANTIL
89. "Como se ela fosse a própria casa"
89. Oralidade, leitura e escrita

"QUE TAL BATER UM PAPO ASSIM GOSTOSO COM ALGUÉM?"
92. Papo vai, papo vem
93. Ler e escrever: a mediação do educador

CONTAR E REGISTRAR
96. Conhecimento prévio para a contagem
97. Distribuição de materiais
99. Conferir os objetos de uso comum
101. Registro: situação de elaboração de etiquetas

JOGOS E CONSTRUÇÃO DE CONHECIMENTOS
102. Os jogos e suas variantes
106. Todos se foram
106. Jogo "Dados coloridos"

JOGOS E EXPRESSÃO
109. Esconde-esconde
111. Faz de conta ou jogo simbólico
115. Improviso, expressão e jogos teatrais
117. Jogos teatrais
122. Criatividade

CONHECER-SE E COMPREENDER O MUNDO
126. Objetivos de aprendizagem e desenvolvimento

3 Nossa diversidade cultural

140. LIBERTAÇÃO

MENIN✸, MENIN★?
142. Vida verdadeira!
144. Primeira infância, imagem mental e memória
144. A moringa respira no espaço da biblioteca

VIDA EM COMUNIDADE
146. Conviver e compartilhar
147. Linguagens e comunicação
150. "O nome da Rosa"

MEMÓRIA DO GRUPO
161. Expressão de sua vivência
162. Ao pequeno etnógrafo
163. Nosso livro iluminado
164. Mais leitura
166. Cirandas

NO MUNDO DOS NÚMEROS
168. Miríades de algarismos
169. Recitar e contar
173. Jogos de percurso
181. Receitas

O CONVÍVIO NA DIVERSIDADE
190. Objetivos de aprendizagem e desenvolvimento

Cor, luz, equilíbrio 4

200. **PINTURA GANHA VIDA**

TABELA DE CORES
- 202. Luz e cor
- 206. Escala de cinza
- 207. O desenho

PINTURA
- 210. Experiência estética
- 212. Desenho ou cor?
- 215. Água

MATERIAIS, SUPORTES E SITUAÇÕES
- 220. Na caverna de Lascaux
- 223. Procedimento e aprendizagem

EMPILHAR, DERRUBAR E RECONSTRUIR
- 232. Intervenções dinâmicas

MELECAS E MASSINHAS
- 234. Com a mão na massa
- 236. Receitas de massas e melecas

SENTIR E AGIR – O BINÔMIO DA CRIAÇÃO
- 240. Objetivos de aprendizagem e desenvolvimento

Natureza, experiência e conhecimento 5

246. **É UM BOIZINHO, OLHA!**

A CRIANÇA É PESQUISADORA
- 248. Experiência e conhecimento
- 251. Conhecimentos prévios
- 253. Natureza imponente

SISTEMA SOLAR
- 256. Nossa Galáxia
- 258. O Brasil e a Teoria da Relatividade

PROJETO INVESTIGATIVO: ÁRVORES
- 259. Árvores do Brasil

BRINCADEIRAS DE AVÓS
- 273. Projeto didático: brincadeiras de nossos avós
- 275. Os brinquedos em museus

CANTAR COM AS CRIANÇAS
- 277. Repertório para os pequenos

PARA UMA NOVA ECOLOGIA DE APRENDIZAGEM
- 280. Do cinematógrafo ao celular
- 281. Do currículo à aprendizagem

ROTINA, PLANEJAMENTO E COMPOSIÇÃO DE ATIVIDADES
- 284. Formas de organização do trabalho na Educação Infantil

EXPLORAR, PESQUISAR E CONHECER
- 288. Objetivos de aprendizagem e desenvolvimento

Apêndice

299. GLOSSÁRIO

307. BIBLIOGRAFIA CONSULTADA

311. BIBLIOGRAFIA INFANTIL RECOMENDADA

COMO USAR ESTE LIVRO

A – Abertura do capítulo com um episódio vivido por crianças. O que aprendemos com elas é o que será tratado ao longo do texto.

B – Ícone que estabelece ligação entre conteúdo do livro e material gráfico ou de avaliação disponíveis no material digital para o professor de creche.

C – Ícone que estabelece ligação entre conteúdo do livro e material gráfico ou de avaliação disponíveis no material digital para o professor de pré-escola.

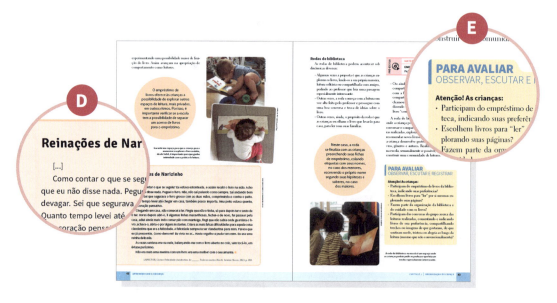

D – Textos que destacam temas relevantes para a Educação Infantil, referência de autores e reflexões sobre a prática, que podem ser lidos, pesquisados e compartilhados entre educadores.

E – Caixa que contém indicações de como avaliar processos de aprendizagem a partir de atividades habituais, sequências didáticas e projetos propostos no livro.

F – Seleção de resenhas de livros adequados para a Educação Infantil a serem escolhidos, lidos, observados, apreciados e comentados com as crianças.

G – Indicação de filmes e obras literárias que podem ser explorados com base no conteúdo tratado no capítulo.

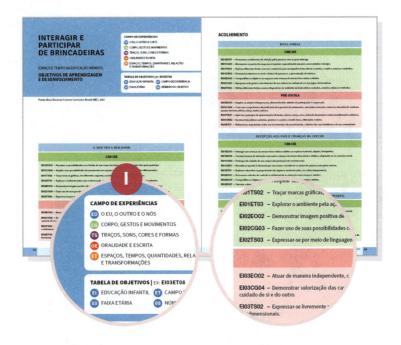

H – Palavras em destaque que recebem definição ou comentários mais elaborados no Glossário, também utilizado como fonte de consulta.

I – Avaliação pormenorizada de temas e atividades propostos no capítulo, de acordo com objetivos de desenvolvimento e aprendizagem em cada um dos cinco campos de experiência, para creche e pré-escola.

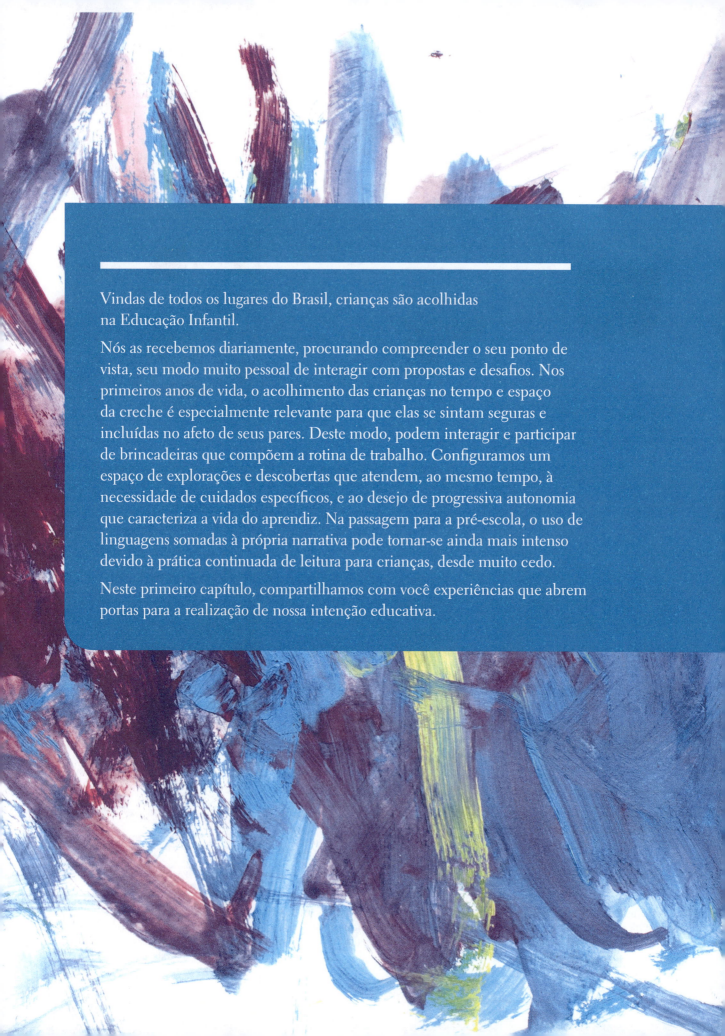

Vindas de todos os lugares do Brasil, crianças são acolhidas na Educação Infantil.

Nós as recebemos diariamente, procurando compreender o seu ponto de vista, seu modo muito pessoal de interagir com propostas e desafios. Nos primeiros anos de vida, o acolhimento das crianças no tempo e espaço da creche é especialmente relevante para que elas se sintam seguras e incluídas no afeto de seus pares. Deste modo, podem interagir e participar de brincadeiras que compõem a rotina de trabalho. Configuramos um espaço de explorações e descobertas que atendem, ao mesmo tempo, à necessidade de cuidados específicos, e ao desejo de progressiva autonomia que caracteriza a vida do aprendiz. Na passagem para a pré-escola, o uso de linguagens somadas à própria narrativa pode tornar-se ainda mais intenso devido à prática continuada de leitura para crianças, desde muito cedo.

Neste primeiro capítulo, compartilhamos com você experiências que abrem portas para a realização de nossa intenção educativa.

CAPÍTULO 1

Espaço e tempo na Educação Infantil

14 · Acolhimento
29 · Organização do espaço
50 · Rotina
58 · Brincadeiras
64 · Interagir e participar de brincadeiras

O mar vem a Benjamim

Brincar e interagir com o mar

Benjamim vai à praia. Está com 3 anos e antes, ainda bebê, teve experiências prévias no litoral, e depois aos 2 anos. Chegou à praia com os pais de ônibus, à noite, com chuva – tudo ainda encoberto.

Na manhã do primeiro dia, uma **segunda-feira**, frio, nuvens, o pai entra no mar bravio, passa as ondas, nada um pouco e volta. Benjamim observa de longe.

Terça-feira, ainda muito frio, mas o sol ilumina a praia. Cores, sons, o verde da mata, uns quero-queros aqui e ali ciscando na areia, urubus na beira do rio, o gavião próximo ao mangue, imensidão azul-turquesa do mar. O pai entra no mar, e sai. Lá de cima, do matinho, Benjamim observa.

Quarta, **quinta-feira**, pouco a pouco o menino aproxima-se da orla, sente o frio da água nos pés.

Sexta-feira, brincando de fazer buracão e castelo na beira do mar, mamãe ajuda a fazer um riacho para levar e trazer água do mar, a maré está baixando. Benjamim joga bolas de areia nas ondas que vêm – e se desmancham. Joga então uma bola cor de laranja, as ondas a trazem sempre de volta, Benjamim repete a mesma ação, dança e pula de alegria.

No dia seguinte vou com ele ao mangue procurar gravetos para desenhar – desenhar na areia tem sido bom, chegando em casa desenhar no caderno, melhor ainda. E no mangue encontramos um graveto, Benjamim disse, mas que é um pedaço chato de madeira, uma tabuinha. Ele atira a tabuinha na onda – ela afunda, aflora, vai pra lá e pra cá, pega um jacaré e volta pra perto, o menino espirra água, pula ondas, as mãozinhas afastando espuma branca, recupera seu graveto.

Então Benjamim se aventura, ele próprio, nas ondas (em pé), corre para a areia o mais longe que dá e volta correndo para o mar, em círculos (como em seus desenhos), círculos cada vez maiores.

Eu fico dentro d'água, para mim a água bate no joelho, ele me manda para o fundão, onde fui nadar e, como a tabuinha, voltei sempre. Mas não vou, porque agora sou guardiã da segurança do Benjamim. Cada vez que o círculo se amplia ele se aventura um pouco mais, a água, já em sua cintura, bate no peito, ele ri. Assoamos o nariz (ele diz zaziz) pedindo pro mar levar embora a meleca. O que acontece com xixi em toda aquela água salgada? Levamos pra casa o graveto e as conchas.

Mar e graveto, figuras circulares.

Domingo, último dia daquela semana na praia. Benjamim se lança com tudo na experiência, chega mesmo disposto em seu bermudão de tubarões. Os círculos de corrida se ampliam cada vez mais, abrangendo um terço da praia cheia de gente e guarda-sóis, crianças pequenas e maiores com adultos, muitos buracos, riachos e castelos, carrinhos coloridos cheios de picolé – ele quer de chocolate.

O pai entra no mar e volta, a mãe vai passear e volta, eu vou nadar e volto, a bola é jogada na água e volta, a tabuinha-graveto é jogada no mar e volta – então, Benjamim pensa por analogia, sente a onda e age entrando no mar em progressiva autonomia, sempre que amparado por adultos responsáveis e atentos.

O mar agora está acolhedor, as ondas trazem seu graveto de volta, Benjamim usa toda sua energia para compreender a imensidão. ◾

PRÉ-ESCOLA

MATERIAIS GRÁFICOS

POEMA E ANIMAÇÃO
Poesias de Manoel de Barros viram animações e jogos interativos para crianças no celular

E NÓS, O QUE APRENDEMOS COM ELE?

Tudo que vai volta.
Tudo que vai do começo pro fim.
Tudo que vai do fim pro começo.
O que se monta e desmonta.
O que é reversível.
Os tempos cíclicos.

Do mar ao monstro, o surgimento das primeiras figuras.

CAPÍTULO 1 13

ACOLHIMENTO

"Cada criança é uma manifestação de vida, uma presentificação de possibilidades e, assim sendo, um bem precioso da criação. Toda criança nasce com uma estrela na testa: a sua singularidade como indivíduo, nunca pronto, sempre em aberto, depende das experiências que ela terá, do modo como as representa, do conhecimento que irá gerar. Do espectro infinito de possibilidades algumas vão se realizar, outras não, e este desenrolar constitui não apenas a história de cada um, mas cada um."

Monique Deheinzelin, *Conhecimento de si, conhecimento do mundo:* fundamento e prática na Educação Infantil

Boas-vindas

Pra Manu dormir
Monique Deheinzelin

ERA UMA MULTIDÃO
　　　　TIDÃO
　　　　　　TIDÃO-DÃO-DÃO...
...  DE SAPOS.

UNS POUCOS
UNS COXOS
UNS TANTOS
UNS ROUCOS
UNS T.O.D.O.S

CO-A-XA-VAM...

CROAC CROAC CROAC
TUDUM TÁ TÁ
TI TÁ DÁ DÁ
PITIM TÉ TÉ
TOTÓ PE TÁ
TEPÁ TUM TÁ TUM TUM TUM

... PELA NOITE ADENTRO.

LÁ NO CÉU A LUA BRANCA
POR ENTRE NUVENS, CORRIA.
E LONGE, BEM LONGE DAQUI
PISCAVA A ESTRELA CAPELA
ORA VERMELHA, ORA VERDE
VERMELHA VERDE
VERMELHA VERDE
TUTUM PETÁ
VERMELHA VERDE
TAPIM TETÉ
(continua na página 81)

Para dar boas-vindas às crianças, cantigas ou histórias sonoras como esta, em que fazemos coro com sapos usando a voz como instrumento percussivo, trazem alegria e abrem espaço para interação e brincadeira.

Podemos recriar esta história de acordo com nosso próprio repertório das canções que fazem parte de nossa cultura.

Saudar as crianças com história é sempre uma boa forma de recebê-las.

ATIVIDADE 1 – BOAS-VINDAS

Recepção aos pais e crianças na creche

A educadora Marilei Roseli Chableski, em Joinville, SC, realizou atividade de acolhimento das crianças, convidando as famílias para um café da manhã na creche da instituição, levando casa de brinquedos, roupas de cama para o berço e, principalmente, a percepção de cada um sobre preferências e hábitos de seu filho ou filha. Podemos nos inspirar em seu trabalho, no Centro de Educação Infantil Adhemar Garcia, para propor atividades análogas a nosso grupo de crianças e suas famílias.

ATIVIDADE 2 – BOAS-VINDAS

Painel de fotos de cada uma das crianças da Educação Infantil

Com o uso de celulares, podemos fazer uma foto expressiva de cada um de nossos alunos, imprimir no computador duas fotos por folha de papel tamanho A4, cortar e colocar cada uma das fotos em um painel plastificado (as fotos podem ser colocadas e tiradas de um painel com bolsas plásticas transparentes). Abaixo de cada fotografia, pôr o nome da criança retratada, escrito em letra de forma (caixa-alta) em uma tira de papel.

Em um local de grande circulação, fazer um painel semelhante com fotos de cada uma das pessoas adultas que trabalham naquela escola, com seus nomes escritos em caixa-alta em uma tira de papel.

PARA AVALIAR
OBSERVAR, ESCUTAR E REGISTRAR

Importância do registro para avaliação. É preciso fazer um registro escrito, acompanhado por fotos e vídeos das crianças, dos adultos, de brinquedos e objetos trazidos de casa e agora configurados no espaço da creche. É também valioso o registro de depoimentos dos pais para que possamos avaliar se esta atividade contribuiu para adaptação das crianças a seu novo espaço.

Com os registros realizados, componha um **portfólio** sobre a atividade inicial de acolhimento, que poderá ser mostrado na primeira reunião de pais, avaliando três pontos principais:

1. Os pais sentem-se mais seguros em deixar seus filhos na creche?
2. As crianças brincam, tiram soneca, participam das atividades propostas com maior prazer e progressiva autonomia?
3. Como hábitos e preferências das crianças foram incorporadas à rotina da creche?

PARA AVALIAR
OBSERVAR, ESCUTAR E REGISTRAR

Observe e, se possível, registre as vezes em que uma criança, ou dupla, ou grupo de crianças para em frente ao painel de fotos, localiza a si própria e seus amigos. Anote seus comentários, tente observar se de alguma forma as fotos dão às crianças sensações de pertencimento ao tempo e ao espaço da Educação Infantil.

Chegada das crianças no espaço da Educação Infantil

Todo começo de ano letivo passamos por um período de adaptação das crianças ao espaço e à rotina da Educação Infantil. À medida que as crianças crescem e se desenvolvem, adquirem uma progressiva autonomia, sabendo localizar-se nos espaços externos e internos, pegando e guardando os brinquedos após as atividades, desenhando quando sentem necessidade e guardando os

Letra de forma, de imprensa ou cursiva?

Durante todo o período da Educação Infantil, recomenda-se usar letra de forma ou caixa-alta claramente legível em toda escrita disponibilizada à criança. Antes da impressão digital, eram os tipógrafos que compunham, com letras móveis de metal, os textos de cada uma das páginas a serem impressas. Esses tipos móveis ficavam numa caixa de ferramenta com dois compartimentos; o de baixo, com as letras minúsculas, o de cima, com as maiúsculas – daí serem chamadas CAIXA-ALTA.

Essas letras maiúsculas, "de forma", ou CAIXA-ALTA, apresentam as seguintes vantagens:

- São separadas uma das outras, o que, para quem não sabe ler nem escrever, como as crianças pequenas, facilita enormemente a observação, percepção e levantamento de hipóteses das crianças sobre como e para que se escreve.
- Além de conhecer ou reconhecer cada letra, fica mais fácil saber onde começa e onde termina cada uma das palavras, o que não ocorre com a letra cursiva.
- Embora a letra de imprensa ocorra com maior frequência nos livros impressos de histórias para crianças, mesmo com o luxuoso auxílio das ilustrações, fica difícil para a criança se aproximar, por conta própria, do que ali pode estar escrito – a letra de imprensa tem um desenho mais complexo, mistura letras maiúsculas (com seus usos e funções) e minúsculas.

Observe o haicai a seguir e tente se colocar no lugar da criança que ainda não lê por conta própria, mas que atribui sentidos à associação entre texto e imagem. ■

Sapo pula na lagoa
Autor: Bashô; tradutor: Paulo Leminski.

Velha lagoa
O sapo salta
O som da água

Velha lagoa
O sapo salta
O som da água

VELHA LAGOA
O SAPO SALTA
O SOM DA ÁGUA

LEMINSKI, Paulo. *Vida*: Cruz e Sousa, Bashô, Jesus e Trótski – 4 biografias. São Paulo: Companhia das Letras, 2013. p. 93.

Em um haicai há uma situação inicial, há um acontecimento e uma situação final.

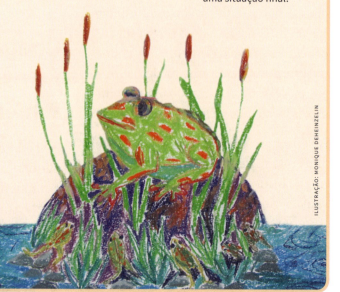

ILUSTRAÇÃO: MONIQUE DEHEINZELIN

desenhos prontos e o material que utilizaram, usando o banheiro por conta própria e assim por diante.

Mas tudo tem um começo, não é verdade?

E o começo reside na qualidade do acolhimento que dispensamos à criança. Contribuem substancialmente para este acolhimento as atividades especialmente desenhadas para o período de adaptação à escola (uma semana, no mínimo). **Brincar e interagir** – com os adultos e com as outras crianças são a base do convívio na escola; não é sem motivo que **brincar** e **interagir** são os eixos norteadores de uma proposta de Educação Infantil.

- **SE**, de acordo com o bom tempo, é possível receber as crianças no espaço externo, que ali estejam disponíveis brinquedos e materiais.
- **QUANDO** chove ou está muito frio, é possível dispor cantos de atividades, de tal modo que a criança possa ser (muito bem!) recebida por nós e escolher de qual das mesas ou cantos montados pela sala gostaria de se aproximar – uma cabana, "uma cozinha" de brinquedo, uma caixa com fantasias próxima ao espelho etc. Uma vez encerrado o horário de chegada, a próxima atividade será coletiva – uma mesma proposta atraindo a atenção de todas as crianças.
- **TANTO** os cantos de atividades como as demais atividades que compõem a rotina, se inscrevem em um ou mais **campos de experiência**, os quais procuram abranger as possíveis vivências que propiciam **aprendizagem significativa e o pleno desenvolvimento** de todas as crianças que frequentam a Educação Infantil.

JOHN DEWEY – Arte como experiência

> Onde quer que as condições sejam tais que impeçam o ato de produção de ser uma experiência em que a totalidade da criatura esteja viva e na qual ela possua sua vida através do prazer, faltará ao produto algo da ordem do estético (DEWEY, John. *Arte como experiência*. São Paulo: Martins Fontes, 2010. p. 96).

Em 1931, John Dewey fez uma série de dez conferências na Universidade Harvard, Estados Unidos, sobre o tema "A Filosofia da Arte", que deu origem ao livro *Arte como experiência*, que nos mostra como todo conhecimento origina-se da experiência realizada por um ser vivo, do começo ao fim – ou seja, origina-se de uma experiência completa. Mostra que a arte, ponto alto da experiência humana, é feita por alguém que interage com o meio, que enfrenta o embate com a matéria – seja ela pedra, cor, palavra – com a plenitude e a nudez de sua própria percepção, isto é, com sua mobilização estética.

As conferências que compõem o volume *Arte como experiência* cumprem amplamente o que o título sugere; ao longo delas, caminhando em círculos, vamos colhendo elementos para nos situar na noção de experiência que esse autor nomeia ora como sensível, ora como completa, englobando-as no termo "experiência estética".

Afirma Dewey:

> [...] a experiência é o resultado, o sinal e a recompensa da interação entre organismo e meio que, quando plenamente realizada, é uma transformação da interação em participação e comunicação (DEWEY, 2010, p. 89).

> A essência de nosso trabalho como educadoras é propiciar experiências completas, estéticas e significativas para meninos e meninas que chegam para compartilhar nosso afeto e receber nossos cuidados!

Experiência

Vendo as crianças trabalharem em suas pinturas, a percepção é de muito movimento, um movimento ordenado que parece buscar algo cujo resultado não se sabe a princípio qual será. Elas próprias não sabem. Entretanto, algo as mobiliza – um afeto, uma sensação ou sentimento. Nem todo mundo tem tanta clareza quanto o Wesley, que enquanto pintava, declarou:

Eu quero um escuro para mim!

Misturando em sucessivas camadas de gestos circulares o azul ciano e o magenta, e tendo descoberto que, das três cores, azul é a que melhor o conduzia para o escuro, apesar de o azul puro apenas permanecer na mesma tonalidade, Wesley lutou com as cores até conseguir o que buscava, ou até realizar uma experiência completa. Foi o momento em que se pôs a pular e cantar em torno da mesa onde estava sua pintura, em dança vitoriosa, também ela circular, como foram seus movimentos para realizá-la.

Sem o ritmo de seus gestos, a pintura não existiria. O ritmo conjuga tempo e espaço, presentifica nossa ação, transformando-a continuamente.

[A Alegria de Wesley demonstra que] há sempre uma tensão interna, uma resistência dos materiais a ser vencida, em busca de um novo estágio de equilíbrio.

DEHEINZELIN, Monique. *Móbiles da ação: da cor à experiência estética*. São Paulo: Feusp, 2013. p. 154.

AÇÕES TRANSFORMADORAS MUDAM NOSSO MODO DE SER E PENSAR.

A experiência com a arte também compõe a rotina na Educação Infantil, desde a vida dos bebês até o auge da possibilidade de brincar, de inventar uma coisa no lugar de outra, de representar. Ver Capítulo 2, sobre materiais para pintura e leis das cores; o Capítulo 4 tem elementos para organizar o trabalho.

O principal é saber que uma experiência sensível ou completa não se dá somente em atividades artísticas, mas em todas as atividades nas quais mergulhamos concentrados – esquecendo o entorno e suas exigências externas, criamos nossos próprios procedimentos, conseguimos êxito em nossas realizações e tomamos consciência do que realizamos.

ÊXITO É FAZER COINCIDIR O AFETO QUE MOBILIZOU NOSSA AÇÃO COM SEU RESULTADO.

Avaliação – para avaliar a organização de nossa rotina de trabalho e as atividades que a compõem, é preciso tomarmos consciência de COMO organizamos as atividades em campos de experiência que possam propiciar às crianças aprendizagens

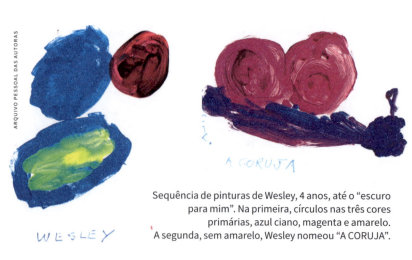

Sequência de pinturas de Wesley, 4 anos, até o "escuro para mim". Na primeira, círculos nas três cores primárias, azul ciano, magenta e amarelo. A segunda, sem amarelo, Wesley nomeou "A CORUJA".

"Escuro para mim", obtido por sobreposições sucessivas das três cores primárias até a satisfação do impulso estético que o motivou.

significativas. É muito importante fazer registros, tomar notas de nossas impressões, de diálogos entre as crianças, arquivos de seus desenhos e pinturas. É essencial fotografar ou gravar cenas e imagens bonitas que nos causam impressão, que nos afetam. No Capítulo 3, você encontrará formas de registros e suas linguagens – talvez algumas delas possam lhe agradar e estruturar seu trabalho. Aqui avaliamos atividades de boas-vindas às crianças que possam atrair seu interesse durante o período de adaptação. De acordo com uma **intencionalidade educativa**, vamos avaliar estas atividades de seu ponto de vista, do ponto de vista da aprendizagem e desenvolvimento da criança e do ponto de vista da organização do espaço no tempo. Considere os seguintes tópicos:

- De acordo com o planejamento que antecede o início da acolhida, você acaba de disponibilizar brinquedos, materiais, cantos de atividades para a chegada das crianças. Olha em torno, sente-se bem, o ambiente parece aconchegante. É possível imaginar que as crianças vão sentir prazer e se envolver nas atividades?
- Após o primeiro dia, como você avalia a disposição para **brincar e interagir** que cada criança manifestou ao se envolver em suas propostas. COMO se expressaram?

MATERIAIS GRÁFICOS

RESENHA | LIVRO
À procura da dimensão perdida: uma escola de infância de Reggio Emilia.
Giordana Rabitti

GLOSSÁRIO
Intencionalidade educativa

Quanta tinta quer Marcelo?

Os pequenos, entre 1 ano e meio e 2 anos de idade, pintavam em silêncio, quatro crianças em duas mesas colocadas no sol cálido do primeiro dia de inverno. Sérios, concentrados e limpíssimos, cuidadosos no uso do material – a forma como Bianca (1 ano e 7 meses) segurava o pincel, por exemplo.

Às vezes se distraem com o entorno, às vezes é como se o mundo todo estivesse ali, dependesse daquele cantinho de papel que estão pintando de magenta, o corpo todo a serviço dessa atividade. Assim foi na pintura da Sabrina (1 ano e 6 meses); a noção dela de uso do espaço é expressiva, assim como o uso intencional de gesto e movimento. E na delicadeza de seus gestos – por exemplo, segurando o canto da mesa com a mão esquerda enquanto pintava com a direita, começou a balançar o corpo no mesmo ritmo em que a mesa estava balançando – porque um dos pés estava em falso.

Então colocamos um calço na mesa, mas talvez não devêssemos tê-lo feito, porque pode ser que ela estivesse investigando com seus movimentos a coordenação espaço da mesa/ espaço do papel, para abranger ambos. É possível pensarmos também nas coordenações espaçotemporais, das quais movimento e ritmo são resultantes.

Bianca (1 ano e 7 meses) com tinta guache nas três cores primárias – amarelo, azul ciano e magenta. O gesto com pincel imprime ritmo e expressão a sua pintura.

As meninas presentes não misturavam as cores nos potes de vidro onde colocamos cada uma das três cores. Diríamos que para elas a coordenação entre o que está acontecendo no papel e o olhar é uma conquista: Sabrina olhava atenta e inquisitivamente para o pincel – observando, de frente, a parte com pelos – como quem se perguntasse se tudo não estaria saindo do próprio pincel. Essa combinação de concentração e entrega total com não consciência (será?) das próprias ações é intrigante.

Em que medida o que resulta no papel sensibiliza a eles próprios? Existe um fascínio, um profundo mistério na materialidade da tinta e da cor: como fica no jornal – quando vai parar lá por acaso, como fica nos dedinhos.

Com Bianca, suas mãozinhas se abrem e se fecham, os dedos da mão esquerda alisam um ao outro em gestos experimentais, miméticos – parece que tentam reproduzir sensações – dos gestos da pintura que a mão direita realiza. São esses gestos que resultam no ritmo das imagens que vemos surgir.

As crianças ficam muito sérias, a situação é de gravidade e torna-se para nós uma situação muito emocionante de estar junto. E assim se encerrou um ciclo – das crianças maiores para as menores na Casa do Aprender.

O que vimos com as menores contraria frontalmente o senso comum – é como se elas soubessem todo o fundamento da pintura, algo que depois vamos perdendo, apenas. Tudo que sabemos sobre o desenho e a pintura de crianças foi para nós completamente revolucionado, talvez porque tenha sido possível, finalmente, nos colocar mais na perspectiva da criança. Uma revolução copernicana de passagem do ponto de vista do consumidor (externo) para o do autor (interno), do produto para o processo, para as paulatinas interações entre objeto e o sujeito.

Marcelo (1 ano e 7 meses) também pintava conosco e seu interesse era a tinta; sua consistência, o grau de meleca e como ela aderia ao pincel. Assim ele foi transferindo a tinta para o papel, para o copo com água, para os dedos que sentiam sua viscosidade. E a tinta acabou. Então a educadora me disse: "Deixa que eu coloco mais tinta para ele, Marcelo não gosta de pouquinho; quando ele termina de comer o primeiro prato e quer mais, se eu coloco só um pouquinho de cada coisa ele não aceita, coloco bastante comida e ele come tudo".

Essa percepção finíssima da educadora me levou às lágrimas, aprendi muito com ela. ■

DEHEINZELIN, Monique. *Móbiles da ação: da cor à experiência estética*. São Paulo: Feusp, 2013. p. 175-176.

MATERIAIS GRÁFICOS

ARTIGO EM REVISTA
A impressionante disciplina de trabalho em pinturas de crianças pequenas.
Monique Deheinzelin

Multiformas, multiusos

Nós, educadoras, funcionamos bastante como contrarregras no teatro, levando e trazendo materiais, montando e desmontando cenas para brincadeiras, disponibilizando e guardando materiais e brinquedos, levando conosco as crianças a ganhar progressiva autonomia no usufruto da instituição. Avalie a cada dia se você encontrou na biblioteca, na brinquedoteca, nos materiais que recebeu no início do ano aquilo que buscava e precisava para organizar a atividade. Considere a possibilidade de usar um mesmo material em outros contextos, de mudar a disposição dos móveis e brinquedos, de conseguir sucatas desdobráveis em brinquedos interessantes, como carretéis de linhas de costura – são de plástico, coloridas, de diversos tamanhos e formatos, giram, rodam, podem se encaixar, podem oferecer boas possibilidades de trabalho!

Tudo que você conseguir pode ser contextualizado de diferentes maneiras, descartado, transformado. Você é o artífice, busque sua satisfação no despojamento. Mas atenção! Não enfeite ou imponha seu gosto pessoal às produções originais das crianças: trata-se de aprender com elas, valorizando sua expressão.

Wellington realiza pintura em guache com cola branca e areia.

PRÉ-ESCOLA

MATERIAIS GRÁFICOS

AÇÃO COLETIVA
Mobilização Ocupação Criança
Para quem acredita no potencial infantil

A criança bebê em casa, e nós, educadoras, na creche

Da esfera particular para a vida pública

Nós, educadoras, aguardamos as crianças na creche da instituição, tendo ali chegado e nos preparado – organizando espaço e disponibilizando materiais, com muito estudo e reuniões para planejamento e avaliação. Nós nos deslocamos de nossas casas, deixando para trás – na medida do possível – nossa própria família e os cuidados domésticos requeridos. Saímos da esfera privada para uma esfera pública, do particular para o coletivo. Se a escola é particular ou pública, nosso público são as crianças. Com elas e para elas, trabalhamos.

Brincar e interagir

As crianças também se deslocam, trazidas a nós por um adulto com quem tem convívio próximo. Há um deslocamento para se chegar à creche; é um deslocamento físico, espaçotemporal. Às vezes a creche situa-se próxima ao local de moradia, às vezes fica longe, próxima ao local de trabalho do pai ou da mãe, de avós ou parentes. Podemos então imaginar que a criança é despertada, vestida, alimentada, para realizar um trajeto que pode ser longo e penoso, em transporte público ou particular, até ser recebida por nós. Ocorre, certamente, um deslocamento simbólico de que não nos damos conta – acontece no interior de cada um e seria preciso expressar-se para aprimorar a percepção do que acontece com cada um de nós no trajeto de casa para o trabalho, de casa para a creche ou pré-escola. Fato é que deixamos uma constelação de pessoas e seus modos de ser no âmbito familiar e vamos compor outra constelação com uma grande diferença:

EDUCAÇÃO INFANTIL =
CRECHE + PRÉ-ESCOLA.

O ambiente escolar é um lugar especialmente desenhado para a criança ser e estar no que é próprio dela: **brincar e interagir**, **aprender e se desenvolver**.

No espaço e no tempo da Educação Infantil, atividades de pintura são mais que bem-vindas.

Ilma leva os filhos Hugo e Camila para a escola

Ilma e seu marido moram na Zona Sul, próximo ao Capão Redondo, em São Paulo, SP. Com Camila, de 2 anos de idade, ainda dormindo no colo, Ilma e Hugo vão para a escola do menino de 12 anos, a Escola Estadual Carlos Maximiliano Pereira dos Santos, na Vila Madalena, Zona Oeste de São Paulo. Hugo precisa chegar à escola até as 7 horas, pois o Recanto Infantil em Pinheiros abre as portas para Camila e demais crianças a partir das 8 horas, o que dá um tempinho para a mãe tomar um café enquanto espera a creche abrir. Ilma escolheu esses dois espaços para seus filhos porque se localizam próximo a seu local de trabalho, uma casa particular onde é cozinheira, e tanto as crianças quanto ela e o marido apreciam muito o que os dois filhos recebem nos espaços educativos que frequentam. Ilma conversou com o orientador pedagógico sobre as dificuldades de Hugo, recém-chegado à escola, para se organizar e interagir com as propostas. A partir das orientações recebidas, ele agora gosta muito de estudar e obtém boas notas na escola. No Recanto Feliz as crianças saem para passeio, realizam atividades no Sesc Pinheiros, que fica bem próximo à creche. Há também projetos conjuntos com alunos da Escola Vera Cruz, que fazem trabalhos com as crianças uma vez por mês – aos sábados, pais e filhos participam dessas atividades.

São três transportes públicos para ir, três para voltar, levando o trajeto uma hora e meia a duas, a depender de condução e do trânsito. Então Ilma – é ela que se encarrega de todo o cuidado e educação das crianças – sai de casa às cinco da manhã. Quando faz frio, para não acordar Camila, já coloca as roupas quentes à noite, porque assim não precisa trocá-la de madrugada. Aos 12 anos, Hugo já tem licença dos pais para voltar para casa sozinho, assim não precisa esperar a saída da creche e do trabalho de mãe, às cinco da tarde. Às 7 horas da noite chega em casa com Camila, agora alegre e saltitante, aceitando ir andando por conta própria: brincou, dormiu e comeu no Recanto Feliz, e está cheia de energia. Ilma vai fazer jantar, arrumar a casa, preparar as mochilas para o dia seguinte.

> Minha rotina é muito complicada, quando eu penso até choro. Eu sou uma vencedora, sabia? (Ilma Silva Paixão)

Um novo ritmo a ser criado a cada dia

Cabe a nós, educadoras, elaborar esse desenho especial no tempo e espaço da escola. Sair de casa implica uma quebra de ritmo – acordar ou ser acordado, passando rapidamente do sono para a vigília; vestir-se ou ser vestido de forma adequada ao clima, lembrando sempre que as temperaturas mudam bastante ao longo do dia; pegar um transporte ou ir a pé, sempre na companhia de um adulto.

Na escola, um novo ritmo a ser criado a cada dia. Que o espaço comunitário seja propiciatório ao ritmo de cada um! Em atividades especialmente desenhadas para que as crianças usufruam de campos de experiências próprios para sua idade, à altura de seu interesse e curiosidade.

CRECHE — MATERIAIS DE AVALIAÇÃO
ATIVIDADE HABITUAL
Adaptação

PRÉ-ESCOLA — MATERIAIS DE AVALIAÇÃO
ATIVIDADE HABITUAL
Adaptação

Alguém que fala, responde e cria narrativas

Crescer é isso, constituir-se como sujeito linguístico de uma comunidade. E a língua é o berço inesgotável de música, um encontro infinito de palavras.

Evélio Cabrejo-Parra em entrevista à Gabriela Romeu. Música Literária na Primeira Infância. In: *Revista Emília*, 1 set. 2011. Disponível em: <goo.gl/FDAAqx>. Acesso em: 10 jan. 2018.

Acalantos e encantos

Desde o nascimento, cuidados diários com bebês trazem muitos e bons exemplos da literatura oral: em cantigas para a hora de dormir, nas parlendas, brincos e quadrinhas que se dizem nos momentos das brincadeiras, na hora do banho, nas trocas de fralda. Na **interação** com bebês, prazer e afeto participam dessas práticas: cantigas e histórias para dormir acalmam e tornam o sono bem-vindo; músicas, quadrinhas e parlendas de brincar são recebidas com sorrisos e gestos animados. Nossas tradições orais são acompanhadas pelo bebê, que escuta, pouco a pouco repete algumas de suas sílabas, palavras, frases, no humano aprendizado da fala.

Para criar crianças, canções de ninar

É muito importante que os adultos saibam que os bebês necessitam de leite para poder beber biologicamente. Necessitam mais ainda de muitas carícias para poderem beber psicologicamente e muita linguagem para construírem-se como sujeitos, porque, pela linguagem, o bebê vai identificando lentamente as pessoas que o rodeiam.

> A voz humana é algo que se constrói assim, é algo que se transmite de geração em geração.

PARA TER VOZ É NECESSÁRIO OUVIR E FALAR PARA ALGUÉM.

Os bebês captam traços acústicos das vozes das pessoas que escutam e inscrevem em sua psique. Depois utilizam estes sons para balbuciar o que querem falar para alguém, identificando essa pessoa, porque a trata pelos mesmos sons que ela produz.

Eu falo porque escutei meus pais ou as pessoas que cuidavam de mim quando eu era criança ainda no berço e comecei a roubar algo de sua voz para construir a minha. É um processo de identificação muito profundo: quando alguém nasce em um lugar vai ter o mesmo sotaque que as pessoas da região. É muito importante que os adultos saibam da capacidade tão extraordinária de escuta que um bebê tem, para que possa escutar não somente a língua da vida cotidiana, mas também a língua dos relatos, dos contos, das canções de ninar. É muito bonita essa expressão em português, porque nós dizemos *cantos de cuna* (berço) em espanhol, dizemos *berceuse* em francês, mas vocês dizem canções de ninar, são canções para alimentar as necessidades psicológicas, psíquicas dos bebês. Para criar crianças, canções de ninar. ■

CABREJO-PARRA, Evélio. Entrevista com Evélio Cabrejo-Parra. *Nova Escola*, set. 2012. Entrevista concedida a Elisa Meireles. (Transcrição e formatação nossas.)

CRECHE — MATERIAIS DE AVALIAÇÃO
ATIVIDADE HABITUAL
Alguém que fala, responde e cria narrativas

Sonoridade da língua

Os bebês já nascem com competências para conhecer o mundo. São competências discretas, como bem diz Evélio Cabrejo-Parra (2014), que requerem um observador cuidadoso para serem compreendidas, e consistem em ferramentas fundamentais para o desenvolvimento do bebê. Uma delas é a linguagem.

O bebê nasce com uma percepção auditiva bastante aguçada e é sensível à sonoridade da sua língua materna. Ritmo, sonoridade e modulação da voz encantam o bebê, que se nutre disso, brinca com os sons e, aos poucos, apropria-se das palavras.

A sensibilidade à linguagem, competência natural para construção de conhecimento sobre o mundo, deve ser cuidada, alimentada com "o som e o sentido" de diversas linguagens em narrativas literárias, parlendas e poemas.

Para as crianças bem pequenas, a escuta de textos literários lidos vem no embalo do som. A linguagem oral é entoada com pausas, ênfases, hesitações. Nas canções é ritmada, melódica, entoada também.

A linguagem escrita se estrutura em cadeias longas de palavras, especialmente escolhidas pelo autor para causar um efeito em seus leitores, pelo som e significado das frases.

Leitura e significado

As primeiras leituras também se apropriam de outros elementos, que conferem sentido à apreciação do texto. O teor emocional que vem da voz do adulto ao declamar poemas, brincos, parlendas, ao falar de livros, ao lê-los. Trata-se da **interação** do adulto entre crianças pequenas e a literatura (oral ou escrita) que ele apresenta.

> O afeto é essencial para que as crianças atribuam significado à prática da leitura.

Conforme os bebês crescem, o encontro com a literatura possibilita novos conhecimentos: apropriar-se de uma forma cultural de representação do mundo, descobrir um novo espaço, uma outra temporalidade.

Gestualidade oral

O cancionista mais parece um malabarista. Tem um controle da atividade que permite equilibrar a melodia no texto e o texto na melodia, distraidamente, como se para isso não despendesse qualquer esforço. Só habilidade, manha e improviso. Apenas malabarismo. Cantar é uma gestualidade oral, ao mesmo tempo contínua, tensa e natural, que exige um permanente equilíbrio entre os elementos melódicos, linguísticos, os parâmetros musicais e a entoação coloquial. ■

TATIT, Luiz. *O cancionista:* composição de canções no Brasil. São Paulo: Edusp, 1996. p. 9.

APRENDER COM A CRIANÇA

A leitura para crianças

Segundo Rateau (1998):

> Nas situações em que o professor compartilha imagens ou nomeia elementos das páginas, os bebês percebem que a mesma mesa que eles tocam na sala de aula ou em casa aparece também na ilustração de uma cena, num e noutro livro. Em todos os casos, trata-se sempre de 'mesa'. Percebem que, como em sua vida, mas em formas diferentes, os livros trazem outros pais, outras mães, outras crianças. As páginas de livros ilustrados permitem encontros com elementos representados da realidade que cerca a vida da criança pequena, onde é possível conhecer e compreender melhor o mundo.
>
> No enredo das histórias que o professor lê nos livros, é possível se encontrar, também, com outros espaços: reinos imaginados, o faz de conta criado pelo autor que dialoga e alimenta o faz de conta da criança, jogos simbólicos. Ouvindo histórias, apreciando ilustrações daquele livro, pode-se ser diferente do que se é, ser o outro, ou se apropriar do mundo para que, no momento do jogo, ele seja tão perfeito como os pequenos desejariam que ele fosse. As crianças se encontram também, a partir das histórias lidas em voz alta, com um outro tempo, o tempo da narrativa.

RATEAU, Dominique. *Lire des livres à des bébés*. Toulouse: Érès, 1998. p. 50. (Tradução nossa.)

Quando o professor lê em voz alta, pode compartilhar, em poucos minutos, o tempo de uma vida inteira dos personagens. Nessas experiências, a criança se torna mais consciente do tempo e mais capaz de organizar-se nele.

> Ao ler para os pequenos, o professor ensina o poder das palavras para transportar-nos a outros mundos, em locais e tempos distantes, reais ou imaginários. A literatura nos permite nomear e compartilhar sonhos, emoções, ideias.

Para escutar as próprias vozes

> Quando você lê "Chapeuzinho Vermelho" ou qualquer conto, está ensinando a uma criança que a ficção é uma das formas socialmente aceitas para nomear o inominável, para explorar os fantasmas e dar forma aos ideais, para enfrentar cara a cara os medos, para descer aos infernos e regressar ileso, para aprender sobre a vida, sobre os próprios sentimentos e para escutar as próprias vozes. A criança que recebe essa revelação na primeira infância será um leitor em potencial, e é provável que uma ou muitas vezes, durante distintas etapas de sua vida, recorra aos livros tratando de decifrar seus próprios enigmas. ■

REYES, Yolanda. *El lugar de la literatura en la vida de un lector*. Bogotá: Espantapájaros Taller, 2003. Disponível em: <goo.gl/zYCa1T>. Acesso em: 10 jan. 2018. (Tradução nossa.)

Música das palavras

Ao longo de sua permanência na creche ou na escola de Educação Infantil, em muitos e variados encontros com livros e leituras, a criança tem oportunidade de se encantar com a música das palavras, descobrir nos livros ilustrados uma nova representação da realidade, viver momentos de aconchego ao redor de uma história, viver novos espaços e tempos, conhecer as diversas funções que a literatura exerce na vida de um leitor.

ATIVIDADE HABITUAL

Brincar de "brincos" com os bebês

> Chamamos brincos a esses primeiros ingênuos mimos infantis, agradinhos de pais e mães carinhosos, entretendo o bebê que está sem sono ou que acordou mais sorridente e feliz do que nunca.
>
> MELO, Veríssimo. *Folclore infantil.* Belo Horizonte: Itatiaia, 1985. p. 39.

> As parlendas e os brincos são as brincadeiras rítmico-musicais com que os adultos entretêm e animam os bebês e as crianças. Enquanto as parlendas são brincadeiras rítmicas com rima e sem música, os brincos são, geralmente, cantados (com poucos sons), envolvendo também o movimento corporal (cavalinho, balanço...). Junto com os acalantos, essas costumam ser as primeiras canções que intuitivamente cantamos para os bebês e crianças menores.
>
> BRITO, Teca Alencar de. *Música na Educação Infantil.* São Paulo: Peirópolis, 2013. p. 101.

Brincos regionais

Há variedade de brincos em todas as regiões do Brasil. É interessante pesquisar e trazer, para dentro do espaço escolar, brincos que fazem parte da cultura local e que muitas vezes fazem parte das experiências das crianças em seu ambiente familiar. Seguem algumas sugestões de brincos, que podem variar de região para região.

O IMPORTANTE NO BRINCO É BRINCAR!

Alguns brincos podem ser propostos no momento de troca de fraldas, no banho, no momento da alimentação, quando o educador está dedicado apenas a uma criança ou em momento mais coletivo com um pequeno grupo.

Serra-serra

Para brincar de serra-serra, o adulto segura o bebê no colo de frente para ele e realiza movimentos para frente e para trás, imitando o movimento do serrador cantarolando:

SERRA-SERRA, SERRADOR
SERRA O PAPO DO VOVÔ

Variante regional:

SERRA, SERRA,
SERRA PAU;
SERRA ESTA(E) MENINA(O)
QUE COME MINGAU.
SERRA O PAU, SERRADOR;
SERRA ESTA(E) MENINA(O)
QUE ESTÁ COM CALOR.

Cavalinho

Coloca-se a criança montada em uma das pernas e imita-se o galope do cavalo imaginário, cantando:

CAVALINHO, CAVALINHO
CAVALINHO VAI PASSAR
ANDANDO, ANDANDO, SEM PARAR
PRIMEIRO AO PASSO, AO PASSO, AO PASSO
DEPOIS AO TROTE, AO TROTE, AO TROTE
E POR FIM A GALOPE, A GALOPE, A GALOPE.

Palminhas de Guiné

Neste brinco, incentiva-se a criança a bater palminhas, cantando:

BATE PALMINHAS,
PALMINHAS DE GUINÉ,
BATE PALMINHAS,
PRA QUANDO PAPAI VIER.

Leona brinca com lápis aquareláveis; experimentando cores, cria imagens que lhe são próximas e queridas.

Dedo mindinho

Pega-se a mãozinha da criança e toca-se cada um dos seus dedos, dizendo os versos:

DEDO MINDINHO
(segura-se o dedo mínimo da criança)

SEU VIZINHO
(segura-se o dedo anelar da criança)

PAI DE TODOS
(segura-se o dedo médio da criança)

FURA-BOLO
(Segura-se o dedo indicador da criança)

MATA-PIOLHOS
(segura-se o polegar da criança)

Em seguida, toca-se na palma da mão da criança com o dedo indicador com a pergunta:

CADÊ O TOUCINHO QUE ESTAVA AQUI?

E a criança responde:

O GATO COMEU
(o adulto pode verbalizar por ela)

E o diálogo continua:

CADÊ O GATO?
FOI PRO MATO.
CADÊ O MATO?
O FOGO QUEIMOU.
CADÊ O FOGO?
A ÁGUA APAGOU.
CADÊ A ÁGUA?
O BOI BEBEU.
CADÊ O BOI?
ESTÁ AMASSANDO O TRIGO.
CADÊ O TRIGO?
GALINHA ESPALHOU.
CADÊ A GALINHA?
FOI BOTAR OVO.
CADÊ O OVO?
O FRADE BEBEU.
CADÊ O FRADE?
FOI REZAR UMA MISSA.
CADÊ A MISSA?

Nessa hora, o adulto percorre o braço da criança com o dedo médio e o indicador como se fossem pezinhos, enquanto diz ao fazer cócegas na axila:

FOI POR AQUI, AQUI, AQUI... ACHOU!

PARA AVALIAR
OBSERVAR, ESCUTAR E REGISTRAR

Para dar seguimento às atividades com brincos podemos ficar atentos a três tópicos.

- **Repertório**

Repertório de brincos e brincadeiras ritmo-musicais para crianças.

As crianças pequenas apreciam muito o recurso da repetição; a cada vez que cantamos e nos movimentamos com ela, a criança se apropria de versos, de sons, de palavras do brinco, pouco a pouco compondo uma versão própria da brincadeira rítmico-musical, desde o balbucio dos bebês às primeiras palavras das crianças pequenas. Mas diversificar o repertório também é importante! Tenha sempre em mãos outros recursos, brincos adequados a novas situações, mesmo porque a brincadeira que pode agradar muito a uma criança pode desconsertar outra, colocando-a em situação de desconforto.

- **Interação**

Quando brincamos com as crianças, é muito importante estarmos presentes e sermos nós mesmas. A sinceridade no momento da brincadeira será sempre notada pela criança, sensível à qualidade da interação. Observe então se ambos estão presentes, se a criança participa, dá risada, cantarola junto, mantém um olhar curioso.

- **Aprendizagem e desenvolvimento da criança**

À medida que os brincos são repetidos, ou diversificados, observe as relações entre voz, movimento e escuta que a criança estabelece. Anote e registre seus primeiros balbucios, sons, palavras e as conexões com letra e música dos brincos entoados. Com três registros de cada criança por bimestre será possível fazer uma avaliação processual dos primórdios da linguagem e constituição das relações entre si próprio e o outro.

CRECHE	MATERIAIS DE AVALIAÇÃO
	ATIVIDADE HABITUAL
	Brincar de "brincos"

ORGANIZAÇÃO DO ESPAÇO

"Verdadeiramente revolucionário é o efeito do sinal secreto do vindouro, o qual fala pelo gesto infantil."

Walter Benjamin, *Reflexões sobre a criança, o brinquedo, a educação*

Um espaço de explorações e descobertas

Ao engatinhar, o bebê se transforma num explorador do mundo que o rodeia, desbravando espaços desconhecidos com objetos que atraem sua atenção; de forma simultânea, amplia suas possibilidades de interação com outras crianças e com os adultos. Se deixarmos uma caixa próxima ao bebê, ele vai naturalmente brincar, virando, batendo as mãos, procurando entrar e sair da caixa, esconder-se e ser achado.

Nessa exploração natural, muitas possibilidades de aprendizado e desenvolvimento se abrem, mas a ação do educador pode enriquecer em muito as experiências e brincadeiras.

> Diferentes tipos de caixas e cestos, recheados ou não de objetos, com suas laterais preservadas ou com aberturas que convidam a explorar com as mãos, passar com o corpo todo como num túnel fazem a festa do bebê explorador.

Receber as crianças com intervenções no espaço, convida para explorações e brincadeiras.

CAPÍTULO 1 | ORGANIZAÇÃO DO ESPAÇO 29

Nosso corpo, nosso mundo

O corpo é nosso mais importante ponto de referência. É instrumento de medida para avaliar o entorno observando seus aspectos: é grande ou pequeno, amplo ou estreito, alto ou baixo, vazio ou abarrotado e assim por diante.

– Eu vou caber ali?

Não é uma questão sobre a qual os adultos precisam pensar a respeito, mas é um grande tema de investigação para uma criança pequena. E isso explica por que as crianças adoram escalar, circular, passar por baixo, por cima e pelo meio das coisas. É sua maneira de explorar seu lugar em nosso mundo.

Esta emergente compreensão do seu corpo no espaço não apenas ajuda as crianças a interagir com as coisas, mas afeta diretamente sua habilidade para observar relações entre os objetos e orientar-se adequadamente entre eles. ∎

CONNELL, Gill; MCCARTHY, Cheryl. *A Moving Child is a Learning Child:* How the Body Teaches the Brain to Think Birth to Age 7. Minnesota: Free Spirit Publishing, 2014. p. 93. (Tradução nossa.)

O que cabe numa caixa?

ATIVIDADE HABITUAL

Caixas

Oferecer uma variedade de caixas ou cestos na sala dos bebês durante ao menos uma ou duas semanas é uma intervenção que favorece aos pequenos explorar espaços e objetos. Cada material escolhido oferece diferentes possibilidades de descoberta: texturas e cores da madeira, do papelão liso e ondulado, do vime, do plástico; diferentes tamanhos que convidem a pegar nas mãos, encaixar uma caixa dentro da outra, ou entrar dentro da caixa; a presença da tampa em algumas caixas, convidando a tampar e destampar; o rendado das cestas e o padrão do seu trançado, o bebê sente, seleciona, compara. A seleção de caixas e cestos é plena de **intencionalidade educativa**.

É preciso planejar a disposição das caixas e dos cestos na sala dos bebês, criando pequenos espaços que convidem a diferentes explorações e descobertas.

- Um conjunto de pequenas caixas que podem ser guardadas umas dentro das outras pode ser colocado ao alcance das mãos de bebês que já sentam mas ainda não engatinham com desenvoltura.
- Um conjunto de pequenos cestos que encaixem uns nos outros pode ser oferecido ao alcance de outro grupo de bebês com essas mesmas características.
- Cestos e caixas maiores podem ficar em outro canto da sala, para bebês que já engatinham e andam apoiados, para que possam experimentar circular em torno delas, empurrá-las, subir ou andar apoiados nas caixas, colocar os pés dentro de cestos e caixas e procurar entrar em seu interior.
- Caixas de papelão firme podem ser colocadas apoiadas em um dos lados com a abertura à frente, de forma que os bebês possam entrar engatinhando nas caixas.
- Caso a escola possua módulos firmes de espuma, é possível colocá-los no formato de rampa em lados opostos de uma caixa grande de madeira ou de papelão bem firme, para que os bebês engatinhantes experimentem entrar e sair da caixa com a ajuda das rampas.

Durante estas situações de exploração, é importante nos colocar numa postura atenta, observando o que a criança quer explorar, entendendo sua lógica e, se necessário, mediar sua ação.

GLOSSÁRIO
Sequência didática

Segurar o balde para não tombar. A experiência de entrar e sair de um balde pode necessitar da ajuda de um adulto.

Cestos, baldes e caixas de diferentes tamanhos espalhados pela sala convidam as crianças a explorar novos espaços e movimentos.

A criança explora o espaço do cesto e os movimentos que consegue realizar dentro dele.

As crianças exploram entrar e sair das caixas de papelão, que se transformam em esconderijos, cabanas e castelos.

PARA AVALIAR
OBSERVAR, ESCUTAR E REGISTRAR

Nesta sequência didática, um primeiro nível de avaliação refere-se, necessariamente, aos espaços, mobiliários e materiais disponibilizados e acessíveis para as experiências das crianças:

- Há objetos e brinquedos de diferentes materiais em quantidade suficiente e adequados às necessidades de bebês e crianças pequenas para explorar texturas, sons, formas e pesagens, morder, puxar, pôr e retirar, empilhar, abrir e fechar, ligar e desligar, encaixar, empurrar etc.? (INDICADORES da Qualidade na Educação Infantil. Brasília: MEC/SEB, 2009. Adaptado.)
- O espaço, mobiliário e materiais oferecidos ao longo da sequência didática favoreceram que as crianças percebessem as possibilidades e os limites de seu corpo nas brincadeiras e interações das quais participam?
- O espaço, mobiliário e materiais oferecidos ao longo da sequência didática favoreceram que as crianças interagissem com outras crianças da mesma faixa etária e adultos ao explorar materiais, objetos, brinquedos?

Outro nível de avaliação refere-se às atividades propostas ao longo da sequência didática:

- As atividades propostas ao longo da sequência didática favoreceram que as crianças ampliassem suas possibilidades de movimento em espaços que possibilitem explorações diferenciadas?
- As atividades promoveram oportunidades de interação entre as crianças?

MATERIAIS DE AVALIAÇÃO

ATIVIDADE HABITUAL
O que cabe em uma caixa?

CAPÍTULO 1 | ORGANIZAÇÃO DO ESPAÇO

Brincar com caixas em diferentes intervenções.

ATIVIDADE HABITUAL

Cestos de tesouros

Após esse primeiro período de exploração das caixas e cestos, é interessante propor modificações no conjunto dos objetos oferecidos. Para isso, uma proposta rica em possibilidades de aprendizagem e desenvolvimento é utilizar caixas e cestos pequenos para montar um conjunto de "cestos de tesouros" e disponibilizá-los para a exploração dos bebês.

Para isso, após organizar os cestos de tesouros, coloque-os ao alcance dos bebês sentados, de forma que cada dupla ou trio de bebês tenha a sua frente um cesto.

É importante criar um contexto de brincadeira e exploração livres, por isso, o professor deve evitar guiar ou interromper a ação das crianças.

Como montar um cesto de tesouros?

É preciso escolher um cesto resistente – pois os bebês podem tentar apoiar-se nele – e que comporte um bom conjunto de objetos. É importante selecionar e criar um conjunto de objetos com materiais, texturas, pesos, tamanhos e formatos diferentes.

E, claro, com materiais que não ofereçam riscos aos bebês.

> A proposta de "cestos de tesouros" pode ser uma atividade habitual com bebês e crianças bem pequenas, isto é, tem qualidades que justificam propô-la regularmente para sua turma.

No cesto de tesouros, podem caber:
- Pinhas, conchas do mar e penas de tamanho grande, pedras-pomes, esponjas naturais etc.
- Pincéis de cabo de madeira, colares de contas, colheres de pau, socador de temperos etc.
- Colheres de metal, peneiras, panelas pequenas, tampas, escorredor de macarrão, molho de chaves etc.
- Cadernetas, bandeja de ovos, caixinhas de papelão etc.
- Novelos de lã, bolas de tênis, bichinhos de pano, luvas etc.
- Abacate, maçã, cenoura etc.

Cestos de tesouros e o brincar heurístico

A proposta de "cestos de tesouros" foi idealizada por Elinor Goldschmied – uma especialista inglesa em Educação Infantil – baseada em suas observações de como os bebês construíam conhecimento sobre o mundo a partir de objetos de uso cotidiano que seus pais entregavam a eles para entretê-los. Uma colher de pau, molho de chaves, uma pequena panela com tampa e fitas eram logo postos na boca, manipulados, chacoalhados e batidos para assim obter sons, experimentados em todas as suas possibilidades. A ideia dos "cestos de tesouros" é oferecer aos bebês diferentes combinações desses objetos domésticos para que eles possam explorá-los livremente, assimilando os objetos a sua ação, acomodando seu fazer a suas características e, diante de objetos que se mostrem mais desafiadores a sua ação, desenvolver novas formas de abordá-los. Eles aprendem, assim, a partir de sua experiência e dos sentidos.

Como tudo vai à boca do bebê, é importante lavar e secar diariamente os objetos que compõem os cestos de tesouros.

Esvaziar um cesto de tesouros também faz parte da brincadeira.

O cesto ou a caixa também podem ser explorados como parte da brincadeira.

Brincar heurístico

Conforme os bebês crescem e suas possibilidades de andar e explorar o ambiente se ampliam, os cestos de tesouros continuam sendo fonte de experiências, aprendizados e descobertas, na atividade que vimos Elinor Goldschmied chamar de "brincar heurístico".

HEURÍSTICA É UMA PALAVRA DE ORIGEM GREGA QUE SIGNIFICA "DESCOBERTA".

É um brincar investigativo no qual as crianças descobrem o que é possível fazer com os objetos dos cestos, em situações de maior interação e colaboração com os colegas.

Após uma ou duas semanas dedicadas à exploração de diferentes "cestos de tesouros", é interessante reapresentar algumas das caixas e cestos grandes, explorados na primeira etapa da sequência, com intervenções que convidem a novas explorações e descobertas.

Para isso, você pode:
- Fazer aberturas nas laterais de uma caixa de papelão e colocar objetos dentro, de forma que os bebês possam pegá-los através das aberturas.

Brincar com caixas em diferentes intervenções.

- Abrir as duas extremidades de uma caixa de papelão bem firme para criar um túnel.
- Fazer aberturas nas laterais de uma caixa de papelão e cobrir com celofane, recheando a caixa com objetos interessantes.
- Entrelaçar com fios as laterais dos "cestos de tesouros", criando uma cobertura em forma de teia da qual as crianças tenham que "pescar" os objetos etc.

Assimilação

Se tivéssemos que resumir a teoria de Piaget em uma única palavra, penso que *assimilação* seria a melhor delas. Viver é assimilação. Conhecer é assimilação. Amar é assimilação. Assimilar, do ponto de vista funcional, é incorporar algo ao sujeito – pelas ações, pelas percepções, pelos conceitos, pelas imagens, pelos sonhos etc.

ASSIMILAR É TORNAR-SE PARTE.

Assimilamos mamando, ouvindo, pensando, lendo, escrevendo. Assimilar supõe um sujeito ativo que escolhe, decide, interpreta, não importa em que nível, ou seja, segundo qual estrutura ou conteúdo. Acomodar-se faz parte do assimilar, pois expressa o grau ou a extensão em que o sujeito teve que se modificar face às demandas da incorporação. Às vezes a acomodação pode ser mínima, como nos sonhos ou em certos tipos de jogos ou brincadeiras. Às vezes deve ser máxima, como na imitação, na cópia (MACEDO, Lino de. O modelo de Piaget sobre as regulações sensório-motoras. In: MOURA, Maria Lucia Seidl de (Org.). *O bebê do século XXI e a psicologia em desenvolvimento*. São Paulo: Casa do Psicólogo, 2004. p. 151).

Experiência – Lugar de agir com responsabilidade

A criança vive experiências desde seu nascimento. Quanto mais oportunidades de viver experiências tiver, melhor pode agir. Torna-se mais capaz de prever as consequências de suas ações, de realizar mais projetos, de executar o que é capaz e verificar se efetivamente realizou o que havia previsto. É o início do sentido de responsabilidade. A criança muito pequena, quando começa a descobrir sua mão, a vê, perde-a de vista e a reencontra. Às vezes se irrita, começa a chorar. Deve reencontrá-la ao acaso para depois de algum tempo poder encontrá-la sem dificuldade. Quando estende sua mão em direção a um brinquedo que não chega a pegar; quando tenta girar e cai, volta a tentar e volta a cair; quando escala algum móvel ou objeto e desce, então está se dando a ela, continuamente, a oportunidade de ter experiências. Se lhe permitimos mover-se, fazer tentativas e ocupar-se daquilo que lhe interessa, necessariamente investigará por si mesma e aprenderá em sua atividade autônoma. A criança pequena aprende não somente a agir, a mover-se, mas aprende a fazê-lo com responsabilidade: ela é quem toma a iniciativa, quem realiza o movimento de maneira voluntária, e, se não o consegue fazer, é igualmente ela quem volta a tentar para que, em uma próxima ocasião, possa prever o resultado e constatar que se trata de um projeto que pode levar a cabo ou não. É o fundamento de sua capacidade de agir de maneira responsável que colocará em prática futuramente em situações eventualmente mais complexas. ■

PIKLER, Emmi. Entrevista concedida à Rádio Húngara em 1970.
Disponível em: <https://goo.gl/EDAJyy>. Acesso em: 9 jan. 2018. (Tradução nossa.)

PARA AVALIAR
OBSERVAR, ESCUTAR E REGISTRAR

Atenção especial a:
- Quais objetos a criança experimentou durante sua exploração?
- Como foi a interação com cada objeto?
- Por quais objetos a criança demonstrou maior interesse?
- A criança buscou os objetos de seu interesse por si mesma ou precisou de algum tipo de ajuda de um adulto?

MATERIAIS DE AVALIAÇÃO
ATIVIDADE HABITUAL
Cestos de tesouros

APRENDER COM A CRIANÇA

Percursos

MUITOS CAMINHOS: 4 E 5 ANOS

Exploração do espaço

As crianças desde que nascem exploram o entorno em seu cotidiano, construindo mediante suas ações um particular conhecimento espacial. Estas primeiras explorações lhes permitem organizar mentalmente o entorno através de representações que atuariam como sistemas de referências para continuar resolvendo os problemas espaciais que se apresentarem.

Diseño Curricular para la Educación Inicial – niños de 4 y 5 años. Buenos Aires: Dirección de Currícula, 2000. p. 133. (Tradução nossa.)

Explorar o espaço, encontrar lugares secretos e fechados, escalar, equilibrar-se, pendurar-se e balançar são necessidades das crianças. A qualidade do desenvolvimento motor é profundamente vinculada ao conhecimento que as crianças adquirem sobre suas ações na interação com o meio. O movimento é uma importante forma de expressão e fundamental para a construção da identidade. Trabalhar o corpo, em todas suas dimensões, favorece o autoconhecimento, ajudando as crianças a se relacionar com o entorno e com os outros. Nesse sentido, é importante que a organização do ambiente escolar favoreça

Tecidos e fitas podem ser utilizados para criar nichos e construir cabanas.

a movimentação e a exploração do espaço. O mobiliário da sala, por exemplo, pode ser afastado ou reorganizado dando lugar a uma tenda. Os espaços externos podem ser enriquecidos, por meio de intervenções com cordas, pneus ou outros objetos que desafiem as crianças em suas habilidades motoras.

Desafios motores

Nessa perspectiva, é preciso oferecer oportunidades para que as crianças explorem o espaço, enfrentando desafios motores e resolvendo problemas espaciais para que possam construir um sistema de referência que permita atuar em um entorno real e concreto. Esse sistema se constrói em experiências que permitam às crianças pensar o espaço que habitam.

Circuitos motores

Uma situação privilegiada para propor desafios corporais para as crianças são circuitos que consistem na escolha de alguns desafios corporais – estações motoras – distribuídos por um espaço que as crianças deverão percorrer. Esse tipo de atividade promove a **autonomia** das crianças e envolve a resolução de diferentes problemas espaciais.

• *Como o corpo se move em relação aos objetos e ao espaço, como ajustar o corpo para passar por debaixo da corda ou da mesa?*

• *Como passar entre os cones sem tocá-los, nem os derrubar?*

As crianças enfrentam o desafio de orientar o próprio corpo no espaço e em relação aos objetos e colegas combinando referências topológicas: dentro e fora, em cima e embaixo, à frente, atrás, de um lado e do outro, juntos e separados, perto e longe.

Professora Juliana ajuda criança de 1 ano a subir no escorregador. Espaço Brincar, São Paulo, SP.

Materiais, objetos e diferentes atividades planejadas são recursos que colocam em jogo noções da criança sobre posição e direção no espaço.

É possível fazer algumas intervenções no espaço que desafiem a exploração de diferentes movimentos.

 GLOSSÁRIO
Referências topológicas

38 APRENDER COM A CRIANÇA

ETAPA 1: CIRCUITOS

Circuitos e desafios corporais

É possível organizar circuitos atrelados à superação de diversos desafios motores utilizando objetos de uso comum na escola, tais como: mesas, cadeiras, bambolês, pneus, cordas, túneis de pano, caixas de papelão, caixotes de madeira, tábuas para fazer planos inclinados ou pontes etc. Cada material possibilita diferentes interações com o espaço e diversos níveis de desafio motor. Os bambolês, por exemplo, podem ser usados para saltar de diferentes maneiras, andar em suas bordas ou para correr entre eles. Uma tábua pode servir para montar uma rampa, para subir ou descer de um banco ou uma ponte, para passar por cima ou por baixo, saltando ou rastejando. É possível também andar sobre pneus equilibrando-se, subir e caminhar sobre um banco, rolar ou virar cambalhota em um colchonete, caminhar entre cordas dispostas no chão ou andar sobre elas, saltar ou passar por baixo de uma corda ou um elástico esticado entre duas mesas, em diferentes alturas.

Novos materiais ao circuito – à medida que as crianças conquistam maior precisão e destreza, podemos incorporar novos materiais ao circuito, como pés de lata, camas de gato e outros brinquedos da cultura popular. É possível ainda variar altura e distância entre os objetos propondo novos desafios.

Sinalização gráfica – incluir setas feitas com giz no chão para indicar a direção das mudanças de estação, para favorecer a orientação e o deslocamento das crianças.

Variante de circuitos motores – propor variações de formato, extensão, objetos utilizados e o tipo do percurso para que as crianças se familiarizem com a proposta e, progressivamente, ajudem a montá-los. É possível antecipar e imaginar as ações que serão realizadas em novos trajetos e maneiras de percorrê-los.

Devemos observar a interação que cada criança estabelece com os circuitos motores que montamos, em termos de adequação dos desafios corporais e progressiva **autonomia** das crianças para percorrê-los.

GLOSSÁRIO
Circuitos motores

PRÉ-ESCOLA

MATERIAIS GRÁFICOS

CIRCUITOS
Modelos de circuitos para trabalhar com crianças

ETAPA 2: CIRCUITOS

Construir circuitos

Transportar e organizar os materiais para o circuito envolve a cooperação entre adultos e crianças.

• *Como carregar sozinho um banco pesado e comprido?*

> Nessas situações, o professor atua como coordenador, apoiando, observando, orientando, ajudando a resolver possíveis conflitos e refletindo com as crianças sobre as necessárias condições de segurança.

Em um primeiro momento, as crianças precisam identificar e providenciar os materiais necessários para montar o circuito, para em seguida combinar de que maneira irão percorrê-lo e se há indicações suficientes para essa tarefa.

Em pequenos grupos, as crianças podem organizar o espaço elegendo e montando as estações, reunindo os materiais necessários e decidindo quais movimentos fazer.

Variação da atividade – organizar a turma em dois grupos e propor que, enquanto um grupo realiza o percurso, o outro observe, para controlar se o itinerário é viável ou não. Depois, todos conversam sobre as dificuldades que possam ter surgido, realizam ajustes e adequações de acordo com os diferentes níveis de destreza alcançados pelos colegas. Os grupos que realizam os percursos e os observadores se alternam.

Essa organização oferece a possibilidade de promover o trabalho grupal, com maior participação das crianças na seleção e na disposição dos materiais e aparatos para montar estações, circuitos

ARQUIVO PESSOAL DAS AUTORAS

e percursos. A tarefa compartilhada promove a **autonomia** e evita a inatividade das crianças em esperar sua vez.

Cooperação – nesta segunda etapa, avaliamos o andamento da cooperação entre adultos e crianças, entre duplas ou grupos de crianças.

ETAPA 3: MAPAS

Interpretar representações do espaço

Mapas – as representações dos objetos de um circuito e as formas de percorrê-lo, feitas pelo professor ou retiradas de livros, são mapas que as crianças podem consultar para construir novos circuitos.

Interpretar uma representação gráfica e representar objetos do espaço tridimensional em um plano de duas dimensões, como uma folha de papel, são competências fundamentais para o desenvolvimento das crianças e um instrumento potente para adquirir novos conhecimentos. As representações espaciais (esquemas, desenhos, mapas) substituem a percepção e a ação imediatas sobre o ambiente, comunicando informações espaciais.

Desenhar cria problemas próprios da representação para provocar, intencionalmente, o início da conceituação de alguns aspectos do ambiente físico. Temos aqui uma possibilidade de iniciar os alunos nos primeiros conhecimentos geométricos.

1. Passar pelos bambolês, contornando-os.
2. Subir a rampa e pular.
3. Rolar no colchonete.
4. Passar dentro do túnel de pano.

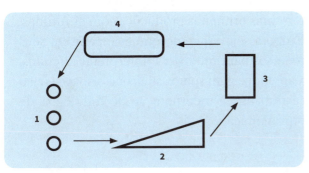

a) Esquema de um circuito.

b) Esquema de um circuito.

Ditar percurso – outra possibilidade é ditar um percurso para as crianças realizarem. Por exemplo: passar à direita da corda, à esquerda da caixa, por cima do banco, por baixo da mesa e saltar dentro dos bambolês. Enquanto um grupo realiza o trajeto, os demais observam, para controlar se estão fazendo o caminho correto. Depois, todos se reúnem para analisar as dificuldades que podem ter surgido.

Esse é um contexto favorável para utilizar e aprimorar um vocabulário específico que permite diferenciar e interpretar informações espaciais.

Para esta terceira etapa, nosso olhar atento procura captar as diferentes interpretações das crianças na passagem de uma representação bidimensional (o mapa de um circuito motor) para percurso em ação no espaço tridimensional.

PARA AVALIAR
OBSERVAR, ESCUTAR E REGISTRAR

Essa sequência contempla dois níveis de avaliação:

- um voltado para a exploração de movimentos relacionados ao espaço e objetos;
- outro voltado para as representações gráficas de um espaço.

Conversar com as crianças sobre suas conquistas motoras, sobre os desafios enfrentados ao percorrer os diferentes circuitos é uma primeira forma de avaliação, importante para a construção e a percepção de sua imagem corporal e de suas competências motoras. Além disso, vale registrar a forma como cada criança se envolveu com a atividade e suas conquistas motoras.

Para avaliar as representações gráficas, você pode organizar uma exposição das produções das crianças e propor que a turma observe os desenhos e avalie se é possível construir os circuitos representados.

Algumas perguntas podem contribuir para essa análise:

- *Quais objetos aparecem em todos os desenhos?*
- *Todas as crianças representaram esses objetos da mesma maneira?*
- *Esses objetos foram representados vistos de cima ou de lado?*
- *Alguém usou setas para indicar o caminho a seguir?*

Depois, você pode propor que as crianças façam um novo desenho e, por fim, comparem suas primeiras produções com as últimas. Embora seja esperado que avancem em seus recursos para produzir e interpretar circuitos, a aprendizagem sobre as relações espaciais não se restringe à incorporação de estratégias de representação.

É preciso olhar também para o tipo de interações que promovem e para as reflexões produzidas em classe.

PRÉ-ESCOLA

MATERIAIS DE AVALIAÇÃO

SEQUÊNCIA DIDÁTICA
Muitos caminhos

42 APRENDER COM A CRIANÇA

ETAPA 4: DESENHOS
Produzir uma representação gráfica

Depois de percorrer um circuito, já em sala, as crianças podem representar o trajeto realizado. Produzir uma representação gráfica de um espaço tridimensional envolve tomar decisões sobre o que considerar e o que deixar de lado no desenho.

Para elaborar os próprios desenhos, as crianças podem tomar como referência as representações utilizadas na etapa anterior e analisar como os objetos e as indicações foram representados, observando se as informações fornecidas são suficientes. Algumas perguntas podem contribuir para essa reflexão:

- *Quais objetos foram representados?*
- *Os objetos foram representados vistos de cima ou de lado?*
- *Como foram feitas as indicações?*
- *As pessoas são representadas ou não?*

Inventar circuito – outra possibilidade é organizar as crianças em grupos e propor que inventem um circuito, representando-o graficamente. Depois, os outros grupos deverão construí-lo e realizá-lo consultando a representação. Essa proposta coloca mais um desafio para as crianças, que é considerar quem irá interpretar a representação.

- *Como saber o que é para fazer ao chegar no colchonete?*
- *Como indicar que é para passar por baixo da mesa e não por cima?*
- *Quando for para passar por cima, como fazer?*
- *Como saber para que lado será preciso virar?*

Introduzir progressivamente algumas restrições torna a tarefa mais complexa; uma possibilidade é estabelecer que não se podem fazer esclarecimentos verbais. Essa restrição faz com que as crianças busquem maior precisão nas indicações fornecidas e combinem a utilização de alguns códigos para representar e orientar os deslocamentos, como setas e números para indicar a ordem que deve ser seguida.

Exposição – depois de percorrer os circuitos de todos os grupos, as representações de cada um podem ser expostas e analisadas por todos, observando se as informações representadas foram suficientes ou não. A discussão sobre os diferentes pontos de vista, a busca de argumentos a favor ou contra incluir determinados elementos e relações na representação coloca novos problemas às crianças, levando-as a analisar de uma maneira mais explícita os conhecimentos que colocaram em jogo no momento de elaborar o desenho.

PRÉ-ESCOLA

MATERIAIS DE AVALIAÇÃO

SEQUÊNCIA DIDÁTICA
Muitos caminhos: representações

As crianças representam os circuitos percorridos.

As crianças também podem planejar antecipadamente como serão os circuitos que irão percorrer.

Biblioteca na sala

Espaço de encontros com livros e leitores

> Bastam um tapete e alguns cestos de livros escolhidos com cuidado. O essencial da biblioteca está aí.
>
> PATTE, Geneviève. *Deixem que leiam*. Rio de Janeiro: Rocco, 2012. p. 103.

Sabemos hoje, pelas notícias da prática, das pesquisas e dos estudos, que é muito importante que as crianças, desde bebês, possam conviver com livros e leitores.

Ouvir a leitura de uma história, explorar a forma como as imagens dos livros representam objetos do mundo e apresentam cenas do que ocorre ao longo da narrativa, ter contato com elementos da arte e da cultura por meio do trabalho dos autores e ilustradores, experimentar sentimentos e realidades são algumas das possibilidades que se abrem à criança no espaço aconchegante de uma biblioteca de sala.

Diferentes sentidos da leitura

Pouco a pouco as crianças começam a descobrir que podem se apropriar do conteúdo dos livros, como de algo parecido com a memória. Depois de terminada a leitura do adulto, ouvem ecos do texto ao relembrar a história. Experimentam possibilidades de significados e desdobram associações ao recordar trechos da narrativa e repetir frases preferidas, como se fossem encantamentos ("e, todavia, fazia calor"). Descobrem também que quem leu lhes deu um texto completo – um poema, uma história ou simplesmente uma adivinha – como uma experiência total à qual podem voltar por si mesmos. Podem, inclusive, reconstruir a história em sua cabeça, de tal forma que Cachinhos Dourados e os três ursos possam ser amigos, ou que a Cinderela possa mandar o príncipe fazer suas malas, porque prefere ficar em casa.

MEEK, Margaret. *En torno a la cultura escrita*. México: FCE, 2004. p. 137. (Tradução nossa.)

Para organizar a biblioteca de sala não é preciso muito, como bem diz Geneviève Patte (2012), uma especialista francesa em bibliotecas infantis – basta delimitar um espaço com o uso de um tapete e, talvez, algumas almofadas, selecionar um conjunto de livros de qualidade e, algo essencial, a presença de um educador que compartilha sua leitura, ao fazê-la em voz alta, e compartilha, também, seu conhecimento sobre os livros, ao apresentá-los para as crianças.

Na hora de selecionar o acervo é comum nos depararmos com algumas perguntas:

• *Que livros escolher?*

É interessante propor uma variedade de gêneros e autores: livros de contos clássicos, livros-álbum – em que texto e imagem dialogam para criar o sentido da narrativa –, livros de histórias que conversem com o cotidiano das crianças e livros que falem de outras realidades, tempos e culturas, livros de autores contemporâneos e de autores clássicos, livros que falem de temas da ciência, como animais e planetas, livros só de imagens, livros com abas e efeitos *pop-up*.

• *Como saber que um livro infantil é um bom livro para minha turma?*

Um livro interessante para a leitura do educador é um livro interessante para as crianças. Vale procurar livros que criem um diálogo interessante com as crianças, gerem curiosidade, convidem a uma nova leitura e permitam descobertas crescentes.

• *Qual é um bom tamanho de acervo para atender a minha turma?*

Se for possível para a escola designar dois a três livros por criança para formar a biblioteca de sala, o acervo formado vai possibilitar liberdade de escolha e criar um melhor espaço para a construção de preferências leitoras pelas crianças.

Compartilhar a leitura com uma criança é também compartilhar afeto.

CAPÍTULO 1 | ORGANIZAÇÃO DO ESPAÇO

Outras questões que merecem reflexão são:

• *O que considerar ao escolher um livro para diferentes faixas etárias? Pegar o que está disponível no momento, ou planejar uma leitura baseada em critérios?*

• *Se as crianças trouxerem livros para a escola, devemos ler todos?*

• *Quais critérios norteiam a escolha de uma leitura e dos livros ofertados para as crianças?*

Cuidados com o acervo

A organização e o cuidado com o acervo são tarefas que podemos compartilhar com as crianças, desde pequenas, estabelecendo coletivamente critérios para classificação dos livros. Por exemplo: etiquetas vermelhas para livros de contos, verdes para livros que falem sobre curiosidades dos animais, ou separar livros de uma mesma coleção etc.

Também desde cedo podem ser compartilhados os cuidados e o compromisso com a conservação dos livros, conversando sobre os cuidados necessários e consertando os livros junto com as crianças.

PRÉ-ESCOLA

MATERIAIS GRÁFICOS

SELEÇÃO DE OBRAS LITERÁRIAS
Critérios de seleção de obras literárias: um olhar para a Educação Infantil.
Ana Flávia Alonço Castanho

Livros transformadores

O autor e crítico inglês Aidan Chambers, que esteve no Brasil participando do Conversas ao Pé da Página IV (2014), defende que o espaço da leitura literária destinada às crianças e aos jovens seja preenchido, sobretudo, pelo que chama de "livros transformadores" – aqueles que não temem os lugares incomuns.

Para Chambers, a dificuldade com esses livros reside, na maioria das vezes, na falta de compreensão e consequente não aceitação por parte do adulto mediador da leitura e não da criança ou jovem, já que sua genuína inocência lhes permite viver efetivamente a experiência estética da leitura, sem que preconceitos influenciem sua interação com a obra. Não se trata de uma inocência romântica, mas de uma abertura perceptiva necessária ao encontro com o conhecimento artístico. É por isso que os pequenos leitores transitam por esta "terceira margem" e não raro vivem encontros frutíferos.

[...]

• *O que há, então, nesses "livros transformadores"?*

Ainda segundo Chambers, podemos defini-los da seguinte maneira:

> [...] enriquecem em algum grau minha imagem do mundo e sua existência; me ajudam a conhecer-me e a compreender os outros e a sociedade em que vivo, assim como a sociedade em que vivem as outras pessoas. Os livros transformadores têm muitos níveis, múltiplos temas, são linguisticamente conscientes e densos. O tipo de escritura oposta é reducionista, limita o que lemos a estreita margem do familiar, do óbvio, do imediatamente atrativo e se concentra em temas e tratamentos confinados ao complacente e já ensaiado (CHAMBERS, Aidan. *Conversaciones*. México: Fondo de Cultura Económica, 2008. p. 40, tradução nossa).

Densidade, consciência e multiplicidade são adjetivos que podem ser equivocadamente traduzidos por muitos mediadores como sinônimos de "livros difíceis" ou "obscuros". Neste caso, é necessário perguntar-se:

• *Difíceis para quem?*
• *Obscuros por quê?*

Novamente, nos vemos às voltas com preconcepções que habitam muito mais os leitos estreitos por onde trafegam adultos acostumados a um certo tipo de navegação do que às caudalosas águas nas quais, sem medo, mergulham os leitores mais sedentos, afeitos a aventuras luminosas.

Certamente esta é uma das razões que explica o lugar escondido onde permanecem muitas vezes os "livros transformadores". Colocados nas últimas prateleiras das estantes nas livrarias e bibliotecas, no fundo dos baús e caixas circulantes de livros ou estigmatizados nas seções intituladas "livros para falar de assuntos difíceis", o fato é que seguem desconhecidos. Isso também ocorre porque são livros que, em geral, pedem uma conversa posterior à leitura. Não uma "prestação de contas" sobre o que se entendeu da história, mas um diálogo, um espaço para construir sentidos compartilhados, alargar horizontes, penetrar bosques e encontrar clareiras. Como também afirma Chambers, "conversar sobre um livro é voltar a lê-lo" e esses "livros transformadores" exigem leituras e releituras – e, claro, um interlocutor qualificado.

TAVARES, Cristiane Fernandes. Os lugares incomuns. *Emília*, São Paulo, 21 jul. 2014. Disponível em: <goo.gl/QifU3V>. Acesso em: 10 Jan. 2018.

Leitura e conversa

A partir de considerações de Aidan Chambers algumas perguntas podem inspirar a troca de ideias e considerações sobre livros:

– Você já conhecia essa história?
– Teve algo diferente dessa vez?
– Há quanto tempo vocês acham que aconteceu essa história?
– Em que lugar vocês acham que essa história se passou?
– Que parte da história você mais gostou?
– Qual é seu personagem preferido?
– Você gostaria que algo tivesse acontecido de forma diferente?
– Teve alguma coisa que você não gostou?
– Houve algo que você achou maravilhoso?
– Encontrou alguma coisa que você nunca havia visto em um livro?
– A primeira vez que você viu esse livro, antes da leitura, como você pensava que ele seria?
– E depois da leitura, foi o que você esperava?
– Você conhece outros livros como esse?
– O que você diria a seus amigos sobre esse livro?

CHAMBERS, Aidan. *Conversaciones*. México: Fondo de Cultura Económica, 2008. p. 44. (Tradução nossa.)

Bastam algumas perguntas para iniciar com as crianças uma boa conversa, deixando fluir suas sensações e descobertas sobre o livro, imagens sugestivas a compartilhar com os colegas.

Em casa, junto com pessoas da família, retomar os livros e leituras é uma oportunidade para a criança criar seus próprios espaços de leitura, experimentando uma possibilidade maior de fruição do livro. Assim avançam na apropriação de comportamento como leitores.

> O empréstimo de livros oferece às crianças a possibilidade de explorar outros espaços de leitura, mais privados, em outros ritmos. Por isso, é importante verificar se a escola tem a possibilidade de separar um acervo de livros para o empréstimo.

Garantir um espaço para que a criança possa manusear e explorar o livro sozinha, desde bebê, é importante para que ganhe intimidade com a prática da leitura.

Reinações de Narizinho

[...]

Como contar o que se seguiu? Eu estava estonteada, e assim recebi o livro na mão. Acho que eu não disse nada. Peguei o livro. Não, não saí pulando como sempre. Saí andando bem devagar. Sei que segurava o livro grosso com as duas mãos, comprimindo-o contra o peito. Quanto tempo levei até chegar em casa, também pouco importa. Meu peito estava quente, meu coração pensativo.

Chegando em casa, não comecei a ler. Fingia que não o tinha, só para depois ter o susto de o ter. Horas depois abri-o, li algumas linhas maravilhosas, fechei-o de novo, fui passear pela casa, adiei ainda mais indo comer pão com manteiga, fingi que não sabia onde guardara o livro, achava-o, abria-o por alguns instantes. Criava as mais falsas dificuldades para aquela coisa clandestina que era a felicidade. A felicidade sempre ia ser clandestina para mim. Parece que eu já pressentia. Como demorei! Eu vivia no ar... Havia orgulho e pudor em mim. Eu era uma rainha delicada.

Às vezes sentava-me na rede, balançando-me com o livro aberto no colo, sem tocá-lo, em êxtase puríssimo.

Não era mais uma menina com um livro: era uma mulher com o seu amante. ■

LISPECTOR, Clarice. Felicidade clandestina. In: _____. *Todos os contos*. Rio de Janeiro: Rocco, 2015. p. 393.

Rodas de biblioteca

As rodas de biblioteca podem acontecer sob dinâmicas diversas:

- Algumas vezes a proposta é que as crianças explorem os livros, lendo-os a sua própria maneira, leitura solitária ou compartilhada com amigos, pedindo ao professor que leia uma passagem especialmente interessante.
- Outras vezes, a roda começa com a leitura em voz alta feita pelo professor e prossegue com uma boa conversa e troca de ideias sobre o livro.
- Outras vezes, ainda, o propósito da roda é que as crianças escolham o livro que levarão para casa, para ler com suas famílias.

> Neste caso, a roda se finaliza com as crianças preenchendo suas fichas de empréstimo, colando etiquetas com seus nomes, no caso dos menores, escrevendo o próprio nome segundo suas hipóteses e saberes, no caso dos maiores.

PRÉ-ESCOLA

MATERIAIS GRÁFICOS

EMPRÉSTIMO DE LIVROS
Ficha de biblioteca

- Ou ainda, às vezes o propósito das rodas é compartilhar as leituras feitas em casa, junto com a família e fazer indicações literárias, compartilhando com os colegas algo que lhes chamou a atenção no livro e, se for o caso, dizendo com que colega elas acham que o livro "combina".

A roda de biblioteca na escola é um espaço onde a criança pode conviver com outros leitores, conversar e compartilhar sensações sobre as leituras realizadas, explorar, escolher, ouvir sugestões e recomendar novos livros. Ao longo desse processo, a criança desenvolve gostos e preferências por livros, gêneros e autores. Realizá-las regularmente na escola, semanalmente se possível, contribui para construir uma comunidade de leitores.

PARA AVALIAR
OBSERVAR, ESCUTAR E REGISTRAR

Atenção! As crianças:
- Participam do empréstimo de livros da biblioteca, indicando suas preferências?
- Escolhem livros para "ler" por si mesmas explorando suas páginas?
- Fazem parte da organização da biblioteca e do cuidado com os livros?
- Participam das conversas do grupo acerca das leituras realizadas, comentando e indicando livros de sua preferência, compartilhando trechos ou imagens de que gostaram, de que sentiram medo, tristeza ou alegria ao longo da leitura (mesmo que não convencionalmente)?

ARQUIVO PESSOAL DAS AUTORAS

A roda de biblioteca na escola é um espaço onde as crianças podem pedir ao professor que leia um trecho especialmente interessante.

CAPÍTULO 1 | ORGANIZAÇÃO DO ESPAÇO

ROTINA

"É provável que as trocas subsequentes entre seres humanos estejam sendo ensaiadas desde as primeiras espiadelas realizadas ainda no berço. Também parece altamente provável que a concepção gradual da criança de si mesma – sua compreensão emergente de que ela é um ser humano por sua própria natureza – é facilitada por conhecer outros seres deste modo. Para expressar sucintamente, as teorias da vida, da mente e o *self*, que têm se agregado pela idade escolar, originam-se nos intercâmbios cerceados mas prazerosos da primeira infância."

Howard Gardner, *A criança pré-escolar:* como pensa e como a escola pode ensiná-la

Banhaço!

No inverno ou no verão, banho precisa ser gostoso

Banho é uma situação prazerosa, que envolve muita delicadeza – uma sutil interação, pois temos que, ao mesmo tempo, preservar a intimidade da criança e nos aproximar de seu modo de ser. No banho, um contato próximo consigo mesmo e com o outro acontece.

É preciso, então, considerar que tiramos a roupa do bebê e depois do banho colocamos novamente, que há imersão em um outro meio (a água), com textura, temperatura, gosto bem diferentes do que, por exemplo, engatinhar vestido pela sala de chão liso, sentar na terra ou na grama sob a sombra das árvores, brincar na areia. A criança toma banho, um adulto dá o banho. Para fazer a mediação nesse momento de intimidade, brinquedos podem ser bem-vindos – objetos que boiam e que afundam, potinhos para fazer transvasamento, livros que podem molhar, lápis para desenhar nos azulejos –, há recursos simples e outros mais sofisticados. O importante é observar, respeitar e compreender as ações da criança – no banho ou em qualquer outra circunstância.

Há o banho diário atendendo às necessidades de higiene pessoal, mas há também, no ambiente

Menina ticuna dá banho no irmãozinho.
Aldeia Vendaval, Alto Solimões, AM.

ARQUIVO PESSOAL DAS AUTORAS

50 APRENDER COM A CRIANÇA

escolar, os banhos de esguicho, em banheiras, baldes, banho rolando na lama e brincar com água da torneira, e esses atendem às nossas necessidades de prazer e imaginação.

Sem falar de banho de rio, de cachoeira, de mar – aventuras inesquecíveis que estão na origem de nossa percepção sensível da realidade.

Ensino e aprendizagem

A educadora Telma Weisz (em *O diálogo entre o ensino e a aprendizagem*. São Paulo: Ática, 1999, p. 65) nos adverte: talvez não possamos escrever "ensino-aprendizagem", assim com hífen formando uma palavra só, pois o sujeito do ensino é o educador, enquanto o sujeito da aprendizagem é a criança. Há uma frase do grande escritor mineiro João Guimarães Rosa (1963) em *Grande sertão: veredas*, que diz o seguinte: "Mestre não é quem sempre ensina, mas quem de repente aprende".

Com certeza devemos pensar e nos referir a processos de ensino e de aprendizagem que muitas vezes, acontecem ao mesmo tempo. Aprender com a criança é o propósito deste livro de Educação Infantil, no qual buscamos inverter a lógica que durante séculos pautou a educação: o bom aluno aprenderia exatamente o que ensinamos, pouco a pouco acumulando nossos ensinamentos ao longo da vida e da escolaridade.

Essa visão, que indica uma pessoa passiva a receber ensinamentos dos adultos, foi chamada pelo grande educador brasileiro Paulo Freire de "educação bancária".

Com as pesquisas em psicologia que pautaram o século XX, possibilitando uma melhor compreensão de nosso modo de ser e agir no mundo, notadamente as contribuições de Jean Piaget (1896–1980) e seus colaboradores na Escola de Genebra, nossa intencionalidade educativa inverteu a ordem.

Primeiro o professor ensina, depois o aluno aprende. Agora sabemos que, para formular uma boa didática, precisamos fazer interagir o modo de ser e de pensar das crianças com as estruturas internas daquilo que propomos a elas, que fazem parte dos fenômenos naturais e de elementos das diversas culturas onde nos situamos.

Para isso, precisamos observar, escutar, registrar os procedimentos da criança para compreendê-la ou aprender com ela, a fim de que possamos desenhar e propor a elas atividades com chance de produzir aprendizagens significativas.

Essas atividades não estão prontas; todos os dias, quando recebemos as crianças no espaço e no tempo da Educação Infantil, precisamos concebê-las, realizá-las e avaliar seus resultados. É esta a nossa arte, é este o nosso trabalho.

Onde mora nossa percepção do mundo

Alessandra, de 1 ano e meio, é a terceira de sete irmãos. Na época da colheita de café, em Campinas, interior de São Paulo, todos iam para a roça, os maiores ajudando os pais, os menores brincando por ali, de esconde-esconde, de formar desenhos na terra com folhas, gravetos, pedrinhas, grãos de café, de pegar minhocas para pescar no rio.

No calor do meio-dia, Alessandra e seus pais, Ana e Benedito, descansam sob as árvores depois de terem almoçado o que trouxeram na marmita. Deitada em um pano, Alessandra contemplava as folhinhas da árvore tremulando na luz, umas mais escuras, outras mais claras iluminadas pelo sol, o rendilhado das folhas, seu farfalhar.

Como a colheita do café acontece por eito, os lugares da sesta iam mudando, um dia sombras mais generosas de uma mangueira, noutro de um abacateiro, às vezes a secura espinhosa de um mandacaru – abundante nessa região, contraforte da Serra da Mantiqueira, antes do auge do café, toda coberta por Mata Atlântica.

Biomas brasileiros.

As crianças têm uma percepção apurada do espaço onde estão.

GLOSSÁRIO
Percepção sensível

REZENDE, Maria Valéria. *Hai-quintal*: haicais descobertos no quintal. Belo Horizonte: Autêntica, 2011. p. 18.

Onde ficam nossos territórios?

Há estes territórios dentro de todos nós, como uma criança, ou um pai, ou o homem completo, e isto é o que me interessa mais do que qualquer outra coisa: onde moram em nós estes territórios. Quero dizer, a gente assume algo sobre alguém e de repente esta outra coisa aparece. De onde isto está vindo? Este é o mistério. É isto que é tão fascinante.

BRANTLEY, Ben. Sam Shepard, Storyteller. *The New York Times*, 13 nov. 1994. Disponível em: <goo.gl/98WgA4>. Acesso em: 10 jan. 2018 (Tradução nossa).

ATIVIDADE HABITUAL
Fio da memória

Durante a semana de planejamento na unidade em que trabalha, se possível, leve fotografias suas quando criança, fotos de lugares dos quais se lembra com emoção, ou mesmo algum objeto que conserva de sua infância. Quem teve a sorte de conviver em um quintal, entre frutas e passarinhos, com galos e galinhas, brincando com terra, areia ou capim, que traga para a roda de conversa a sua experiência.

A partir daí, puxem o fio da memória, entoando canções pelas quais tenham especial predileção, mostrem, contemplem fotografias uns dos outros, conversem. O objetivo da atividade é que cada um se comprometa com uma impressão, uma sensação, uma lembrança da infância que faz parte de você até os dias de hoje.

Escreva sobre ela, guarde-a para si. Ela será seu ponto de partida para sensibilizar-se e deixar-se afetar pelas sensações de cada uma das crianças que em breve você receberá no espaço e tempo da Educação Infantil.

Conversar é um bom modo de reatar o fio da memória.
Meninas participam do documentário
Era uma vez o Brasil, de Helena Tassara.

Eba! Vamos comer!

> A memória oral é fecunda quando exerce a função de intermediária cultural entre gerações.
>
> BOSI, Ecléa. *O tempo vivo da memória*: ensaios de psicologia social. São Paulo: Ateliê, 2003. p. 73.

Faz parte da história e das fortes impressões de todos nós os alimentos que recebemos em casa, tantas vezes de tradições culinárias que vêm de nossos avós, passadas oralmente de geração a geração e que nossos pais procuram manter. Tantas vezes, devido a deslocamentos geográficos em busca de uma vida melhor – vemos as fortes e dramáticas situações de imigrantes pelo mundo –, as pessoas buscam ancorar-se em seus hábitos alimentares. Alimento sempre tem a ver com terra, com afazeres domésticos, com família – os sabores de nossa infância. Os sabores, assim como os cheiros, nos dão a sensação essencial de pertencimento. E essa sensação de pertencimento é uma base essencial para gerar conhecimentos. No Capítulo 5, vamos trabalhar com receitas – registros de comidas preparadas com carinho e esmero pelas pessoas que cuidam de nós e nos querem bem. E isso nos inclui como educadoras.

Comer: cinco sentidos e o coração

Comer com afeto – é preciso confiança no que se come e em quem nos dá o alimento. Aprender a comer com gosto é um ato cotidiano que se constrói, com grande valor para a exploração e a manipulação dos alimentos, assim como para realizar algumas preparações simples.

A comida como experiência, a aprendizagem sensorial – nenhuma criança consome os alimentos sem que a experiência de comer seja mediada por alguma sensação ou emoção. A alimentação envolve uma aprendizagem tanto sensorial como emocional, e vai configurando uma dimensão social. Desse modo, uma educação alimentar é revelada por meninos e meninas.

Cor – explorar a cor é provocar o gosto, impactar a relação com a comida e o poder sensorial das crianças.

Cheiro – uma experiência sensorial é uma presença poderosa na memória.

Sabor – a criança amplia seu conhecimento a partir das sensações que provocam os alimentos que experimenta.

SABORES, SENSAÇÕES, SENTIMENTOS.

Textura – a exploração dos alimentos aguça o sentido do tato por intermédio do jogo com a língua e com a pele.

Mistura – a inspiração vem das mãos mesclando ingredientes, possibilitando transformar sua aparência, aroma, sabor, textura e cor. ■

Para comer... Cinco sentidos y el corazón. Valle del Cauca: MaguaRED, 2015. Disponível em: <goo.gl/EszFyX>. Acesso em: 10 Jan. 2018. (Tradução nossa.)

Sentir e experimentar alimentos próprios de sua região para recuperar e transmitir tradições a novas gerações é experiência que faz parte de nossa trajetória na Educação Infantil. Crianças e adultos, todos comemos. Que seja do modo mais prazeroso e significativo possível!

Temos que pensar na progressiva **autonomia** das crianças em aceitar e escolher alimentos, brincar e interagir umas com as outras também no momento da refeição, apreciando essa hora tão especial do cotidiano.

Parte importante da conquista progressiva de autonomia neste caso é poder se servir, escolhendo a quantidade e a variedade de comida que apetece a cada um. A nós compete preparar e disponibilizar às crianças cores e sabores para...

NHAC! COMER COM GOSTO.

Café da manhã nordestino. Banana-da-terra frita, seriguela (muito perfumada, em suco, ou sorvete – delícia!), pinha (no Sul é chamada de fruta-do-conde), requeijão de corte, cuscuz de milho, café com leite, café puro.

Bananas têm alto teor nutritivo, podem ser consumidas ao natural ou preparadas em doces e salgados da culinária brasileira.

ATIVIDADE HABITUAL
Conversar sobre comida

Ainda durante a semana de planejamento, muito interessante é localizar no mapa de biomas brasileiros o local de nascimento dos educadores que fazem parte da equipe. Bom mesmo seria que toda equipe fizesse parte desta reunião, muito especialmente, as pessoas que trabalham na cozinha preparando os alimentos.

E aí, conversar sobre comida, como se revelava a cada um os sabores da infância.

O conhecimento, gerado em equipe, faz parte de planejar o cardápio da creche da instituição que atende as crianças, estudando-se a distribuição e variedade dos alimentos por refeição, o quanto os modos de preparo acolhem as tradições regionais de frutas, verduras, cereais, carnes e peixes, o equilíbrio entre o que é necessário para vivermos bem, uma vez que nossa energia é a conversão, para as células, do que ingerimos.

Caso sua escola mantenha uma horta, abrem-se perspectivas muito boas de investigação com as crianças sobre a sazonalidade de plantio das sementes, de corte ou colheita, de como tratar a terra, da quantidade de sol e água que cada verdura recebe melhor. Comer é um ato diário e quanto mais participamos do preparo, das misturas combinando cores e texturas, maior o prazer e significado nas refeições.

Compartilhar o que foi plantado na horta que todos viram crescer é também passo importante para **autonomia**.

CRECHE	MATERIAIS GRÁFICOS
	VÍDEO Cuidados humanos *Damaris Gomes Maranhão*

PRÉ-ESCOLA	MATERIAIS DE AVALIAÇÃO
	ATIVIDADE HABITUAL Conversar sobre comida

BIGUETI, Rosineia Aparecida. *Cozinha é lugar de criança* (Org.). São Paulo: SESI-SP Editora, 2016. p. 11.

Dormir, devanear, sonhar

Todos nós temos a experiência do lusco-fusco entre dormir/ acordar/ adormecer, aquele retiro necessário para nós mesmos, descansando das múltiplas exigências externas. São momentos de imagens fugidias, de sensações esparsas que talvez originem sonhos que depois não conseguimos recuperar.

AS PALAVRAS NÃO DÃO CONTA DA EXUBERÂNCIA DA VIDA DO SONHADOR.

DORMIR É NECESSÁRIO, É REPARADOR, É ÍNTIMO.

Importante, no espaço e tempo da Educação Infantil, assegurar que as crianças tenham a possibilidade desse momento. Até os 3 anos de idade, é preciso que as creches disponibilizem um espaço acolhedor e silencioso, com cortinas que amenizem a luz, para que as crianças possam descansar, adormecer, sentindo o sono gostoso ir tomando conta da vigília. Não podemos obrigar ninguém a dormir! Mas temos de criar condições coletivas para que todos possam se recolher.

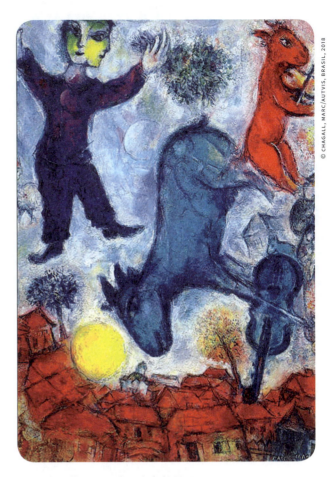

Marc Chagall. *Vacas sobre Vitebsk*, 1966. Óleo sobre tela, 116 cm x 89 cm.

Durante o período da Educação Infantil, colchonetes num cantinho mais reservado da sala podem servir à necessidade de repouso e devaneio de uma criança que deseje dormir. Nós precisamos atender e respeitar esse seu momento.

O pintor russo Marc Chagall nasceu na pequena aldeia de Vitebsk, que lhe deu referências afetivas para a criação de boa parte de sua obra. Sendo judeu, sobreviveu às duas grandes guerras do século XX, tendo se refugiado nos Estados Unidos e vivido boa parte da vida na França. Sua pintura pode ser considerada onírica, pois, tal como num sonho, as figuras dançam e flutuam no espaço da tela, assumem cores e feições diferentes, misturam-se em vários planos.

Se eu crio a partir do coração, quase tudo funciona, se a partir da cabeça, quase nada.

Marc Chagall

BRINCADEIRAS

"[...] quando certos níveis de intensidade e frequência de atividade neuronal ocorrem em pequenos circuitos neurônicos, quando alguns desses circuitos são ativados sincronicamente [ao mesmo tempo] e quando certas condições de conectividade de rede são atendidas, o resultado é uma 'mente com sentimentos'."

"Os sentimentos primordiais e suas variações emocionais geram um coro observador que acompanha todas as outras imagens em curso na mente."

António Damásio, *E o cérebro criou o Homem*

Objetos transicionais

Na origem da necessidade e da possibilidade de brincar, que é muito forte na nossa espécie, está a imitação, a *mímesis* dos antigos gregos, que é a possibilidade de colocar uma coisa no lugar de outra, representar por semelhança. Em "O mar vem a Benjamim", texto que abre o Capítulo 1, vemos que o menino age por analogia – se a tabuinha-graveto que jogo no mar volta flutuando nas ondas, eu também posso entrar, até o limite onde me sinta seguro, e serei devolvido à praia. Para assegurar-se, a criança repete várias vezes a mesma ação, age por semelhanças e analogias e não por princípio de identidade. Quer dizer, isso parece com aquilo, mas não é igual àquilo. Entre Benjamim e o mar, o graveto realiza uma transição entre o mundo interno da criança e o fenômeno externo – a praia.

> Objetos aos quais as crianças atribuem significado foram chamados de transicionais pelo pediatra e psicanalista inglês Donald Winnicott (1896-1971), em *O brincar e a realidade*.

O brincar e a realidade

A criança traz para dentro dessa área da brincadeira objetos ou fenômenos oriundos da realidade externa, usando-os a serviço de alguma amostra derivada da realidade interna ou pessoal. Sem alucinar, a criança põe para fora uma amostra do potencial onírico e vive com essa amostra num ambiente escolhido de fragmentos oriundos da realidade externa. No brincar, a criança manipula fenômenos externos a serviço do sonho e veste fenômenos externos escolhidos com significado e sentimento oníricos. ■

WINNICOTT, D. W. *O brincar e a realidade.* Rio de Janeiro: Imago, 1975. p. 76.

Quando solicitamos aos pais que tragam um cobertor, brinquedo de pelúcia ou outro objeto, eles podem realizar a transição entre casa e escola, pela atribuição afetiva da criança. Assim, um **objeto transicional** pode possibilitar a passagem entre o mundo interno da criança e a realidade exterior, sendo o espaço da brincadeira fundamento da constituição de si próprio. O eu, ou *self*, a nossa individualidade se origina e se desenvolve nas brincadeiras.

encenar o que ainda não está pronto. E o **brincante**, a criança, é alguém que, mobilizado pelo afeto de seu mundo interno, procura compreender a realidade, e assim constitui seu próprio eu.

GLOSSÁRIO
Objeto transicional

> Na vida adulta, brincar – imaginar algo no lugar de outra coisa – origina arte e ciência.

EXPLORAR E PESQUISAR são ações necessárias na brincadeira: o bom brincante é curioso, cria múltiplas possibilidades no uso dos brinquedos, assimilando-as ao seu próprio modo de ser.

O mundo interno mobiliza e a criança busca inspiração na cultura para suas brincadeiras. Na brincadeira de hoje talvez se possa esperar uma superação efetiva daquele equívoco básico que acreditava ser a brincadeira da criança determinada pelo conteúdo imaginário do brinquedo, quando, na verdade, dá-se o contrário. A criança quer puxar alguma coisa e torna-se cavalo, quer brincar com areia e torna-se padeiro, quer esconder-se e torna-se bandido ou guarda.

BENJAMIN, W. *Reflexões sobre a criança, o brinquedo e a educação*. São Paulo: Duas Cidades, 2002. p. 93.

Brinquedos são objetos que dão suporte às brincadeiras; quanto menos prontos, mais poderão servir às transições imaginadas pela criança. **Brincadeira** é uma ação que encena conteúdos imaginários, um jogo de semelhanças que sustenta a vida humana (SEKKEL, 2016); **brincar** é

Brincadeiras ioiô

Interações entre duplas de crianças

Sabemos que os ioiôs são brinquedos que vão e vêm quando arremessados; os bumerangues também oferecem essa possibilidade. São brinquedos solitários; mas podemos propor às crianças brinquedos que vão e vêm para brincar em parceria.

As interações entre duplas de crianças podem acontecer em brincadeiras de objetos que vão e vêm – os jogos com bola são sempre um bom exemplo disso. No caso das brincadeiras com bola, estas poderão futuramente se desenvolver em jogos com regras, competitivos, como tênis, vôlei (em duplas) ou o futebol, em que as interações entre os jogadores podem ocorrer em "dobradinhas", como é o caso

Em brinquedos como o gira-gira, as crianças precisam interagir para coordenar seus movimentos.

CAPÍTULO 1 | BRINCADEIRAS

dos passes. No âmbito da Educação Infantil, as regras são fluidas. Para as crianças é possível jogar com três bolas, ter três goleiros: o que importa para as crianças de 3 a 5 anos e 11 meses é a qualidade de **interação** alcançada na **brincadeira**.

Brincar com carrinhos

Sentadas a uma boa distância uma da outra, com as pernas abertas, uma das crianças envia um carrinho, ou qualquer brinquedo que role, ao parceiro, que o devolve do seu próprio jeito. Entre idas e vindas, erros e acertos na trajetória, velocidades diferentes imprimidas ao objeto, cria-se um ritmo próprio da interação de cada dupla.

No caso de os carrinhos abrirem portas ou serem abertos, bonequinhos ou animaizinhos, ou ainda objetos menores, podem ser colocados dentro deles, e aí funcionam como uma espécie de correio entre os parceiros.

Construir ou montar – com blocos de construção ou com jogos de encaixe, as crianças podem montar uma construção a meia distância entre os brincantes, com uma ponte que permita a passagem de carrinhos. Essa construção pode ser desmanchada e refeita pelas crianças de modo a ajustar, por tentativa e erro, a passagem dos carrinhos ou objetos rolantes – rolhas, cilindros de madeira, tampas etc.

Brincar com carrinhos.
Construção e montagem.

Brincar com bolas

A brincadeira pode ocorrer de forma semelhante aos carrinhos, mas com aumento da distância entre os parceiros da dupla. Em áreas externas, as bolas podem também ser roladas em planos inclinados (como o escorregador), em percursos (p. 37) podem ser arremessadas ou passadas de uma para outra criança, aprimorando-se a intenção e a precisão dos passes.

Pêndulo com bola – é possível fazer uma grande bola de meias e retalhos, ou uma bola de papel machê, e com um longo barbante, pendurá-la no centro do teto da sala; duas crianças colocadas cada uma em um dos cantos da sala envia a bola para a outra e as duas deixam com que a bola oscile como um pêndulo, observando seu movimento até parar. Depois cabe à outra criança arremessar a bola, de modo que, a partir da observação, os parceiros se posicionem para pegar a bola arremessada sem mover-se do lugar.

Brincar com carrinhos.

Brincar com bola.

60 APRENDER COM A CRIANÇA

Brincar com bola. Pêndulo.

 PRÉ-ESCOLA

MATERIAIS GRÁFICOS

RECEITA
Papel machê

Brincar com cordas e elásticos

Pular, enroscar mãos e pés, ultrapassar tramas de cordas, barbantes e fitas são brincadeiras de interação entre dois ou mais parceiros, prevendo-se o ir e vir das cordas impulsionadas por uma dupla.

Brincar com cordas e elásticos.

PARA AVALIAR
OBSERVAR, ESCUTAR E REGISTRAR

Modos de avaliação:
- avaliamos por **registros escritos** – anotando postura, atitude, diálogos entre as crianças, intenção de direcionar o objeto ao parceiro;
- avaliamos por **registros audiovisuais** – posicionando a câmera para captar as crianças e a trajetória da bola ou carrinho;
- avaliamos a **qualidade da interação** entre as crianças.

 PRÉ-ESCOLA

MATERIAIS DE AVALIAÇÃO

ATIVIDADE HABITUAL
Brincadeiras iôiô

CAPÍTULO 1 | BRINCADEIRAS | 61

PARA ASSISTIR, PENSAR E CONVERSAR

Título: *Mutum*
Direção: Sandra Kogut
Categoria: Drama/Nacional
Duração: 87'
País: Brasil
Ano: 2007

Para realizar *Mutum*, a diretora Sandra Kogut fez extensa pesquisa sobre a infância no sertão em escolas rurais do norte de Minas Gerais. Assim conheceu Thiago e Felipe, que dão vida a Miguilim, da obra *Campos Gerais* de João Guimarães Rosa. Thiago ama a mãe, o tio, o irmãozinho (Felipe, no filme), os animais. Vivemos com ele de modo intenso emoções e sutilezas – a descoberta do mundo pelo olhar de um menino.

"Mutum", palavra palíndroma (que pode ser lida de trás para frente), é o universo que Thiago, já com os óculos do doutor que o leva para cidade, vislumbra com a sensação de pertencer/não pertencer à própria infância.

PARA LER E VER COM AS CRIANÇAS

Título: O ratinho, o morango vermelho maduro e o grande urso esfomeado
Autoria: Don e Audrey Wood
Ilustrações: Don Wood
Editora: Brinque Book
Ano: 2007

Na história contada aqui, um ratinho, que acaba de descobrir um grande morango vermelho e maduro, é advertido, por um personagem misterioso, a tomar cuidado para que o grande urso esfomeado não o coma. Ao final, o ratinho decide dividir seu morango com esse personagem e comê-lo, deixando várias respostas a cargo do leitor:

• *Quem era o personagem misterioso?*

• *O grande urso esfomeado realmente existia?*

• *Ou era uma invenção do misterioso personagem para conseguir um pedacinho do morango?*

PARA **LER** E **VER** COM AS CRIANÇAS

Título: *O ursinho apavorado*
Autoria: Keith Faulkner
Ilustrações: Jonathan Lambert
Editora: Companhia das Letrinhas
Ano: 2000

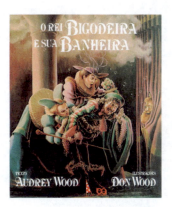

Título: *O rei Bigodeira e sua companheira*
Autoria: Audrey Wood
Ilustrações: Don Wood
Editora: Ática
Ano: 1996

Trata-se de um livro *pop-up* que compartilha com o leitor os medos que o ursinho sente na hora de apagar a luz e dormir e a ação carinhosa de seu pai ao ajudá-lo a enfrentar esses medos. Este livro *pop-up* é um desses em que as ilustrações no plano da página se articulam a dobraduras que trazem movimento à história, ao abrir e fechar de cada página.

Esse é um clássico contemporâneo da literatura infantil, que conta a história de um rei que não quer sair de sua banheira e o esforço de seus súditos em tirá-lo de lá. A construção da narrativa em que um mesmo trecho se repete, com poucas modificações, a cada tentativa de tirar o rei da banheira, cativa os pequenos leitores.

INTERAGIR E PARTICIPAR DE BRINCADEIRAS

ESPAÇO E TEMPO NA EDUCAÇÃO INFANTIL

OBJETIVOS DE APRENDIZAGEM E DESENVOLVIMENTO

CAMPO DE EXPERIÊNCIAS
- **EO** O EU, O OUTRO E O NÓS
- **CG** CORPO, GESTOS E MOVIMENTOS
- **TS** TRAÇOS, SONS, CORES E FORMAS
- **OE** ORALIDADE E ESCRITA
- **ET** ESPAÇOS, TEMPOS, QUANTIDADES, RELAÇÕES E TRANSFORMAÇÕES

TABELA DE OBJETIVOS | EX: **EI03ET08**
- **EI** EDUCAÇÃO INFANTIL
- **ET** CAMPO DE EXPERIÊNCIA
- **03** FAIXA ETÁRIA
- **08** NÚMERO DO OBJETIVO

Fonte: *Base Nacional Comum Curricular*. Brasil: MEC, 2017.

O MAR VEM A BENJAMIM

CRECHE

EI01EO02 – Perceber as possibilidades e os limites de seu corpo nas brincadeiras e interações das quais participa.

EI01CG02 – Ampliar suas possibilidades de movimento em espaços que possibilitem explorações diferenciadas.

EI01TS02 – Traçar marcas gráficas, em diferentes suportes, usando instrumentos riscantes e tintas.

EI01ET03 – Explorar o ambiente pela ação e observação, manipulando, experimentando e fazendo descobertas.

EI02EO02 – Demonstrar imagem positiva de si e confiança em sua capacidade para enfrentar dificuldades e desafios.

EI02CG03 – Fazer uso de suas possibilidades corporais, ao se envolver em brincadeiras e atividades de diferentes naturezas.

EI02TS03 – Expressar-se por meio de linguagens como a do desenho, da música, do movimento corporal, do teatro.

PRÉ-ESCOLA

EI03EO02 – Atuar de maneira independente, com confiança em suas capacidades, reconhecendo suas conquistas e limitações.

EI03CG04 – Demonstrar valorização das características de seu corpo, nas diversas atividades das quais participa e em momentos de cuidado de si e do outro.

EI03TS02 – Expressar-se livremente por meio de desenho, pintura, colagem, dobradura e escultura, criando produções bidimensionais e tridimensionais.

EI03ET02 – Observar e descrever mudanças em diferentes materiais, resultantes de ações sobre eles, em experimentos envolvendo fenômenos naturais e artificiais.

ACOLHIMENTO

BOAS-VINDAS

CRECHE

EI01EO07 – Demonstrar sentimentos de afeição pelas pessoas com as quais interage.
EI01CG01 – Movimentar as partes do corpo para exprimir corporalmente emoções, necessidades e desejos.
EI01TS04 – Explorar diferentes fontes sonoras e materiais para acompanhar brincadeiras cantadas, canções, músicas e melodias.
EI01OE02 – Demonstrar interesse ao ouvir a leitura de poemas e a apresentação de músicas.
EI02EO03 – Compartilhar os objetos e os espaços com crianças da mesma faixa etária e adultos.
EI02CG01 – Apropriar-se de gestos e movimentos de sua cultura no cuidado de si e nos jogos e brincadeiras.
EI02TS04 – Utilizar diferentes fontes sonoras disponíveis no ambiente em brincadeiras cantadas, canções, músicas e melodias.

PRÉ-ESCOLA

EI03EO03 – Ampliar as relações interpessoais, desenvolvendo atitudes de participação e cooperação.
EI03CG05 – Criar com o corpo formas diversificadas de expressão de sentimentos, sensações e emoções, tanto nas situações do cotidiano quanto em brincadeiras, dança, teatro, música.
EI03TS03 – Apreciar e participar de apresentações de teatro, música, dança, circo, recitação de poemas e outras manifestações artísticas.
EI03OE02 – Inventar brincadeiras cantadas, poemas e canções, criando rimas, aliterações e ritmos.
EI03ET07 – Relatar fatos importantes sobre seu nascimento e desenvolvimento, a história dos seus familiares e da sua comunidade.

RECEPÇÃO AOS PAIS E CRIANÇAS NA CRECHE

CRECHE

EI01EO03 – Interagir com crianças da mesma faixa etária e adultos ao explorar materiais, objetos, brinquedos.
EI01EO06 – Construir formas de interação com outras crianças da mesma faixa etária e adultos, adaptando-se ao convívio social.
EI01CG04 – Participar do cuidado do seu corpo e da promoção do seu bem-estar.
EI01OE01 – Reconhecer quando é chamado por seu nome e reconhecer os nomes de pessoas com quem convive.
EI01ET01 – Explorar e descobrir as propriedades de objetos e materiais (odor, cor, sabor, temperatura).
EI02EO01 – Demonstrar atitudes de cuidado e solidariedade na interação com crianças e adultos.
EI02EO03 – Compartilhar os objetos e os espaços com crianças da mesma faixa etária e adultos.
EI02EO07 – Valorizar a diversidade ao participar de situações de convívio com diferenças.

PAINEL DE FOTOS DE CADA UMA DAS CRIANÇAS DA EDUCAÇÃO INFANTIL

CRECHE

EI01EO06 – Construir formas de interação com outras crianças da mesma faixa etária e adultos, adaptando-se ao convívio social.
EI01OE01 – Reconhecer quando é chamado por seu nome e reconhecer os nomes de pessoas com quem convive.
EI01ET05 – Manipular materiais diversos e variados para comparar as diferenças e semelhanças entre eles.
EI02EO07 – Valorizar a diversidade ao participar de situações de convívio com diferenças.
EI02OE01 – Dialogar com crianças e adultos, expressando seus desejos, necessidades, sentimentos e opiniões.
EI02ET09 – Registrar com números a quantidade de crianças (meninas e meninos, presentes e ausentes) e a quantidade de objetos da mesma natureza (bonecas, bolas, livros etc.).

PAINEL DE FOTOS DE CADA UMA DAS CRIANÇAS DA EDUCAÇÃO INFANTIL

PRÉ-ESCOLA

EI03EO07 – Manifestar oposição a qualquer forma de discriminação.

EI03CG04 – Demonstrar valorização das características de seu corpo, nas diversas atividades das quais participa e em momentos de cuidado de si e do outro.

EI03ET01 – Estabelecer relações de comparação entre objetos, observando suas propriedades.

EI03ET07 – Relatar fatos importantes sobre seu nascimento e desenvolvimento, a história dos seus familiares e da sua comunidade.

CHEGADA DAS CRIANÇAS NO ESPAÇO DA EDUCAÇÃO INFANTIL

CRECHE

EI01TS02 – Traçar marcas gráficas, em diferentes suportes, usando instrumentos riscantes e tintas.

EI01ET02 – Explorar relações de causa e efeito (transbordar, tingir, misturar, mover e remover etc.) na interação com o mundo físico.

EI02EO03 – Compartilhar os objetos e os espaços com crianças da mesma faixa etária e adultos.

EI02CG06 – Desenvolver progressivamente as habilidades manuais, adquirindo controle para desenhar, pintar, rasgar, folhear, entre outros.

EI02TS02 – Utilizar diferentes materiais, suportes e procedimentos para grafar, explorando cores, texturas, superfícies, planos, formas e volumes.

EI02OE01 – Dialogar com crianças e adultos, expressando seus desejos, necessidades, sentimentos e opiniões.

PRÉ-ESCOLA

EI03EO06 – Compreender a necessidade das regras no convívio social, nas brincadeiras e nos jogos com outras crianças.

EI03CG03 – Demonstrar controle e adequação do uso de seu corpo em momentos de cuidado, brincadeiras e jogos, escuta e reconto de histórias, atividades artísticas, entre outras possibilidades.

EI03TS02 – Expressar-se livremente por meio de desenho, pintura, colagem, dobradura e escultura, criando produções bidimensionais e tridimensionais.

EI03OE01 – Expressar ideias, desejos e sentimentos sobre suas vivências, por meio da linguagem oral e escrita (escrita espontânea), de fotos, desenhos e outras formas de expressão.

EI03ET01 – Estabelecer relações de comparação entre objetos, observando suas propriedades.

EI03ET05 – Classificar objetos e figuras, de acordo com suas semelhanças e diferenças.

A CRIANÇA BEBÊ EM CASA, E NÓS, EDUCADORAS, NA CRECHE

CRECHE

EI01EO01 – Perceber que suas ações têm efeitos nas outras crianças e nos adultos.

EI01EO04 – Comunicar necessidades, desejos e emoções, utilizando gestos, balbucios, palavras.

EI01EO05 – Reconhecer as sensações de seu corpo em momentos de alimentação, higiene, brincadeira e descanso.

EI01EO06 – Construir formas de interação com outras crianças da mesma faixa etária e adultos, adaptando-se ao convívio social.

EI01EO08 – Desenvolver confiança em si, em seus pares e nos adultos em situações de interação.

EI01CG01 – Movimentar as partes do corpo para exprimir corporalmente emoções, necessidades e desejos.

EI01CG03 – Experimentar as possibilidades de seu corpo nas brincadeiras e interações em ambientes acolhedores e desafiantes.

A CRIANÇA BEBÊ EM CASA, E NÓS, EDUCADORAS, NA CRECHE

CRECHE

EI01CG04 – Participar do cuidado do seu corpo e da promoção do seu bem-estar.

EI02EO01 – Demonstrar atitudes de cuidado e solidariedade na interação com crianças e adultos.

EI02EO02 – Demonstrar imagem positiva de si e confiança em sua capacidade para enfrentar dificuldades e desafios.

EI02EO05 – Habituar-se a práticas de cuidado com o corpo, desenvolvendo noções de bem-estar.

EI02EO07 – Valorizar a diversidade ao participar de situações de convívio com diferenças.

EI02CG04 – Demonstrar progressiva independência no cuidado do seu corpo.

EI02ET02 – Observar, relatar e descrever incidentes do cotidiano e fenômenos naturais (luz solar, vento, chuva etc.).

PRÉ-ESCOLA

EI03EO01 – Demonstrar empatia pelos outros, percebendo que as pessoas têm diferentes sentimentos, necessidades e maneiras de pensar e agir.

EI03EO03 – Ampliar as relações interpessoais, desenvolvendo atitudes de participação e cooperação.

EI03EO08 – Usar estratégias pautadas no respeito mútuo para lidar com conflitos nas interações com crianças e adultos.

EI03CG01 – Movimentar-se de forma adequada, ao interagir com colegas e adultos em brincadeiras e atividades.

EI03OE01 – Expressar ideias, desejos e sentimentos sobre suas vivências, por meio da linguagem oral e escrita (escrita espontânea), de fotos, desenhos e outras formas de expressão.

EI03ET07 – Relatar fatos importantes sobre seu nascimento e desenvolvimento, a história dos seus familiares e da sua comunidade.

ALGUÉM QUE FALA, RESPONDE E CRIA NARRATIVAS

CRECHE

EI01EO04 – Comunicar necessidades, desejos e emoções, utilizando gestos, balbucios, palavras.

EI01EO07 – Demonstrar sentimentos de afeição pelas pessoas com as quais interage.

EI01CG05 – Imitar gestos, sonoridades e movimentos de outras crianças, adultos e animais.

EI01TS01 – Explorar sons produzidos com o próprio corpo e com objetos do ambiente.

EI01TS05 – Imitar gestos, movimentos, sons, palavras de outras crianças e adultos, animais, objetos e fenômenos da natureza.

EI01OE01 – Reconhecer quando é chamado por seu nome e reconhecer os nomes de pessoas com quem convive.

EI01OE06 – Comunicar-se com outras pessoas usando movimentos, gestos, balbucios, fala e outras formas de expressão.

EI02EO04 – Comunicar-se com os colegas e os adultos, buscando compreendê-los e fazendo-se compreender.

EI02TS01 – Criar sons com materiais, objetos e instrumentos musicais, para acompanhar diversos ritmos de música.

SONORIDADE DA LÍNGUA

CRECHE

EI01EO01 – Perceber que suas ações têm efeitos nas outras crianças e nos adultos.

EI01EO04 – Comunicar necessidades, desejos e emoções, utilizando gestos, balbucios, palavras.

EI01EO08 – Desenvolver confiança em si, em seus pares e nos adultos em situações de interação.

EI01CG05 – Imitar gestos, sonoridades e movimentos de outras crianças, adultos e animais.

SONORIDADE DA LÍNGUA

CRECHE

EI01TS01 – Explorar sons produzidos com o próprio corpo e com objetos do ambiente.

EI01TS04 – Explorar diferentes fontes sonoras e materiais para acompanhar brincadeiras cantadas, canções, músicas e melodias.

EI01TS05 – Imitar as variações de entonação e gestos realizados pelos adultos, ao ler histórias e ao cantar.

EI01OE06 – Comunicar-se com outras pessoas usando movimentos, gestos, balbucios, fala e outras formas de expressão.

EI01OE09 – Ter contato com diferentes instrumentos e suportes de escrita.

EI02EO04 – Comunicar-se com os colegas e os adultos, buscando compreendê-los e fazendo-se compreender.

EI02EO07 – Valorizar a diversidade ao participar de situações de convívio com diferenças.

EI02TS01 – Criar sons com materiais, objetos e instrumentos musicais, para acompanhar diversos ritmos de música.

EI02TS04 – Utilizar diferentes fontes sonoras disponíveis no ambiente em brincadeiras cantadas, canções, músicas e melodias.

EI02OE02 – Identificar e criar diferentes sons e reconhecer rimas e aliterações em cantigas de roda e textos poéticos, gestos, movimentos, sons, palavras de outras crianças e adultos, animais, objetos e fenômenos da natureza.

EI01OE02 – Demonstrar interesse ao ouvir a leitura de poemas e a apresentação de músicas.

EI01OE03 – Demonstrar interesse ao ouvir histórias lidas ou contadas, observando ilustrações e os movimentos de leitura do adulto-leitor (modo de segurar o portador e de virar as páginas).

A LEITURA PARA CRIANÇAS – MÚSICA DAS PALAVRAS

CRECHE

EI01EO01 – Perceber que suas ações têm efeitos nas outras crianças e nos adultos.

EI01EO02 – Perceber as possibilidades e os limites de seu corpo nas brincadeiras e interações das quais participa.

EI01EO04 – Comunicar necessidades, desejos e emoções, utilizando gestos, balbucios, palavras.

EI01EO05 – Reconhecer as sensações de seu corpo em momentos de alimentação, higiene, brincadeira e descanso.

EI01EO06 – Construir formas de interação com outras crianças da mesma faixa etária e adultos, adaptando-se ao convívio social.

EI01EO07 – Demonstrar sentimentos de afeição pelas pessoas com as quais interage.

EI01EO08 – Desenvolver confiança em si, em seus pares e nos adultos em situações de interação.

EI01CG01 – Movimentar as partes do corpo para exprimir corporalmente emoções, necessidades e desejos.

EI01CG03 – Experimentar as possibilidades de seu corpo nas brincadeiras e interações em ambientes acolhedores e desafiantes.

EI01CG04 – Participar do cuidado do seu corpo e da promoção do seu bem-estar.

EI01CG05 – Imitar gestos, sonoridades e movimentos de outras crianças, adultos e animais.

EI01TS01 – Explorar sons produzidos com o próprio corpo e com objetos do ambiente.

EI01TS04 – Explorar diferentes fontes sonoras e materiais para acompanhar brincadeiras cantadas, canções, músicas e melodias.

EI01TS05 – Imitar gestos, movimentos, sons, palavras de outras crianças e adultos, animais, objetos e fenômenos da natureza.

EI01OE01 – Reconhecer quando é chamado por seu nome e reconhecer os nomes de pessoas com quem convive.

EI01OE02 – Demonstrar interesse ao ouvir a leitura de poemas e a apresentação de músicas.

EI01OE03 – Demonstrar interesse ao ouvir histórias lidas ou contadas, observando ilustrações e os movimentos de leitura do adulto-leitor (modo de segurar o portador e de virar as páginas).

EI01OE04 – Reconhecer elementos das lustrações de histórias, apontando-os, a pedido do adulto-leitor.

EI01OE05 – Imitar as variações de entonação e gestos realizados pelos adultos, ao ler histórias e ao cantar.

EI01OE06 – Comunicar-se com outras pessoas usando movimentos, gestos, balbucios, fala e outras formas de expressão.

A LEITURA PARA CRIANÇAS – MÚSICA DAS PALAVRAS

CRECHE

EI01OE07 – Conhecer e manipular materiais impressos e audiovisuais em diferentes portadores (livro, revista, gibi, jornal, cartaz, CD, *tablet* etc.).

EI01OE08 – Ter contato com diferentes gêneros textuais (poemas, fábulas, contos, receitas, quadrinhos, anúncios etc.).

EI01OE09 – Ter contato com diferentes instrumentos e suportes de escrita.

EI01ET05 – Manipular materiais diversos e variados para comparar as diferenças e semelhanças entre eles.

EI02EO03 – Compartilhar os objetos e os espaços com crianças da mesma faixa etária e adultos.

EI02OE05 – Relatar experiências e fatos acontecidos, histórias ouvidas, filmes ou peças teatrais assistidos etc.

EI02OE06 – Criar e contar histórias oralmente, com base em imagens ou temas sugeridos.

EI02OE07 – Manusear diferentes portadores textuais, demonstrando reconhecer seus usos sociais e suas características gráficas.

EI02OE08 – Ampliar o contato com diferentes gêneros textuais (parlendas, histórias de aventura, tirinhas, cartazes de sala, cardápios, notícias etc.).

EI02ET04 – Identificar relações espaciais (dentro e fora, em cima, embaixo, acima, abaixo, entre e do lado) e temporais (antes, durante e depois).

EI02ET07 – Utilizar conceitos básicos de tempo (agora, antes, durante, depois, ontem, hoje, amanhã, lento, rápido, depressa, devagar).

PRÉ-ESCOLA

EI03EO01 – Demonstrar empatia pelos outros, percebendo que as pessoas têm diferentes sentimentos, necessidades e maneiras de pensar e agir.

EI03EO03 – Ampliar as relações interpessoais, desenvolvendo atitudes de participação e cooperação.

EI03EO04 – Comunicar suas ideias e sentimentos com desenvoltura a pessoas e grupos diversos.

EI03EO06 – Compreender a necessidade das regras no convívio social, nas brincadeiras e nos jogos com outras crianças.

EI03EO07 – Manifestar oposição a qualquer forma de discriminação.

EI03CG03 – Demonstrar controle e adequação do uso de seu corpo em momentos de cuidado, brincadeiras e jogos, escuta e reconto de histórias, atividades artísticas, entre outras possibilidades.

EI03OE03 – Escolher e folhear livros, procurando orientar-se por temas e ilustrações e tentando identificar palavras conhecidas.

EI03OE04 – Recontar histórias ouvidas e planejar coletivamente roteiros de vídeos e de encenações, definindo os contextos, os personagens, a estrutura da história.

EI03OE05 – Recontar histórias ouvidas para produção de reconto escrito, tendo o professor como escriba.

EI03OE06 – Produzir suas próprias histórias orais e escritas (escrita espontânea), em situações com função social significativa.

EI03OE07 – Levantar hipóteses sobre gêneros textuais veiculados em portadores conhecidos, recorrendo a estratégias de observação gráfica e de leitura.

EI03OE08 – Identificar gêneros textuais mais frequentes, recorrendo a estratégias de configuração gráfica do portador e do texto e ilustrações nas páginas.

EI03ET03 – Identificar e selecionar fontes de informações, para responder a questões sobre a natureza, seus fenômenos, sua preservação.

EI03ET05 – Classificar objetos e figuras, de acordo com suas semelhanças e diferenças.

EI03ET07 – Relatar fatos importantes sobre seu nascimento e desenvolvimento, a história dos seus familiares e da sua comunidade.

ORGANIZAÇÃO DO ESPAÇO

UM ESPAÇO DE EXPLORAÇÕES E DESCOBERTAS – O QUE CABE NUMA CAIXA?

CRECHE

EI01EO02 – Perceber as possibilidades e os limites de seu corpo nas brincadeiras e interações das quais participa.

EI01EO03 – Interagir com crianças da mesma faixa etária e adultos ao explorar materiais, objetos, brinquedos.

EI01EO06 – Construir formas de interação com outras crianças da mesma faixa etária e adultos, adaptando-se ao convívio social.

EI01EO08 – Desenvolver confiança em si, em seus pares e nos adultos em situações de interação.

EI01CG02 – Ampliar suas possibilidades de movimento em espaços que possibilitem explorações diferenciadas.

EI01CG03 – Experimentar as possibilidades de seu corpo nas brincadeiras e interações em ambientes acolhedores e desafiantes.

EI01CG06 – Utilizar os movimentos de preensão, encaixe e lançamento, ampliando suas possibilidades de manuseio de diferentes materiais e objetos.

EI01OE01 – Reconhecer quando é chamado por seu nome e reconhecer os nomes de pessoas com quem convive.

EI01OE06 – Comunicar-se com outras pessoas usando movimentos, gestos, balbucios, fala e outras formas de expressão.

EI01ET03 – Explorar o ambiente pela ação e observação, manipulando, experimentando e fazendo descobertas.

EI01ET04 – Manipular, experimentar, arrumar e explorar o espaço por meio de experiências de deslocamentos de si e dos objetos.

EI02EO03 – Compartilhar os objetos e os espaços com crianças da mesma faixa etária e adultos.

EI02EO06 – Respeitar regras básicas de convívio social nas interações e brincadeiras.

EI02CG01 – Apropriar-se de gestos e movimentos de sua cultura no cuidado de si e nos jogos e brincadeiras.

EI02CG03 – Fazer uso de suas possibilidades corporais, ao se envolver em brincadeiras e atividades de diferentes naturezas.

EI02ET01 – Explorar e descrever semelhanças e diferenças entre as características e propriedades dos objetos (sonoridade, textura, peso, tamanho, posição no espaço).

EI02ET04 – Identificar relações espaciais (dentro e fora, em cima, embaixo, acima, abaixo, entre e do lado) e temporais (antes, durante e depois).

PRÉ-ESCOLA

EI03EO02 – Atuar de maneira independente, com confiança em suas capacidades, reconhecendo suas conquistas e limitações.

EI03EO03 – Ampliar as relações interpessoais, desenvolvendo atitudes de participação e cooperação.

EI03EO06 – Compreender a necessidade das regras no convívio social, nas brincadeiras e nos jogos com outras crianças.

EI03EO08 – Usar estratégias pautadas no respeito mútuo para lidar com conflitos nas interações com crianças e adultos.

EI03CG01 – Movimentar-se de forma adequada, ao interagir com colegas e adultos em brincadeiras e atividades.

EI03CG04 – Demonstrar valorização das características de seu corpo, nas diversas atividades das quais participa e em momentos de cuidado de si e do outro.

EI03ET01 – Estabelecer relações de comparação entre objetos, observando suas propriedades.

EI03ET05 – Classificar objetos e figuras, de acordo com suas semelhanças e diferenças.

EI03ET09 – Expressar medidas (peso, altura etc.), construindo gráficos básicos.

CESTOS DE TESOUROS

CRECHE

EI01EO03 – Interagir com crianças da mesma faixa etária e adultos ao explorar materiais, objetos, brinquedos.

EI01EO08 – Desenvolver confiança em si, em seus pares e nos adultos em situações de interação.

EI01CG06 – Utilizar os movimentos de preensão, encaixe e lançamento, ampliando suas possibilidades de manuseio de diferentes materiais e objetos.

EI01OE06 – Comunicar-se com outras pessoas usando movimentos, gestos, balbucios, fala e outras formas de expressão.

EI01ET01 – Explorar e descobrir as propriedades de objetos e materiais (odor, cor, sabor, temperatura).

EI01ET02 – Explorar relações de causa e efeito (transbordar, tingir, misturar, mover e remover etc.) na interação com o mundo físico.

EI01ET03 – Explorar o ambiente pela ação e observação, manipulando, experimentando e fazendo descobertas.

EI01ET04 – Manipular, experimentar, arrumar e explorar o espaço por meio de experiências de deslocamentos de si e dos objetos.

EI01ET05 – Manipular materiais diversos e variados para comparar as diferenças e semelhanças entre eles.

EI02EO01 – Demonstrar atitudes de cuidado e solidariedade na interação com crianças e adultos.

EI02EO03 – Compartilhar os objetos e os espaços com crianças da mesma faixa etária e adultos.

EI02EO06 – Respeitar regras básicas de convívio social nas interações e brincadeiras.

EI02EO07 – Valorizar a diversidade ao participar de situações de convívio com diferenças.

EI02EO08 – Resolver conflitos nas interações e brincadeiras, com a orientação de um adulto.

EI02OE01 – Dialogar com crianças e adultos, expressando seus desejos, necessidades, sentimentos e opiniões.

EI02ET01 – Explorar e descrever semelhanças e diferenças entre as características e propriedades dos objetos (sonoridade, textura, peso, tamanho, posição no espaço).

EI02ET05 – Classificar objetos, considerando determinado atributo (tamanho, peso, cor, forma etc.).

PERCURSOS

PRÉ-ESCOLA

EI03EO02 – Atuar de maneira independente, com confiança em suas capacidades, reconhecendo suas conquistas e limitações.

EI03EO03 – Ampliar as relações interpessoais, desenvolvendo atitudes de participação e cooperação.

EI03EO04 – Comunicar suas ideias e sentimentos com desenvoltura a pessoas e grupos diversos.

EI03EO06 – Compreender a necessidade das regras no convívio social, nas brincadeiras e nos jogos com outras crianças.

EI03EO08 – Usar estratégias pautadas no respeito mútuo para lidar com conflitos nas interações com crianças e adultos.

EI03CG01 – Movimentar-se de forma adequada, ao interagir com colegas e adultos em brincadeiras e atividades.

EI03CG04 – Demonstrar valorização das características de seu corpo, nas diversas atividades das quais participa e em momentos de cuidado de si e do outro.

EI03CG06 – Coordenar com precisão e eficiência suas habilidades motoras no atendimento a seus interesses e necessidades de representação gráfica.

EI03TS02 – Expressar-se livremente por meio de desenho, pintura, colagem, dobradura e escultura, criando produções bidimensionais e tridimensionais.

EI03OE01 – Expressar ideias, desejos e sentimentos sobre suas vivências, por meio da linguagem oral e escrita (escrita espontânea), de fotos, desenhos e outras formas de expressão.

EI03ET02 – Observar e descrever mudanças em diferentes materiais, resultantes de ações sobre eles, em experimentos envolvendo fenômenos naturais e artificiais.

EI03ET05 – Classificar objetos e figuras, de acordo com suas semelhanças e diferenças.

EI03ET06 – Resolver situações-problema, formulando questões, levantando hipóteses, organizando dados, testando possibilidades de solução.

BIBLIOTECA NA SALA

CRECHE

EI01EO04 – Comunicar necessidades, desejos e emoções, utilizando gestos, balbucios, palavras.

EI01EO06 – Construir formas de interação com outras crianças da mesma faixa etária e adultos, adaptando-se ao convívio social.

EI01EO08 – Desenvolver confiança em si, em seus pares e nos adultos em situações de interação.

EI01CG05 – Imitar gestos, sonoridades e movimentos de outras crianças, adultos e animais

EI01OE01 – Reconhecer quando é chamado por seu nome e reconhecer os nomes de pessoas com quem convive.

EI01OE02 – Demonstrar interesse ao ouvir a leitura de poemas e a apresentação de músicas.

EI01OE03 – Demonstrar interesse ao ouvir histórias lidas ou contadas, observando ilustrações e os movimentos de leitura do adulto-leitor (modo de segurar o portador e de virar as páginas).

EI01OE04 – Reconhecer elementos das lustrações de histórias, apontando-os, a pedido do adulto-leitor.

EI01OE05 – Imitar as variações de entonação e gestos realizados pelos adultos, ao ler histórias e ao cantar.

EI01OE06 – Comunicar-se com outras pessoas usando movimentos, gestos, balbucios, fala e outras formas de expressão.

EI01OE07 – Conhecer e manipular materiais impressos e audiovisuais em diferentes portadores (livro, revista, gibi, jornal, cartaz, CD, *tablet* etc.).

EI01OE08 – Ter contato com diferentes gêneros textuais (poemas, fábulas, contos, receitas, quadrinhos, anúncios etc.).

EI01OE09 – Ter contato com diferentes instrumentos e suportes de escrita.

EI01ET03 – Explorar o ambiente pela ação e observação, manipulando, experimentando e fazendo descobertas.

EI02EO03 – Compartilhar os objetos e os espaços com crianças da mesma faixa etária e adultos.

EI02EO04 – Comunicar-se com os colegas e os adultos, buscando compreendê-los e fazendo-se compreender.

EI02EO06 – Respeitar regras básicas de convívio social nas interações e brincadeiras.

EI02EO07 – Valorizar a diversidade ao participar de situações de convívio com diferenças.

EI02CG06 – Desenvolver progressivamente as habilidades manuais, adquirindo controle para desenhar, pintar, rasgar, folhear, entre outros.

EI02TS05 – Imitar e criar movimentos próprios, em danças, cenas de teatro, narrativas e músicas.

EI02OE01 – Dialogar com crianças e adultos, expressando seus desejos, necessidades, sentimentos e opiniões.

EI02OE02 – Identificar e criar diferentes sons e reconhecer rimas e aliterações em cantigas de roda e textos poéticos.

EI02OE03 – Demonstrar interesse e atenção ao ouvir a leitura de histórias e outros textos, diferenciando escrita de ilustrações, e acompanhando, com orientação do adulto-leitor, a direção da leitura (de cima para baixo, da esquerda para a direita).

EI02OE04 – Formular e responder perguntas sobre fatos da história narrada, identificando cenários, personagens e principais acontecimentos.

EI02OE05 – Relatar experiências e fatos acontecidos, histórias ouvidas, filmes ou peças teatrais assistidos etc.

EI02OE06 – Criar e contar histórias oralmente, com base em imagens ou temas sugeridos.

EI02OE07 – Manusear diferentes portadores textuais, demonstrando reconhecer seus usos sociais e suas características gráficas.

EI02OE08 – Ampliar o contato com diferentes gêneros textuais (parlendas, histórias de aventura, tirinhas, cartazes de sala, cardápios, notícias etc.).

EI02ET07 – Utilizar conceitos básicos de tempo (agora, antes, durante, depois, ontem, hoje, amanhã, lento, rápido, depressa, devagar).

EI02ET08 – Contar oralmente objetos, pessoas, livros etc., em contextos diversos.

PRÉ-ESCOLA

EI03EO01 – Demonstrar empatia pelos outros, percebendo que as pessoas têm diferentes sentimentos, necessidades e maneiras de pensar e agir.

EI03EO03 – Ampliar as relações interpessoais, desenvolvendo atitudes de participação e cooperação.

EI03EO04 – Comunicar suas ideias e sentimentos com desenvoltura a pessoas e grupos diversos.

EI03EO07 – Manifestar oposição a qualquer forma de discriminação.

BIBLIOTECA NA SALA
PRÉ-ESCOLA

EI03CG03 – Demonstrar controle e adequação do uso de seu corpo em momentos de cuidado, brincadeiras e jogos, escuta e reconto de histórias, atividades artísticas, entre outras possibilidades.

EI03CG06 – Coordenar com precisão e eficiência suas habilidades motoras no atendimento a seus interesses e necessidades de representação gráfica.

EI03OE01 – Expressar ideias, desejos e sentimentos sobre suas vivências, por meio da linguagem oral e escrita (escrita espontânea), de fotos, desenhos e outras formas de expressão.

EI03OE02 – Inventar brincadeiras cantadas, poemas e canções, criando rimas, aliterações e ritmos.

EI03OE03 – Escolher e folhear livros, procurando orientar-se por temas e ilustrações e tentando identificar palavras conhecidas.

EI03OE04 – Recontar histórias ouvidas e planejar coletivamente roteiros de vídeos e de encenações, definindo os contextos, os personagens, a estrutura da história.

EI03OE05 – Recontar histórias ouvidas para produção de reconto escrito, tendo o professor como escriba.

EI03OE06 – Produzir suas próprias histórias orais e escritas (escrita espontânea), em situações com função social significativa.

EI03OE07 – Levantar hipóteses sobre gêneros textuais veiculados em portadores conhecidos, recorrendo a estratégias de observação gráfica e de leitura.

EI03OE08 – Identificar gêneros textuais mais frequentes, recorrendo a estratégias de configuração gráfica do portador e do texto e ilustrações nas páginas.

EI03OE09 – Levantar hipóteses em relação à linguagem escrita, realizando registros de palavras e textos, por meio de escrita espontânea.

EI03ET03 – Identificar e selecionar fontes de informações, para responder a questões sobre a natureza, seus fenômenos, sua preservação.

EI03ET07 – Relatar fatos importantes sobre seu nascimento e desenvolvimento, a história dos seus familiares e da sua comunidade.

ROTINA

BANHAÇO! –
ONDE FICAM NOSSOS TERRITÓRIOS?
CRECHE

EI01EO01 – Perceber que suas ações têm efeitos nas outras crianças e nos adultos.

EI01EO02 – Perceber as possibilidades e os limites de seu corpo nas brincadeiras e interações das quais participa.

EI01EO05 – Reconhecer as sensações de seu corpo em momentos de alimentação, higiene, brincadeira e descanso.

EI01CG01 – Movimentar as partes do corpo para exprimir corporalmente emoções, necessidades e desejos.

EI01CG03 – Experimentar as possibilidades de seu corpo nas brincadeiras e interações em ambientes acolhedores e desafiantes.

EI01CG04 – Participar do cuidado do seu corpo e da promoção do seu bem-estar.

EI01OE01 – Reconhecer quando é chamado por seu nome e reconhecer os nomes de pessoas com quem convive.

EI01OE06 – Comunicar-se com outras pessoas usando movimentos, gestos, balbucios, fala e outras formas de expressão.

EI01ET01 – Explorar e descobrir as propriedades de objetos e materiais (odor, cor, sabor, temperatura).

EI01ET02 – Explorar relações de causa e efeito (transbordar, tingir, misturar, mover e remover etc.) na interação com o mundo físico.

EI01ET03 – Explorar o ambiente pela ação e observação, manipulando, experimentando e fazendo descobertas.

EI02EO01 – Demonstrar atitudes de cuidado e solidariedade na interação com crianças e adultos.

EI02EO05 – Habituar-se a práticas de cuidado com o corpo, desenvolvendo noções de bem-estar.

EI02CG04 – Demonstrar progressiva independência no cuidado do seu corpo.

EI02OE01 – Dialogar com crianças e adultos, expressando seus desejos, necessidades, sentimentos e opiniões.

EI02ET02 – Observar, relatar e descrever incidentes do cotidiano e fenômenos naturais (luz solar, vento, chuva etc.).

BANHAÇO! – ONDE FICAM NOSSOS TERRITÓRIOS?

CRECHE

PRÉ-ESCOLA

EI03EO05 – Adotar hábitos de autocuidado, valorizando atitudes relacionadas a higiene, alimentação, conforto e cuidados com a aparência.

EI03EO08 – Usar estratégias pautadas no respeito mútuo para lidar com conflitos nas interações com crianças e adultos.

EI03CG04 – Demonstrar valorização das características de seu corpo, nas diversas atividades das quais participa e em momentos de cuidado de si e do outro.

EI03ET02 – Observar e descrever mudanças em diferentes materiais, resultantes de ações sobre eles, em experimentos envolvendo fenômenos naturais e artificiais.

EBA! VAMOS COMER!

CRECHE

EI01EO04 – Comunicar necessidades, desejos e emoções, utilizando gestos, balbucios, palavras.

EI01EO05 – Reconhecer as sensações de seu corpo em momentos de alimentação, higiene, brincadeira e descanso.

EI01EO06 – Construir formas de interação com outras crianças da mesma faixa etária e com adultos, adaptando-se ao convívio social.

EI01EO07 – Demonstrar sentimentos de afeição pelas pessoas com as quais interage.

EI01EO08 – Desenvolver confiança em si, em seus pares e nos adultos em situações de interação.

EI01CG01 – Movimentar as partes do corpo para exprimir corporalmente emoções, necessidades e desejos.

EI01CG04 – Participar do cuidado do seu corpo e da promoção do seu bem-estar.

EI01OE01 – Reconhecer quando é chamado por seu nome e reconhecer os nomes de pessoas com quem convive.

EI01OE06 – Comunicar-se com outras pessoas usando movimentos, gestos, balbucios, fala e outras formas de expressão.

EI01ET01 – Explorar e descobrir as propriedades de objetos e materiais (odor, cor, sabor, temperatura).

EI01ET02 – Explorar relações de causa e efeito (transbordar, tingir, misturar, mover e remover etc.) na interação com o mundo físico.

EI01ET03 – Explorar o ambiente pela ação e observação, manipulando, experimentando e fazendo descobertas.

EI01ET05 – Manipular materiais diversos e variados para comparar as diferenças e semelhanças entre eles.

EI02EO01 – Demonstrar atitudes de cuidado e solidariedade na interação com crianças e adultos.

EI02EO03 – Compartilhar os objetos e os espaços com crianças da mesma faixa etária e adultos.

EI02EO05 – Habituar-se a práticas de cuidado com o corpo, desenvolvendo noções de bem-estar.

EI02EO06 – Respeitar regras básicas de convívio social nas interações e brincadeiras.

EI02CG01 – Apropriar-se de gestos e movimentos de sua cultura no cuidado de si e nos jogos e brincadeiras.

EI02CG04 – Demonstrar progressiva independência no cuidado do seu corpo.

EI02OE01 – Dialogar com crianças e adultos, expressando seus desejos, necessidades, sentimentos e opiniões.

EI02ET01 – Explorar e descrever semelhanças e diferenças entre as características e propriedades dos objetos (sonoridade, textura, peso, tamanho, posição no espaço).

EI02ET03 – Compartilhar, com outras crianças, situações de cuidado de plantas e animais nos espaços da instituição e fora dela.

EBA! VAMOS COMER!

PRÉ-ESCOLA

EI03EO01 – Demonstrar empatia pelos outros, percebendo que as pessoas têm diferentes sentimentos, necessidades e maneiras de pensar e agir.

EI03EO03 – Ampliar as relações interpessoais, desenvolvendo atitudes de participação e cooperação.

EI03EO04 – Comunicar suas ideias e sentimentos com desenvoltura a pessoas e grupos diversos.

EI03EO05 – Adotar hábitos de autocuidado, valorizando atitudes relacionadas a higiene, alimentação, conforto e cuidados com a aparência.

EI03EO06 – Compreender a necessidade das regras no convívio social, nas brincadeiras e nos jogos com outras crianças.

EI03EO08 – Usar estratégias pautadas no respeito mútuo para lidar com conflitos nas interações com crianças e adultos.

EI03CG03 – Demonstrar controle e adequação do uso de seu corpo em momentos de cuidado, brincadeiras e jogos, escuta e reconto de histórias, atividades artísticas, entre outras possibilidades.

EI03CG04 – Demonstrar valorização das características de seu corpo, nas diversas atividades das quais participa e em momentos de cuidado de si e do outro.

EI03CG05 – Criar com o corpo formas diversificadas de expressão de sentimentos, sensações e emoções, tanto nas situações do cotidiano quanto em brincadeiras, dança, teatro, música.

EI03OE01 – Expressar ideias, desejos e sentimentos sobre suas vivências, por meio da linguagem oral e escrita (escrita espontânea), de fotos, desenhos e outras formas de expressão.

EI03ET01 – Estabelecer relações de comparação entre objetos, observando suas propriedades.

EI03ET02 – Observar e descrever mudanças em diferentes materiais, resultantes de ações sobre eles, em experimentos envolvendo fenômenos naturais e artificiais.

DORMIR, DEVANEAR, SONHAR

CRECHE

EI01EO01 – Perceber que suas ações têm efeitos nas outras crianças e nos adultos.

EI01EO02 – Perceber as possibilidades e os limites de seu corpo nas brincadeiras e interações das quais participa.

EI01EO04 – Comunicar necessidades, desejos e emoções, utilizando gestos, balbucios, palavras.

EI01EO05 – Reconhecer as sensações de seu corpo em momentos de alimentação, higiene, brincadeira e descanso.

EI01EO07 – Demonstrar sentimentos de afeição pelas pessoas com as quais interage.

EI01EO08 – Desenvolver confiança em si, em seus pares e nos adultos em situações de interação.

EI01CG01 – Movimentar as partes do corpo para exprimir corporalmente emoções, necessidades e desejos.

EI01CG03 – Experimentar as possibilidades de seu corpo nas brincadeiras e interações em ambientes acolhedores e desafiantes.

EI01CG04 – Participar do cuidado do seu corpo e da promoção do seu bem-estar.

EI02EO01 – Demonstrar atitudes de cuidado e solidariedade na interação com crianças e adultos.

EI02EO03 – Compartilhar os objetos e os espaços com crianças da mesma faixa etária e adultos.

EI02EO05 – Habituar-se a práticas de cuidado com o corpo, desenvolvendo noções de bem-estar.

EI02EO06 – Respeitar regras básicas de convívio social nas interações e brincadeiras.

EI02EO07 – Valorizar a diversidade ao participar de situações de convívio com diferenças.

EI02CG04 – Demonstrar progressiva independência no cuidado do seu corpo.

EI02OE01 – Dialogar com crianças e adultos, expressando seus desejos, necessidades, sentimentos e opiniões.

DORMIR, DEVANEAR, SONHAR
PRÉ-ESCOLA

EI03EO01 – Demonstrar empatia pelos outros, percebendo que as pessoas têm diferentes sentimentos, necessidades e maneiras de pensar e agir.

EI03EO03 – Ampliar as relações interpessoais, desenvolvendo atitudes de participação e cooperação.

EI03EO04 – Comunicar suas ideias e sentimentos com desenvoltura a pessoas e grupos diversos.

EI03EO05 – Adotar hábitos de autocuidado, valorizando atitudes relacionadas a higiene, alimentação, conforto e cuidados com a aparência.

EI03CG03 – Demonstrar controle e adequação do uso de seu corpo em momentos de cuidado, brincadeiras e jogos, escuta e reconto de histórias, atividades artísticas, entre outras possibilidades.

EI03CG04 – Demonstrar valorização das características de seu corpo, nas diversas atividades das quais participa e em momentos de cuidado de si e do outro.

EI03CG05 – Criar com o corpo formas diversificadas de expressão de sentimentos, sensações e emoções, tanto nas situações do cotidiano quanto em brincadeiras, dança, teatro, música.

BRINCADEIRAS

OBJETOS TRANSICIONAIS – BRINCADEIRAS IOIÔ
CRECHE

EI01EO01 – Perceber que suas ações têm efeitos nas outras crianças e nos adultos.

EI01EO02 – Perceber as possibilidades e os limites de seu corpo nas brincadeiras e interações das quais participa.

EI01EO03 – Interagir com crianças da mesma faixa etária e adultos ao explorar materiais, objetos, brinquedos.

EI01EO06 – Construir formas de interação com outras crianças da mesma faixa etária e adultos, adaptando-se ao convívio social.

EI01EO08 – Desenvolver confiança em si, em seus pares e nos adultos em situações de interação.

EI01CG03 – Experimentar as possibilidades de seu corpo nas brincadeiras e interações em ambientes acolhedores e desafiantes.

EI01CG06 – Utilizar os movimentos de preensão, encaixe e lançamento, ampliando suas possibilidades de manuseio de diferentes materiais e objetos.

EI01OE06 – Comunicar-se com outras pessoas usando movimentos, gestos, balbucios, fala e outras formas de expressão.

EI01ET02 – Explorar relações de causa e efeito (transbordar, tingir, misturar, mover e remover etc.) na interação com o mundo físico.

EI01ET03 – Explorar o ambiente pela ação e observação, manipulando, experimentando e fazendo descobertas.

EI01ET04 – Manipular, experimentar, arrumar e explorar o espaço por meio de experiências de deslocamentos de si e dos objetos.

EI02EO01 – Demonstrar atitudes de cuidado e solidariedade na interação com crianças e adultos.

EI02EO02 – Demonstrar imagem positiva de si e confiança em sua capacidade para enfrentar dificuldades e desafios.

EI02EO03 – Compartilhar os objetos e os espaços com crianças da mesma faixa etária e adultos.

EI02EO04 – Comunicar-se com os colegas e os adultos, buscando compreendê-los e fazendo-se compreender.

EI02EO06 – Respeitar regras básicas de convívio social nas interações e brincadeiras.

EI02EO08 – Resolver conflitos nas interações e brincadeiras, com a orientação de um adulto.

EI02CG03 – Fazer uso de suas possibilidades corporais, ao se envolver em brincadeiras e atividades de diferentes naturezas.

EI02OE01 – Dialogar com crianças e adultos, expressando seus desejos, necessidades, sentimentos e opiniões.

EI02ET01 – Explorar e descrever semelhanças e diferenças entre as características e propriedades dos objetos (sonoridade, textura, peso, tamanho, posição no espaço).

EI02ET04 – Identificar relações espaciais (dentro e fora, em cima, embaixo, acima, abaixo, entre e do lado) e temporais (antes, durante e depois).

OBJETOS TRANSICIONAIS – BRINCADEIRAS IOIÔ

PRÉ-ESCOLA

EI03EO02 – Atuar de maneira independente, com confiança em suas capacidades, reconhecendo suas conquistas e limitações.

EI03EO03 – Ampliar as relações interpessoais, desenvolvendo atitudes de participação e cooperação.

EI03EO04 – Comunicar suas ideias e sentimentos com desenvoltura a pessoas e grupos diversos.

EI03EO06 – Compreender a necessidade das regras no convívio social, nas brincadeiras e nos jogos com outras crianças.

EI03EO08 – Usar estratégias pautadas no respeito mútuo para lidar com conflitos nas interações com crianças e adultos.

EI03CG01 – Movimentar-se de forma adequada, ao interagir com colegas e adultos em brincadeiras e atividades.

EI03ET01 – Estabelecer relações de comparação entre objetos, observando suas propriedades.

EI03ET02 – Observar e descrever mudanças em diferentes materiais, resultantes de ações sobre eles, em experimentos envolvendo fenômenos naturais e artificiais.

EI03ET05 – Classificar objetos e figuras, de acordo com suas semelhanças e diferenças.

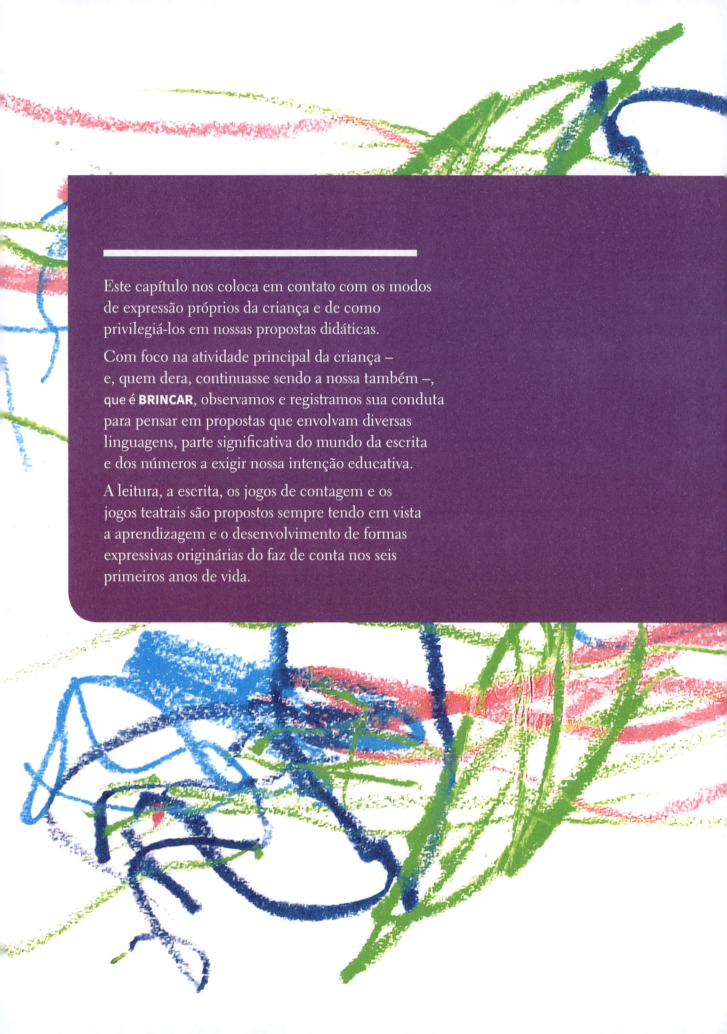

Este capítulo nos coloca em contato com os modos de expressão próprios da criança e de como privilegiá-los em nossas propostas didáticas.

Com foco na atividade principal da criança – e, quem dera, continuasse sendo a nossa também –, **que é BRINCAR**, observamos e registramos sua conduta para pensar em propostas que envolvam diversas linguagens, parte significativa do mundo da escrita e dos números a exigir nossa intenção educativa.

A leitura, a escrita, os jogos de contagem e os jogos teatrais são propostos sempre tendo em vista a aprendizagem e o desenvolvimento de formas expressivas originárias do faz de conta nos seis primeiros anos de vida.

CAPÍTULO 2
Representação, linguagem e expressão

82 · A linguagem e a vida
89 · Cultura escrita e Educação Infantil
92 · "Que tal bater um papo assim gostoso com alguém?"
96 · Contar e registrar
102 · Jogos e construção de conhecimentos
109 · Jogos e expressão
126 · Conhecer-se e compreender o mundo

Por que o mar se chama mar?

Tom – Com 3 anos, Tom estava em um canto da sala, repleto de almofadas e colchonetes – um convite à leitura. Tom folheava com muito interesse uma enciclopédia de animais. Em certo momento me chamou, muito entusiasmado:

– Pri, Pri, olha um golfo!

Olhei para a imagem que lhe causou tanta empolgação, e vi que ele olhava para uma foto, na página inteira, de um golfinho. Então **comentei**:

– Nossa, Tom, é um golfinho!

Ele olhou de novo para a imagem, desconfiado, e concluiu:

– Um golfão.

Helena – Helena brincava com um elefante de plástico com vários remendos de fita adesiva. Uma visita que estava em sua casa diz:

– Puxa, Helena, este elefante está todo quebrado!

Helena, aos 2 anos e 4 meses, olha bem para o elefante e responde:

– Ele não está quebrado, está consertado.

Benjamim – Em casa, Benjamim brincava, um faz de conta em que se misturavam "meninos e meninas", dando vida a bonecos de super-heróis, dinossauros, um jacaré e figuras do repertório televisivo. Dois anos e oito meses, a idade dele ao me dar uma ordem:

– Vovó, faz um "escrevo" de BRU-XA!

É certo que ninguém na creche ou em casa ensinou isso para ele. Benjamim não está repetindo informações recebidas, mas pensando sobre elas. *Escrevo*, em lugar de escrita, demonstra um tremendo conhecimento de substantivo e tempos verbais. E BRU-XA, frisando as duas sílabas da palavra, mostra conhecimento de que cada emissão sonora de uma palavra é diferente da outra.

Como fazer corresponder letras a cada emissão sonora?

Quando leio ou escrevo, é esse mistério que ele quer desvendar.

Júlia – Passeando com Júlia, de 4 anos e 3 meses, na praia de Busca Vida. Diante do mar da Bahia, sentindo a brisa, o céu azul refletido nas poças entre as pedras, conversávamos à procura de peixinhos nas poças d'água.

– Por que o mar se chama mar?

Estávamos em pé, de mãos dadas, olhando lá longe, um barco na linha do horizonte.

Tentemos **responder** e estaremos diante de sérias dificuldades. Podemos dizer:

– Você se chama Júlia, sua mãe Andreia, todas as coisas e pessoas têm um nome.

Bem, isso não fornece uma resposta satisfatória. Iríamos então à origem das palavras, a seu sentido etimológico, à origem da palavra "mar" na interseção das línguas e dos povos?

Em nossa Língua Portuguesa, por exemplo, há palavras que coincidem em signos, mas não em significados:

- *Manga de camisa, manga, fruta boa; a pena do passarinho, a pena que se sente. E tantas outras.*

De modo que o melhor seria estender esta conversa com a Júlia e tentar compreender de onde ela está vindo, colocando a partir daí nosso ponto de vista.

O mar continua acolhedor, as ondas trazem segredos para a praia, Júlia observa tudo a sua volta e pensa nos nomes do que vê – água, espuma, peixinho, barco... ∎

Pra Manu dormir
Monique Deheinzelin

FOI ENTÃO QUE EU VI OUVI TE VI MANU.
OS SAPOS E AS ESTRELAS
COAXAM E PISCAM JUNTOS
E POR ISSO A BATUCADA
DA DÓ PE TÉ
TUM TÁ DUM DUM
É TÃO BOA

E FOI NUMA NOITE DE CHUVA
COM GROSSAS GOTAS DE ÁGUA
PLIM PLIM TI LIM
PLOC PLOC DÉM LÉM
LÁ LÁ TLIM MIM
PINGANDO NA LAGOA
QUE O SAPO NESTOR
TUM DUM?

CANTOU COM A SAPA MARIA
PIM TÁ TÓ PÁ PÉ PÉ PÉ:
E NO QUE UM DIZIA
PE TÁ PÁ PÁ
O OUTRO RESPONDIA:
PI TÉ TÁ TÁ

(continua na página 142)

O QUE APRENDEMOS COM TOM, HELENA, BENJAMIM E JÚLIA?

Palavras se dobram a objetos.
As palavras têm unidades sonoras.
Os verbos se dobram a situações.
Adjetivos dizem do estado das coisas.
Antes da escola, ler e escrever.
Cada coisa tem um nome?
Quantos nomes uma coisa tem?
Qual é a origem das palavras?
O que as palavras significam?

Mar, praia de Busca Vida, Lauro de Freitas, Bahia.

ARQUIVO PESSOAL DAS AUTORAS

CAPÍTULO 2

A LINGUAGEM E A VIDA

"A linguagem e a vida são uma coisa só."

Günter Lorenz, *Obras completas de João Guimarães Rosa*

Brincar com as palavras

Brincar é o recurso da criança para compreender a si própria e ao mundo.

Toda tentativa de estabelecer um conhecimento consistente vem da atitude de brincar – olhar para uma mesma coisa sob vários prismas. As palavras, e o modo de escrevê-las, são acordos de comunidades de pessoas que procuram se entender.

Caiu do céu a poesia
na forma de uma chuvinha,
pingos grossos, cheiro doce,
que molhou as redondezas,
encharcou os meus cabelos,
inundou a minha vida
e levou minha tristeza.

JUNQUEIRA, Sonia. *Poesia na varanda*. Belo Horizonte: Autêntica, 2011. p. 18.

Como tantas boas perguntas das crianças, "por que o mar chama mar" não tem resposta.

O que fazemos, à maneira da criança, é especular: ir em busca das origens das palavras, da cultura de vários povos, da oralidade.

No Brasil, cerca de dez mil vocábulos da Língua Portuguesa têm origem tupi, como por exemplo:

PIPOCA   CAPIM   MARACATU
MINGAU   CARIOCA MANDACARU
PAMONHA MOCOTÓ

Entre outras.

São vocábulos que dão nomes a lugares e seus nativos, a comidas, plantas, flores, insetos, bichos e animais (ver distinção a seguir), festas.

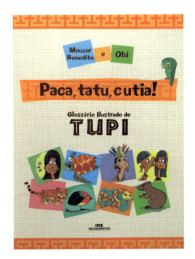

BENEDITO, Mouzar; OHI. *Paca, tatu, cotia!* Glossário ilustrado de tupi. São Paulo: Melhoramentos, 2014.

MANDACARU. In: BENEDITO; OHI, 2014.

A linda flor de mandacaru ainda aberta ao amanhecer. Cada uma delas se transformará em um fruto saboroso.

Os índios ticuna, que vivem no Alto Solimões, cerca de 100 km a oeste de Manaus, AM, fazem uma distinção interessante para os nomes.

Animais são os seres vivos, tais como os conhecemos; bichos são seres imaginários, como o Awareté de sua mitologia. Com os animais criam intimidade, precisam saber detalhes de sua aparência, comportamento, habitat. Quanto aos bichos, são respeitados, desenhados, representados em festas e cerimônias.

Interessante notar que, diversamente da cultura que os ticuna chamam "civilizada", pais – com postos destacados, como o de capitão – que estão aprendendo a escrever pedem ajuda aos filhos que já escrevem, para orientá-los e, até mesmo, para guiar suas mãos no desenho das letras.

BRINCAR É PARA A CRIANÇA UM MODO DE CONHECER.

Nas crianças, assim como em filhotes de espécies que nos são próximas, como os cachorros, os aprendizados e os modos de interagir com objetos e pessoas caracterizam-se como brincadeira.

Desenho representando as máscaras de rituais ticuna feito por Manduca da Silva Teãcüracü, da aldeia de Campo Alegre, Alto Solimões, AM.

CAPÍTULO 2 | A LINGUAGEM E A VIDA | 83

Crianças ticuna acompanham seus pais professores, que faziam curso de habilitação para o magistério em nível de segundo grau na escola Torü Nguepataü (Casa de Curso), construída pela Organização Geral dos Professores Ticuna Bilíngues (OGPTB), na aldeia de Filadélfia, Alto Solimões, AM, 1994. Coordenação do curso: Jussara Gomes Gruber.

> Ao tentar compreender como se dão a leitura e a escrita, como funcionam os números em seus diversos usos e aplicações, como acontecem alguns fenômenos naturais, o recurso procedimental da criança é brincar.

O beijo da palavrinha

– Vês esta letra, Poeirinha?

– Estou tocando sombras, só sombras, só.

Zeca Zonzo levantou os dedos da irmã e soprou neles como se corrigisse algum defeito e os ensinasse a decifrar a lisa brancura do papel.

– Experimente outra vez, mana. Com toda a atenção. Agora, já está sentindo?

– Sim. O meu dedo já está a espreitar.

– E que letra é?

– É um "m".

E sorriram os dois, perante o espanto dos presentes. Como se descobrissem algo que ninguém mais sabia. E não havia motivo para tanto espanto. Pois a letra "m" é feita de quê? É feita de vagas, líquidas linhas que sobem e descem. E Poeirinha passou o dedo a contornar as concavidades da letrinha.

– É isso, manito. Essa letra é feita por ondas. Eu já as vi no rio.

– E essa outra letrinha, essa que vem a seguir?

– Essa a seguir é um "a".

É uma ave, uma gaivota pousada nela própria, enrodilhada perante a brisa fria.

Em volta todos se haviam calado. Os dois em coro decidiram não tocar mais na letra para não espantar o pássaro que havia nela.

– E a seguinte letrinha?

– É uma letra tirada da pedra. É o "r" da rocha.

E os dedos da menina magoaram-se no "r" duro, rugoso, com suas ásperas arestas.

O Tio Jaime Litorâneo, lágrima espreitando nos olhos, disse:

– Calem-se todos: já se escuta o marulhar! ■

COUTO, Mia. *O beijo da palavrinha*. Alfragide, Portugal : Editorial Caminho, 2008.

Para a criança, brincar não é opcional, mas sua atividade central.

São fundamentais nos espaços onde se desenrolam atividades de Educação Infantil:

- brinquedotecas;
- parques com brinquedos para escalar, balançar, esconder;
- espaços com adereços, sucatas;
- mobiliário móvel e brinquedos para uso em jogos simbólicos ou de faz de conta;
- jogos com regra.

E tempo disponível para que, "afinal floresça o mais que humano em nós", a imaginação e a criação do que ainda não existe fora de nossa experiência e que ganha existência quando estamos disponíveis para brincar. Tal como fazem as crianças.

> Brincar é o modo de viver experiências, de interagir com os fenômenos, de dar sentido ao mundo que é próprio da criança.

Para nós que educamos, mais interessante ainda é situarmos experiências no espaço e no tempo, tal como as vivem as crianças: de modo intenso, sincero e íntegro.

ATIVIDADE HABITUAL

Dicionário da turma

Para desenvolver ao longo do ano.

0– *Vamos fazer um dicionário com fichas de cartolina?*

Essa pergunta pode ser um convite para uma roda de conversa que possui o objetivo de compartilhar com as crianças a proposta de confeccionar um dicionário ilustrado da turma. Para tanto, é necessário oferecer parâmetros e modelos, e conhecer o que as crianças sabem sobre os dicionários. Assim, é interessante levar para essa roda alguns dicionários ilustrados (há muitos publicados) para que as crianças possam folhear e conversar sobre eles. As crianças podem escolher alguns verbetes para que o professor leia em voz alta e, a partir disso, começarem a se aproximar desse gênero textual. É possível também apreciar dicionários confeccionados por outras crianças, como o *Dicionário da mata* (1995) (ver p. 279), feito por crianças de 5 anos do colégio Mopyatã.

Escrita de cada uma das letras do alfabeto para as fichas, com abas separadoras organizando os verbetes do "Dicionário da turma".

Empregar fichas "sem pauta" resolve o problema do caráter em aberto do dicionário. Sempre há mais palavras a desvendar significados. Assim também se preserva o caráter de permanência dos verbetes já elaborados. Pois, com as fichas bem acondicionadas em uma caixa, esse material pode compor parte do acervo da biblioteca.

Passo 1 – ter sempre à mão fichas de cartolina. Uma sugestão é dobrar quatro vezes a folha de cartolina, tendo a atenção de optar por gramatura de 180 g/m^2; caso contrário, as fichas serão moles e frágeis demais. Ao dobrar e cortar, obtêm-se 16 fichas por folha.

Passo 2 – se houver dúvida ou interesse por uma palavra, então uma dupla de crianças pode ser convidada a escrevê-la, de acordo com suas concepções sobre a escrita e, ainda, desenhar uma imagem correspondente.

Passo 3 – um aluno e uma aluna podem ficar responsáveis por escrever uma das letras do alfabeto em fichas com abas separadoras.

Passo 4 – as fichas separadoras e as com verbetes serão colocadas em uma caixa, se possível de madeira, para consulta geral.

As atividades em torno do dicionário compreendem:

- escrever e ilustrar verbetes;
- discutir e contextualizar a ordem alfabética;
- guardar as fichas em ordem alfabética;
- consultar e contextualizar verbetes;
- compartilhar e cuidar do "Dicionário da turma".

PARA AVALIAR
OBSERVAR, ESCUTAR E REGISTRAR

Vamos avaliar como as crianças se organizam para realizar e cuidar de seu dicionário. Registre suas observações, se possível, com diálogos de crianças.

• No trabalho em dupla, as crianças interagem, conversando sobre escrita das palavras?
• A dupla de crianças faz uso de letras móveis, ou referência de alfabeto para escrita de acordo com suas concepções?
• As imagens desenhadas correspondem bem aos verbetes?
• Como se dá a consulta ao dicionário?
• O dicionário tem sido útil para as atividades de oralidade e escrita desenvolvidas com sua turma?
• Com que frequência acontecem atividades de confecção e uso do dicionário?
• Como e quando as crianças recorrem a você, professor, para dúvidas e consultas?

Complemente suas observações e registros com o uso continuado do dicionário, que poderá ser temático, como proposto no Capítulo 5 deste livro.

PRÉ-ESCOLA

MATERIAIS DE AVALIAÇÃO

ATIVIDADE HABITUAL
Dicionário da turma

Eu e o outro: nome próprio

Desde o nascimento, o nome permeia as relações das crianças com as pessoas que a cercam.

O nome de cada criança é sua marca na vida.

Na escola, os nomes estão na lista de chamada, marcam os pertences de cada um, identificam desenhos e produções. Por isso, o nome próprio – o seu, em primeiro lugar, mas também o dos colegas – é um texto que, para os pequenos entre 1 e 3 anos, marca sua identidade, e para os maiores, entre 4 e 5, é um contexto privilegiado para que pensem sobre o funcionamento do sistema de escrita.

Com base em um trabalho intencional do professor, a lista de nomes da turma pode se constituir em **palavras estáveis**, ou seja, elas oferecem às crianças algumas relações seguras sobre o sistema de escrita. Por isso, é importante que o nome das crianças esteja presente nas salas de aula em crachás, listas e etiquetas, que, usados com frequência, dão apoio para que a criança escreva seu próprio nome em trabalhos e pertences.

PALAVRAS ESTÁVEIS –
SEMPRE PRESENTES, SERVEM DE REFERÊNCIA E REPERTÓRIO.

Nas situações de leitura e escrita de nomes, mesmo que as crianças o façam de forma não convencional, elas começam a perceber algumas regularidades, como a presença das mesmas letras, na mesma ordem, letras comuns entre um nome e outro, tendo elementos para fazer suas primeiras antecipações sobre o que está escrito.

Para que as crianças reflitam sobre a escrita dos nomes, e observem o que diferencia um do outro, é essencial que nas listas e tarjetas os nomes não estejam acompanhados de fotos e desenhos, e também que todos os nomes, de meninos e meninas, estejam escritos com a mesma cor, com o mesmo tipo de letra – CAIXA-ALTA. (Ver Capítulo 1, "Letra de forma, de imprensa ou cursiva?")

No Capítulo 3, apresentamos uma sequência didática em torno da leitura e da escrita de nomes próprios e outras listas.

> A **intencionalidade** educativa do professor é essencial:
> - desafiando as crianças a ler os nomes que estão numa lista ou tarjeta para realizar a chamada;
> - criando situações de troca de ideias;
> - compartilhando descobertas e alimentando o percurso reflexivo de cada criança.

Escrever o nome em seus trabalhos é uma forma de identificá-los.

Helena busca a escrita de seu nome entre os nomes de sua turma.

Jogo da memória em que as crianças formam pares com as fotos dos colegas e seus nomes.

Fazer uma agenda telefônica é um bom contexto para escrever nomes e números.

CAPÍTULO 2 | A LINGUAGEM E A VIDA | 87

Ficha de biblioteca

Para controlar o empréstimo de livros, é importante registrar seu nome na ficha de biblioteca.

PRÉ-ESCOLA

MATERIAIS GRÁFICOS

ARTIGO
Escrita do nome próprio – Um passaporte para o mundo alfabético
Revista AVISAlá, n. 7, jul. 2001.

PRÉ-ESCOLA

MATERIAIS GRÁFICOS

RECURSOS PARA O TRABALHO COM NOME PRÓPRIO
- Agenda telefônica
- Alfabetário

ATIVIDADE HABITUAL – PRÉ-ESCOLA

Jornal saindo do forno!

Com a utilização de novas tecnologias, tornou-se muito mais fácil compor uma edição de jornal.

Os jornalistas escrevem em seus computadores. Cada página do jornal é composta eletronicamente. Os textos e as imagens são enviados para as máquinas de impressão em forma de sinal digital ou numérico, que os transformam em folhas impressas, com tinta em papel. Claro que, cada vez mais dispomos de jornais na tela de nossos computadores, sem a necessidade de distribuição de exemplares do jornal — objeto material — de casa em casa.

Quando temos o hábito de ler notícias de jornal para as crianças, como saber eleger temas e abordagens que possam interessar às crianças?

Podemos propor a elas atividades em que se brinca de jornalista.

Um caminho possível para realizar essa atividade:

- ao ler o jornal, escolha uma matéria que possa interessar às crianças;
- na roda, leia a matéria para a turma;
- converse sobre o conteúdo, para que o grupo compartilhe, opine, tire conclusões;
- solicite que cada criança pense e diga um título para a matéria;
- escolha, de comum acordo, o melhor título proposto;
- escreva o melhor título em uma tarjeta para ser colada sobre o título original.

Neste, como em muitos casos, não há certo ou errado!

PARA AVALIAR
OBSERVAR, ESCUTAR E REGISTRAR

O que se avalia com a composição e a eleição do título para a matéria lida é a compreensão que as crianças têm do conteúdo e sua adequação ao gênero literário da notícia.

Para esta avaliação, mais uma vez e sempre, valha-se de anotações, principalmente de diálogos entre as crianças, mantendo-se palavras e argumentos do modo como foram expressos pelas crianças. O ideal é anotá-los enquanto acontecem na roda. O resultado final do processo – cada uma das matérias de jornal com seus respectivos títulos – deve também fazer parte dos documentos a avaliar.

Havendo pertinência ao trabalho da classe, tempo e espaço, é possível fazer um jornal do grupo, com procedimentos que integrem os escribas, os intérpretes, os iluminadores, os jornalistas, e tantos outros papéis em que estamos como leitores e escritores.

CULTURA ESCRITA E EDUCAÇÃO INFANTIL

"Iniciar-se na cultura escrita e conseguir transitar com familiaridade dentro dela, como se ela fosse a própria casa, este deveria ser o objetivo básico da educação, das creches até os níveis superiores. Para as crianças afortunadas, que crescem cercadas de adultos leitores, o processo começa muito antes da escolarização, faz parte da socialização primária."

Emília Ferreiro, *O coletivo infantil em creches e pré-escolas*: falares e saberes

"Como se ela fosse a própria casa"

"Como se ela fosse a própria casa", imagem simples e universal, pode nos ajudar a refletir sobre a presença da cultura escrita no cotidiano das crianças, planejar encontros significativos com a leitura e a escrita e qualificar a relação com suas práticas:

- a casa, para as crianças, é espaço de identidade;
- é espaço de brincadeiras;
- é lugar de familiaridade.

Um lugar aconchegante, com almofadas ou em uma cabana, é um convite para a leitura.

Oralidade, leitura e escrita

Quanto menos experiências com a cultura escrita as crianças tiverem em suas casas, maior será a responsabilidade da escola em proporcionar essa familiaridade ao longo da Educação Infantil. O mesmo podemos dizer com relação às práticas de **oralidade** e **leitura**:

- ao ouvir os adultos da escola lerem em voz alta, conhecer os diferentes motivos que levam alguém a ler – escutar histórias maravilhosas, descobrir que uma história pode continuar conosco por vários dias, levando-nos a procurar explicações para algum evento, entender os motivos e experimentar olhar o mundo com os olhos de um personagem;
- descobrir o conforto de reencontrar um personagem conhecido, ou a forma de dizer de um autor muito querido;
- saber que há livros que explicam e informam sobre a natureza e a ciência;
- descobrir que há livros que ensinam a fazer coisas, desde uma salada de frutas até as regras de um jogo ou a montagem de um brinquedo novo;
- conhecer jornais e revistas e saber os tipos de notícias e reportagens que se encontram neles.

A magia da escrita

> Quando alguém diz a uma criança: "este é seu nome escrito", está acrescentando outro elemento ao mistério. Ampliar a própria identidade através da escrita é algo extraordinário.
>
> FERREIRO, 2007, p. 63-64.

> Quando lemos um texto, produzimos mínimos detalhes de um mesmo discurso: a escrita fixa a língua.

O que a escrita representa para as crianças?

Essa magia, para Emilia Ferreiro, "cognitivamente desafiante", logo se transforma em convite para que as crianças se envolvam num trabalho intelectual, levantando hipóteses e aproximando-se das regularidades que regem esse sistema de representação.

Situações de escrita

Participar de situações de escrita é uma oportunidade para conhecer as diferentes razões que levam alguém a escrever. Assim, o professor deve:

- organizar as ações do dia e planejar eventos no calendário;
- anotar o cardápio do lanche ou do almoço, os ingredientes e quantidades de uma receita;
- escrever cartas e bilhetes;
- fazer a indicação de um livro cuja leitura encantou a turma;
- escrever a lista dos contos preferidos de todos;
- registrar perguntas, hipóteses e respostas que surgiram na relação das crianças com a natureza, assim como novas informações descobertas ao longo de um projeto investigativo;
- organizar esses saberes em cartazes e planejar sua apresentação aos colegas de outros grupos.

Autonomia em práticas de linguagem

É preciso planejar situações didáticas, levando em consideração:

- conhecimentos que as crianças podem construir ao participar de situações em que o professor ou

Conhecimentos prévios

Quando, por exemplo, perguntamos a uma criança o que ela sabe sobre uma vaca, não nos referimos ao que nela é visível, nem mesmo ao fato de que uma vaca pode dar leite. O que gostaríamos de compreender são as relações que as crianças fazem mental, simbólica e afetivamente.

Relações de semelhanças e diferenças com outros animais, de tamanho, hábitos, de como a experiência de contemplar uma vaca afeta seu imaginário.

Uma coisa é repetir informações recebidas, outra bem diversa é processá-las e expressar seu modo original de compreendê-las. Mesmo antes que a criança possa fazer evocações verbais, que ela se comunique conosco com a fala ou linguagem oral, observando o desenrolar de um faz de conta ou uma série de desenhos, teremos indícios do que a criança sabe sobre a vaca e de como a vaca é. ■

outros adultos da escola compartilham seu fazer como falantes, leitores e escritores experientes;
- conhecimentos que as crianças podem construir ao participar com autonomia de situações que ponham em jogo as práticas de oralidade, leitura e escrita, ainda que não o façam de maneira convencional.

As crianças também precisam participar e fazer uso, com crescente autonomia, das diferentes práticas de linguagem em situações significativas, instigantes, lúdicas e prazerosas, em que possam:

- ouvir e deixar-se tocar pelas histórias nos diferentes gêneros em que elas se apresentam – contos maravilhosos e de aventura, mitos, lendas, fábulas, textos teatrais;
- conhecer o mundo com base no relato de outras pessoas que o exploraram antes de nós – relatos de viagem e experiência vivida;
- dar asas à própria curiosidade sobre animais, astros, vulcões, plantas e tudo o mais; sabendo que há respostas às perguntas em livros e revistas, em livros informativos e de divulgação científica e enciclopédias;
- narrar, ouvir os relatos de seus colegas e estabelecer relações entre diferentes experiências e narrativas;
- aprender a expor sua opinião, compartilhar ideias, defender seu ponto de vista e saber ouvir e levar em consideração a opinião dos colegas;
- planejar o que dizer num debate, conhecer textos argumentativos, como carta do leitor;
- apresentar os conhecimentos que seu grupo descobriu ao longo de um projeto investigativo – apresentação de seminário, texto informativo, painel;
- ampliar seu repertório de jogos e brincadeiras lendo suas regras, ou ter a experiência de seguir uma receita com base em seus passos – regulamentos, regras, receitas;
- fazer uso da leitura e da escrita para organizar suas ações ao longo do dia – rotina, cardápio, listas de coisas a fazer.

Escolher um livro e buscar um lugar aconchegante para desfrutá-lo, seja na escola, na livraria ou na biblioteca.

A rotina informa sobre como será o dia.

"QUE TAL BATER UM PAPO ASSIM GOSTOSO COM ALGUÉM?"

Jair Rodrigues, "Deixa isso pra lá"

"Linda pastorinha
Que fazeis aqui?
Vim buscar meu gado,
– Maninha,
Que eu aqui perdi."

Mário de Andrade, *Macunaíma*: o herói sem nenhum caráter

Papo vai, papo vem

Bater um papo

> [conversar] é um dos poucos prazeres que não exige outro investimento além do tempo, vale a pena recuperar esta velha arte para que possamos voltar a nos sentir humanos.
>
> MIRALLES, Francesc. La magia de conversar. *El País*, Espanha, 7 ago. 2015. Disponível em: <goo.gl/miGuLc>. Acesso em: 24 jan. 2018. (Tradução nossa.)

Ao longo de seu tempo na Educação Infantil, as crianças passam por um percurso importante de **aprendizagem** e **desenvolvimento** da linguagem oral. Muitas vezes entram na creche ainda bebês, com seus arrulhos e balbucios, e saem, na sua passagem para o Ensino Fundamental, como falantes desenvoltos e experientes.

Conversar é, assim, uma grande conquista e um espaço para muitas descobertas. Conversando construímos laços de empatia, aprendemos a considerar o ponto de vista dos outros, a narrar um acontecimento sem omitir fatos importantes, a explicar uma ideia e defender um ponto de vista, e aprendemos a compreender e levar em conta pontos de vista de colegas.

Para estabelecer um diálogo com as crianças pequenas, é preciso ouvi-las, em primeiro lugar, e levar em consideração o que estão dizendo, procurando entender relações estabelecidas. Por exemplo, numa roda em que se estava conversando sobre cachorros, uma criança diz:

– Minha avó vai à igreja.

A professora, então, pergunta:

– E na igreja tem cachorro?

E a criança responde:

– Lá tem um pastor alemão.

Esses diálogos curiosos, que de início parecem não ter lógica, revelam uma característica do pensamento infantil: o sincretismo.

> A roda de conversa é um espaço para compartilhar experiências, prosear sobre a vida.

SINCRETIZAR SIGNIFICA REUNIR.

E as crianças fazem isso ao conversar – estabelecem uma rede de relações próprias, de forma semelhante ao que os poetas fazem.

Na vida social, a conversa vai tomando diferentes rumos e é preciso prever momentos no cotidiano das crianças, ao longo de toda Educação Infantil, em que o intuito é conversar.

Outros tipos de interação com a linguagem oral:
- conversar sobre o que se está pesquisando;
- ler uma notícia e conversar sobre ela;
- conversar sobre um jogo que as crianças conhecem;

entre outros.

Ler e escrever: a mediação do educador

Projeto Indicações Literárias

Quando gostamos muito de um filme ou de um livro, temos o impulso de compartilhar com amigos essa experiência. O mesmo se passa com a criança: quando o professor lê em voz alta um livro que a agrada especialmente, ela tem o desejo de comentar essa leitura.

Esse tipo de experiência pode ser proposto ao longo de um projeto em que as crianças produzem indicações literárias para colegas da mesma escola ou de outra instituição.

> Como na Educação Infantil a maioria das crianças não escreve convencionalmente, o professor pode atuar como **escriba**, isto é, as crianças ditam o texto de suas indicações para ele.

Com esse projeto, é esperado que as crianças possam:

- ampliar a experiência literária;
- identificar seus livros preferidos e compartilhá-los com os colegas;
- produzir resenhas de indicação literária para serem trocadas entre grupos de faixas etárias aproximadas;
- expressar sentidos da leitura compartilhada.

Para realizar este projeto, será preciso ter catálogos de livros infantis e livros literários.

Resenha do livro *Chapeuzinho Amarelo*, de Chico Buarque.
Belo Horizonte: Autêntica, 2017.

ETAPA 1

Uma roda de conversa sobre livros preferidos das crianças pode ser uma boa forma de iniciar este projeto, convidando o grupo a escolher os livros que considera mais interessantes e a indicar para que crianças de outro grupo também os leiam. Nesse momento é importante fazer uma lista, na presença das crianças, organizando por escrito os títulos citados pela turma e combinar onde a lista ficará afixada, para que todos possam consultá-la e propor novos títulos.

ETAPA 2

Compartilhar com as crianças indicações literárias – explorando catálogos de livros infantis, para que escolham títulos e a leitura da resenha. Uma criança pode escolher o livro sugerido na imagem da capa, reproduzida ao lado de cada resenha, ou pela leitura do título.

Ler para as crianças a resenha de um livro que elas já conhecem fornece pistas importantes para que entendam características textuais do resumo.

Dividir as crianças em grupos e distribuir catálogos de várias editoras de livros infantis para que façam as próprias explorações.

Uma roda de conversa ao final é interessante para compartilhar características das resenhas.

Para isso, você pode perguntar:

– *As resenhas contam a história do livro todo?*

Se necessário, é bom retomar a resenha do livro já conhecido pelo grupo.

É ESSENCIAL ANOTAR AS FALAS DAS CRIANÇAS PARA QUE POSSAM SER CONSULTADAS AO LONGO DO PROJETO.

ETAPA 3

Retomamos com as crianças a lista dos livros preferidos, convidando-as a escolher um deles para indicar aos amigos de outra turma. Uma vez escolhido o livro a indicar, vale fazer uma nova leitura para que todos relembrem a história.

Após a leitura, as crianças trocam ideias sobre o que escrever na resenha para motivar os colegas a ler o livro indicado. Na roda de conversa é importante registrar as falas das crianças para retomá-las no planejamento coletivo da escrita.

ETAPA 4

Retomar anotações e propor ao grupo a escrita da resenha.

Escriba – as crianças podem ditar o texto para que o professor atue como escriba. O registro é feito no quadro ou em um cartaz, da forma como elas falaram.

A revisão será realizada em outro momento.

É interessante fazer perguntas que ajudem as crianças a construir o texto, por exemplo.

– *Como vocês acham que podemos começar nossa resenha?*

Durante a escrita, reler em voz alta assinalando no quadro ou no cartaz o que já foi escrito até então, para que as crianças possam se organizar e pensar na continuidade.

ETAPA 5

Momento de revisar – depois de a resenha ser escrita, convém discutir a necessidade de revisão, evitando que o texto tenha muitas marcas de oralidade, como *aí*, *né*, *então* e, ainda, que ocorram repetições.

Se preciso, vale conversar com as crianças e tentar reescrever o texto de outra forma.

Assim como durante a produção, pode-se:
- reler o texto e perguntar se a turma quer acrescentar ou modificar algo;
- ler algum trecho que não pareça bem resolvido e convidar seu grupo a melhorá-lo.

ETAPA 6

Hora de planejar – decidir como a entrega da resenha será feita para o outro grupo.

A turma pode combinar se entregará:
• pessoalmente;
• a um portador;
• ou afixar no mural de consulta.

Sempre respeitando o acordo e as condições de encontro com o destinatário que foram estabelecidos no início do projeto.

Indicação literária de uma turma de 2 e 3 anos para os colegas da turma de 4 anos.

NA COZINHA NOTURNA
De Maurice Sendak. São Paulo: Cosac Naif, 2015.

MICKEY ACORDOU À NOITE E CAIU, CAIU.
DENTRO DO BOLO NA COZINHA NOTURNA.
E FICOU SUJO DE MASSA.
CADÊ O MICKEY?

Indicação literária de uma turma de 4 anos para os colegas da turma de 2 e 3 anos.

O FLAUTISTA DE HAMELIN
De Robert Browning, contado por Tatiana Belinky. São Paulo: Martins Fontes, 2015.

TEM MUITOS RATOS NA CIDADE.
APARECE UM FLAUTISTA, ELE TOCA UMA FLAUTA E OS RATOS SEGUEM O FLAUTISTA ATÉ A ÁGUA.
TEM O PREFEITO DA CIDADE DE HAMELIN, ELE IA DAR O DINHEIRO TODINHO PARA O FLAUTISTA MAS NÃO DEU. O QUE ACONTECE ENTÃO? É UM MISTÉRIO. LEIA O LIVRO PARA SABER.

PARA AVALIAR
OBSERVAR, ESCUTAR E REGISTRAR

Para avaliar se o trabalho com o projeto está cumprindo seus objetivos de aprendizagem e desenvolvimento, observe e registre se as crianças:

• passam a indicar e ampliar seu repertório de livros e autores preferidos;
• compreendem a função social dos textos de indicação literária.

Constatar, também, se elas se apropriam de algumas características do gênero resenha – referências do livro indicado, como título, autor, editora, ilustrador – e, ainda, informações sobre o livro que surgiram da leitura, cuidando para não dar detalhes como o desfecho da história e, com isso, produzir um efeito de suspense, para gerar o desejo de ler.

PRÉ-ESCOLA

MATERIAIS DE AVALIAÇÃO

PROJETO
Indicações literárias

CONTAR E REGISTRAR

"Tudo começou com este artifício conhecido como correspondência um a um, que confere, mesmo aos espíritos mais desprovidos, a possibilidade de comparar com facilidade duas coleções de seres ou de objetos, da mesma natureza ou não, sem ter de recorrer à contagem abstrata."

Georges Ifrah, *Os números*: a história de uma grande invenção

Conhecimento prévio para a contagem

- *Em quais situações as crianças utilizam números?*
- *Quais problemas elas enfrentam quando usam números?*

GLOSSÁRIO
Conhecimentos prévios
- Procedimentos
- Rotina
- Situações-problema

Colecionar objetos como pedrinhas, sementes ou conchinhas pode ser uma boa situação de contagem.

Na concepção de ensino e de aprendizagem, que norteia nossas ações, sempre consideramos que o sujeito da aprendizagem tem um **conhecimento prévio** sobre informações, atividades e experiências que a ele oferecemos. Sendo assim, é preciso garantir situações que favoreçam a expressão desse saber, bem como a troca e a reflexão sobre ele com os colegas.

Para os adultos, o modo mais usual de realizar comparação de quantidades é a contagem. Para a criança construir esse procedimento, é preciso que:

- seja convidada a participar de diferentes situações de contagem;
- seja desafiada a fazer as comparações com crescente autonomia;
- experimente diversos **procedimentos** e analise qual é o mais adequado em cada caso.

PROCEDIMENTOS: PASSOS CONCATENADOS DE UMA AÇÃO – O QUE NINGUÉM PODE FAZER POR OUTRO.

Devemos evitar respostas prontas como se a atividade fosse uma tarefa e não uma situação-problema.

Para aprender matemática, é essencial resolver problemas.

- *Mas o que entendemos por resolução de problemas matemáticos na Educação Infantil?*

Desde pequenas, para aprender matemática as crianças precisam:

- enfrentar situações de certa complexidade, que as desafie intelectualmente;
- resolver problemas para os quais não disponham de uma resposta imediata;
- pensar em uma possível solução e iniciar algum caminho de busca.

A criança cria seus próprios procedimentos para chegar a uma solução.

Em processo de ação e reflexão progressivos, a criança pode construir a ideia de número.

Um problema é uma situação que demanda a mobilização de conhecimentos matemáticos prévios e a realização de uma sequência de ações e operações para obter um resultado.

Na rotina, boas oportunidades para propor **situações-problema** que envolvam a contagem e o registro de quantidades: contar quantos somos para distribuir materiais, controlar se todos os materiais comuns voltaram a seu lugar de origem, entre outras.

É preciso estar atento às questões:

- *As situações representam de fato um problema para as crianças?*
- *Elas podem resolvê-lo utilizando seus próprios recursos?*

Distribuição de materiais

Uma situação que faz parte do dia a dia escolar é a **distribuição de material**. Essa atividade diária pode gerar boas situações-problema para as crianças.

Ao distribuir um pincel para cada pote de tinta, pode surgir um questionamento envolvendo matemática e, nesse caso, a contagem ajuda a obter uma resposta.

Na distribuição de material, o professor precisa atender algumas condições.

Vejamos o que Guy Brousseau (2008, p. 41-42) propõe:

Em uma mesa, o professor coloca seis potes de tinta e, em outra mesa distante, um pote com muitos pincéis. A uma criança, que pode ser o ajudante do dia, ele propõe:

– Aqui temos pequenos potes de tinta. Você tem de ir buscar os pincéis que estão ali e colocar um em cada pote. Você tem de trazer todos os pincéis de uma só vez. Nenhum pincel pode ficar sem pote e nenhum pote, sem pincel. Se errar, você vai pegar todos os pincéis, levá-los de volta para onde os achou, e tentar de novo.

A restrição de pegar todos os pincéis necessários de uma única vez faz com que a contagem seja o melhor procedimento para resolver o problema.

Essa situação mostra que a contagem não é um recurso que as crianças utilizam automaticamente, embora muitas delas conheçam a série ordenada de números e saibam recitá-la.

> É preciso várias situações como essa para que as crianças construam esse procedimento e o utilizem com segurança.

De acordo com Guy Brousseau, muitas vezes, a criança vai buscar um punhado de pincéis e coloca um em cada pote e fica com alguns sobrando na mão.

O professor indaga:
– E então, você conseguiu?
A criança responde:
– Não, porque sobraram três.
O professor orienta:
– Então não deu certo. Pegue todos os pincéis novamente e tente mais uma vez.

Por isso, quando uma criança obtém sucesso no uso da contagem, o professor pode retirar um dos potes enquanto a criança está ocupada pegando os pincéis. Quando ela voltar com os pincéis para colocar nos potes, se ela estiver bastante segura de seu procedimento e de sua capacidade, ela pode dizer:

98 APRENDER COM A CRIANÇA

— Alguém fez uma brincadeira e escondeu um pote!

Esse exemplo mostra a diferença entre o saber recitar a série numérica e o conhecimento da contagem.

Essa situação pode ser proposta ao longo do ano, envolvendo diferentes contextos e crianças. Aumentar a quantidade de potes de tinta torna a atividade mais complexa, assim como distribuir uma folha de papel para cada criança da turma.

PRÉ-ESCOLA

MATERIAIS GRÁFICOS

RESENHA | LIVRO
Didática da Matemática: reflexões psicopedagógicas
Cecilia Parra e Irma Saiz (Orgs.)

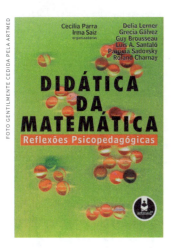

Esta obra traz reflexões sobre qual matemática deve ser ensinada na Educação Básica, analisando, ainda, a situação atual do ensino e da aprendizagem de conteúdos importantes do Ensino Fundamental. O livro apresenta propostas didáticas que dão ao aluno a oportunidade de colocar em jogo suas conceitualizações, suas reflexões e seus questionamentos.

PARRA, Cecilia; SAIZ, Irma (Orgs.). *Didática da Matemática*: reflexões psicopedagógicas. Porto Alegre: Artmed, 1996.

Conferir os objetos de uso comum

Para verificar se algum material se perdeu, pode-se adotar outra prática do dia a dia: **conferir e guardar materiais de uso comum** – brinquedos de areia, tesouras, pincéis e peças de jogos, entre outros.

PRÉ-ESCOLA

MATERIAIS GRÁFICOS

RESENHA | FILME
Nenhum a menos
Monique Deheinzelin

Convidar as crianças a serem responsáveis por controlar quantos materiais têm e quantos voltam a seus respectivos lugares pode se constituir em uma situação de contagem e registro de quantidades carregada de sentido.

Na hora de contar, elas precisam prestar atenção para não considerar um item mais de uma vez e para não deixar nenhum deles de fora. A tarefa põe em jogo, ainda, a habilidade de reconhecer que o último número dito na contagem corresponde à quantidade total de objetos, o que não é simples para as crianças.

Para facilitar a tarefa de conferência dos materiais, o professor pode propor que anotem em uma etiqueta a quantidade de objetos que possuem. A pesquisadora argentina Susana Wolman (2001),

Livro dos mortos, inventário dos bens de uma pessoa que morreu, pergaminho do Egito Antigo.

observa que as etiquetas são mensagens para se utilizarem em outro momento, por isso, as crianças procuram ser mais explícitas e registram outras informações além do número, pois compreendem a intenção comunicativa da tarefa.

Cada criança pode registrar a quantidade de objetos por meio de diferentes estratégias. Algumas representam os próprios objetos, outras marcam tracinhos no papel e outras podem utilizar números.

Reflexão coletiva – é interessante propor uma reflexão coletiva sobre a maneira de registrar uma quantidade. Para isso é essencial expor as produções das crianças, ou anotá-las no quadro, para que todo o grupo possa vê-las. Algumas perguntas podem ajudar nessa reflexão:

- *Qual vocês acham ser a melhor maneira de identificar a quantidade de objetos?*
- *Qual modo permite encontrar a resposta mais rapidamente?*

Entre 4 e 5 anos, muitas crianças acreditam que não é possível representar muitos objetos com apenas um número. Para que avancem na reflexão acerca da utilização de algarismos para representar quantidades de objetos, o professor pode introduzir a dúvida:

- *Posso anotar muitos objetos com um só número?*

Ao refletir e conversar entre todos sobre essa questão, as crianças poderão avançar em suas argumentações. Certamente, será necessário abordar esse mesmo tipo de problema em outras ocasiões, para que as crianças cheguem a conclusões mais permanentes.

PRÉ-ESCOLA

MATERIAIS DE AVALIAÇÃO
ATIVIDADE HABITUAL Contar e registrar

Para representar uma coleção de pincéis, a criança desenha cada objeto contado, fazendo uma correspondência termo a termo.

Mesmo usando os números, muitas crianças não abandonam de imediato a correspondência termo a termo e, assim, anotam um número para cada objeto contado.

Para se comunicar melhor, além da quantidade total representada por um único número, a criança escreve o nome do tipo de objeto que contou (neste caso, a tesoura) e faz um desenho.

Para representar uma coleção de pincéis, a criança faz um tracinho para cada objeto contado, fazendo uma correspondência termo a termo.

100 APRENDER COM A CRIANÇA

Etiquetas
Registro: situação de elaboração de etiquetas

Após contarem a quantidade de tesouras que havia na sala, as crianças de uma turma de 4 anos de idade foram convidadas pela professora a anotá-la em etiquetas. Acompanhe o diálogo:

Professora: Estive olhando os papeizinhos nos quais vocês anotaram que havia 7 tesouras e encontrei coisas muito interessantes. Quem as contou?

A maioria das crianças disse: sim.

Professora: Bom, algumas crianças anotaram assim [desenha 7 tesouras na lousa], outras assim [anota debaixo do desenho – 1 2 3 4 5 6 7], e outras assim [anota 7 abaixo]. O que vocês acham?

Fiorella: Tem duas partes de números. [Refere-se às duas últimas anotações] Tem de ser números. As tesouras [aponta o desenho] não servem.

Pámela: As tesouras e todos os números não servem. [Aponta a escrita da série de números de 1 a 7]

Professora: Espere, pode anotar muitas tesouras com um só número?

A maioria fala que não.

Fiorella: Aqui e aqui tem 7 e 7. [Apontando os desenhos das tesouras e da série] Estas tesouras são muitas e têm de ter muitos números. Estão boas.

Maxi: Um só número serve para uma só...

Gabriel: Um só número não pode dizer 7.

Camila: Pode!

Professora: Mas eles dizem que "não", como isso se explica?

Camila: Porque também se pode pôr um só número. Eu acho... que é porque é um 7.

WOLMAN, Susana. La enseñanza de los números en el nivel inicial y en el primer año de la EGB. In: KAUFMAN, Adam M. (Org.). *Letras y números*: alternativas didácticas para jardín de infantes y primer ciclo de la EGB. Buenos Aires: Santillana, 2001. [s.p.]. (Tradução nossa.)

Neste pequeno registro, podemos realizar várias observações:

- *as crianças "conhecem" o nome dos algarismos e o que estão discutindo refere-se a sua utilização para representar quantidades de objetos;*
- *a professora introduz a discussão, quando Pámela havia adiantado a resposta correta, propondo como contra-argumentação uma ideia, sabendo que alguns de seus alunos podem sustentá-la;*
- *várias crianças acreditam que com um só algarismo não se pode representar muitos objetos;*
- *é Camila quem se anima a afirmar o contrário.*

Seguramente, é a consideração deste problema em outras situações que permitirá às crianças chegar a acordos permanentes.

JOGOS E CONSTRUÇÃO DE CONHECIMENTOS

"Joga-se para não morrer, para não enlouquecer, para sobreviver – com poucos recursos pessoais, culturais, sociais – em um mundo difícil. Em nossos dias, mesmo com os avanços tecnológicos, com uma ciência que explica, que controla cada vez mais as doenças, os problemas alimentícios etc., o espaço do jogo continua sendo muito importante. No jogo, podem-se encontrar respostas, ainda que provisórias, para perguntas que não se sabe responder."

Lino de Macedo, *Quatro cores, senha e dominó*: oficinas de jogos em uma perspectiva construtivista e psicopedagógica

Os jogos e suas variantes

Os diferentes tipos de jogos oferecem muitas oportunidades para que as crianças participem de situações de contagem. Porque:

O jogo é uma instância de trabalho coletivo.

O trabalho com o outro gera uma condição parecida com a maneira como se produz o conhecimento matemático.

Jogar exige adaptar-se às regras e, graças a isso, construir certos conhecimentos para resolver problemas que as regras apresentam.

É fundamental escolher jogos que favoreçam as experiências numéricas na Educação Infantil. Além disso, é preciso instalar um ambiente de reflexão e investigação sobre os jogos propostos e propor conversas e comparações acerca dos diferentes procedimentos utilizados.

Procedimentos e esquemas

Procedimentos geram esquemas e, ao mesmo tempo, nossos esquemas – ou estruturas ou modos de ser e de pensar – originam **procedimentos: como realizamos as ações**.

Em nosso primeiro ano de vida há um forte movimento de assimilação dos objetos aos esquemas do sujeito, de trazer as coisas para si com os próprios recursos. Mas, como a vida requer mudança, adaptação e compreensão, a criança busca aperfeiçoar, modificar e enriquecer seus procedimentos ou modos de agir para ter êxito em suas ações; por exemplo, pegar um objeto e sugá-lo. É nesse primeiro ano que se criam hábitos e adquirem-se condutas, grandes conquistas que serão sempre incluídas em outras mais abrangentes e/ou mais eficazes.

ESQUEMAS: ESTRUTURAS ADQUIRIDAS AO ORGANIZAR A PRÓPRIA AÇÃO E APLICÁVEIS A SITUAÇÕES SEMELHANTES OU ANÁLOGAS.

Jogar o dado e pegar a quantidade de fichas correspondentes, como no Jogo da Árvore ou no Jogo da Tartaruga, é uma possibilidade para trabalhar com a contagem.

PRÉ-ESCOLA

MATERIAIS GRÁFICOS

VÍDEO
Quer jogar?
Resenha do livro de Adriana Klisys e Carlos Dala Stella

Quando participam de um jogo que contextualiza um fazer matemático como a contagem, as crianças precisam utilizar seus conhecimentos prévios para resolver os problemas propostos na dinâmica do jogo e, com isso, muitas vezes aprimoram esses conhecimentos, avançando em seu saber. Mas esse conjunto de conhecimentos fica relacionado ao contexto do jogo, implícito na ação da criança ao jogar.

A ação do professor é então essencial. Propor novas situações para utilizar conhecimentos no jogo leva a criança a:

- estabelecer novas relações;
- tomar consciência de seu saber e do conjunto de problemas que pode resolver com ele;
- fazer uso de seus esquemas para jogar bem, jogar melhor.

Jogar: configurações e regras

Os jogos podem proporcionar às crianças ao menos três vantagens, tais como ocorrem com os brinquedos que têm configurações e regras próprias:

- colocar em jogo tudo aquilo que elas sentem, sabem e são;
- confrontar-se com os pontos de vista dos parceiros;
- ter o estímulo (competitivo) de querer ganhar.

Competir
Competir (do latim, *com-petere*) significa "pedir junto". O prefixo "com" significa, ao mesmo tempo, simultaneamente. O radical "petir" significa pedir. [...] Jogadores, adversários, em uma mesma partida, pedem igualmente a vitória, mesmo sabendo que ela caberá a apenas um deles.

MACEDO, Lino de. *Ensaios pedagógicos*: como construir uma escola para todos? Porto Alegre: Artmed, 2005. p. 72.

> As conformações e as regras dos jogos estão colocados para as crianças – ou para qualquer um de nós – como limites que as liberam para criar soluções.

Como em qualquer atividade lúdica a que nos propusermos, há sempre graus de abertura e de fechamento que devemos considerar. Pois, se o passo possível no jogo ou atividade já está previsto, o único caminho é arriscar a única resposta — seja ela certa ou errada. E se o primeiro passo em uma partida ou atividade (por exemplo, cada um desenha o que quiser) for incompreensível para o jogador, a proposta é excessivamente aberta, sem limites estruturantes ao pensamento da criança.

Um exemplo simples: se na Educação Infantil perguntarmos a uma criança quanto é **2 + 2**, ou ela responde **4** e — embora tenha acertado — não saberemos se ela realizou um bem-vindo cálculo mental, ou repetiu uma resposta já sabida. Se ela diz outro algarismo qualquer, nada compreenderemos sobre seu erro.

A proposta é muito fechada; aqui todo cuidado é pouco, mas se oferecermos a ela pedrinhas, feijões ou fichas, propondo:

Você pode tirar 4 destas pedrinhas (14)?

Ela terá infinitas possibilidades; talvez comece com **1 + 1 + 1 + 1**, ou **2 + 2**, ou **3 + 1**, ou **14 – 4** — sem falar de números bem maiores que esse. Nada proporemos às crianças que não proporíamos a nós mesmos. Quando compreensível, mas com diversas soluções possíveis, a atividade tem um grau de abertura adequado. ■

Existe uma variedade de jogos de dados e fichas que podem ser propostos às crianças. A variação da quantidade de fichas e do número de dados interfere na complexidade do problema.

Ao planejar o trabalho com jogos matemáticos na Educação Infantil, é essencial levar em conta:

- os **materiais** que serão utilizados;
- o **espaço** em que se proporá o jogo;
- a **forma** com que se agruparão as crianças;
- **como** será o encaminhamento das propostas.

Quando apresentamos às crianças um conjunto de materiais diferentes – peças, dados, tabuleiro –, é natural que elas se sintam curiosas e queiram pegar as peças e materiais apropriando-se deles a partir da brincadeira. É importante levar em consideração esse movimento das crianças e reservar momentos para esse tipo de exploração. Assim, na ocasião de apresentar as regras e convidar os pequenos para o jogo, será mais tranquilo conseguir a participação de todos.

É preciso observar se os materiais não propõem implicitamente novas variáveis que podem interferir na ação das crianças ao longo do jogo, como fichas de cores ou formatos diferentes.

É importante compartilhar com as crianças, desde pequenas, os cuidados com os materiais que compõem os jogos, levando em conta tarefas que já são possíveis para elas: contar as peças e conferir se está faltando alguma ao guardar um jogo, por exemplo. Essa é uma atividade que exige progressiva **autonomia**, desde o momento em que apresentamos às crianças os primeiros jogos de contagem.

Roda – trazer o jogo para o momento da roda, com o objetivo de apresentá-lo, é uma variável didática importante. Compartilhar suas regras ou conversar sobre os procedimentos de crianças é uma escolha que:

- comunica a importância da atividade;
- favorece a troca de ideias e a construção de um conjunto de conhecimentos compartilhados.

A proposta de jogos – já conhecidos pelas crianças – no momento dos **cantos** favorece:

- uma progressiva apropriação das regras;
- a construção de procedimentos pessoais e destreza ao jogar.

> Combinar espaços de jogo – cantos e roda – e formas de agrupamento – coletivo e pequenos grupos – favorece percursos de aprendizagem para as crianças da turma.

Investir na construção de um repertório de jogos compartilhado pela turma é decisão didática importante para favorecer um percurso de aprendizagens matemáticas.

Todo jogo foi feito para ser jogado mais de uma vez!

"Idas e vindas" sobre uma mesma situação permite que a criança aprenda a:

- jogar com seus pares;
- construir conhecimentos dentro de uma situação coletiva.

Jogos conhecidos de todos podem ser visitados diversas vezes ao longo do ano, nos cantos e na roda, possibilitando:

- ampliação e aperfeiçoamento das estratégias;
- troca de ideias sobre dificuldades e formas de solucioná-las;
- resolução de problemas contextualizados;
- reflexão sobre situações de jogo;
- favorecer a construção de conhecimentos pela turma.

É muito importante observar as crianças no momento do jogo e anotar situações que poderiam:

- inspirar bons problemas e reflexões para propor aos alunos;
- alternar, ao longo da semana, situações em que os alunos joguem entre si com outras em que a proposta seja refletir sobre um problema ou situação;
- pensar sobre a estratégia de um colega ou trocar ideias sobre o jogo.

Crianças com diferentes saberes podem jogar com diversas estratégias e discutir quais são as mais eficientes. É possível também modificar a complexidade para alguns grupos, mudando o material e a regra do jogo.

CAPÍTULO 2 | JOGOS E CONSTRUÇÃO DE CONHECIMENTOS

Todos se foram
Um jogo possível...

PRÉ-ESCOLA

MATERIAIS GRÁFICOS

RESENHA | LIVRO
Jogos em grupo na Educação Infantil
Ana Flávia Castanho

Neste jogo, proposto por Constance Kamii no livro *Jogos em grupo na Educação Infantil*, são usados fichas e pratinhos de papelão ou outro material.

Material
- 4 pratinhos
- 80 fichas
- 1 dado

Organização do grupo
Joga-se em grupo de dois a quatro jogadores.

Regras
Cada jogador pega um pratinho e coloca 20 fichas. Na sua vez, joga o dado e tira a quantidade de fichas correspondente à que saiu no dado.

Quem esvaziar seu pratinho primeiro vence e diz:

– Todos se foram.

Objetivo didático
- estabelecer relação entre quantidades.

PRÉ-ESCOLA

MATERIAIS GRÁFICOS

JOGOS DE CONTAGEM
Novos jogos e variantes

Jogo "Dados coloridos"

Jogo de regras simples a ser proposto de maneira que, ao reconstituir a sequência da partida para o restante do grupo, as crianças tenham necessidade real de aperfeiçoar o registro.

Sequência de trabalho

Sequência elaborada por Saiz (1996, p. 51):

Material
- 3 dados por equipe:
  – dado 1: com duas faces azuis, duas vermelhas e duas amarelas;
  – dado 2: com uma face azul, três amarelas e duas vermelhas;
  – dado 3: com uma face azul, três vermelhas e duas amarelas.

Regras
Organizam-se as crianças em grupos de quatro: três jogam e uma delas (o secretário) observará quem ganha o jogo. Escolhido o secretário, joga-se o dado, uma vez cada um, durante três rodadas. É importante que nas sucessivas partidas todos possam ocupar o lugar de secretário.

Quem tirar um azul tem um ponto, quem tirar dois azuis tem dois pontos e quem tirar três azuis tem três pontos. Se não tirar nenhum azul, não tem ponto. Ao final do jogo ganha quem tem mais pontos.

Quando terminarem de jogar, o secretário deverá indicar quem ganhou e, por isso, é necessário que preste muita atenção e que os demais o ajudem a indicar quem é o vencedor.

Objetivos didáticos

- construir um recurso para registrar quantidades;
- utilizar números e algarismos como memória de quantidade;
- registrar quantidades por meio de estratégias pessoais;
- aperfeiçoar a maneira de registrar pontuação de jogos.

ETAPA 1

O professor apresenta o material, lê e explica as regras do jogo e pede que cada grupo escolha um secretário para a partida.

É importante que o professor circule pela sala e observe como cada grupo joga e os recursos que utilizam para recordar os pontos ganhos, insistindo para que ao final das três rodadas todos ajudem o secretário a saber quem ganhou.

É provável que nas primeiras vezes, ao terminar o jogo, não tenham registrado de forma escrita a pontuação de cada jogador e não se lembrem quem ganhou, ou que tentem marcar com os dedos e se percam.

Registro – para refletir sobre a necessidade do registro, o professor pode organizar uma roda de conversa sobre o jogo e fazer perguntas como:

- *O que aconteceu durante a partida? Quem ganhou o jogo?*
- *Por que não sabem? Como podem fazer para saber de uma próxima vez?*

Essa roda de conversa pode, inclusive, ser feita em outro dia para colocar em destaque o papel do registro como memória de quantidade.

As crianças podem chegar à conclusão de que é preciso registrar os pontos para não se esquecerem.

Se nenhuma criança der essa sugestão, o professor pode perguntar o que acham de anotar os pontos, tendo o cuidado de não dizer o procedimento que devem usar para anotá-los.

É interessante anotar as conclusões e combinados do grupo em um cartaz e afixá-lo na parede da sala.

ETAPA 2

Esta etapa se inicia com a retomada do que foi registrado no cartaz sobre a necessidade do registro dos pontos para não se esquecerem.

As crianças jogam e o secretário realiza o registro de acordo com o combinado entre todos. Para tanto, busca uma forma própria para registrar, combinando com seu grupo.

Muitas vezes o registro é feito sem considerar a quem pertencem os pontos, portanto sem poder determinar quem é o vencedor.

Ao final de cada etapa, o professor organiza uma nova roda de conversa para retomar os diferentes modos de registrar os pontos, com perguntas como:

- *É possível saber quem ganhou?*
- *De quem são esses pontos?*
- *Quem fez 8 pontos?*

Nos exemplos acima, algumas crianças só anotam o nome do secretário, portanto, não é possível saber quem ganhou o jogo em cada grupo.

Após essa análise, as crianças podem concluir que é necessário anotar o nome de cada jogador junto com seus pontos. Essa conclusão também deve ir para o cartaz.

ETAPA 3

Esta etapa se inicia com a retomada do cartaz e com uma situação de jogo.

O professor pode convidar as crianças a comparar como cada grupo anotou seus pontos – com bolinhas, palitos, números – e analisar se é possível saber quantas vezes cada jogador lançou os dados. Embora as regras determinem que são três jogadas, as crianças não costumam ater-se a isso, e o professor só retoma esse aspecto da regra nesta etapa da sequência, para problematizar o registro.

Novamente anotam-se no cartaz as conclusões do grupo e, em outro dia, retomam-se as anotações e se propõem novas partidas do jogo.

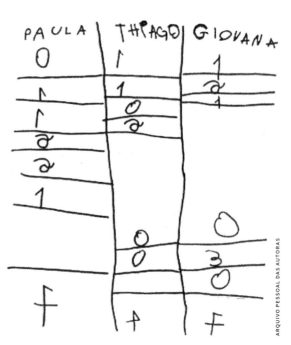

Seguindo nesse processo todos aprimoram seus registros.

Os registros possuem agora a clareza necessária para saber quem ganhou. No final da partida, na roda de conversa, é possível iniciar a discussão sobre a forma de anotar os pontos e controlar o número de jogadas de cada jogador.

JOGOS E EXPRESSÃO

*"Vive tu, meu menino, os belos anos
Junto dos teus, na doce companhia
Do que há de melhor em corações humanos
E faze deste dia eterno dia."*

Adriana Calcanhoto, *Antologia ilustrada da poesia brasileira para crianças de qualquer idade*

Esconde-esconde

Na creche, o convívio com outras crianças e com os adultos se dá no espaço e no tempo.

NO ESPAÇO, ONDE OBJETOS ESTÃO SITUADOS; ONDE AÇÕES ACONTECEM.

NO TEMPO, COMO SENTIMOS AS COISAS; COMO APRENDEMOS PELA EXPERIÊNCIA.

A criança – e todos nós ao longo da vida – concebe a permanência e a mudança dos objetos no espaço e no tempo, criando interdependências entre eles em relações de analogia ou semelhança de causalidade.

> Se um brinquedo está fora do alcance sobre o tapete, a criança aprende que, puxando o tapete, conseguirá aproximar o brinquedo.

Na interação com seus pares, mediada por brinquedos, objetos e a presença do educador, é que a criança realiza um progressivo **descentramento** – pouco a pouco concebe a permanência dos objetos, organizados no tempo e no espaço em relações causais.

ARQUIVO PESSOAL DAS AUTORAS

Índio na cabana fazendo xixi. João (3 anos e 6 meses). Ao desenhar com caneta hidrográfica rosa em papel sulfite, João mostra competência e desempenho em elaborar graficamente círculos e triângulos. As relações topológicas expressam o tema que João escolheu.

CRECHE
MATERIAIS GRÁFICOS
LEITURA COMPLEMENTAR
A constituição de si mesmo e dos objetos
Monique Deheinzelin

GLOSSÁRIO
Relações causais

CAPÍTULO 2 | JOGOS E EXPRESSÃO

Permanência do objeto

Mostramos a mamadeira para um bebê de cerca de 9 meses de idade, em sua presença a escondemos sobre o tapete, debaixo de uma almofada. Se o bebê, engatinhando, desloca-se para a almofada, levanta-a e sorridente nos mostra a mamadeira, saberemos que está em curso a concepção de **permanência dos objetos**. E o prazer enorme de tê-la reencontrado com seus próprios recursos — nesse caso deslocando-se sucessivamente — ocasiona fundamentos para um **conhecimento autônomo**.

> Em torno de 1 ano de idade, com a possibilidade de se deslocar – seja engatinhando ou andando –, meninos e meninas assimilam os objetos ao próprio eu e, ao mesmo tempo, acomodam-se a leis causais que favorecem sua localização no tempo e no espaço.

Isto mostra por que crianças muito novas adoram brincar de esconde-esconde.

Lembremos que a descoberta da mamadeira em nosso exemplo deu-se pelo deslocamento ou ação de engatinhar, e que a permanência do objeto é função de sua localização.

OBJETO: TUDO AQUILO QUE NÃO PERTENCE AO SUJEITO, QUE É EXTERIOR A ELE ANTES DA INTERAÇÃO.

Ações de deslocamento

DESCENTRAMENTO: SABER QUE NÃO ESTAMOS SÓS, QUE ESTAMOS EM UM MUNDO POVOADO DE PESSOAS, SERES VIVOS OU IMAGINÁRIOS, E COM OBJETOS QUE INSTIGAM NOSSA CURIOSIDADE.

O descentramento é gerado por uma dinâmica de **movimentos endógenos** e **exógenos**, que nos constitui pelo resto da vida.

Movimentos endógenos – o que acontece internamente quando assimilamos um objeto à nossa maneira de ser. O que se passa dentro de nós, como modos de sentir, de agir e de compreender o mundo.

Movimentos exógenos – como procedemos externamente buscando nos acomodar às características e relações entre os objetos, ao modo de ser e de agir das outras pessoas.

ATIVIDADE HABITUAL

Vamos brincar de esconde-esconde?

Usar cabanas, caixas, cantos, mesas para se esconder (e ser achado!) é fonte de prazer e brincadeira para crianças a partir de 1 ano de idade.

Esconder brinquedos e outros objetos, na presença de crianças dessa idade, para que elas, por intermédio de ações de deslocamento, possam reencontrá-los, é motivo de alegria e construção de conhecimentos sobre relações entre coisas e pessoas.

PARA AVALIAR
OBSERVAR, ESCUTAR E REGISTRAR

É preciso observar e registrar **como** a criança procedeu para reencontrar outra criança ou um brinquedo escondido. Para isso, ter um caderno sempre à mão!

CRECHE

MATERIAIS DE AVALIAÇÃO
ATIVIDADE HABITUAL
Esconde-esconde

Faz de conta ou jogo simbólico

Sozinha ou interagindo com amigos, a criança cria situações, cenários com objetos que se tornam simbólicos. Colocar uma coisa no lugar de outra, combinar com amigos "agora eu era..." e brincar de ser uma realidade imitada ou imaginada é a atividade principal das crianças a partir de 2 anos de idade.

Um caminhão, vários motoristas

Vivência lúdica. Em uma classe composta por crianças de 2 anos de idade em média, elas simulam que estão em um caminhão no tanque de areia. O caminhão consiste em caixas viradas com a boca para cima, enfileiradas, e com uma criança dentro de cada caixa.

Não há complementaridade de papéis (como motorista, passageiros etc.), de modo que cada um, em seu caixote, está em um caminhão que não se articula com o dos outros. Mas a criança que está na caixa que encabeça a fila pede algo que sirva para ser a direção.

Vou ao depósito de sucatas onde encontro uma embalagem de papelão para pizza; a criança a examina, levanta-se do caminhão, passa no banheiro onde pega um sabonete, encosta a embalagem redonda na parede acima de sua cabeça e põe-se a tomar banho!

Enquanto a imitação realiza um movimento de acomodação ao modo de ser de uma pessoa ou acontecimento, o jogo simbólico é sempre para a criança um caminho de assimilação, de trazer o mundo para seus próprios recursos, de fazê-lo caber em si.

Para ela a embalagem de pizza sugeria um chuveiro e não um volante.

Para o equilíbrio afetivo e intelectual da criança, é muito importante dispor de uma atividade em que, mais importante do que procurar se adaptar às situações da realidade cotidiana, ela possa assimilar aspectos do real a si própria, transformando-os.

A inteligência humana é o equilíbrio – sempre instável e passageiro – entre nossos movimentos de assimilação e acomodação ao real. ■

CAPÍTULO 2 | JOGOS E EXPRESSÃO | 111

Assimilar e acomodar

Assimilar – trazer, interpretar, experimentar situação, fenômeno ou objeto de acordo com seu próprio modo de ser e de compreender o mundo.

Acomodar – explorar, investigar, vivenciar fenômeno ou objeto com base em seus atributos e características internas.

Cena de jogo. Rafael (4 anos e 7 meses). Figuras em movimento no espaço, demonstram como Rafael estabelece relações topológicas e assina o próprio nome.

MATERIAIS GRÁFICOS

LEITURA COMPLEMENTAR
- Imitação
- Assimilação
- Acomodação

Movimentos de assimilação e acomodação têm sua origem na imitação, que observamos em crianças desde a mais tenra idade. Cada vez que a criança imita um gesto, ela o faz como aprendizado, isto é, acomoda-se ao gesto observando suas características e, ao mesmo tempo, assimila o gesto a seu próprio modo de ser.

Para tentar compreender como a imitação, em seu modo de assimilação e acomodação ao alcance do bebê, origina conhecimentos, o psicólogo suíço Jean Piaget (1896-1980) passou longo tempo com seus próprios filhos. Por exemplo, ao lado do berço, fazia uma mesma careta, esticando a bochecha, e observava em sua filha a evolução do modo de imitar a careta. Com procedimentos como esse, Piaget fundou a Epistemologia Genética.

EPISTEMOLOGIA GENÉTICA:
CIÊNCIA QUE INVESTIGA ORIGEM E DESENVOLVIMENTO DO CONHECIMENTO.

Desde a Grécia Antiga, a imitação é referida como origem do conhecimento. Na *Poética*, Aristóteles anota:

> Parece haver duas causas, e ambas devidas à nossa natureza, que deram origem à poesia.
>
> - A tendência para a **imitação** é instintiva no homem, desde a infância. Neste ponto distingue-se de todos os outros seres, por sua aptidão muito desenvolvida para a imitação. Pela imitação adquire seus primeiros conhecimentos, por ela todos experimentam prazer. [...]
> - A aquisição de um **conhecimento** arrebata não só o filósofo, mas todos os seres humanos, mesmo que não saboreiem durante muito tempo essa satisfação.
>
> ARISTÓTELES. *Arte retórica e arte poética*. Tradução Antonio Pinto de Carvalho. São Paulo: Ediouro, [s.d.]. p. 244. (Grifo e formatação nossos.)

É interessante observar que a *Poética* corresponde a anotações de Aristóteles sobre a poesia e a arte de sua época. Esses registros escritos destinavam-se às aulas a serem transmitidas a seus alunos no Liceu – localizado no templo de Apolo –, que Aristóteles fundou no final da vida, em torno do ano 334 a.C., quando se mudou para Atenas aos 49 anos de idade. Ocorre que no ano de 343 a.C. Aristóteles é chamado pelo rei da Macedônia, Filipe II, para ser preceptor de seu filho Alexandre, função que exerceu até 336 a.C., quando este tornou-se rei aos 20 anos de idade. Entretanto, em 323 a.C., Aristóteles teve que fugir de Atenas e abandonar seu Liceu, devido a suas ligações com Alexandre, o Grande, que havia falecido, tendo ele próprio vivido só mais um ano depois disso.

O jogo: chave do pensamento da criança

O jogo, como chave do pensamento da criança, torna-se uma ferramenta importantíssima e ocupa uma posição central na Educação Infantil. Não podemos jogar pela criança – no individual ou no coletivo, o jogo é um modo próprio de a criança lidar com diferentes tipos de situação. Até, pelo menos, os 5 anos de idade, o jogo é a forma de pensar por excelência da criança; em suas tentativas de compreender palavras e textos, os números, fenômenos naturais e tudo que lhe acontece na relação com outras pessoas, em seus desenhos e pinturas, a criança exerce sua função simbólica.

Representando ela coloca uma coisa no lugar de outra, elevando-a a outro patamar mais próximo à sua forma de ser e de pensar. ■

DEHEINZELIN, Monique. *Uma experiência em Educação Infantil*. 11. ed. São Paulo: Vozes, 2016. p. 189.

Felicidade: aprender pela própria experiência

A VONTADE DE SER FELIZ É O QUE MOBILIZA A CRIANÇA A QUERER BRINCAR.

Felicidade para a criança, assim como para todos nós, é aprender pela própria experiência. Felicidade é elaborar significados, encontrar sentido naquilo que somos e fazemos.

> Há uma constante interação entre o campo objetivo – tudo o que antes de nossa ação está fora de nós – e o campo subjetivo – como compreendemos e elaboramos situações, fenômenos, comportamentos.

O faz de conta ou jogo simbólico é o modo próprio de a criança elaborar a transição entre campo objetivo e campo subjetivo, o de fora e o de dentro, assimilação e acomodação, movimento exógeno e movimento endógeno.

As crianças ficam expostas à uma profusão de imagens, de audiovisuais, histórias e personagens animados, com grandes recursos televisivos que poderiam torná-la passiva diante do espetáculo. **Não é isso que acontece** – por intermédio do jogo, que é sua forma de ser e de pensar, a salvo da exposição contínua à enxurrada audiovisual do cotidiano nas cidades, a criança se ergue como gigante transformando a avalanche de som e imagem em algo seu. Temas, personagens, tempos históricos, situações do cotidiano são vividos de modo próprio.

Dar vida a bonecos, por exemplo, super-heróis, é usar características dos personagens em proveito da própria expressão.

Astronauta na nave viaja pelo espaço. Leona (5 anos e 6 meses). Incluindo números em seu desenho com caneta hidrográfica, ao expressá-lo, Leona elabora visão própria sobre o tema. Em verde, o interior da nave; em azul, sua superfície; do lado de fora, as estrelas.

É como se a criança expandisse seu domínio, e esticasse a própria pele na busca de todo tipo de meio para se expressar, ou seja, realizar internamente conteúdos externos.

O faz de conta é sincretismo – traz tudo ao mesmo tempo, agora, e o transforma em coisa própria, movimento de assimilação que não é conduzido pelo professor.

Verificamos, em crianças de cerca de 4 anos de idade, uma grande explosão de criatividade.

Intencionalidade educativa – nossa intencionalidade é criar e manter tempo e espaço para o jogo e todo tipo de brincadeira de faz de conta – "agora eu era o herói...".

Na hora do faz de conta (nunca se sabe quando vai acontecer!), nossa intenção educativa se volta para nós mesmos – abrir espaço e tempo, observar e registrar as várias linguagens e suas formas expressivas, **do modo que cada criança se manifesta**. Para aprendermos quais e como se expressam as concepções das crianças.

O tutano – o que alimenta o jogo são situações vividas, temas e personagens de livros, filmes e desenhos animados. Cabe a nós selecioná-los e oferecê-los às crianças.

ATIVIDADE HABITUAL

Faz de conta ou jogo simbólico

Na classe, sala de aula ou espaços internos da unidade de trabalho, manter configurações propícias ao jogo simbólico:

- mobiliário móvel, para que, ao mudar de lugar, possa virar outra coisa (naves, casas, barcos etc.);
- panos, cortinas, tapetes que viram cabanas, chão, paredes;
- caixas com sucatas, coisas que imaginariamente estão no lugar de outras;
- roupas e adereços, fantasias que auxiliem a compor personagens;
- brinquedos da brinquedoteca da escola, ou aqueles que ficam em sala;
- espelho, essencial nos espaços da creche, para que as crianças possam se mirar e admirar.

Nos espaços externos, podem-se diversificar as opções para brincadeiras e faz de conta com tanque de areia, terra, água, árvores, plantas, sementes, folhas e flores, pedrinhas, gravetos; brinquedos como baldes, copinhos, bola, pás, carrinhos, bonecos; materiais plásticos descartáveis como bobinas, carretéis, embalagens.

PARA AVALIAR
OBSERVAR, ESCUTAR E REGISTRAR

Avaliar e registrar – professor, mantenha sempre à mão um caderno, se possível sem pauta, para anotar em texto e imagem (fotografia, colagem, desenho) aquilo que você ouve e vê.

Esta escuta e observação permanente é sua principal ferramenta de trabalho.

Telefones celulares são ferramentas muito úteis para complementar suas anotações. O importante é que a expressão própria da criança se torne **observável** para você.

PRÉ-ESCOLA	MATERIAIS GRÁFICOS
	RESENHA Diário de classe *Monique Deheinzelin*

CRECHE	MATERIAIS DE AVALIAÇÃO
	ATIVIDADE HABITUAL Faz de conta

GLOSSÁRIO
- Observáveis
- Sensório-motor

Improviso, expressão e jogos teatrais

Pode-se afirmar que o si mesmo só se torna real quando é expresso nas ações da pessoa no espaço e no tempo.

FRANZ, Marie Louise von. *Alquimia*. São Paulo: Cultrix, 1999. p. 144.

Conhecimento de si, conhecimento do mundo

Ações transformadoras – afetos, emoções e sentimentos, ao mesmo tempo, desencadeiam ações internas e externas e são transformados por estas ações, o que nos habilita a dizer que as ações transformadoras têm sempre uma mobilização estética.

Sentir e agir – durante o período sensório-motor, que é regido pelo binômio sentir e agir, a mobilização estética possibilita a sobrevivência e uma gama extraordinária de aprendizagens que constituem, simultaneamente, conhecimento de si e conhecimento do mundo.

Mundo interno e mundo externo – é a dinâmica desse movimento entre o mundo interno e o externo que está na origem da criação de todo conhecimento. É a nossa mobilização estética a mola propulsora deste movimento e, principalmente, seu regulador.

Observação: fonte do imaginário e do conhecimento

Os objetos a nossa volta fazem parte de um processo de produção; eles não nascem prontos.

Mas, então, como são feitos?
Como ganham existência?

É preciso lembrar o tempo todo de quando éramos criança!

Interagir com as coisas do mundo, ter experiências com os fenômenos da natureza são os recursos que temos para, ao mesmo tempo, estruturar uma realidade em que os objetos guardem entre si relações que independem de nossa existência e nos constituir como indivíduos.

Para a criação do que ainda não existe, o embate com materiais e substâncias é decisivo, aliado à:

OBSERVAÇÃO, A FONTE DO IMAGINÁRIO E DO CONHECIMENTO.

Sair de si – um passeio pela realidade. Aquela sensação tão reconfortante de sair de si e olhar as coisas como se fossem inéditas, tenras, novas. E, com um gesto novo ganham existência – agora em outro plano, reconstruído.

Vincent Van Gogh. *Autorretrato com chapéu de feltro cinza*, 1886.

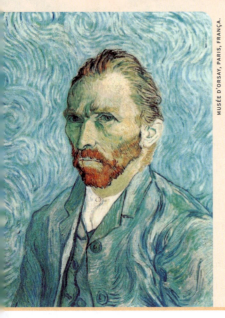

Vincent Van Gogh. *Autorretrato*, 1889.

As passagens de dentro para fora e de fora para dentro ocasionam uma purificação.

Trabalhos do pintor holandês Vincent Van Gogh (1853–1890), especialmente em seus autorretratos, colocam-nos frente a um problema central: a passagem da imagem que se vê, isto é, da realidade natural para as imagens subjetivas e vice-versa.

Nessa passagem há um trabalho de purificação em que se encontra a si mesmo.

Analisando dois autorretratos do artista, com diferença de três anos entre eles, podemos observar que Van Gogh desenvolve imensa sutileza no uso da cor, de modo a ganhar expressão ao se representar. ■

Atribuir sentido ao mundo

Para o filósofo alemão Immanuel Kant (1724-1804):

SENTIMENTO: PROPRIEDADE QUE O HOMEM TEM DE SÓ PODER JULGAR O PARTICULAR NO UNIVERSAL. SENDO O JULGAMENTO ESTÉTICO AÇÃO REFLEXIVA EM QUE SE CONCILIAM ENTENDIMENTO E IMAGINAÇÃO.

Assim, um julgamento é dado, ao mesmo tempo, por uma faculdade intelectual (entendimento) e uma faculdade sensível (imaginação).

O universal – que pode ser compartilhado – não é um conceito *a priori*, mas ideia, ou princípio regulador para reflexão. Assim, é o mundo inteligível – que aparece em relação a Deus – que serve de princípio para a reflexão estética.

Muito auspiciosa e criadeira é a visão do filósofo de que entendimento e imaginação se harmonizam por uma ideia (indeterminada) de uma contingência divina segundo a qual tudo é inteligível, tudo pode vir a ter um sentido.

Kant nos mostra que a atividade de reflexão é prazerosa – está na fonte de uma satisfação estética – porque o real aparece como contingente em relação a nossas exigências de atribuir sentido. A dádiva que recebemos é um mundo ao qual podemos dar sentido pela reflexão estética em que se harmonizam entendimento e imaginação. Uma vez que o real nos é dado, assim como as faculdades, intelectual e sensível, podemos, na experiência, gerar conhecimentos.

Pela contingência do mundo inteligível (este existe para nós) tudo pode vir a ter um sentido (universal), que será sempre fruto de nossa ação reflexiva (individual).

Para Kant, o Belo é então manifestação divina que provoca nossa ação reflexiva, a qual resulta em julgamento, ou juízo do gosto. Esses são para o filósofo os elementos morais que fundamentam e dão sentido a nossa existência, transcendendo-a. ∎

PRÉ-ESCOLA

MATERIAIS GRÁFICOS

RESENHA
Leitura complementar
Sentimento para Kant

Jogos teatrais

Uma resposta da cabeça aos pés, onde a mente (intelecto), o corpo e a intuição funcionam como uma unidade; monolítico; a partir do todo, de si mesmo; funciona a partir do nosso ser total.

SPOLIN, 2005 [1963], p. 344.

Na atividade principal da criança, que é **brincar**, observamos uma busca que ela não sabe aonde vai dar. Tampouco nós sabemos. O jogo, "finalidade sem fim", integra várias ações, todas elas muito lógicas na busca de um sentido que sempre nos escapa.

O jogo é da ordem da poesia – transcende a própria ação.

Cosmogonia – tendo em sua origem a imitação, desde o princípio, isto é, desde os primeiros meses de vida, brincar é criar uma cosmogonia, ou visão do mundo, e de si mesmo.

Brinquedos, brincadeiras, faz de conta, jogos, repertório musical, literário, audiovisual: toda a experiência da criança é matéria-prima para brincar.

Como podemos proporcionar às crianças uma passagem para o teatro – encenação com palco e plateia?

GLOSSÁRIO
Atividade significativa

CAPÍTULO 2 | JOGOS E EXPRESSÃO | 117

Em primeiro lugar, de modo acolhedor, vamos considerar que é gostoso ser guiado por alguém em **atividades significativas**.

Em segundo lugar, por cautela, temos que considerar que toda atividade significativa tem diferentes graus de **abertura** e **fechamento**.

Abertura – a atividade não prevê uma única solução correta. Ela abre possibilidades de exploração, pesquisa, interação, reflexão, representação.

Fechamento – a atividade tem dados e encaminhamentos suficientemente claros e precisos, de modo a possibilitar a criação do que ainda não existe.

Em terceiro lugar, com clareza, temos que considerar que a **regra** é, ao mesmo tempo, o que limita e o que liberta para a criação do que ainda não existe.

Viola Spolin – com base nessas considerações, observáveis nas condutas das crianças, podemos guiá-las em atividades de **jogos teatrais**. Esses jogos

Jogos teatrais

Os jogos teatrais são:

Uma atividade aceita pelo grupo, limitada por regras e acordo grupal. Também acompanhada por divertimento, espontaneidade, entusiasmo e alegria, que seguem par e passo a experiência teatral, ou seja, um conjunto de regras que alimenta os jogadores, jogando.

Nos jogos teatrais, o mais importante é o **foco**. O foco, escolhido e delimitado, ocasiona a *instrução*. A *avaliação* também só é possível quando nos centramos no foco.

Foco – atenção dirigida e concentrada numa pessoa, objeto ou acontecimento específico dentro da realidade do palco. Enquadrar uma pessoa, objeto ou acontecimento no palco. É, também, a âncora (o estático) que torna o movimento possível.

Instrução – auxílio dado pelo professor-diretor ao aluno-ator durante a solução do problema, para ajudá-lo a manter o foco. Uma maneira de dar ao aluno-ator identidade dentro do ambiente teatral. Uma mensagem orgânica. Um auxílio para ajudar o aluno-ator a funcionar como um todo orgânico.

Avaliação – não é julgamento. Não é crítica. A avaliação deve nascer do foco, da mesma forma que a instrução. As questões para a avaliação listadas nos jogos são, muitas vezes, o restabelecimento do foco. Lidam com o problema que o foco propõe e indagam se o problema foi solucionado. ■

SPOLIN, Viola. *Improvisação para o teatro*. Tradução Ingrid Dormien Koudela e Eduardo José de Almeida Amos. 5. ed. São Paulo: Perspectiva, 2010. p. 340, 341.

foram realizados, elaborados e sistematizados por Viola Spolin (1906-1994), autora e diretora de teatro norte-americana.

Na introdução ao livro de Viola Spolin, *Jogos teatrais na sala de aula*, Ingrid Koudela, tradutora do livro e introdutora dos jogos teatrais em propostas educativas no Brasil, esclarece:

> Os jogos são baseados em problemas a serem solucionados. O problema é o objeto do jogo que proporciona o foco. As regras do jogo teatral incluem a estrutura dramática (**Onde/ Quem/ O Que**) e o **foco**, mais o acordo de grupo. Para ajudar os jogadores a alcançar uma solução focalizada para o problema, Spolin sugere o princípio da **instrução**, por meio do qual o jogador é encorajado a manter a atenção no foco. Dessa forma, o jogo é estruturado através de uma intervenção pedagógica na qual o coordenador/professor e o aluno/atuante se tornam parceiros de um projeto artístico.
>
> SPOLIN, Viola. *Jogos teatrais na sala de aula*. Tradução Ingrid Dormien Koudela. 2. ed. São Paulo: Perspectiva, 2010 [1986]. (Grifo nosso.)

Os jogos teatrais sempre preveem a participação de jogadores no palco e na plateia.

É preciso, então, organizarmos o espaço de modo a dispor jogadores, algumas crianças movimentando-se no palco, outras na plateia participando do jogo como observadores. Essa configuração pode ser improvisada num canto, com luzes, panos, tapetes para o palco, cadeiras, bancos, almofadas para a plateia.

Importante é a liberdade para se expressar em gestos, movimentos e falas que o foco e as instruções de jogos teatrais possibilitam aos jogadores.

Repertório – com o repertório de jogos teatrais, podemos realizar uma intenção educativa no terreno fértil e delicado entre faz de conta e teatro, entre abertura e fechamento de atividades que propiciam expressão e criatividade.

MATERIAIS GRÁFICOS

PRÉ-ESCOLA

RESENHA | LIVRO
Jogos teatrais na sala de aula, um manual para o professor de Viola Spolin
Maria Lúcia de Souza Barros Pupo

Onde, o que, quem

ONDE – objetos físicos existentes dentro do ambiente de uma cena ou atividade. O ambiente imediato. O ambiente geral. O ambiente mais amplo (além de). Parte da estrutura.
O QUE – uma atividade mútua entre os atores, existindo dentro do ONDE. Uma razão para estar em determinado lugar. "O que você está fazendo aí". Parte da estrutura. [...]
QUEM – as pessoas dentro do ONDE. "Quem é você". "Qual é seu relacionamento". Parte da estrutura.

O espaço imediato é a área mais próxima de nós. A mesa onde comemos, com os talheres e o prato, a comida etc.

O espaço geral é a área na qual a mesa está localizada. A sala de jantar, o restaurante etc., com suas portas, janelas e outros detalhes.

O espaço amplo é a área que abrange o que está fora da janela, como as árvores, os pássaros no céu etc.

O personagem é intrínseco a tudo o que fazemos no palco. Desde a primeira aula de atuação aparece constantemente em nosso trabalho. O personagem só pode crescer a partir do relacionamento pessoal com o conjunto da vida cênica. Se o ator deve realmente fazer seu papel, o personagem não pode ser dado como um exercício intelectual, independente deste movimento. ■

SPOLIN, 2010, p. 344, 346.

Atividades de jogos teatrais

Viola Spolin, no livro *Jogos teatrais na sala de aula*, introduzido no Brasil por Ingrid Koudela, propõe inúmeras atividades que podem ser realizadas com as crianças, desde aquecimentos relativamente simples até produções mais elaboradas.

Cito aqui algumas dessas atividades, que podem ser feitas com crianças na Educação Infantil.

JOGOS DE AQUECIMENTO
- **Pegador com explosão**: similar a um jogo tradicional de pega-pega, mas quando for pega, a criança deve "explodir". Essa explosão pode ser interpretada da forma que ela preferir.
- **Caminhada cega no espaço**: as crianças exploram o espaço vendadas. Esta atividade pode ser incrementada levando as crianças a interagir com diversos objetos. Por exemplo, encontrar e atender um telefone que toca.

BRINCADEIRAS COM OBJETOS IMAGINÁRIOS
É interessante experimentar com as crianças práticas de jogos conhecidos, sem os objetos que costumam ser usados. Fazer um cabo de guerra ou pular corda sem corda. Brincadeiras de bola, sem bola – o professor pode também introduzir variações:

- *Agora a bola vai em câmera lenta.*
- *Agora ela ficou mais leve!*
- *Agora ficou 100 vezes mais pesada!*

Atividades em dupla com objetos imaginários. Empurrar um carro encalhado. Estender um lençol etc. Isso também pode ser feito para uma plateia (parte das crianças) que deve adivinhar o que era o objeto.

TRABALHAR CONCEITOS DE ONDE, QUEM, O QUE
Propor às crianças questões que discutam esses conceitos.

Onde

- *Você sabe onde está?*
- *Como sabe?*
- *Você sempre sabe onde está, ou às vezes é um lugar desconhecido?*

Quem
- *Como você sabe quem são as pessoas?*
- *Como você sabe se essa pessoa é seu irmão, ou um desconhecido?*
- *Vendo duas pessoas, como você sabe se as duas são amigas, ou da mesma família?*

O que
- *O que você faz na cozinha?*
- *Por que você vai para o quarto?*
- *Para fazer o quê?*

Fazer atividades que trabalhem esses conceitos de modos diferentes. Nas atividades com objetos imaginários, pode-se propor às crianças que demonstrem:

- em qual local estão – praia, selva, cozinha;
- uma profissão, uma relação entre duas pessoas – mãe e filho, amigos;
- diferentes idades – um bebê, um idoso.

Fazer um jogo de adivinhação sobre diferentes ações:

- *O que estou comendo?*
- *O que estou escutando?*

TRABALHAR A FALA
- **Blablablação** – substituir as palavras por sons diferentes, como se falassem uma língua estrangeira.
- Propor às crianças que façam diferentes atividades falando assim (em blablablação), como conversar, vender algo, ou ensinar alguma coisa como um professor.

TRABALHAR COM PARTES DO CORPO
- Se for possível usar uma cortina, podem-se fazer atividades em que a plateia (algumas crianças) veja apenas uma parte do corpo dos jogadores, que devem demonstrar alguma atividade ou sentimento (raiva, felicidade) apenas pelo movimento dos pés, ou das mãos.

IMPROVISAÇÃO
- Usar um baú de adereços e figurinos – roupas e acessórios velhos, que possam ser doados ou conseguidos em bazares e brechós. Cada jogador escolhe um adereço do baú e cria um personagem com ele.
- Construir uma história em conjunto. Uma criança começa uma história e as outras continuam, cada uma acrescentando um pequeno pedaço.

CONTAÇÃO DE HISTÓRIAS
- Enquanto um contador (o professor ou uma criança) conta uma história previamente preparada – pode ser uma história ou poema conhecido ou algo inventado pela turma – os jogadores encenam a narrativa. ■

DEHEINZELIN, 2016, p. 293.

Criatividade

O sol. Materiais e modos diversos de expressar revelam a criatividade de crianças. Desenho de João (3 anos e 6 meses), com caneta hidrográfica rosa sobre papel sulfite.

Jefferson (4 anos e 3 meses) pintou o sol com tinta guache nas cores primárias azul ciano, magenta e amarelo ouro, sobre cartolina 180 g/m².

As coisas não nascem prontas. É preciso trazê-las para nós, compreendê-las.

Ouvir, falar, brincar, jogar, desenhar, pintar e representar são ações que proporcionam a aprendizagem necessária para, ao mesmo tempo, compreender o mundo e se constituir como indivíduo.

Como isso se dá, como exercer nossa intencionalidade educativa?

O que vale para as crianças, vale para nós também.

CRIATIVIDADE PODE SER A POSSIBILIDADE DE EXPRESSÃO ESTÉTICA.

Percepção – a percepção é desde sempre imagem motora, isto é, mobilizadora de imagens. E o sentimento. É, desde sempre, ação. Algo nos afeta, nossa percepção mobiliza imagens, nossos **sentimentos** regulam as ações para dar vida a essas imagens: desenho, pintura, canto, fala, texto, movimento – tudo o que realizamos criativamente.

Se nossas ações são mobilizadas pelo afeto e reguladas pelos sentimentos e sensações, então elas são estéticas. São transformadoras, geram aprendizagem. Constroem, simultaneamente, visão de si e visão do mundo.

Três elefantes

Para nós, o desejável na Educação Infantil é elaborarmos currículos, didáticas e situações-problema que tenham sua fonte em três movimentos nossos como quem educa:

- aprender com a criança;
- mobilizar a própria criatividade;
- compreender o mundo.

Por que aprender com a criança?

Porque, se observamos sem prejuízos ou preconceitos os procedimentos que ela cria para obter êxito em suas ações, compreenderemos como se dá a aprendizagem.

Hoje sabemos que a aprendizagem precede o ensino!

PARA SABER O QUE, PARA QUE E COMO ENSINAR, PRECISAMOS COMPREENDER OS MODOS DO APRENDIZ.

A avaliação processual busca medir qualitativamente como se deu a aprendizagem significativa e efetiva – pois o que foi aprendido agora é patrimônio do aluno.

Por que mobilizar a própria criatividade?

Porque, se permanecermos em um estado de minoridade, passivos, heterônomos (governados por outros), não seremos dignos da felicidade, nos termos de Kant.

Sem essa mobilização, não nos será possível compreender o ponto de vista da criança – que um dia todos nós fomos – e propor a elas sequências didáticas plausíveis.

A saída da minoridade depende de nossa mobilização estética.

DIDÁTICAS QUE PROPICIEM APRENDIZAGEM.

Por que compreender o mundo?

Porque é na interação com os fenômenos, com as pessoas e com os dados culturais que nos constituímos como indivíduos.

PARA **ASSISTIR**, PENSAR E **CONVERSAR**

Título: *Uma estrela no quintal*
Direção: Danielle Divardin
Estado: SP
Categoria: Animação
Duração: 6'50"
Ano: 2010

Clarisse, uma garotinha de 5 anos cheia de imaginação, sonha em alcançar a estrela mais brilhante. Um dia ela recebe uma surpresa especial... Vinda do céu.

goo.gl/96F18w

CAPÍTULO 2 | JOGOS E EXPRESSÃO

PARA ASSISTIR, PENSAR E CONVERSAR

Título: *Descobrindo o azul do céu*
Direção: Danielle Divardin
Estado: SP
Categoria: Animação
Duração: 1'35"
Ano: 2005

No Pantanal do Mato Grosso, a mamãe arara-azul incentiva o filhote a dar seu primeiro voo.

goo.gl/okKJj5

PARA LER E VER COM AS CRIANÇAS

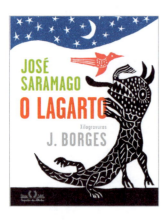

Título: *O lagarto*
Autor: José Saramago
Xilogravuras: J. Borges
Editora: Companhia das Letrinhas
Ano: 2016

As palavras de José Saramago e as xilogravuras de J. Borges compõem uma nova leitura do texto publicado originalmente no livro *A bagagem do viajante*, em 1972. O projeto, ideia do editor argentino Alejandro García Schnetzer, resultou numa publicação da Porto Editora em parceria com a Fundação José Saramago. Logo no primeiro parágrafo, com a ironia própria do autor, o narrador deixa claro que sempre quis escrever um conto de fadas, mesmo que ninguém acredite mais nelas. E o que se apresenta é uma história com ares de conto fantástico, sobre um lagarto que surge em Lisboa, atrapalhando o trânsito e provocando espanto. Sua metamorfose mágica primeira em "rosa rubra, cor de sangue", depois em pomba branca, é uma alusão ao final feliz predominante nos contos de fadas, ainda que o narrador insista: "isto de fadas já não é nada o que era". As xilogravuras de J. Borges ocupam pares de páginas inteiras na edição brasileira e renderam ao livro a distinção "Selo Cátedra 10", da Cátedra UNESCO de Leitura – PUC RJ. Segundo a esposa do autor, Pilar Del Río, Saramago era grande admirador do artista pernambucano: "para ele, Borges compreendia e explicava o mundo de forma aparentemente simples e ao mesmo tempo profunda."

(Resenha de Cristiane Tavares)

PARA **LER** E **VER** COM AS CRIANÇAS

Título: *Bola vermelha*
Autora e Ilustradora: Vanina Starkoff
Editora: Pulo do Gato
Ano: 2015

Título: *Todos eles viram o gato*
Autor e ilustrador: Brendan Wenzel
Editora: Publifolhinha
Ano: 2016

Uma bola vermelha aparece em meio às ilustrações em preto e branco e provoca o pequeno leitor a descobrir, junto com a personagem, do que se trata. Pode ser fruta, semente, inseto, flor. Interjeições pontuais marcam as expressões de espanto a cada novo encontro com outras bolas vermelhas em plena metamorfose. Há um convite constante para interagir com o personagem e descobrir a próxima surpresa. Uma brincadeira com as formas e um final gracioso e surpreendente.

(Resenha de Cristiane Tavares)

"O gato passeava pelo mundo, com seus bigodes, orelhas e patas... e o garoto viu um gato, e o cachorro viu um gato, e a raposa viu um gato. Sim, todos eles viram o gato."

Um dos grandes convites que um livro literário faz a seus leitores é experimentar ver o mundo sob a perspectiva de seus personagens. Neste belíssimo livro ilustrado, Brendan Wenzel explora esse convite, mostrando como um mesmo gato se modifica de acordo com o ponto de vista e os sentimentos de quem o vê. Assim, além do encanto que a história oferece, há a possibilidade de refletir, pensar e desnaturalizar o próprio olhar. Por tudo isso, trata-se de um livro que agrada muitas idades e convida a diferentes descobertas.

CONHECER-SE E COMPREENDER O MUNDO

REPRESENTAÇÃO, LINGUAGEM E EXPRESSÃO

OBJETIVOS DE APRENDIZAGEM E DESENVOLVIMENTO

CAMPO DE EXPERIÊNCIAS
- **EO** O EU, O OUTRO E O NÓS
- **CG** CORPO, GESTOS E MOVIMENTOS
- **TS** TRAÇOS, SONS, CORES E FORMAS
- **OE** ORALIDADE E ESCRITA
- **ET** ESPAÇOS, TEMPOS, QUANTIDADES, RELAÇÕES E TRANSFORMAÇÕES

TABELA DE OBJETIVOS | EX: **EI03ET08**
- **EI** EDUCAÇÃO INFANTIL
- **ET** CAMPO DE EXPERIÊNCIA
- **03** FAIXA ETÁRIA
- **08** NÚMERO DO OBJETIVO

Fonte: *Base Nacional Comum Curricular*. Brasil: MEC, 2017.

POR QUE O MAR SE CHAMA MAR?

CRECHE

EI02EO04 – Comunicar-se com os colegas e os adultos, buscando compreendê-los e fazendo-se compreender.

EI02OE01 – Dialogar com crianças e adultos, expressando seus desejos, necessidades, sentimentos e opiniões.

EI02OE03 – Demonstrar interesse e atenção ao ouvir a leitura de histórias e outros textos, diferenciando escrita de ilustrações, e acompanhando, com orientação do adulto-leitor, a direção da leitura (de cima para baixo, da esquerda para a direita).

EI02ET01 – Explorar e descrever semelhanças e diferenças entre as características e propriedades dos objetos (sonoridade, textura, peso, tamanho, posição no espaço).

EI02ET02 – Observar, relatar e descrever incidentes do cotidiano e fenômenos naturais (luz solar, vento, chuva etc.).

PRÉ-ESCOLA

EI03EO01 – Demonstrar empatia pelos outros, percebendo que as pessoas têm diferentes sentimentos, necessidades e maneiras de pensar e agir.

EI03EO02 – Atuar de maneira independente, com confiança em suas capacidades, reconhecendo suas conquistas e limitações.

EI03EO03 – Ampliar as relações interpessoais, desenvolvendo atitudes de participação e cooperação.

EI03EO04 – Comunicar suas ideias e sentimentos com desenvoltura a pessoas e grupos diversos.

EI03OE01 – Expressar ideias, desejos e sentimentos sobre suas vivências, por meio da linguagem oral e escrita (escrita espontânea), de fotos, desenhos e outras formas de expressão.

EI03ET01 – Estabelecer relações de comparação entre objetos, observando suas propriedades.

EI03ET05 – Classificar objetos e figuras, de acordo com suas semelhanças e diferenças.

EI03ET06 – Resolver situações-problema, formulando questões, levantando hipóteses, organizando dados, testando possibilidades de solução.

A LINGUAGEM E A VIDA

BRINCAR COM AS PALAVRAS
PRÉ-ESCOLA

EI03EO01 – Demonstrar empatia pelos outros, percebendo que as pessoas têm diferentes sentimentos, necessidades e maneiras de pensar e agir.

EI03EO02 – Atuar de maneira independente, com confiança em suas capacidades, reconhecendo suas conquistas e limitações.

EI03EO03 – Ampliar as relações interpessoais, desenvolvendo atitudes de participação e cooperação.

EI03EO04 – Comunicar suas ideias e sentimentos com desenvoltura a pessoas e grupos diversos.

EI03CG06 – Coordenar com precisão e eficiência suas habilidades motoras no atendimento a seus interesses e necessidades de representação gráfica.

EI03TS02 – Expressar-se livremente por meio de desenho, pintura, colagem, dobradura e escultura, criando produções bidimensionais e tridimensionais.

EI03OE01 – Expressar ideias, desejos e sentimentos sobre suas vivências, por meio da linguagem oral e escrita (escrita espontânea), de fotos, desenhos e outras formas de expressão.

EI03OE03 – Escolher e folhear livros, procurando orientar-se por temas e ilustrações e tentando identificar palavras conhecidas.

EI03OE06 – Produzir suas próprias histórias orais e escritas (escrita espontânea), em situações com função social significativa.

EI03OE07 – Levantar hipóteses sobre gêneros textuais veiculados em portadores conhecidos, recorrendo a estratégias de observação gráfica e de leitura.

EI03OE08 – Identificar gêneros textuais mais frequentes, recorrendo a estratégias de configuração gráfica do portador e do texto e ilustrações nas páginas.

EI03OE09 – Levantar hipóteses em relação à linguagem escrita, realizando registros de palavras e textos, por meio de escrita espontânea.

EI03ET03 – Identificar e selecionar fontes de informações, para responder a questões sobre a natureza, seus fenômenos, sua preservação.

EI03ET05 – Classificar objetos e figuras, de acordo com suas semelhanças e diferenças.

EU E O OUTRO: NOME PRÓPRIO
CRECHE

EI01OE01 – Reconhecer quando é chamado por seu nome e reconhecer os nomes de pessoas com quem convive.

EI01OE03 – Demonstrar interesse ao ouvir histórias lidas ou contadas, observando ilustrações e os movimentos de leitura do adulto-leitor (modo de segurar o portador e de virar as páginas).

EI01OE09 – Ter contato com diferentes instrumentos e suportes de escrita.

EI01ET03 – Explorar o ambiente pela ação e observação, manipulando, experimentando e fazendo descobertas.

EI01ET06 – Experimentar e resolver situações-problema do seu cotidiano.

EI02EO03 – Compartilhar os objetos e os espaços com crianças da mesma faixa etária e adultos

EI02CG06 – Desenvolver progressivamente as habilidades manuais, adquirindo controle para desenhar, pintar, rasgar, folhear, entre outros.

EI02OE03 – Demonstrar interesse e atenção ao ouvir a leitura de histórias e outros textos, diferenciando escrita de ilustrações, e acompanhando, com orientação do adulto-leitor, a direção da leitura (de cima para baixo, da esquerda para a direita).

EI02OE04 – Formular e responder perguntas sobre fatos da história narrada, identificando cenários, personagens e principais acontecimentos.

EI02OE05 – Relatar experiências e fatos acontecidos, histórias ouvidas, filmes ou peças teatrais assistidos etc.

EI02OE06 – Criar e contar histórias oralmente, com base em imagens ou temas sugeridos.

EI02OE07 – Manusear diferentes portadores textuais, demonstrando reconhecer seus usos sociais e suas características gráficas.

EI02OE08 – Ampliar o contato com diferentes gêneros textuais (parlendas, histórias de aventura, tirinhas, cartazes de sala, cardápios, notícias etc.).

EI02OE09 – Manusear diferentes instrumentos e suportes de escrita para desenhar, traçar letras e outros sinais gráficos.

EI02ET07 – Utilizar conceitos básicos de tempo (agora, antes, durante, depois, ontem, hoje, amanhã, lento, rápido, depressa, devagar).

EU E O OUTRO: NOME PRÓPRIO

PRÉ-ESCOLA

EI03EO03 – Ampliar as relações interpessoais, desenvolvendo atitudes de participação e cooperação.

EI03EO07 – Manifestar oposição a qualquer forma de discriminação.

EI03EO08 – Usar estratégias pautadas no respeito mútuo para lidar com conflitos nas interações com crianças e adultos.

EI03CG06 – Coordenar com precisão e eficiência suas habilidades motoras no atendimento a seus interesses e necessidades de representação gráfica.

EI03OE01 – Expressar ideias, desejos e sentimentos sobre suas vivências, por meio da linguagem oral e escrita (escrita espontânea), de fotos, desenhos e outras formas de expressão.

EI03OE03 – Escolher e folhear livros, procurando orientar-se por temas e ilustrações e tentando identificar palavras conhecidas.

EI03OE01 – Expressar ideias, desejos e sentimentos sobre suas vivências, por meio da linguagem oral e escrita (escrita espontânea), de fotos, desenhos e outras formas de expressão.

EI03OE07 – Levantar hipóteses sobre gêneros textuais veiculados em portadores conhecidos, recorrendo a estratégias de observação gráfica e de leitura.

EI03OE08 – Identificar gêneros textuais mais frequentes, recorrendo a estratégias de configuração gráfica do portador e do texto e ilustrações nas páginas.

EI03OE09 – Levantar hipóteses em relação à linguagem escrita, realizando registros de palavras e textos, por meio de escrita espontânea.

EI03ET01 – Estabelecer relações de comparação entre objetos, observando suas propriedades.

CULTURA ESCRITA E EDUCAÇÃO INFANTIL

"COMO SE ELA FOSSE A PRÓPRIA CASA" – ORALIDADE, LEITURA E ESCRITA

CRECHE

EI01EO04 – Comunicar necessidades, desejos e emoções, utilizando gestos, balbucios, palavras.

EI01EO06 – Construir formas de interação com outras crianças da mesma faixa etária e adultos, adaptando-se ao convívio social.

EI01EO07 – Demonstrar sentimentos de afeição pelas pessoas com as quais interage.

EI01EO08 – Desenvolver confiança em si, em seus pares e nos adultos em situações de interação.

EI01CG01 – Movimentar as partes do corpo para exprimir corporalmente emoções, necessidades e desejos.

EI01TS05 – Imitar gestos, movimentos, sons, palavras de outras crianças e adultos, animais, objetos e fenômenos da natureza.

EI01OE01 – Reconhecer quando é chamado por seu nome e reconhecer os nomes de pessoas com quem convive.

EI01OE02 – Demonstrar interesse ao ouvir a leitura de poemas e a apresentação de músicas.

EI01OE03 – Demonstrar interesse ao ouvir histórias lidas ou contadas, observando ilustrações e os movimentos de leitura do adulto-leitor (modo de segurar o portador e de virar as páginas).

EI01OE04 – Reconhecer elementos das lustrações de histórias, apontando-os, a pedido do adulto-leitor.

EI01OE05 – Imitar as variações de entonação e gestos realizados pelos adultos, ao ler histórias e ao cantar.

EI01OE06 – Comunicar-se com outras pessoas usando movimentos, gestos, balbucios, fala e outras formas de expressão.

EI01OE07 – Conhecer e manipular materiais impressos e audiovisuais em diferentes portadores (livro, revista, gibi, jornal, cartaz, CD, *tablet* etc.).

EI01OE08 – Ter contato com diferentes gêneros textuais (poemas, fábulas, contos, receitas, quadrinhos, anúncios etc.).

EI01OE09 – Ter contato com diferentes instrumentos e suportes de escrita.

EI02EO01 – Demonstrar atitudes de cuidado e solidariedade na interação com crianças e adultos.

EI02EO02 – Demonstrar imagem positiva de si e confiança em sua capacidade para enfrentar dificuldades e desafios.

"COMO SE ELA FOSSE A PRÓPRIA CASA" – ORALIDADE, LEITURA E ESCRITA

CRECHE

EI02EO03 – Compartilhar os objetos e os espaços com crianças da mesma faixa etária e adultos.

EI02EO04 – Comunicar-se com os colegas e os adultos, buscando compreendê-los e fazendo-se compreender.

EI02CG06 – Desenvolver progressivamente as habilidades manuais, adquirindo controle para desenhar, pintar, rasgar, folhear, entre outros.

EI02OE01 – Dialogar com crianças e adultos, expressando seus desejos, necessidades, sentimentos e opiniões.

EI02OE02 – Identificar e criar diferentes sons e reconhecer rimas e aliterações em cantigas de roda e textos poéticos.

EI02OE03 – Demonstrar interesse e atenção ao ouvir a leitura de histórias e outros textos, diferenciando escrita de ilustrações, e acompanhando, com orientação do adulto-leitor, a direção da leitura (de cima para baixo, da esquerda para a direita).

EI02OE04 – Formular e responder perguntas sobre fatos da história narrada, identificando cenários, personagens e principais acontecimentos.

EI02OE05 – Relatar experiências e fatos acontecidos, histórias ouvidas, filmes ou peças teatrais assistidos etc.

EI02OE06 – Criar e contar histórias oralmente, com base em imagens ou temas sugeridos.

EI02OE07 – Manusear diferentes portadores textuais, demonstrando reconhecer seus usos sociais e suas características gráficas.

EI02OE08 – Ampliar o contato com diferentes gêneros textuais (parlendas, histórias de aventura, tirinhas, cartazes de sala, cardápios, notícias etc.).

EI02OE09 – Manusear diferentes instrumentos e suportes de escrita para desenhar, traçar letras e outros sinais gráficos.

EI02ET04 – Identificar relações espaciais (dentro e fora, em cima, embaixo, acima, abaixo, entre e do lado) e temporais (antes, durante e depois).

EI02ET06 – Analisar situações-problema do cotidiano, levantando hipóteses, dados e possibilidades de solução.

PRÉ-ESCOLA

EI03EO01 – Demonstrar empatia pelos outros, percebendo que as pessoas têm diferentes sentimentos, necessidades e maneiras de pensar e agir.

EI03EO02 – Atuar de maneira independente, com confiança em suas capacidades, reconhecendo suas conquistas e limitações.

EI03EO03 – Ampliar as relações interpessoais, desenvolvendo atitudes de participação e cooperação.

EI03EO04 – Comunicar suas ideias e sentimentos com desenvoltura a pessoas e grupos diversos.

EI03EO07 – Manifestar oposição a qualquer forma de discriminação.

EI03EO08 – Usar estratégias pautadas no respeito mútuo para lidar com conflitos nas interações com crianças e adultos.

EI03CG06 – Coordenar com precisão e eficiência suas habilidades motoras no atendimento a seus interesses e necessidades de representação gráfica.

EI03OE01 – Expressar ideias, desejos e sentimentos sobre suas vivências, por meio da linguagem oral e escrita (escrita espontânea), de fotos, desenhos e outras formas de expressão.

EI03OE02 – Inventar brincadeiras cantadas, poemas e canções, criando rimas, aliterações e ritmos.

EI03OE03 – Escolher e folhear livros, procurando orientar-se por temas e ilustrações e tentando identificar palavras conhecidas.

EI03OE04 – Recontar histórias ouvidas e planejar coletivamente roteiros de vídeos e de encenações, definindo os contextos, os personagens, a estrutura da história.

EI03OE05 – Recontar histórias ouvidas para produção de reconto escrito, tendo o professor como escriba.

EI03OE06 – Produzir suas próprias histórias orais e escritas (escrita espontânea), em situações com função social significativa.

EI03OE07 – Levantar hipóteses sobre gêneros textuais veiculados em portadores conhecidos, recorrendo a estratégias de observação gráfica e de leitura.

EI03OE08 – Identificar gêneros textuais mais frequentes, recorrendo a estratégias de configuração gráfica do portador e do texto e ilustrações nas páginas.

EI03OE09 – Levantar hipóteses em relação à linguagem escrita, realizando registros de palavras e textos, por meio de escrita espontânea.

EI03ET03 – Identificar e selecionar fontes de informações, para responder a questões sobre a natureza, seus fenômenos, sua preservação.

EI03ET04 – Registrar observações, manipulações e medidas, usando múltiplas linguagens (desenho, registro por números ou escrita espontânea), em diferentes suportes.

"QUE TAL BATER UM PAPO ASSIM GOSTOSO COM ALGUÉM?"

PAPO VAI, PAPO VEM – LER E ESCREVER: A MEDIAÇÃO DO EDUCADOR

CRECHE

EI01EO06 – Construir formas de interação com outras crianças da mesma faixa etária e adultos, adaptando-se ao convívio social.

EI01EO07 – Demonstrar sentimentos de afeição pelas pessoas com as quais interage.

EI01EO08 – Desenvolver confiança em si, em seus pares e nos adultos em situações de interação.

EI01CG05 – Imitar gestos, sonoridades e movimentos de outras crianças, adultos e animais.

EI01TS05 – Imitar gestos, movimentos, sons, palavras de outras crianças e adultos, animais, objetos e fenômenos da natureza.

EI01OE01 – Reconhecer quando é chamado por seu nome e reconhecer os nomes de pessoas com quem convive.

EI01OE03 – Demonstrar interesse ao ouvir histórias lidas ou contadas, observando ilustrações e os movimentos de leitura do adulto-leitor (modo de segurar o portador e de virar as páginas).

EI01OE04 – Reconhecer elementos das lustrações de histórias, apontando-os, a pedido do adulto-leitor.

EI01OE05 – Imitar as variações de entonação e gestos realizados pelos adultos, ao ler histórias e ao cantar.

EI01OE06 – Comunicar-se com outras pessoas usando movimentos, gestos, balbucios, fala e outras formas de expressão.

EI01OE07 – Conhecer e manipular materiais impressos e audiovisuais em diferentes portadores (livro, revista, gibi, jornal, cartaz, CD, *tablet* etc.).

EI01OE08 – Ter contato com diferentes gêneros textuais (poemas, fábulas, contos, receitas, quadrinhos, anúncios etc.).

EI02EO03 – Compartilhar os objetos e os espaços com crianças da mesma faixa etária e adultos.

EI02EO04 – Comunicar-se com os colegas e os adultos, buscando compreendê-los e fazendo-se compreender.

EI02CG06 – Desenvolver progressivamente as habilidades manuais, adquirindo controle para desenhar, pintar, rasgar, folhear, entre outros.

EI02TS05 – Imitar e criar movimentos próprios, em danças, cenas de teatro, narrativas e músicas.

EI02OE03 – Demonstrar interesse e atenção ao ouvir a leitura de histórias e outros textos, diferenciando escrita de ilustrações, e acompanhando, com orientação do adulto-leitor, a direção da leitura (de cima para baixo, da esquerda para a direita).

EI02OE04 – Formular e responder perguntas sobre fatos da história narrada, identificando cenários, personagens e principais acontecimentos.

EI02OE05 – Relatar experiências e fatos acontecidos, histórias ouvidas, filmes ou peças teatrais assistidos etc.

EI02OE06 – Criar e contar histórias oralmente, com base em imagens ou temas sugeridos.

EI02OE07 – Manusear diferentes portadores textuais, demonstrando reconhecer seus usos sociais e suas características gráficas.

EI02OE08 – Ampliar o contato com diferentes gêneros textuais (parlendas, histórias de aventura, tirinhas, cartazes de sala, cardápios, notícias etc.).

EI02OE09 – Manusear diferentes instrumentos e suportes de escrita para desenhar, traçar letras e outros sinais gráficos.

PRÉ-ESCOLA

EI03EO01 – Demonstrar empatia pelos outros, percebendo que as pessoas têm diferentes sentimentos, necessidades e maneiras de pensar e agir.

EI03EO02 – Atuar de maneira independente, com confiança em suas capacidades, reconhecendo suas conquistas e limitações.

EI03EO03 – Ampliar as relações interpessoais, desenvolvendo atitudes de participação e cooperação.

EI03EO04 – Comunicar suas ideias e sentimentos com desenvoltura a pessoas e grupos diversos.

EI03EO06 – Compreender a necessidade das regras no convívio social, nas brincadeiras e nos jogos com outras crianças.

EI03EO07 – Manifestar oposição a qualquer forma de discriminação.

EI03EO08 – Usar estratégias pautadas no respeito mútuo para lidar com conflitos nas interações com crianças e adultos.

EI03CG03 – Demonstrar controle e adequação do uso de seu corpo em momentos de cuidado, brincadeiras e jogos, escuta e reconto de histórias, atividades artísticas, entre outras possibilidades.

EI03CG04 – Demonstrar valorização das características de seu corpo, nas diversas atividades das quais participa e em momentos de cuidado de si e do outro.

EI03OE01 – Expressar ideias, desejos e sentimentos sobre suas vivências, por meio da linguagem oral e escrita (escrita espontânea), de fotos, desenhos e outras formas de expressão.

PAPO VAI, PAPO VEM – LER E ESCREVER: A MEDIAÇÃO DO EDUCADOR

PRÉ-ESCOLA

EI03OE03 – Escolher e folhear livros, procurando orientar-se por temas e ilustrações e tentando identificar palavras conhecidas.

EI03OE05 – Recontar histórias ouvidas para produção de reconto escrito, tendo o professor como escriba.

EI03OE06 – Produzir suas próprias histórias orais e escritas (escrita espontânea), em situações com função social significativa.

EI03OE07 – Levantar hipóteses sobre gêneros textuais veiculados em portadores conhecidos, recorrendo a estratégias de observação gráfica e de leitura.

EI03OE08 – Identificar gêneros textuais mais frequentes, recorrendo a estratégias de configuração gráfica do portador e do texto e ilustrações nas páginas.

EI03OE09 – Levantar hipóteses em relação à linguagem escrita, realizando registros de palavras e textos, por meio de escrita espontânea.

EI03ET03 – Identificar e selecionar fontes de informações, para responder a questões sobre a natureza, seus fenômenos, sua preservação.

CONTAR E REGISTRAR

CONHECIMENTO PRÉVIO PARA A CONTAGEM – DISTRIBUIÇÃO DE MATERIAIS – CONFERIR OS OBJETOS DE USO COMUM

CRECHE

EI01CG06 – Utilizar os movimentos de preensão, encaixe e lançamento, ampliando suas possibilidades de manuseio de diferentes materiais e objetos.

EI01OE01 – Reconhecer quando é chamado por seu nome e reconhecer os nomes de pessoas com quem convive.

EI01OE09 – Ter contato com diferentes instrumentos e suportes de escrita.

EI01ET03 – Explorar o ambiente pela ação e observação, manipulando, experimentando e fazendo descobertas.

EI01ET04 – Manipular, experimentar, arrumar e explorar o espaço por meio de experiências de deslocamentos de si e dos objetos.

EI01ET05 – Manipular materiais diversos e variados para comparar as diferenças e semelhanças entre eles.

EI01ET06 – Experimentar e resolver situações-problema do seu cotidiano.

EI02EO03 – Compartilhar os objetos e os espaços com crianças da mesma faixa etária e adultos.

EI02EO04 – Comunicar-se com os colegas e os adultos, buscando compreendê-los e fazendo-se compreender.

EI02EO06 – Respeitar regras básicas de convívio social nas interações e brincadeiras.

EI02EO07 – Valorizar a diversidade ao participar de situações de convívio com diferenças.

EI02EO08 – Resolver conflitos nas interações e brincadeiras, com a orientação de um adulto.

EI02CG06 – Desenvolver progressivamente as habilidades manuais, adquirindo controle para desenhar, pintar, rasgar, folhear, entre outros.

EI02TS02 – Utilizar diferentes materiais, suportes e procedimentos para grafar, explorando cores, texturas, superfícies, planos, formas e volumes.

EI02OE01 – Dialogar com crianças e adultos, expressando seus desejos, necessidades, sentimentos e opiniões.

EI02OE09 – Manusear diferentes instrumentos e suportes de escrita para desenhar, traçar letras e outros sinais gráficos.

EI02ET01 – Explorar e descrever semelhanças e diferenças entre as características e propriedades dos objetos (sonoridade, textura, peso, tamanho, posição no espaço).

EI02ET05 – Classificar objetos, considerando determinado atributo (tamanho, peso, cor, forma etc.).

EI02ET06 – Analisar situações-problema do cotidiano, levantando hipóteses, dados e possibilidades de solução.

EI02ET08 – Contar oralmente objetos, pessoas, livros etc., em contextos diversos.

EI02ET09 – Registrar com números a quantidade de crianças (meninas e meninos, presentes e ausentes) e a quantidade de objetos da mesma natureza (bonecas, bolas, livros etc.).

CONHECIMENTO PRÉVIO PARA A CONTAGEM – DISTRIBUIÇÃO DE MATERIAIS – CONFERIR OS OBJETOS DE USO COMUM

PRÉ-ESCOLA

EI03EO02 – Atuar de maneira independente, com confiança em suas capacidades, reconhecendo suas conquistas e limitações.

EI03EO03 – Ampliar as relações interpessoais, desenvolvendo atitudes de participação e cooperação.

EI03EO04 – Comunicar suas ideias e sentimentos com desenvoltura a pessoas e grupos diversos.

EI03EO06 – Compreender a necessidade das regras no convívio social, nas brincadeiras e nos jogos com outras crianças.

EI03EO07 – Manifestar oposição a qualquer forma de discriminação.

EI03EO08 – Usar estratégias pautadas no respeito mútuo para lidar com conflitos nas interações com crianças e adultos.

EI03CG03 – Demonstrar controle e adequação do uso de seu corpo em momentos de cuidado, brincadeiras e jogos, escuta e reconto de histórias, atividades artísticas, entre outras possibilidades.

EI03CG04 – Demonstrar valorização das características de seu corpo, nas diversas atividades das quais participa e em momentos de cuidado de si e do outro.

EI03CG06 – Coordenar com precisão e eficiência suas habilidades motoras no atendimento a seus interesses e necessidades de representação gráfica.

EI03ET01 – Estabelecer relações de comparação entre objetos, observando suas propriedades.

EI03ET04 – Registrar observações, manipulações e medidas, usando múltiplas linguagens (desenho, registro por números ou escrita espontânea), em diferentes suportes.

EI03ET05 – Classificar objetos e figuras, de acordo com suas semelhanças e diferenças.

EI03ET06 – Resolver situações-problema, formulando questões, levantando hipóteses, organizando dados, testando possibilidades de solução.

EI03ET08 – Relacionar números às suas respectivas quantidades e identificar o antes, o depois e o entre em uma sequência.

REGISTRO: SITUAÇÃO DE ELABORAÇÃO DE ETIQUETAS

PRÉ-ESCOLA

EI03EO01 – Demonstrar empatia pelos outros, percebendo que as pessoas têm diferentes sentimentos, necessidades e maneiras de pensar e agir.

EI03EO02 – Atuar de maneira independente, com confiança em suas capacidades, reconhecendo suas conquistas e limitações.

EI03EO03 – Ampliar as relações interpessoais, desenvolvendo atitudes de participação e cooperação.

EI03EO04 – Comunicar suas ideias e sentimentos com desenvoltura a pessoas e grupos diversos.

EI03EO06 – Compreender a necessidade das regras no convívio social, nas brincadeiras e nos jogos com outras crianças.

EI03EO07 – Manifestar oposição a qualquer forma de discriminação.

EI03EO08 – Usar estratégias pautadas no respeito mútuo para lidar com conflitos nas interações com crianças e adultos.

EI03CG04 – Demonstrar valorização das características de seu corpo, nas diversas atividades das quais participa e em momentos de cuidado de si e do outro.

EI03CG06 – Coordenar com precisão e eficiência suas habilidades motoras no atendimento a seus interesses e necessidades de representação gráfica.

EI03ET01 – Estabelecer relações de comparação entre objetos, observando suas propriedades.

EI03ET04 – Registrar observações, manipulações e medidas, usando múltiplas linguagens (desenho, registro por números ou escrita espontânea), em diferentes suportes.

EI03ET06 – Resolver situações-problema, formulando questões, levantando hipóteses, organizando dados, testando possibilidades de solução.

EI03ET08 – Relacionar números às suas respectivas quantidades e identificar o antes, o depois e o entre em uma sequência.

JOGOS E CONSTRUÇÃO DE CONHECIMENTOS

OS JOGOS E SUAS VARIANTES

CRECHE

EI01EO03 – Interagir com crianças da mesma faixa etária e adultos ao explorar materiais, objetos, brinquedos.

EI01EO06 – Construir formas de interação com outras crianças da mesma faixa etária e adultos, adaptando-se ao convívio social.

EI01EO08 – Desenvolver confiança em si, em seus pares e nos adultos em situações de interação.

EI01CG06 – Utilizar os movimentos de preensão, encaixe e lançamento, ampliando suas possibilidades de manuseio de diferentes materiais e objetos.

EI01OE01 – Reconhecer quando é chamado por seu nome e reconhecer os nomes de pessoas com quem convive.

EI01OE06 – Comunicar-se com outras pessoas usando movimentos, gestos, balbucios, fala e outras formas de expressão.

EI01OE09 – Ter contato com diferentes instrumentos e suportes de escrita.

EI01ET04 – Manipular, experimentar, arrumar e explorar o espaço por meio de experiências de deslocamentos de si e dos objetos.

EI01ET05 – Manipular materiais diversos e variados para comparar as diferenças e semelhanças entre eles.

EI01ET06 – Experimentar e resolver situações-problema do seu cotidiano.

EI02EO01 – Demonstrar atitudes de cuidado e solidariedade na interação com crianças e adultos.

EI02EO02 – Demonstrar imagem positiva de si e confiança em sua capacidade para enfrentar dificuldades e desafios.

EI02EO03 – Compartilhar os objetos e os espaços com crianças da mesma faixa etária e adultos.

EI02EO04 – Comunicar-se com os colegas e os adultos, buscando compreendê-los e fazendo-se compreender.

EI02EO05 – Habituar-se a práticas de cuidado com o corpo, desenvolvendo noções de bem-estar.

EI02EO06 – Respeitar regras básicas de convívio social nas interações e brincadeiras.

EI02EO07 – Valorizar a diversidade ao participar de situações de convívio com diferenças.

EI02EO08 – Resolver conflitos nas interações e brincadeiras, com a orientação de um adulto.

EI02CG01 – Apropriar-se de gestos e movimentos de sua cultura no cuidado de si e nos jogos e brincadeiras.

EI02ET04 – Identificar relações espaciais (dentro e fora, em cima, embaixo, acima, abaixo, entre e do lado) e temporais (antes, durante e depois).

EI02ET05 – Classificar objetos, considerando determinado atributo (tamanho, peso, cor, forma etc.).

EI02ET06 – Analisar situações-problema do cotidiano, levantando hipóteses, dados e possibilidades de solução.

EI02ET07 – Utilizar conceitos básicos de tempo (agora, antes, durante, depois, ontem, hoje, amanhã, lento, rápido, depressa, devagar).

EI02ET08 – Contar oralmente objetos, pessoas, livros etc., em contextos diversos.

EI02ET09 – Registrar com números a quantidade de crianças (meninas e meninos, presentes e ausentes) e a quantidade de objetos da mesma natureza (bonecas, bolas, livros etc.).

PRÉ-ESCOLA

EI03EO01 – Demonstrar empatia pelos outros, percebendo que as pessoas têm diferentes sentimentos, necessidades e maneiras de pensar e agir.

EI03EO02 – Atuar de maneira independente, com confiança em suas capacidades, reconhecendo suas conquistas e limitações.

EI03EO03 – Ampliar as relações interpessoais, desenvolvendo atitudes de participação e cooperação.

EI03EO04 – Comunicar suas ideias e sentimentos com desenvoltura a pessoas e grupos diversos.

EI03EO06 – Compreender a necessidade das regras no convívio social, nas brincadeiras e nos jogos com outras crianças.

EI03EO07 – Manifestar oposição a qualquer forma de discriminação.

EI03EO08 – Usar estratégias pautadas no respeito mútuo para lidar com conflitos nas interações com crianças e adultos.

EI03CG01 – Movimentar-se de forma adequada, ao interagir com colegas e adultos em brincadeiras e atividades.

EI03CG02 – Criar movimentos, gestos, olhares, mímicas e sons com o corpo em brincadeiras, jogos e atividades artísticas como dança, teatro e música.

EI03CG03 – Demonstrar controle e adequação do uso de seu corpo em momentos de cuidado, brincadeiras e jogos, escuta e reconto de histórias, atividades artísticas, entre outras possibilidades.

TODOS SE FORAM – JOGO "DADOS COLORIDOS"

PRÉ-ESCOLA

EI03EO01 – Demonstrar empatia pelos outros, percebendo que as pessoas têm diferentes sentimentos, necessidades e maneiras de pensar e agir.

EI03EO02 – Atuar de maneira independente, com confiança em suas capacidades, reconhecendo suas conquistas e limitações.

EI03EO03 – Ampliar as relações interpessoais, desenvolvendo atitudes de participação e cooperação.

EI03EO04 – Comunicar suas ideias e sentimentos com desenvoltura a pessoas e grupos diversos.

EI03EO06 – Compreender a necessidade das regras no convívio social, nas brincadeiras e nos jogos com outras crianças.

EI03EO07 – Manifestar oposição a qualquer forma de discriminação.

EI03EO08 – Usar estratégias pautadas no respeito mútuo para lidar com conflitos nas interações com crianças e adultos.

EI03CG01 – Movimentar-se de forma adequada, ao interagir com colegas e adultos em brincadeiras e atividades.

EI03CG02 – Criar movimentos, gestos, olhares, mímicas e sons com o corpo em brincadeiras, jogos e atividades artísticas como dança, teatro e música.

EI03CG03 – Demonstrar controle e adequação do uso de seu corpo em momentos de cuidado, brincadeiras e jogos, escuta e reconto de histórias, atividades artísticas, entre outras possibilidades.

JOGOS E EXPRESSÃO

ESCONDE-ESCONDE

CRECHE

EI01EO01 – Perceber que suas ações têm efeitos nas outras crianças e nos adultos.

EI01EO02 – Perceber as possibilidades e os limites de seu corpo nas brincadeiras e interações das quais participa.

EI01EO03 – Interagir com crianças da mesma faixa etária e adultos ao explorar materiais, objetos, brinquedos.

EI01EO04 – Comunicar necessidades, desejos e emoções, utilizando gestos, balbucios, palavras.

EI01EO05 – Reconhecer as sensações de seu corpo em momentos de alimentação, higiene, brincadeira e descanso.

EI01EO06 – Construir formas de interação com outras crianças da mesma faixa etária e adultos, adaptando-se ao convívio social.

EI01EO07 – Demonstrar sentimentos de afeição pelas pessoas com as quais interage.

EI01EO08 – Desenvolver confiança em si, em seus pares e nos adultos em situações de interação.

EI01CG02 – Ampliar suas possibilidades de movimento em espaços que possibilitem explorações diferenciadas.

EI01CG03 – Experimentar as possibilidades de seu corpo nas brincadeiras e interações em ambientes acolhedores e desafiantes.

EI01ET01 – Explorar e descobrir as propriedades de objetos e materiais (odor, cor, sabor, temperatura).

EI01ET02 – Explorar relações de causa e efeito (transbordar, tingir, misturar, mover e remover etc.) na interação com o mundo físico.

EI01ET03 – Explorar o ambiente pela ação e observação, manipulando, experimentando e fazendo descobertas.

EI01ET04 – Manipular, experimentar, arrumar e explorar o espaço por meio de experiências de deslocamentos de si e dos objetos.

EI01ET05 – Manipular materiais diversos e variados para comparar as diferenças e semelhanças entre eles.

EI02EO01 – Demonstrar atitudes de cuidado e solidariedade na interação com crianças e adultos.

EI02EO03 – Compartilhar os objetos e os espaços com crianças da mesma faixa etária e adultos.

EI02EO05 – Habituar-se a práticas de cuidado com o corpo, desenvolvendo noções de bem-estar.

EI02CG03 – Fazer uso de suas possibilidades corporais, ao se envolver em brincadeiras e atividades de diferentes naturezas.

EI02CG04 – Demonstrar progressiva independência no cuidado do seu corpo.

EI02CG05 – Deslocar seu corpo no espaço, orientando-se por noções como em frente, atrás, no alto, embaixo, dentro, fora etc.

FAZ DE CONTA OU JOGO SIMBÓLICO

CRECHE

EI01EO01 – Perceber que suas ações têm efeitos nas outras crianças e nos adultos.

EI01EO02 – Perceber as possibilidades e os limites de seu corpo nas brincadeiras e interações das quais participa.

EI01EO03 – Interagir com crianças da mesma faixa etária e adultos ao explorar materiais, objetos, brinquedos.

EI01EO04 – Comunicar necessidades, desejos e emoções, utilizando gestos, balbucios, palavras.

EI01EO05 – Reconhecer as sensações de seu corpo em momentos de alimentação, higiene, brincadeira e descanso.

EI01EO06 – Construir formas de interação com outras crianças da mesma faixa etária e adultos, adaptando-se ao convívio social.

EI01EO07 – Demonstrar sentimentos de afeição pelas pessoas com as quais interage.

EI01EO08 – Desenvolver confiança em si, em seus pares e nos adultos em situações de interação.

EI01CG01 – Movimentar as partes do corpo para exprimir corporalmente emoções, necessidades e desejos.

EI01CG02 – Ampliar suas possibilidades de movimento em espaços que possibilitem explorações diferenciadas.

EI01CG03 – Experimentar as possibilidades de seu corpo nas brincadeiras e interações em ambientes acolhedores e desafiantes.

EI01CG04 – Participar do cuidado do seu corpo e da promoção do seu bem-estar.

EI01CG05 – Imitar gestos, sonoridades e movimentos de outras crianças, adultos e animais.

EI01CG06 – Utilizar os movimentos de preensão, encaixe e lançamento, ampliando suas possibilidades de manuseio de diferentes materiais e objetos.

EI01TS01 – Explorar sons produzidos com o próprio corpo e com objetos do ambiente.

EI01TS05 – Imitar gestos, movimentos, sons, palavras de outras crianças e adultos, animais, objetos e fenômenos da natureza.

EI01OE06 – Comunicar-se com outras pessoas usando movimentos, gestos, balbucios, fala e outras formas de expressão.

EI01ET01 – Explorar e descobrir as propriedades de objetos e materiais (odor, cor, sabor, temperatura).

EI01ET02 – Explorar relações de causa e efeito (transbordar, tingir, misturar, mover e remover etc.) na interação com o mundo físico.

EI01ET03 – Explorar o ambiente pela ação e observação, manipulando, experimentando e fazendo descobertas.

EI01ET04 – Manipular, experimentar, arrumar e explorar o espaço por meio de experiências de deslocamentos de si e dos objetos.

EI01ET05 – Manipular materiais diversos e variados para comparar as diferenças e semelhanças entre eles.

EI02EO01 – Demonstrar atitudes de cuidado e solidariedade na interação com crianças e adultos.

EI02EO02 – Demonstrar imagem positiva de si e confiança em sua capacidade para enfrentar dificuldades e desafios.

EI02EO03 – Compartilhar os objetos e os espaços com crianças da mesma faixa etária e adultos.

EI02EO04 – Comunicar-se com os colegas e os adultos, buscando compreendê-los e fazendo-se compreender.

EI02EO05 – Habituar-se a práticas de cuidado com o corpo, desenvolvendo noções de bem-estar.

EI02EO06 – Respeitar regras básicas de convívio social nas interações e brincadeiras.

EI02EO07 – Valorizar a diversidade ao participar de situações de convívio com diferenças.

EI02EO08 – Resolver conflitos nas interações e brincadeiras, com a orientação de um adulto.

EI02CG01 – Apropriar-se de gestos e movimentos de sua cultura no cuidado de si e nos jogos e brincadeiras.

EI02CG02 – Explorar formas de deslocamento no espaço (pular, saltar, dançar), combinando movimentos e seguindo orientações.

EI02CG03 – Fazer uso de suas possibilidades corporais, ao se envolver em brincadeiras e atividades de diferentes naturezas.

EI02CG04 – Demonstrar progressiva independência no cuidado do seu corpo.

EI02CG05 – Deslocar seu corpo no espaço, orientando-se por noções como em frente, atrás, no alto, embaixo, dentro, fora etc.

EI02TS03 – Expressar-se por meio de linguagens como a do desenho, da música, do movimento corporal, do teatro.

EI02CG06 – Desenvolver progressivamente as habilidades manuais, adquirindo controle para desenhar, pintar, rasgar, folhear, entre outros.

EI02OE01 – Dialogar com crianças e adultos, expressando seus desejos, necessidades, sentimentos e opiniões.

EI02OE08 – Ampliar o contato com diferentes gêneros textuais (parlendas, histórias de aventura, tirinhas, cartazes de sala, cardápios, notícias etc.).

EI02ET07 – Utilizar conceitos básicos de tempo (agora, antes, durante, depois, ontem, hoje, amanhã, lento, rápido, depressa, devagar).

FAZ DE CONTA OU JOGO SIMBÓLICO

PRÉ-ESCOLA

EI03EO01 – Demonstrar empatia pelos outros, percebendo que as pessoas têm diferentes sentimentos, necessidades e maneiras de pensar e agir.

EI03EO02 – Atuar de maneira independente, com confiança em suas capacidades, reconhecendo suas conquistas e limitações.

EI03EO03 – Ampliar as relações interpessoais, desenvolvendo atitudes de participação e cooperação.

EI03EO04 – Comunicar suas ideias e sentimentos com desenvoltura a pessoas e grupos diversos.

EI03EO05 – Adotar hábitos de autocuidado, valorizando atitudes relacionadas a higiene, alimentação, conforto e cuidados com a aparência.

EI03EO06 – Compreender a necessidade das regras no convívio social, nas brincadeiras e nos jogos com outras crianças.

EI03EO07 – Manifestar oposição a qualquer forma de discriminação.

EI03EO08 – Usar estratégias pautadas no respeito mútuo para lidar com conflitos nas interações com crianças e adultos.

EI03CG01 – Movimentar-se de forma adequada, ao interagir com colegas e adultos em brincadeiras e atividades.

EI03CG02 – Criar movimentos, gestos, olhares, mímicas e sons com o corpo em brincadeiras, jogos e atividades artísticas como dança, teatro e música.

EI03CG03 – Demonstrar controle e adequação do uso de seu corpo em momentos de cuidado, brincadeiras e jogos, escuta e reconto de histórias, atividades artísticas, entre outras possibilidades.

EI03CG04 – Demonstrar valorização das características de seu corpo, nas diversas atividades das quais participa e em momentos de cuidado de si e do outro.

EI03CG05 – Criar com o corpo formas diversificadas de expressão de sentimentos, sensações e emoções, tanto nas situações do cotidiano quanto em brincadeiras, dança, teatro, música.

EI03CG06 – Coordenar com precisão e eficiência suas habilidades motoras no atendimento a seus interesses e necessidades de representação gráfica.

EI03TS01 – Utilizar sons produzidos por materiais, objetos e instrumentos musicais durante brincadeiras de faz de conta, encenações, criações musicais, festas.

EI03OE01 – Expressar ideias, desejos e sentimentos sobre suas vivências, por meio da linguagem oral e escrita (escrita espontânea), de fotos, desenhos e outras formas de expressão.

EI03ET07 – Relatar fatos importantes sobre seu nascimento e desenvolvimento, a história dos seus familiares e da sua comunidade.

IMPROVISO, EXPRESSÃO E JOGOS TEATRAIS – CRIATIVIDADE

CRECHE

EI02EO01 – Demonstrar atitudes de cuidado e solidariedade na interação com crianças e adultos.

EI02EO02 – Demonstrar imagem positiva de si e confiança em sua capacidade para enfrentar dificuldades e desafios.

EI02EO03 – Compartilhar os objetos e os espaços com crianças da mesma faixa etária e adultos.

EI02EO04 – Comunicar-se com os colegas e os adultos, buscando compreendê-los e fazendo-se compreender.

EI02EO05 – Habituar-se a práticas de cuidado com o corpo, desenvolvendo noções de bem-estar.

EI02EO06 – Respeitar regras básicas de convívio social nas interações e brincadeiras.

EI02EO07 – Valorizar a diversidade ao participar de situações de convívio com diferenças.

EI02EO08 – Resolver conflitos nas interações e brincadeiras, com a orientação de um adulto.

EI02CG02 – Explorar formas de deslocamento no espaço (pular, saltar, dançar), combinando movimentos e seguindo orientações.

EI02CG03 – Fazer uso de suas possibilidades corporais, ao se envolver em brincadeiras e atividades de diferentes naturezas.

EI02CG05 – Deslocar seu corpo no espaço, orientando-se por noções como em frente, atrás, no alto, embaixo, dentro, fora etc.

EI02TS03 – Expressar-se por meio de linguagens como a do desenho, da música, do movimento corporal, do teatro.

IMPROVISO, EXPRESSÃO E JOGOS TEATRAIS – CRIATIVIDADE

CRECHE

EI02TS05 – Imitar e criar movimentos próprios, em danças, cenas de teatro, narrativas e músicas.

EI02OE04 – Formular e responder perguntas sobre fatos da história narrada, identificando cenários, personagens e principais acontecimentos.

EI02OE05 – Relatar experiências e fatos acontecidos, histórias ouvidas, filmes ou peças teatrais assistidos etc.

EI02ET04 – Identificar relações espaciais (dentro e fora, em cima, embaixo, acima, abaixo, entre e do lado) e temporais (antes, durante e depois).

PRÉ-ESCOLA

EI03EO01 – Demonstrar empatia pelos outros, percebendo que as pessoas têm diferentes sentimentos, necessidades e maneiras de pensar e agir.

EI03EO02 – Atuar de maneira independente, com confiança em suas capacidades, reconhecendo suas conquistas e limitações.

EI03EO03 – Ampliar as relações interpessoais, desenvolvendo atitudes de participação e cooperação.

EI03EO04 – Comunicar suas ideias e sentimentos com desenvoltura a pessoas e grupos diversos.

EI03EO05 – Adotar hábitos de autocuidado, valorizando atitudes relacionadas a higiene, alimentação, conforto e cuidados com a aparência.

EI03EO06 – Compreender a necessidade das regras no convívio social, nas brincadeiras e nos jogos com outras crianças.

EI03EO07 – Manifestar oposição a qualquer forma de discriminação.

EI03EO08 – Usar estratégias pautadas no respeito mútuo para lidar com conflitos nas interações com crianças e adultos.

EI03CG01 – Movimentar-se de forma adequada, ao interagir com colegas e adultos em brincadeiras e atividades.

EI03CG02 – Criar movimentos, gestos, olhares, mímicas e sons com o corpo em brincadeiras, jogos e atividades artísticas como dança, teatro e música.

EI03CG05 – Criar com o corpo formas diversificadas de expressão de sentimentos, sensações e emoções, tanto nas situações do cotidiano quanto em brincadeiras, dança, teatro, música.

EI03TS01 – Utilizar sons produzidos por materiais, objetos e instrumentos musicais durante brincadeiras de faz de conta, encenações, criações musicais, festas.

EI03TS03 – Apreciar e participar de apresentações de teatro, música, dança, circo, recitação de poemas e outras manifestações artísticas.

EI03OE01 – Expressar ideias, desejos e sentimentos sobre suas vivências, por meio da linguagem oral e escrita (escrita espontânea), de fotos, desenhos e outras formas de expressão.

EI03ET07 – Relatar fatos importantes sobre seu nascimento e desenvolvimento, a história dos seus familiares e da sua comunidade.

Imensos são os desafios sugeridos no Capítulo 3. Considerar que na Educação Infantil temos sempre um grupo heterogêneo de meninos e meninas e propor atividades significativas para que todos possam se expressar e aprender requer nossa presença constante. O convívio com a diversidade se dá na mesma medida que nossas propostas possibilitem a todos interagirem na busca pela aprendizagem do que ainda não sabem, e são. E para que, pouco a pouco, cada criança se constitua como indivíduo autônomo a realizar suas próprias escolhas.

CAPÍTULO 3
Nossa **diversidade cultural**

- **142** · Menino, menina?
- **146** · Vida em comunidade
- **161** · Memória do grupo
- **168** · No mundo dos números
- **190** · O convívio na diversidade

Libertação

Quando chegamos pela primeira vez na creche Casa do Aprender, Uliana nos recebeu na porta. Alta e expansiva, Uliana era naquele momento a criança mais velha da casa, próxima a 6 anos de idade. Uma vez por semana propúnhamos atividades de pintura para cada uma das classes de crianças com idades entre 1 ano e pouco e 6 anos. Em todas as sessões de pintura, Uliana queria participar.

Inquieta, Uliana tomava do pincel e fazia sempre um coração.

Em poucos minutos estava desinteressada de seu trabalho, ao qual – a gente via – não se dedicava, não misturava cores para criar outras, não pesquisava formas e texturas.

Além do material habitual, um dia Uliana encontrou cola branca e um potinho com areia sobre a mesa. Mergulhou o pincel sucessivamente na cola branca, na areia e no guache magenta e tentou pintar seu estereótipo de coração. Não conseguiu, devido à textura grossa que a tinta adquiriu. E então começou a pintar realmente.

Uliana dedicou-se, ficou absorvida na contemplação das fases de seu trabalho, e ainda pesquisou a composição de cores.

Quando terminou seu trabalho, deu-se conta de uma grande mudança dentro dela e disse:

– *Nunca mais vou esquecer de pintar.*

Com cola e areia impedindo a reprodução do estereótipo "coração", e com as mesmas cores primárias – azul ciano, magenta e amarelo –, Uliana mergulha na própria pintura criando novas cores.

Coração. Uliana (5 anos e 10 meses). Casa do Aprender, Osasco, SP. O primeiro coração azul, envolto em magenta.

O terceiro coração "flutua" no espaço do papel; será o amarelo, que deu uma linha de terra verde, responsável pela libertação?

O segundo coração, quase monocromático, está "aprisionado".

Observar sua aflição e, depois, sua alegria verdadeira foi um grande aprendizado.

Eis, portanto, um feliz encontro – das crianças com o ato de pintar e com a criação de uma maneira geral – contrariando o senso comum:

> A arte não imita o visível, ela torna as coisas visíveis.
>
> Paul Klee (1879-1940), pintor suíço.

O que antes estava estagnado agora tem vazão. Simples assim! ∎

> Cores, formas, linhas, gestos, movimentos, texturas são para as crianças como extensões naturais de sua existência. São também os elementos que compõem a linguagem da pintura.

O QUE APRENDEMOS COM ULIANA?

A textura – para liberar a expressão basta problematizar um dos elementos da linguagem da pintura, que nesse caso foi a textura.

O material – aprendemos que é no embate com o material que se dá a criação.

A diversidade – ao mudar de suporte, instrumentos para pintar e textura dos pigmentos, abrimos caminho para a implicação subjetiva na própria ação.

Mandala. Uliana (5 anos e 10 meses). Casa do Aprender, Osasco, SP. Com cola branca e areia, guache azul, magenta e amarelo, a libertação para o prazer de pintar.

ARQUIVO PESSOAL DAS AUTORAS

"Diadorim me olhava. Diadorim esperou, sempre com serenidade. O amor dele por mim era de todo quilate: ele não tartameava mais, de ciúme nem de medo."

João Guimarães Rosa, *Grande sertão*: veredas

Vida verdadeira!

Tenho de inventar a minha vida verdadeira.

HELDER, Herberto. *Expresso*, p. 10, 17 dez. 1994.

Pra Manu dormir
Monique Deheinzelin

E NAQUELA CANTORIA
JÁ NÃO SE SABIA
SE ERA CAPELA

SE ERA MARIA
SE ERA NESTOR
QUEM PISCAVA E COAXAVA.
FATO É
QUE LÁ PELAS TANTAS
JÁ SEM CHUVA, O CÉU SE ABRIA
PRA QUE A LUA TUDO VISSE:
PLAFT PLOFT

O PULO DE SAPA E SAPO
MARIA E NESTOR
NESTOR E MARIA
LÁ PRO FUNDO DA LAGOA
CHEIA DE LAMA E DE LODO
LÁ LÁ LÁS E LÔ LÔ LÔS.

E JÁ OS DOIS COM OS PÉS NA LAMA MÁ MÁ
DE CIMA, O QUE SE VIU?
LINDAS BOLHINHAS SUBINDO
DA ÁGUA PRO CÉU LÉU LÉU:
ERAM OS BEIJOS DOS SAPOS,
BEIÇOS GRUDADOS NO ABRAÇO,
SAPO SAPASAPOSAPASAPÓ PÓ PÓ
NO LOVELOVELOVELOVE LÓ LÓ LÓ
DO SAMBA DAQUELA FESTA TÁ TÁ TÁ
TÃO MODESTA QUANTO BAMBAMBÁ BÁ

CANTOU DE LONGE A CIGARRA
TUM DUM TUM DUM
TUM DUM PE TÁ
TUM DUM TUM DUM
TUM RUM PI LÉ
TUM DUM TUM DUM
TUM DUM DA PÉ,
E OS SAPOS SEGUIRAM NA NOITE.

Professores e professoras

Quem se lança na aventura de abraçar a causa e a intencionalidade na Educação Infantil?

> É sempre bom lembrar que no Brasil, nós, mulheres, temos direito a voto desde 24 de fevereiro de 1932. Bom lembrar também que na Educação Infantil somos maioria esmagadora no cuidado e na educação das crianças de 0 a 5 anos: nas creches, representamos 97,7% dos docentes e, na pré-escola, 95,3%.
>
> Revista *Educação*, 8 mar. 2017.

> E assim, a duras penas, entre os direitos adquiridos e deveres sociais a realizar, recai sobre nossos ombros a grave responsabilidade da Educação Infantil. O primeiro passo é incluir: é todo mundo junto em prol da criança.

AMOR OMNIBUS IDEM

O amor é o mesmo para todos.

VIRGÍLIO, *Geórgicas III*, verso 244.

Ressignificar — com as histórias e os repertórios nossos e dos familiares, oferecemos às crianças um mundo limitado em cores e brincadeiras que é preciso ressignificar.

Personagens midiáticos, o mundo das coisas prontas a serem consumidas, bonecas e casinhas cor-de-rosa para meninas, carrinhos e pistas azuis para os meninos correspondem a estereótipos que ainda não passaram pelo nosso crivo – aquilo que realmente importa para cada um de nós.

É na interação com nossa diversidade cultural que exercemos uma mediação.

Mas como é que se revela esse amor ônibus, que é para todos?

Nossa ação — com competência e desempenho, propiciar às crianças expressão e autoconhecimento. Um forte antídoto ao pré-conceito – que é um conceito anterior à experiência – é a expressão. Dar voz a características masculinas e femininas que nos constituem e habitam, pra cá e pra lá de estereótipos socialmente estabelecidos.

Pedro (4 anos).

Jessica (4 anos).

Pedro e Jessica pintam lado a lado com o mesmo material, guache nas três cores primárias – azul ciano, magenta e amarelo – sobre cartolina.

> A maior brigada contra estereótipos é a própria expressão da criança – Uliana demonstra isso com sua mandala. E, na Educação Infantil, olhar atento, escutar as crianças e, sobretudo no dia a dia, pensar o que propor a elas, como organizar materiais no espaço, como proporcionar aprendizagens significativas.

Primeira infância, imagem mental e memória

Imagem mental – num primeiro momento, poderíamos considerar que uma imagem mental decorre da percepção do objeto que se imagina. Entretanto, vimos que uma criança só descobre um objeto escondido em sua presença quando constitui no espaço e no tempo ações coordenadas de deslocamento. Logo, não há percepção sem que a criança possa agir de acordo com sua forma de ser naquele momento.

> Afetos, emoções e sentimentos desencadeiam ações que geram nosso modo de ser e de pensar.

Percepção sensível – sensibilidade ou percepção sensível é movimento, transformação. Por isso, as imagens mentais não são como fotografias do real, mas imitações interiorizadas que, pelos caminhos abertos do jogo simbólico ou faz de conta e do desenho, correspondem ao modo de ser e de compreender o mundo do sujeito que imagina.

A memória pode ser considerada, então, imagem mental e ilustra bem o que caracteriza uma imitação interiorizada, pois nós nos lembramos de um mesmo fato de formas diferentes ao longo da vida. Naturalmente, o acontecimento permaneceu o mesmo, mas cada um de nós muda constantemente no modo de sentir, pensar e tomar consciência de nossas ações. Não é apenas nossa aparência que muda. Nossa estrutura interior transforma-se continuamente, possibilitando novos e melhores modos de ver as coisas e de representá-las. E assim nos lembramos das coisas como se a cada vez as revivêssemos.

> Quando reconhecemos um objeto ou situação, ele ou ela está na memória, faz parte de nós. Da mesma forma, não nos lembramos de sonhos da vida até os 3 anos, somente de fragmentos. Mas são muito fortes! São sensações que perduram ao longo da vida. É precioso, no tempo e espaço da criança que frequenta a creche, que ali ela possa se movimentar e brincar.

Lembranças, reminiscências e recordações correspondem às imagens mentais que vamos criando.

Memória de reconhecimento e memória de evocação podem estar intimamente relacionadas, mas correspondem à formação de imagens mentais em circunstâncias diversas.

A moringa respira no espaço da biblioteca

Tal como uma moringa, que contém água mas transpira, possibilitando passagem entre o de dentro e o de fora (o que mantém a água fresca), nossa mente se constitui e muda incessantemente com a respiração entre vida interior e exterior, com as interações que realizamos.

O espaço da biblioteca pode ser privilegiado para realizar essa espécie de arejamento. Por esse motivo, há o pedido de silêncio quando se entra em uma biblioteca. Não por respeito aos livros, mas sim às pessoas que a frequentam. O primeiro passo é

Biri e pomba.

ARQUIVO PESSOAL DAS AUTORAS

reservar um espaço e constituir uma biblioteca, lugar importante em uma escola. Livros podem ser doados, adquiridos ou formados por iniciativa do Ministério Público. Nada salvará o bibliotecário, ou a pessoa encarregada de sua manutenção, de ter um critério na seleção e organização dos livros.

Quanto mais o critério for balizado pela observação daquilo que arrebata a criança na leitura que fazemos para ela como intérpretes, mais os livros serão apropriados e consumidos vorazmente por seus destinatários.

Se nos pautarmos apenas por questões didáticas do tipo:

- um texto para crianças deve ter poucas palavras; essas poucas palavras devem combinar as mesmas poucas sílabas (para facilitar a leitura de crianças da Educação Infantil, que ainda não sabem ler e escrever);
- o livro deve ter imagens coloridas estereotipadas ou desenhos para colorir;
- o livro deve ter uma moral que ensine às crianças a se comportar bem; e assim por diante, o livro ocupará um lugar na estante, **mas não no coração das crianças**.

Tentado pelo depoimento de um amigo, alguém há de querer levar para casa aquele livro que lhe causou boa impressão. E assim circulam vivências e informações.

Formada a biblioteca, é importante possibilitar que cada uma das crianças eleja o livro de sua predileção para aquele dia ou semana. Um adulto fará a leitura da história: professores, pais, crianças mais velhas, quem se habilitar. No dia seguinte, uma roda de leitura na classe, em que cada um conta sua história ou a impressão que esta lhe causou. Enfim, a criança compartilha com os amigos sua experiência como leitor.

PARA AVALIAR
OBSERVAR, ESCUTAR E REGISTRAR

Cabe aos educadores, propor, cuidar e avaliar a biblioteca nas unidades em que trabalhamos, seja a "biblioteca de sala" ou a biblioteca da escola. Avaliamos para oferecer retorno aos gestores e às autoridades competentes a quem cabe a responsabilidade de constituir a biblioteca, inclusive com doações e compras de livros.

Acervo – abrange vários gêneros literários. É renovado constantemente e deve estar bem conservado. Os livros têm fichas para retirada e devolução.

Acesso – ficar atento à periodicidade de acesso das crianças à biblioteca. Ficar atento à própria acessibilidade motora ao espaço – o que prevê existência da biblioteca no ambiente escolar, iluminação e arejamento, disposição de mesas, tapetes e almofadas para facilitar consulta e pesquisa das crianças. Incentivar a autonomia das crianças, com a mediação do educador para buscar e encontrar os livros de sua escolha.

Consultas – muitas vezes se vai à biblioteca à procura de livros específicos. Muitas vezes, também, as crianças vão à biblioteca à procura do que ainda não conhecem, e sua escolha se pauta por interesses diversos. Nesse caso, observar se elas:

- são atraídas pelas capas principalmente;
- fazem escolhas que diferenciam meninos e meninas;
- interagem umas com as outras, aceitando indicações de livros;
- folheiam os livros e ensaiam estratégias de leitura;
- contam em voz alta a história por meio das imagens do livro.

PRÉ-ESCOLA

MATERIAIS DE AVALIAÇÃO

ATIVIDADE HABITUAL
Biblioteca

VIDA EM COMUNIDADE

"Ciranda cirandinha
Vamos todos cirandar
Vamos dar a meia volta
Volta e meia vamos dar"

Do cancioneiro popular brasileiro

Conviver e compartilhar

O espaço de convívio na Educação Infantil tem grande importância em nossos planejamentos. Nele, as crianças e os adultos passarão boa parte de seus dias durante todo o ano letivo.

Há espaços adaptados, outros construídos especialmente para a finalidade educativa a que se destinam. Da arquitetura à organização dos materiais, há muita coisa a ser dita, fruto da reflexão de educadores, especialistas, profissionais de Secretarias e do Ministério da Educação.

Vamos olhar para a vida em comunidade em espaços já disponibilizados pela instituição, mas que podem e devem ser habitados por aquelas crianças em particular, sob a regência do professor. Também vamos tomar consciência do que nele podemos fazer para que se torne um espaço compartilhado, abrigando o modo de ser de cada um – e não composto de imagens e objetos estereotipados, que estejam lá sem conexão com a experiência das pessoas que ali estão todos os dias.

Um espaço que vive com seus participantes será uma expressão do grupo de convívio, em que a memória é elemento central.

Para uma criança que ingressou recentemente na escola onde estou e onde estão minhas coisas (e nossas coisas), o que fiz ontem são localizadores que dizem de perto algo sobre quem sou eu.

Alguns cuidados podem fazer uma grande diferença:

- **Na roda** – colocar almofadas individuais para sentar, confeccionadas em parceria com crianças, professores, pais, avós, diferentes umas das outras como são as crianças entre si, como

146 APRENDER COM A CRIANÇA

somos cada um de nós. Se houver possibilidade, utilize um ponto de luz aéreo ou abajur para que, na roda, aconteçam as conversas, as histórias e os combinados. Assim, o local se tornará mais aconchegante.

- **Na estante** – personalizar o lugar em que serão guardados pertences pessoais (roupas, livros, brinquedos, ou desenhos, pinturas) e as produções individuais. Esse lugar causa senso de pertencimento, aproximando a criança da escola.
- **Na organização dos materiais** – lápis, papéis, tintas, massinhas, entre outros materiais de uso comum das crianças, podem estar acessíveis. Sabendo onde estão, as próprias crianças podem pegar, usar, lavar, secar, guardar de novo, encontrando nessas incessantes atividades um sentido de pertinência, de colaboração, de eficiência.
- **No mobiliário** – na Educação Infantil o ideal é que os móveis sejam empilháveis, sirvam para compor cenários para o jogo simbólico ou faz de conta – tão fundamental nessa idade –, sejam bonitos, leves e confortáveis, possam ser deixados na posição em que se encontravam no dia anterior (independentemente da limpeza) para continuar no dia seguinte o que foi interrompido pelo momento (bom) da saída.
- **Nas paredes** – que tenham sempre nelas pendurados os trabalhos do dia a dia! Colocar nas paredes a produção diária das crianças, evitando imagens produzidas por adultos. Para isso, a fita crepe é instrumento que deve estar sempre à mão. Com as imagens expostas, a memória do grupo pode voltar à própria produção, a criança pode conversar e trocar ideias com um amigo sobre desenhos e pinturas – **a sala vive com o que ali está**.
- **A sucata** – ela pode resultar brinquedos, esculturas, jogos – muito trabalho é necessário aplicar à sucata para que haja bons resultados. Do contrário, ela pode se reduzir facilmente a uma porção de lixo, acumulando poeira e desgosto em lugar de abertura para boas ideias de utilização.

> Para fazer algo bonito com sucata, temos que suar a camisa, e não será o artesanato padronizado que nos salvará.

Linguagens e comunicação

Para a criança, as linguagens ainda não articuladas são, ao mesmo tempo, movidas e compensadas por sensações, por uma abertura em se deixar afetar pela experiência, por sentimentos que se impregnam em seu ser para toda vida.

A criação humana – se, como educadores, propiciamos as linguagens nascentes, vindouras, em atividades especialmente desenhadas para preservar e enriquecer esta mobilização estética inicial, abriremos espaço para o manancial inesgotável que é a criação humana.

> Podemos sempre aprender com as crianças. Suas linguagens nascentes nos permitem compreender seu ponto de vista. Desde que não façamos julgamentos antecipados, colocando em termos de certo ou errado a criação de conhecimentos, que pode se tornar visível, observável.

O uso de tesoura requer progressivo desenvolvimento de habilidades.

O convívio de crianças com animais pode ser carregado de afeto e significado.

Aos 3 anos e 8 meses, Eva diz, brincando com a fluência fresca da torneira aberta:

– *A água é invisível.*

Tenta cortar o fluxo num gesto de tesoura com o indicador e o dedo médio e diz:

– *Não dá para cortar água.*

Nesse caso, ela vem de habilidades recém-experimentadas de cortar papel, que ela estende à moleza fluida da água, achando graça dessa qualidade tão tépida do líquido cristalino.

A palavra invisível, que diríamos incolor, transparente, denota compreensão avançada da língua que se fala, tornando-a poética, dizendo da água qualidades que fogem ao senso comum e à observação imediata.

Corrigi-la seria matar o conteúdo poético nascente. Aprender com ela é evocar nosso conteúdo poético tantas vezes camuflado ou extinto.

Ananda, aos 2 anos e 6 meses, observa um cachorro beber água, agachada na beira da piscina. Então vê o cachorro esticar a língua, colher a água, engolir, os olhos bem abertos, as orelhas levantadas – expressão de sofreguidão – e conclui:

– *Ele está com muita vontade de lamber água.*

Continuo o diálogo:

– *Pode ser sede.*

Ao que ela responde:

– *Não, não, ele só quer lamber a água.*

A conjugação dessas condutas que evocam ou representam algo, a imitação, o desenho, o jogo simbólico, a imagem mental e a linguagem ou a evocação verbal resultam em uma extraordinária ampliação do mundo e do conhecimento de si.

Seu modo de dizer nos faz ver a superfície da água, como seria palpável em um lago congelado. Sede é demasiado genérico, designa sensações de forma incompreensível para a criança pequena, um conceito. Não perguntamos a alguém:

– Você está com sede?

Mas sim:

– Você quer um copo de água?

Diríamos: inteligência como presença de espírito.

Diz-se de uma pessoa com senso de humor que ela é espirituosa, que faz graça, acha graça, provoca graça – assim é a manifestação da inteligência das crianças.

A criança que recebemos na Educação Infantil não é, portanto, nem completa, muito menos incompleta, e sim um organismo, vivo, ágil, sensível e inteligente. Nosso trabalho consiste em honrar sua inteligência, atuando em conjunto, estabelecendo parcerias com as crianças para que elas possam continuamente interagir e aperfeiçoar seus conhecimentos nascentes.

Interagir com pessoas de todas as idades, com objetos culturais de todo tipo, com fenômenos da natureza. Aperfeiçoar suas ações, seus procedimentos, sua compreensão, de modo a elevá-la a níveis cada vez mais abrangentes, flexíveis e dinâmicos.

Tom Zé – em depoimento à TV Cultura, o cantor e compositor Tom Zé conta que estava recém-chegado em uma classe multisseriada em Irará, cidade do interior da Bahia em que nasceu. Quando aprendeu a ler, viu-se com uma história em que um menino andava por uma estrada longa e solitária; enquanto lia, o menino Tom Zé olhava para os lados e se perguntava, maravilhado:

– Mas ele está andando pela estrada, sozinho, será que todo mundo está vendo isso?

Desconfiava do silêncio, enquanto em sua cabeça o zumbido era geral. O som produzido por sua leitura silenciosa ribombava em seus ouvidos e principalmente em seu entendimento.

Nossas crianças da Educação Infantil, até que possam realizar essa leitura solitária, participam prazerosamente de uma leitura compartilhada, onde o outro realiza a transição entre signos (as letras) e sons (das palavras), de tal modo que todos possam acompanhar o menino pela estrada, tal como Tom Zé intuiu em sua infância. Assim, na Educação Infantil, ora atuamos como os escribas da antiguidade, ora como leitores. Nas duas posições, agimos em um ambiente de letramento que propicia às crianças contato íntimo tanto com a língua-que-se-fala quanto com a língua-que-se-escreve. Pois sabemos que, bem antes da escolaridade formal, as crianças interagem com a língua escrita e falada em seus vários gêneros e portadores.

> Elas não esperam o momento formal oferecido pela escola para pensar sobre o que ouvem e o que veem impresso.

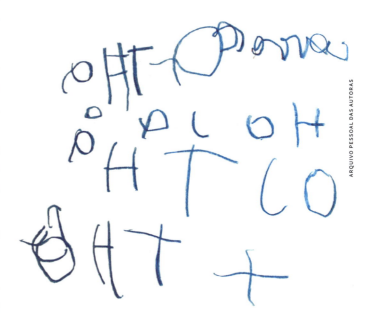

Escrita espontânea. Vitor (4 anos e 2 meses) escreve de acordo com seu repertório e hipóteses.

CAPÍTULO 3 | VIDA EM COMUNIDADE

"O nome da Rosa"

ATIVIDADES HABITUAIS

Leitura e escrita com os nomes próprios das crianças

O propósito de incluir o trabalho com o nome próprio na Educação Infantil não se circunscreve ao fato de saber lê-lo e escrevê-lo convencionalmente, mas sim ao fato de que, por meio do nome, promove-se o avanço na aprendizagem do sistema de escrita. Para alcançar esse propósito, não bastam apenas propostas que dialoguem com esse processo de aprendizagem; é preciso levar em conta o papel fundamental das intervenções do professor. Nesse sentido, o professor realiza diferentes ações:

- *compartilha o processo de escrita com as crianças;*
- *copia uma palavra diante delas;*
- *convida-as a comparar suas produções com o cartão de nome correspondente;*
- *pergunta-lhes o que já escreveram até o momento enquanto elas escrevem.*

Durante as situações de leitura, o professor procura fazer perguntas que favoreçam reflexões sobre o sistema de escrita. Para isso, propõe intervenções como as seguintes:

- *Como você sabe que aqui está escrito seu nome?*
- *Por que estes dois nomes se escrevem com a mesma letra (inicial)?*
- *Por que Mariana tem mais letras que Maria?*
- *Quais outros nomes começam (ou terminam) como o seu? Por quê?*
- *Como podemos saber que aqui está escrito esse nome e não outro?*

É necessário um trabalho de análise sistemática com o nome, tanto do ponto de vista quantitativo como qualitativo, para gerar avanços nas conceptualizações das crianças.

GRUNFELD, Diana. La intervención docente en el trabajo con el nombre propio. Una indagación en jardines de infantes de la Ciudad de Buenos Aires. *Lectura y Vida*, La Plata, jan. 2004. Disponível em: <goo.gl/L4Jj4t>. Acesso em: 6 fev. 2018. (Tradução e adaptação nossas).

No Capítulo 2, foram apresentadas algumas situações em que escrever o nome próprio ganha sentido para as crianças. É importante que as situações de leitura e escrita do nome próprio estejam orientadas por propósitos sociais reais para que não se convertam em um mero exercício: "ler por ler", "copiar por copiar". Neste capítulo, vamos detalhar e aprofundar algumas situações em que escrever os nomes possibilita compartilhar com as crianças o sentido que a leitura e a escritura têm fora da escola.

Embora as propostas de atividades apresentadas a seguir estejam numeradas, tratam-se todas de atividades habituais, que são realizadas concomitantemente ao longo do ano.

Marcar os espaços onde as crianças podem guardar seus materiais de uso pessoal, como cabides de mochilas ou escaninhos, é uma forma de propor a leitura do nome próprio diariamente.

ATIVIDADES HABITUAIS DE LEITURA E ESCRITA

O próprio nome e de outros nomes na Educação Infantil

O cartão e o nome – como foi dito no Capítulo 2, os cartões de nomes das crianças da turma precisam garantir certas características que colaborem para sua apropriação e seu uso como objeto de reflexão. Nesse sentido, é interessante que eles sejam confeccionados pelo professor com papel cartão de uma mesma cor e do mesmo tamanho, com texto alinhado à esquerda para favorecer comparações entre qual cartão tem mais e qual tem menos letras.

Objetivo – ampliar o conhecimento das crianças sobre o sistema de escrita para avançar nas atividades de ler e escrever por si mesmas, como leitoras e escritoras cada vez mais autônomas.

A letra – a mais adequada para escrever os nomes é a letra de imprensa maiúscula, que é uma letra conhecida pelas crianças, por ter um traçado simples e único.

Sem distinção entre maiúsculas e minúsculas, elas podem distinguir com maior facilidade cada uma das grafias que compõem um texto. A letra de imprensa comum e a letra cursiva trazem muita variação e demandam que a criança se atente a aspectos que não são essenciais nesse momento. No caso da cursiva, é difícil distinguir onde acaba uma letra e onde começa outra.

É fundamental que os cartões não tenham ilustrações ou fotos que os diferenciem entre si. Assim, a criança se apoiará na escrita do nome para distingui-los.

ATIVIDADE 1

Localizar seu próprio nome para marcar sua presença

Periodicidade: diária.
Forma de agrupamento: pequenos grupos.
Encaminhamento: uma possibilidade para trabalhar com a leitura dos nomes de forma significativa é propor que as crianças busquem seu nome entre outros para fazer a lista de presença

Nomes em cartões

– *Qual é o cartão com meu nome?*

É fundamental que cada criança saiba o que está escrito em seu cartão, porque muitas vezes estabelece uma relação de identidade com ele.
Tanto o dono como o grupo sabem de quem é, embora acreditem que ali diga algo diferente do que está escrito – às vezes, depois de usar o cartão durante vários meses, a professora descobre que Jorge, em cujo cartão está escrito JORGE M, acredita que seja "Jorge Martins", e Teca, em cujo cartão está escrito TECA, pensa que está escrito "Teresa".

> Claro que é muito importante a relação e identidade que as crianças estabelecem com os cartões, mas se elas supõem que contenha algo diferente do que está escrito, esse material torna-se pouco útil para avançar no aprendizado da leitura e da escrita.
>
> **Fichários.** Se na classe há 20 ou 30 crianças, e é a primeira vez que se utilizam os cartões, fazemos fichários. Isto é, colocamos [alguns] cartões em cada caixa para que, quando a criança tenha de procurar o seu, não tenha de encontrá-lo no meio de todos [...]. Naturalmente os fichários estão num lugar sempre ao alcance delas. A professora também incorpora um cartão com seu próprio nome, que será utilizado em muitas situações, por exemplo, quando os nomes forem comparados também com o da professora – por que não? ▪
>
> NEMIROVSKY, Myriam. Ler não é o inverso de escrever. In: _____; TEBEROSKY, A.; TOLCHINSKY, Liliana. *Além da alfabetização:* a aprendizagem fonológica, ortográfica, textual e matemática. São Paulo: Ática, 1996. p. 238. (Grifo nosso.)

diária (chamada). Para isso, os cartões com os nomes podem ser organizados sobre as mesas ou em fichários.

Como citamos no início, outra possibilidade de organização dos cartões é colocá-los em várias mesas da sala para que cada criança que chegue busque o cartão com seu nome entre alguns outros.

> Dispor o cartão de uma criança junto com os de quatro ou cinco colegas ajuda a delimitar o desafio. O professor indica a cada aluno em que mesa está seu cartão e diz quais nomes estão naquela mesa sem indicar qual é qual. Assim, o desafio de leitura que se coloca é identificar onde está escrito seu nome.

Para as crianças que têm menos experiência nesse tipo de proposta de leitura, o professor pode graduar o desafio da atividade apresentando apenas dois cartões entre os quais o da própria criança. A dupla de cartões pode apresentar diferentes níveis de complexidade para a leitura levando em conta os aspectos quantitativos (quantas letras) e qualitativos (quais letras) da escrita. Exemplo:

> Entre IARA e LUÍS FELIPE, um dos nomes é curto e o outro é comprido e composto; já IARA e ISABELA, apesar de serem um curto e o outro comprido, os nomes se parecem por terem a mesma letra inicial e final.

O desafio pode avançar dia a dia, considerando os critérios utilizados para escolher os cartões e o número de cartões apresentado. Vale lembrar que, quando se propõe uma mesma atividade para o grupo, nem todas as crianças a resolvem do mesmo modo. Assim, é importante adequar as intervenções de maneira a dialogar com as conceptualizações de cada criança.

É importante organizar a atividade previamente e receber cada criança apresentando/relembrando a proposta da chamada e acompanhar mais de perto algumas crianças a cada dia.

ATIVIDADE 2

Localizar o cartão do nome de um colega entre outros nomes

Periodicidade: diária, mas não para todas as crianças. Devem-se variar os participantes até que todos tenham tido a oportunidade de realizar a atividade.

Forma de agrupamento: trios ou quartetos.

Encaminhamento: localizar o cartão com o nome de um determinado colega entre outros cartões faz sentido para as crianças em diversas situações, como quando é preciso fazer uma lista com nomes de crianças da sala. Exemplo:

Determinar quem será o próximo ajudante do dia.

Uma boa forma de encaminhar essa atividade é chamar uma dupla ou trio para localizar os nomes de colegas nos cartões enquanto o restante da turma está entretido em outra proposta – como nos momentos de **cantos de atividades diversificadas**, numa proposta de jogo ou durante a exploração dos livros da biblioteca da sala. Assim, as crianças podem realizar esta proposta de leitura sem que "os donos dos nomes" resolvam rapidamente o problema.

Cartaz – nessa proposta, o professor convida o grupo a fazer o cartaz com os nomes dos ajudantes da próxima semana.

Ele propõe que encontrem o nome de um determinado colega entre dois cartões de nomes que ele põe sobre a mesa, tomando o cuidado de informar o que está escrito nos cartões, mas sem determinar qual é qual.

> O professor possibilita que as crianças coordenem informações entre o que já sabem, o que sabem que está escrito nos cartões e o texto de cada cartão.

A atividade pode começar com cartões que se diferenciem por aspectos quantitativos. Exemplo:

Encontrar Nina entre os cartões NINA e LUCIANO.

Mesmo diante da resposta correta, é importante pedir que as crianças expliquem como pensaram e que justifiquem, de sua maneira, a escolha que fizeram, promovendo a troca de ideias e favorecendo o avanço da reflexão sobre o sistema de escrita.

Cantos de atividades diversificadas

A organização – os cantos de atividades diversificadas na Educação Infantil não configuram algo novo, mas seguem uma orientação importante para o trabalho com crianças pequenas. Decroly, Fröbel e Freinet, pensadores do final do século XIX e início do XX, consideravam que cada criança é singular, tem interesses próprios e é capaz de escolher entre algumas possibilidades. Por isso, eles propunham esse tipo de organização como forma de dar opções às crianças, e não trabalhar com uma única atividade. ■

PRÉ-ESCOLA

MATERIAIS GRÁFICOS

COMPLEMENTO PEDAGÓGICO
ARTIGO
Muitos mundos numa única sala
Adriana Klisys

Caso as antecipações das crianças para decidir qual nome está escrito em cada cartão estiverem com base apenas em critérios quantitativos, é interessante intervir, de forma a ampliar suas explicitações para suas escolhas com perguntas como:

- *Vocês disseram que aqui está escrito Nina porque é pequeno. Em que vocês prestaram atenção para saber isso?*
- *Por que não pode ser o nome NINA neste cartão (apontando o cartão LUCIANO)?*

Conforme as crianças ampliam seu conhecimento sobre o sistema de escrita, é importante fazer intervenções, também, com foco nos aspectos qualitativos, como pedindo que localizem o cartão com o nome da Mariana entre os cartões MARIANA, LUCIANO e CLARISSA.

- *Vocês disseram que este é o de Nina porque Luciano é o nome maior; como saber qual é o da Mariana entre os cartões do Luciano, da Clarissa e da Mariana?*

Com isso, as crianças serão levadas a avançar nos critérios que empregam, começando a incluir elementos qualitativos, como a forma como começa ou termina a palavra.

Crianças copiam os nomes dos ajudantes da semana em cartaz.

Uma vez que as crianças estejam certas de terem encontrado os cartões que buscavam, é importante encaminhar a maneira de compartilhar a lista de ajudantes. O professor pode, para isso, propor que o grupo afixe os cartões num cartaz preparado para esse fim, ou que escreva os nomes no próprio corpo do cartaz. No caso da escrita do nome, é interessante organizar a ação das crianças no trabalho em grupo, alternando o papel de quem fará o registro e quem ajudará a controlar a escrita e a

As crianças buscam o cartão com o nome de um determinado colega entre outros cartões.

revisão, fazendo a correspondência termo a termo entre o cartão com o nome e a escrita realizada.

Roda – no espaço da roda, em seguida, as crianças compartilham com os demais o que fizeram e o registro em cartaz fica afixado à vista de todos, como uma fonte de informação útil para o cotidiano da sala.

O grau de dificuldade da tarefa varia de acordo com a forma como ela é encaminhada. Pode-se propor essa atividade também com letras móveis. Exemplo:

Para escrever LUCIANO, o professor pode entregar apenas as letras necessárias.

Nesse caso, é preciso decidir em que ordem colocar as letras, o que exige muita reflexão das crianças, mas é de natureza mais simples que encontrar as letras necessárias para escrever LUCIANO entre muitas letras ou receber as onze letras necessárias para escrever NINA e LUCIANO.

Por isso, é importante graduar as propostas, dialogando com o que as crianças já conseguem observar do sistema de escrita para que sejam desafios possíveis e interessantes para elas.

Crianças escrevem com letras móveis os nomes dos ajudantes da semana em cartaz.

Quadro de aniversariantes – outra situação em que tem sentido buscar o nome de um colega entre outros é fazer um quadro de aniversariantes do mês. Para isso, além da leitura dos nomes, é necessário consultar o calendário.

ATIVIDADE 3

Escrever o nome em suas produções e no registro do empréstimo de livros

Periodicidade: diária ou semanal.

Forma de agrupamento: individual ou em pequenos grupos, como duplas e trios.

Encaminhamento: assim como marcar a data nas produções e no cartão da biblioteca, escrever o próprio nome para identificar suas produções e o empréstimo de livros são ações plenas de sentido no dia a dia das crianças na Educação Infantil e, por isso, constituem um contexto importante também para que as crianças se apropriem da escrita de seus nomes e ampliem sua reflexão sobre o sistema de escrita.

Mesmo sendo uma atividade rotineira, é importante que o professor compartilhe com as crianças o sentido da atividade ao propô-la:

- Quando todos terminam uma atividade no papel, é preciso escrever o nome de seu autor e a data em que ela foi feita ou todas as atividades vão se misturar e vai ser difícil descobrir qual é de cada um e quando foi produzida.
- Da mesma maneira, quando se empresta um livro da biblioteca de sala, é preciso anotar quem levou e quando. Assim, se for preciso, é possível saber com quem o livro está e lembrar a necessidade da sua devolução.

Em ambas as situações, cada criança fica responsável tanto por escrever seu nome, copiando-o do seu cartão ou escrevendo-o de memória, quanto por anotar a data (copiando-a do quadro ou buscando-a no calendário).

Embora para nós, adultos, pareça simples o processo de copiar, para a criança ele envolve novidades e descobertas.

É preciso copiar todas as letras ou algarismos na ordem em que aparecem no modelo (cartão de nomes, quadro ou calendário).

Para apoiar as crianças nesse processo, é importante que o professor compartilhe como organiza sua própria ação ao copiar, fazendo então uma cópia diante das crianças. Dessa forma, ele mostra que primeiro se observa a letra inicial (ou o primeiro algarismo) e realiza sua cópia, seguindo para a próxima e assim por diante, explicitando que é preciso copiar todas as letras na ordem em que elas se encontram no texto do cartão de nomes, nem uma a mais, nem uma a menos, para que a escrita seja o nome daquela criança. O mesmo vale com os algarismos para registrar a data daquele dia.

PARA AVALIAR
OBSERVAR, ESCUTAR E REGISTRAR

Para avaliar nossa conduta na interação com as crianças e auxiliá-las a encontrar e escrever nomes em situações contextualizadas, vamos retomar o texto de Diana Grunfeld (2004) e tomar consciência de nossas ações, item por item.

Nesse sentido, o professor realiza diferentes ações com relação às crianças:

- compartilha o processo de escrita com elas;
- copia uma palavra diante delas;
- convida-as a comparar suas produções com o cartão de nome correspondente;
- pergunta-lhes o que já escreveram até o momento, enquanto elas escrevem.

Durante as situações de leitura, o professor procura fazer perguntas que favoreçam reflexões sobre o sistema de escrita. Para isso, propõe intervenções como as seguintes:

- *Como você sabe que aqui está escrito seu nome?*
- *Por que estes dois nomes se escrevem com a mesma letra (inicial)?*
- *Por que Mariana tem mais letras que Maria?*
- *Quais outros nomes começam (ou terminam) como o seu? Por quê?*
- *Como podemos saber que aqui está escrito esse nome e não outro?*

É necessário um trabalho de análise sistemática com o nome, tanto do ponto de vista quantitativo como qualitativo, para gerar avanços nas *conceptualizações das crianças* associadas

- aos registros que realizamos de estratégias de leitura para localização de cartões;
- aos diálogos entre duplas de crianças;
- aos procedimentos de crianças para escolher e realizar cartaz com nomes dos ajudantes da semana;
- à tomada de consciência de nossas ações didáticas que possibilitem uma avaliação contínua e processual de aquisição da leitura e escrita de nomes próprios.

PRÉ-ESCOLA

MATERIAIS DE AVALIAÇÃO

ATIVIDADE HABITUAL
Escrita de nome próprio

ATIVIDADE 4

Calendário

Amanhã... amanhã nunca chega – certa vez, em uma loja de brinquedos, uma criança de seus 3 anos viu um lindo castelo e o pediu para sua mãe como presente. A mãe respondeu:

– Você vai ganhar um castelo como esse no dia em que você jogar fora sua chupeta.

O menino respondeu:

– Eu vou jogar amanhã. Amanhã eu jogo.

Quando a mãe se afastou para pagar sua compra, o menino continuou refletindo e dizendo em voz alta:

– Amanhã, amanhã nunca chega.

Descrição da atividade 4

Periodicidade: diária.

Forma de agrupamento: coletivo, pequenos grupos ou individual.

Encaminhamento: o uso frequente do calendário possibilita que as crianças aprendam sobre o funcionamento dos números em um contexto específico, familiarizando-se com uma forma particular de organizar a informação e acompanhando a passagem do tempo.

Tipos de calendários – há diferentes tipos de calendários utilizados socialmente (folhinhas anuais, mensais, semanais) que podem ser utilizados com diferentes funções na escola. Ter um calendário mensal afixado na parede da sala na altura das crianças e usá-lo rotineiramente possibilita que elas tenham contato com números de 1 a 31 e reflitam sobre a série numérica.

A exploração do calendário junto com as crianças pode começar desde cedo.

É preciso indagar-se sempre sobre que conhecimentos as crianças precisam acionar ou que problemas precisam resolver para solucionar as propostas que lhes fazemos no dia a dia. Se o trabalho no calendário resume-se a marcar com um X o dia de hoje, uma atividade que poderia ser rica e instigante torna-se mecânica. É completamente diferente a situação em que as crianças necessitam encontrar um dia ou um número em um calendário que não tem essas marcas. Precisam, então, colocar em ação diferentes procedimentos que articulam seus saberes sobre o portador e os números. Por exemplo, quando as crianças necessitam encontrar um número cuja escrita convencional não conheçam, poderão apoiar-se na recitação da série oral e ir contando, apontando para os números, do 1 até chegar ao número desejado, ou ainda buscar um número conhecido, próximo ao desejado e, a partir dele, seguir contando. ■

WOLMAN, Susana. La enseñanza de los números en el nivel inicial y en el primer año de la EGB. In: KAUFMAN, Ana M. (Org.). *Letras y números*: alternativas didácticas para jardín de infantes y primer ciclo de la EGB. Buenos Aires: Santillana, 2000.

As crianças entre 2 e 3 anos, na maioria das vezes, dependem das ações dos adultos para usar o calendário e consultar o dia em que estão.

*É possível, também no início do mês, levar o calendário para o **centro da roda** e ajudar as crianças a marcar os dias dos aniversários, festas, passeios, feriados e outras datas significativas para o grupo.*

Já as crianças de 4 e 5 anos podem começar a utilizar o calendário com maior autonomia para marcar os compromissos comuns do grupo, interpretando as informações numéricas e outras para se organizar no tempo.

Uma possibilidade é que, a cada dia, uma criança (a ajudante do dia) consulte o calendário e copie o dia no quadro para que todos possam ver e anotar nas suas produções (por exemplo, a folha de seu desenho).

Embora encontrar uma data no calendário e copiá-la sejam atividades interessantes e que podem acontecer ao longo do ano, ao realizar as atividades rotineiras é preciso observar quando elas deixam de ser um desafio para as crianças.

Datas de aniversário – uma atividade possível é fazer um quadro com as datas de aniversariantes do mês. A exploração da leitura de nomes e datas e sua organização no cartaz pode ser feita da mesma maneira em que ocorreu na atividade de organização dos nomes dos ajudantes da semana. Além da leitura dos nomes dos aniversariantes, agora, para localizar as datas de aniversário dos colegas, é possível propor diferentes problemas numéricos. Exemplo:

Se um dos aniversários de abril é dia 23, então é possível convidar os alunos a identificar esse número.

Em pequenos grupos organizados de acordo com a proximidade de conhecimentos das crianças, o professor entrega alguns cartões de números propondo que identifiquem o cartão com o número que corresponde a essa data de aniversário.

O professor diz para as crianças que no conjunto de números que receberam encontrarão o "vinte e três" e elas terão como tarefa identificar sua escrita.

APRENDER COM A CRIANÇA

A seleção dos números apresentados é uma variável importante na complexidade da tarefa. É possível entregar diferentes conjuntos de cartões adequando o desafio para cada grupo de crianças. Assim, alguns grupos podem receber os números:

Outros grupos podem receber este outro conjunto de números:

Dessa maneira, todos estarão refletindo sobre um desafio cognitivo de natureza semelhante, embora com complexidade matemática diferente, o que permite atender à diversidade de crianças da turma.

Para decidir quais números colocar em cada conjunto de cartões, é importante considerar algumas variáveis:

- todos os conjuntos devem ter o número correto (em nosso exemplo, o 23);
- números com diferentes quantidades de algarismos devem estar incluídos no conjunto, com o objetivo de promover a reflexão sobre a quantidade de algarismos para escrever "vinte e três"; nesse caso, o 203 e o 8 poderiam ser descartados por terem muitos ou poucos números;
- 203 explicita uma hipótese das crianças que se apoiam na numeração falada para escrever um número cuja escrita convencional não conhecem (falamos "vinte" e "três", ou seja, se na fala explicitamos a adição, para escrever usamos um sistema posicional). Por outro lado, as crianças podem descartar o 203 argumentando que no calendário não há números tão grandes. Identificar quantos algarismos compõem

Numeração escrita e falada

Representação de números

As relações entre as numerações escrita e falada são complexas e envolvem um trabalho de longo prazo. A numeração falada e a numeração escrita remetem a formas diferentes de representação dos números.

Embora guardem relações entre si, cada uma delas tem elementos e princípios de organização que lhe são próprios. A partir de uma, não se pode deduzir diretamente a outra. E isso é assim porque a numeração oral, que também se organiza segundo agrupamentos recursivos de base dez, não é posicional e contém um conjunto de irregularidades que não encontramos na numeração escrita.

DIRECCIÓN Provincial de Educación Inicial. *La enseñanza del sistema de numeración*: propuestas que se encuadran en actividades cotidianas de la sala. Parte II – Problemas numéricos en torno al calendario. Buenos Aires: Subsecretaría de Educación, [s.d.]. Disponível em: <goo.gl/3WsZ1d>. Acesso em: 12 nov. 2017. (Tradução nossa.)

As numerações oral e escrita constituem pontos de apoio e por vezes são fonte de desafios cognitivos que as crianças enfrentam no desenvolvimento de suas ideias sobre as representações numéricas.

a escrita de um determinado número pode ajudar a descartar alguns, porém não é suficiente para resolver o problema; nesse sentido, incluir outros números que tenham o três entre seus algarismos, no caso de nosso exemplo, pode ser uma pista para identificar o número buscado. Por esse motivo, em um dos conjuntos de números, aquele pensado para grupos de crianças com hipóteses mais iniciais sobre o sistema de numeração, há apenas um número terminado em três (justamente o 23) e no conjunto de números pensado para crianças com hipóteses mais avançadas, todos os números têm o três.

No exemplo do 23, o "vinte" não oferece informação acerca do algarismo que o representa. Uma vez que as crianças identificam que o 23 precisa do **dois** e do **três**, ainda há o desafio de saber sua posição.

Pode-se incluir números cuja posição dos algarismos esteja invertida em relação ao número escolhido (no nosso caso seria 32). As crianças podem avançar ao identificar que, se dois números são formados pelos mesmos algarismos mas estão em ordem diferente, não são os mesmos números.

Embora os grupos não recebam a mesma coleção de números, todos devem encontrar o **vinte e três**. Ao finalizar a tarefa, o professor propõe uma roda (em semicírculo) em volta do quadro para que as crianças compartilhem as decisões que tomaram para escolher qual escrita corresponde ao número 23 e por que descartaram os demais.

Cada um pode encontrar ali "seu número" e pensar sobre por que outros colegas não o escolheram. Os erros e os acertos fazem parte do trabalho matemático. À medida que avançam na conversa, alguns números são descartados e vai se construindo uma "certeza" compartilhada.

> Conforme os grupos mostram os cartões selecionados, o professor vai anotando todos os números no quadro, sem dar nenhuma pista se está certo ou errado. A incerteza de qual deles é o 23 é um objeto de reflexão que mantém todos envolvidos na troca de ideias.

Provavelmente, nenhum grupo selecionará o 8 e o 15, cuja escrita não guarda nenhuma semelhança com o 23 (por não ter nenhum dos algarismos que o formam). Os motivos que podem levar a descartar esses dois números demonstram um avanço e podem ser explicitados pelas crianças e pelo professor na socialização entre todos.

PARA AVALIAR
OBSERVAR, ESCUTAR E REGISTRAR

Série numérica – vamos avaliar como as crianças representam números e que estratégias utilizam para se situar na série numérica. Para isso, construa uma tabela de registros das condutas das crianças, de modo a ter uma visão do processo de conceptualização do número.

PRÉ-ESCOLA MATERIAIS DE AVALIAÇÃO

ATIVIDADE HABITUAL
Calendário

MEMÓRIA DO GRUPO

"Fizemos a saúde dos noivos e o baile recomeçou, ao som de uma flauta, inimiga do violão gordo que todo se esbofava pra acompanhar as corridinhas dela. O noivo se levantou, foi buscar a noiva pela mão, e trouxe ela, me ofereceu, pra ela dançar comigo, não é maravilhoso?"

Mário de Andrade, *O turista aprendiz*

Expressão de sua vivência

O que é material no mundo virtual?

Vamos às revoluções que o mundo chamado virtual nos propõe. Trata-se do armazenamento e das possibilidades de transformação dos dados que um computador está capacitado para processar. Para estas operações, a máquina realiza um deslocamento: letras, textos, números, equações, imagens, sons...

> Todo dado é registrado, fixado em combinações, ou códigos compostos apenas de 0 e 1.

Dois dígitos apenas:

0 corresponde à não passagem de energia no circuito eletrônico.

1 signo para passagem de elétrons, e tudo estará memorizado no computador.

Pois bem:

E SE as manifestações de nossa cultura popular forem nossos dados a serem captados, se os registros – tal como os realizou Mário de Andrade – forem deslocamentos para outras linguagens que nos possibilitam captá-los?

E SE as transformações forem os modos como cada um de nós sente e compreende a expressão em música e dança de uma comunidade para criar um modo próprio de cantar e de dançar?

Na música popular brasileira há um imenso manancial, que constitui parte substanciosa do tutano da espinha dorsal do Brasil. O que se conserva – o que se guarda dentro de si – é o sentido estético de cada um, que tantas vezes se revela pela intuição. É preciso então quebrar as amarras – sempre tão severas – do que se institui como pertencente ao espaço da Educação Infantil, mas que, se formos ver de perto, não pertence a ninguém. Façamos então com que os espaços das salas e áreas comuns respirem, vivam com a produção das crianças. Não é necessário fazer molduras com flores e babados de papel crepom para valorizar desenhos e pinturas:

OS TRABALHOS FALAM POR SI.

CAPÍTULO 3 | MEMÓRIA DO GRUPO 161

Ao pequeno etnógrafo

ENTÃO, a nós compete ir a campo buscar a manifestação cultural que se deseja registrar e compreender:

- uma história antiga contada pelas avós;
- casos relatados pelos mais velhos da comunidade;
- canto e dança dos ticuna ou de qualquer etnia brasileira;
- lendas da floresta e cantos de trabalho nas lavouras;
- o canto pungente de lavadeiras ao bater a roupa na pedra dos rios;
- a rotina de trabalho de pescadores que habitam nosso extenso litoral;
- os festejos religiosos que animam nossas comunidades;
- o trabalho das rendeiras e de tantos outros artesãos.

Cada escola no Brasil há de encontrar coisa bonita para dizer. Importante é saber mesclar os registros espontâneos, ou não convencionais, da criança com aqueles que o professor escriba realiza.

Modos de registro – as crianças podem criar modos próprios de registrar:

- ritmos musicais;
- movimentos de corpo;
- impressões luminosas;
- colorido de roupas e adereços;
- características do entorno onde acontece a festa;
- estimativa de quanta gente participa do folguedo;

e assim por diante.

Seus registros serão em forma de narrativa oral, desenho, pintura e marcas gráficas, basicamente. Aqui, o trabalho do educador consiste em disponibilizar às crianças material adequado para as tarefas que se propõem.

SE dispõem de máquina fotográfica digital, poderão fotografar rostos, detalhes, imagens de conjunto – como convier a cada pequeno fotógrafo, de olhar e sensibilidade tão diferentes entre si.

SE houver dispositivo eletrônico, que grave as vozes – maravilha, que boa forma de captá-las!

Quanto aos educadores, precisarão registrar – como escribas a serviço das crianças – entrevistas com as pessoas mais velhas, letras das canções, descrições de lugares e acontecimentos.

O material coletado terá que ser então organizado, tendo em vista um produto final.

Pode ser armazenado em um computador, se houver, onde imagens, sons e todo tipo de informações terão que ser tratadas em forma de projeto.

É nesse momento, quando utilizamos a máquina para nossos próprios fins, que imprimimos nossa marca naquilo que realizamos com esse instrumento.

CRECHE

MATERIAIS DE AVALIAÇÃO

PROJETO DIDÁTICO
Pequeno etnógrafo

O mesmo acontece quando o produto final vai ser realizado manualmente: pode ser mural, cartaz, livro, revista, jornal, exposição, seminário.

Em ambos os casos, o registro organizado, ou produto final, precisa ser compartilhável, compreensível para quem realizou e para quem queira dele se aproximar.

Observemos que cada um desses portadores de texto, imagens e sons tem suas próprias características internas, e é preciso respeitá-las: fazer um cartaz usando lápis de cor e letras miúdas impossibilitará a leitura.

TELA: ÁREA PLANA COM DESTAQUES ATRATIVOS PARA O ESPECTADOR.

Fazer uma pesquisa ou elaborar uma apresentação em telas de computador usando tudo que já está pronto nos arquivos da máquina não possibilita que a gente se expresse (e aprenda!). Contar para os colegas o que houve na apresentação do boi-bumbá usando palavras dos adultos não expressa a experiência vivida, e assim por diante.

Vamos ouvir e escutar as crianças?!

Nosso livro iluminado

Vamos fazer um livro de histórias com capitulares iluminadas por seus autores?

CAPITULARES ILUMINADAS SÃO AS PRIMEIRAS LETRAS DE CADA CAPÍTULO COM ORNATOS DE FLORES, FRUTOS, ANIMAIS OU CENAS DAQUELE CAPÍTULO EM PARTICULAR.

Iluminuras: no século XIII, os ornatos denominados iluminuras eram aqueles feitos com o uso de douração e de outras tintas raras, como aquelas que contêm certos pigmentos azuis (lápis-lazúli).

Assim, um manuscrito iluminado seria aquele decorado com ouro, prata e lápis-lazúli.

Páginas do *Livro de Horas de Daniel Rym e Elizabeth van Munte*, Mestre de Guillebert de Mets, c. 1425, Bélgica.

Lápis-lazúli – um tipo de mineral.

Livro iluminado – procedimento para organizar o livro prevê os seguintes passos:

- Conversa preliminar entre a turma para a eleição de um tema do livro.
  Histórias espontâneas – sobre animais, contos de fadas, assuntos do cotidiano de cada um, aventuras dos insetos no reino vegetal, fábulas; o repertório não tem fim, mas é preciso delimitá-lo, com base nas experiências de leitura que o grupo realizou.

- Cada criança dita ao professor sua história ou parte de uma única história que comporá o livro.
  O autor do texto é a criança – mas quem o coloca em forma escrita é o professor, que atua não só como escriba, mas também como editor do

texto, registrando em marcas gráficas na roda o que a criança relata e, ainda, discutindo com as crianças o que fazer com os traços de oralidade como, "daí então né o lobo pegou ela".

Indicamos o uso das letras em caixa-alta, que são as maiúsculas. Vimos no Capítulo 1 que, embora essas letras não apareçam isoladas em textos manuscritos ou impressos, elas têm três virtudes:

1. são as primeiras que espontaneamente a criança desenha;
2. são discretas e não contínuas, isto é, separadas graficamente umas das outras, o que facilita a análise e consequentes hipóteses que a criança realiza sobre a escrita;
3. a maioria dos jogos de letras móveis é composta de maiúsculas de impressão (diversas da caligrafia manuscrita).

Projeto do livro – essa parte do projeto é longa e trabalhosa, portanto, talvez convenha pensá-la para um semestre, ou mesmo ao longo de todo o ano letivo.

As leituras prévias para inspiração e aprendizado das características internas do texto escrito, assim como a produção e a leitura dos textos das histórias que comporão o livro, tomam muito tempo.

Há muitos anos, Manoela, com 6 anos de idade, assim iniciou seu texto:

"Bela e radiosa como um dia de sol, seu nome era Afrodite".

Não falamos dessa forma literária!

Manoela criou (e não copiou) esse modo com base na escuta de textos da mitologia grega lidos pelo professor.

- Agora, trata-se de copiar, sempre, na roda cada uma das folhas que comporão o livro, organizando o texto na página, com espaçamento, pontuação, parágrafos e reservando o espaço para a letra capitular de cada capítulo. Quem faz isso, naturalmente, é o professor.

Pintura das capitulares – quem ilumina as capitulares são as crianças.

Com que material?

Para um trabalho delicado e em miniatura como esse, a sugestão é que o professor faça o manuscrito usando um lápis preto e que cada criança ilumine a capitular que lhe coube usando lápis de cor.

- Passo seguinte – não o último, que será sempre a circulação e a leitura do livro – é a escolha do título, elaboração da capa e realização da folha de créditos dos autores, que é sempre a primeira em um livro. Nessa folha, os próprios autores podem escrever seus nomes, respeitando-se as concepções sobre a escrita de cada um.

Mais leitura

A intervenção do intérprete é essencial na transformação de um objeto opaco – as marcas como objetos físicos – em um objeto simbólico – marcas que provocam linguagem.

FERREIRO, Emília. *Escrita e conhecimento.* 1996. Conferência de encerramento na Homenagem Latino-Americana a Jean Piaget. México, abr. 1996.

Práticas de leitura – como vimos na proposta anterior de atividade, práticas de leitura fazem parte do cotidiano da Educação Infantil. Assim, como o professor está a serviço das crianças como escriba, também o está como intérprete – quase um ator – de textos que foram escritos por outros autores.

Ato de leitura – para precisar a importância capital do ato de leitura, na compreensão e aprendizagem da língua portuguesa escrita e falada, é necessário considerar diferenças notáveis entre escrever e ler. Na superfície, essas duas ações já revelam dois campos de jogo:

- para escrever, realizam-se marcas gráficas produzindo um texto que vai muito além da transposição de sons em letras;
- para ler, interpretam-se marcas gráficas já existentes, atribuindo ao texto composto som e sentido, pausas e entonações, dúvidas e afirmações, vozes de personagens diversos que estão escritas de outro modo que as descrições dos lugares por onde transitam.

Sistema de representação – as crianças que frequentam a Educação Infantil não têm ainda compreensão integrada desse sistema de representação que é a escrita alfabética. Entretanto, sua compreensão avança na medida em que os gêneros literários que resultam do uso social e cultural dos sistemas de representação estão presentes em sala de aula.

> Daí a necessidade que as crianças têm de contar com um escriba e leitor que coloque à disposição o mundo misterioso contido na leitura e na escrita.

Vimos, no depoimento de Tom Zé (p. 149), o estranhamento encantado que a leitura proporciona às crianças.

O leitor de um texto não fala por si: ele interpreta a voz de um outro, a visão de tempos e espaços longínquos, ele fala uma língua endomingada – que não é a nossa do dia a dia.

Essa leitura encontra extraordinária ressonância na imaginação do ouvinte.

Toda escrita e toda leitura envolvem atos de tradução.

- Compreendendo com nossos recursos o que estamos ouvindo, colocando o pensamento em linguagem escrita, relacionando elementos e personagens distintos – inclusive de diversos livros, com nossa própria experiência. Estabelecemos, assim, um diálogo interior com vários autores por intermédio de seus relatos, e isso vai fazendo parte de nossa visão de mundo.

De certo modo é o que procuramos fazer ao longo deste livro para a Educação Infantil. Nessa perspectiva, quando as crianças contam com um escriba e com um intérprete na pessoa de um professor, ingressam desde pequenas nesse universo de tradução e de interpretabilidade, que oferece a elas possibilidades infinitas de atribuição de sentidos.

Fluxo oral da leitura – um texto escrito fixa a narrativa e, assim, o fluxo oral da leitura pode ser retomado a qualquer momento, constituindo-se em experiência extremamente prazerosa para a criança, como na solicitação diária de crianças entre 2 e 3 anos de idade para ler a história de *Chapeuzinho Vermelho*.

Que mágica acontece na repetição das mesmas palavras, na mesma ordem de enunciação, com significados que a cada vez são para o ouvinte novos e surpreendentes?

Pois é a criança em seu íntimo que dá sentido ao que as marcas gráficas fazem soar.

Experiências compartilhadas de leitura revelam às crianças que existem muitos gêneros literários:

- uma notícia de jornal soa diferente de um conto de fadas;
- um verbete enciclopédico sobre um animal pesquisado (em livro ou internet) não tem o mesmo teor de uma fábula ou de um mito;
- o texto em uma embalagem de alimento está organizado de modo diferente de uma lista de compras, e assim por diante.

ARQUIVO PESSOAL DAS AUTORAS

Cirandas

Essas reflexões podem nos ajudar no trabalho com as crianças na Educação Infantil. Embora observemos nas crianças uma habilidade que parece inata em joguinhos no telefone celular – hoje bastante difundido – ou no uso de qualquer equipamento eletrônico que lhes caia em mãos, nossa compreensão sobre o funcionamento do sistema pode abrir caminho para outras atividades de ensino e de aprendizagem, quer tenhamos computadores disponíveis nas escolas ou não.

Capa com pintura de Anita Malfatti para o caderno *Parques infantis*, trazendo fotografias de crianças, entre 3 e 6 anos de idade, em atividades educativas e culturais. São Paulo, 1935.

Cultura popular e educação – para tanto, vamos nos inspirar em possíveis aspirações de crianças que habitam os mais diversos pontos do país e no modo de conjugar cultura popular e educação, tal como praticado pelo músico, estudioso da história da música, professor, poeta e escritor paulista Mário de Andrade (1893-1945).

Mário de Andrade, entre tantas outras atribuições, foi chefe do Departamento de Cultura da Prefeitura de São Paulo, onde instituiu e dirigiu, entre 1935 e 1938, os Parques Infantis para crianças de 3 a 12 anos, em sua maioria, filhos de operários.

Nós nos propomos a aprender sua metodologia de pesquisa e criação de novas linguagens: Mário de Andrade fez diversas viagens pelo Brasil a conviver, captar e registrar manifestações de música e dança.

Na primeira metade do século XX, quando seu livro *O turista aprendiz* foi publicado, tecnologias como filmadoras e gravadores não eram tão acessíveis quanto hoje, sendo em geral pesadas e caras. De modo que Mário contava com a própria sensibilidade, ou mobilização estética, para registrar o que o maravilhava na cultura popular.

Registros de viagem – disponíveis no Instituto de Estudos Brasileiros da Universidade de São Paulo (IEB), os registros de viagem incluem fotografias, anotações escritas, letras e partitura de músicas, desenhos e esquemas, em que se procuram captar as várias fases de movimento dos dançarinos, assim como a marcação de espaços na coreografia que realizam.

Acervo – há também um grande acervo dos desenhos produzidos por crianças frequentadoras dos Parques Infantis e participantes de concursos de desenhos que Mário de Andrade organizou no Departamento de Cultura.

As cirandas – reunindo os registros de sua pesquisa como professor de História da Música e Estética no Conservatório, e também como crítico musical,

"Procissão de Nossa Senhora em Porto Velho/15-VII-27" [notação no verso].

Mário de Andrade propôs uma interseção entre a música popular e a erudita, a qual alimenta a criação musical no Brasil até hoje. Exemplo disso são as *Cirandas* (1929) do compositor brasileiro Heitor Villa-Lobos (1887-1959), fruto de um desafio proposto por Mário de Andrade ao maestro: compor música para crianças inspiradas no folclore brasileiro.

Conhecemos, assim, muitas das canções de *Cirandas*, que ouvimos quando crianças.

Cantá-las com as crianças proporciona prazer e alegria até os dias de hoje.

Cantar e dançar cirandas e outras músicas de nosso cancioneiro popular, sempre respeitando o modo de entoar e se movimentar das crianças pequenas, é excelente confraternização e respeito às diferenças.

CRECHE | **MATERIAIS DE AVALIAÇÃO**
ATIVIDADE HABITUAL
Cirandas

Cirandas, de Heitor Villa-Lobos

01 - Terezinha de Jesus
02 - A Condessa
03 - Senhora Dona Sanchez
04 - O Cravo Brigou com a Rosa
05 - Pobre Cega
06 - Passa, Passa, Gavião
07 - Xô, Xô, Passarinho
08 - Vamos Atrás de Serra Calunga
09 - Fui no Tororó
10 - O Pintor de Canaí
11 - Nesta Rua, Nesta Rua
12 - Olha o Passarinho Domine
13 - A Procura de uma Agulha
14 - A Canoa Virou
15 - Que Lindos Olhos
16 - Có, Có, Có, Ciranda

Passa, passa, gavião

PASSA, PASSA, GAVIÃO
CAREQUINHA
PASSA, PASSA, GAVIÃO
TODO MUNDO É BOM
PASSA, PASSA, GAVIÃO
TODO MUNDO É BOM

AS LAVADEIRAS FAZEM ASSIM
AS LAVADEIRAS FAZEM ASSIM
ASSIM, ASSADO
CARNE SECA COM ENSOPADO

PASSA, PASSA, UM AVIÃO
SERÁ ELE OU NÃO
PASSA, PASSA, UM AVIÃO
SERÁ ELE OU NÃO

O PRESIDENTE VOA ASSIM
O PRESIDENTE VOA ASSIM
ASSIM ASSADO
SEMPRE APRESSADO ■

NO MUNDO DOS NÚMEROS

"Nosso projeto de ensino está atravessado por uma ideia essencial: tomar como ponto de partida a interação com a numeração escrita – dado que, como mostraram diversas investigações, as crianças interagem com ela fora da escola e construíram conhecimentos graças a essa interação – e ir produzindo sucessivas aproximações até a compreensão dos princípios estruturais que regem o sistema posicional."

Delia Lerner, *Hacia la comprensión del valor posicional*: avances y vicisitudes en el trayecto de una investigación didáctica

Miríades de algarismos

Os matemáticos gregos criaram um nome especial para dez mil. Eles o chamavam de "myrias" (de onde vem a palavra "miríade") mas isso era usado apenas por um pequeno grupo seleto, e nunca atingia a massa do povo. Atualmente temos nomes para números tais como "milhão" e "bilhão", porém os mesmos só foram inventados no final da Idade Média.

ASIMOV, Isaac. *No mundo dos números*. Rio de Janeiro: Francisco Alves, 1986. p. 9.

Isaac Asimov (1920-1992) foi bioquímico e escritor de cerca de 500 livros de ficção e não ficção. Seu livro *No mundo dos números* nos esclarece, de modo simples e efetivo, que os números compõem universos infinitos por meio de relações lógicas.

PRÉ-ESCOLA | **MATERIAIS GRÁFICOS**
NO MUNDO DOS NÚMEROS
Dígitos, ábacos, algarismos

Para compreender o sistema numérico decimal, são necessárias informações sociais – como a grafia dos algarismos – mas, principalmente, é preciso que desde a Educação Infantil cada pessoa se envolva na resolução de situações-problema nas quais tenha que colocar em jogo tudo aquilo que ela sabe sobre o mundo dos números.

O maior número do mundo

Depois de propor várias situações que as crianças usaram os números em diferentes contextos como calendário, fita métrica e jogos variados, pedi que as crianças sentassem frente a frente com um colega e que realizassem um novo jogo. Cada um deveria pensar em um número muito alto, e escrever o maior número que pudesse. Depois, deveriam compará-lo com o de seu colega. Ganharia o jogo aquele que escrevesse o maior número.

(MONTEIRO, Priscila. O maior número do mundo. *Por um triz:* Cultura e Educação, Rio de Janeiro, n. 6, p. 12, 2002).

Como sabemos, em um sistema de numeração posicional como o nosso se obtém o valor de cada algarismo multiplicando-o por uma determinada potência da base, no nosso caso, 10. Assim, se um número tem maior quantidade de algarismos que outro, sua decomposição envolve potências de dez de "maior grau", e consequentemente é maior que o outro. Sem conhecer essa regra, Ivo preenche todos os espaços de sua folha com algarismos, para escrever "o maior número possível".

Registro de Ivo – O maior número do mundo! (*Por Um Triz – Cultura e Educação*. Ed. Paz e Terra)

Recitar e contar

Enumerar e quantificar

Quando as crianças contam, é comum pularem alguns ou contarem mais de uma vez um mesmo objeto. Mas por que isso acontece?

Monique Deheinzelin e Zélia Cavalcanti analisam o que significam as situações de enumeração para as crianças pequenas:

> Com a visão, podemos olhar uma coleção de objetos e avaliar sua quantidade. No entanto, se a quantidade for grande, não podemos precisar o número de objetos nela contidos. Para encontrar esse número, necessitamos colocar os objetos em algum tipo de ordem e realizar uma contagem, tendo a noção de que cada objeto contado faz parte de um todo e que esse todo é composto por cada uma das partes. Ao realizar essa operação, estamos lidando com o conceito de número. [...]

> O conceito de número é uma síntese que a pessoa faz em sua mente. Não é ensinável, é construído pela própria pessoa nas relações que esta faz entre quantidades.

> As crianças pequenas não construíram o conceito de número, e não se pode ensinar a elas como fazê-lo. [...] A pré-escola deve, no entanto, oferecer às crianças pequenas situações em que elas possam pensar em questões que as levem progressivamente à construção desse conceito. [...]
> O professor pode colocar as crianças em situações aritmetizáveis, em que elas:
>
> · façam quantificações – contar quantos elementos há numa determinada coleção;
> · façam comparações entre quantidades – "maior do que", "menor do que", "igual a";
> · realizem operações simples entre as quantidades – adição, subtração, divisão e multiplicação.
>
> Cabe à pré-escola organizar atividades em que as crianças quantifiquem, registrem, comparem, enfim, operem com as quantidades.
>
> CAVALCANTI, Zélia. *Professor da pré-escola*.
> Rio de Janeiro: FRM/MEC, 1995. p. 59, 61. (Formatação nossa.)

Contar. Recitar – contar é uma atividade realizada por todas as culturas para diferenciar e identificar quantidades. Embora recitar e contar sejam conhecimentos estreitamente vinculados entre si, não são exatamente a mesma coisa.

Recitar a série numérica oral envolve dizer a sequência de números fora de uma situação de enumeração.

Recitar é dizer uma série de palavras em uma determinada ordem. Não qualquer palavra, mas palavras-números.

Há muitas formas de recitar, de um em um, de dois em dois, de cinco em cinco, de dez em dez, de frente para trás, de trás para frente etc.

O conhecimento que as crianças têm sobre a série numérica oral é heterogêneo.

Enquanto algumas crianças recitam até números altos, dando a sensação de que podem recitar "para sempre", outras pulam números ou invertem a ordem, mesmo no intervalo de um a dez.

Contar é utilizar a série numérica em uma situação de enumeração.

Envolve estabelecer uma correspondência termo a termo entre os nomes dos números e os elementos contados. É um procedimento que permite quantificar uma coleção para determinar quantos elementos ela tem.

Nas situações de enumeração, além da série numérica, as crianças precisam colocar em ação um procedimento de correspondência termo a termo entre os nomes dos números e os objetos contados.

Isso não quer dizer que vamos ensinar primeiro a série oral para depois ensinar a contar objetos, mas que vamos trabalhar simultaneamente a série numérica e uma diversidade de situações de contagem, ora em situações de enumeração, ora fora delas. Inicialmente, a quantidade de objetos que as crianças podem contar é pequena. Por isso, para evidenciar a regularidade do sistema de numeração, é importante propor situações de recitação.

Ao recitar a série numérica oral, as crianças começam a pensar sobre as regras que organizam nosso sistema de numeração. Todos nós já observamos situações em que crianças pequenas se divertem ao recitar, contando convencionalmente até determinado intervalo, mas param quando precisam passar para a dezena seguinte.

> A aquisição da série numérica oral se inicia por volta dos 2 anos, quando as crianças aprendem a falar, e se desenvolve progressivamente ao longo da Educação Infantil e dos anos iniciais do Ensino Fundamental.

Se só tiverem contato com números de 1 a 10, como as crianças terão oportunidade de refletir sobre as regularidades do sistema?

Ao participarem de situações de contagem oral organizadas pelo professor, como em um jogo de esconde-esconde ou ao recitar uma parlenda que envolve a série numérica, as crianças podem ampliar seu conhecimento sobre ela.

Contar durante um jogo de esconde-esconde para marcar o tempo desafia as crianças a recitar a série de números convencionalmente e a parar no número combinado.

Erros. Acertos – alguns erros que as crianças cometem evidenciam o quanto já sabem sobre o sistema de numeração. Há crianças, por exemplo, que param no 19 e quando dizemos 20, seguem contando até 29. Outras criam palavras próprias e falam "dizedez". Esse tipo de contagem nos mostra que, embora ainda não saibam o nome das dezenas, elas já construíram um aspecto da regularidade do sistema de numeração: reconhecem que, depois de cada uma das palavras que representam os "nós" das dezenas (20 - 30 - 40…), obtém-se os números seguintes agregando consecutivamente os nomes dos algarismos de 1 a 9.

Quando fixamos um intervalo numérico que exclui as regularidades inerentes ao sistema de numeração, as possibilidades de se pensar sobre ele são limitadas.

Contar durante um jogo de esconde-esconde.

Ser e ter

No documentário *Ser e ter*, há uma cena em que o professor **P** conversa com seu aluno **Jojo**, de 4 anos.

P – Até quanto você sabe contar?
Jojo – 100.
P – Até 100? Depois, vem? (Silêncio) Continua?
Jojo – Sim.
P – Até quanto?
Jojo – 1.000.

Ser e ter. A capa do DVD, com Jojo mostrando as mãos.

P – Você sabe contar depois de 1.000?
Jojo – Não.
P – 1.001, 1.002...
Jojo – (acompanha **P**) 1.002 (e segue sozinho), 1.003.
P – Podemos continuar contando?
Jojo – Não.
P – Podemos ir até 2.000?
Jojo – Sim.
P – 3.000.
Jojo – 3.000, 4.000.
P – 5.000?
Jojo – 5.000, 6.000, 7.000, 8.000, 9.000.
P – 10.000.
Jojo – 10.000, 20.000.
P – Depois 90.000, 100.000... Podemos ir além?
Jojo – Não. (Pensa) 1 bilhão.
P – E depois? 2...
Jojo – 2 bilhões, 3 bilhões, 5 bilhões, 8 bilhões.
P – Podemos dizer 12 bilhões?
Jojo – 12 bilhões.

Trecho do documentário *Ser e ter* (França, 2002), de Nicolas Philibert, 104 min., Videofilmes.

Cenas do filme *Ser e ter* – o professor em diálogo com seus alunos.

Esse diálogo permite comentar como Jojo vai ampliando seu universo de recitação da sequência numérica, com base na construção do professor. Há coisas que Jojo já sabe (embora não saiba), e as intervenções do educador, ao considerá-las, o ajudam a tomar consciência de seus conhecimentos:

• de que existe algo que se repete e isso vale para diferentes intervalos.

A beleza está em ver Jojo quebrando barreiras, até chegar a pensar na ordem do bilhão! Ao perguntar reiteradas vezes:

– *E depois? E depois?*

O docente revela que podemos sempre seguir contando.

SCARPA, Regina. Infinitas ideias sobre os números. *Nova Escola*, São Paulo, abr. 2015.

Jogos de percurso

Os jogos de percurso, ou de trilha, como são conhecidos em alguns lugares, são jogos típicos que podem ser explorados de diferentes maneiras com as crianças da Educação Infantil.

Geralmente, os jogos de percurso necessitam de uma pista, peões e um ou vários dados.

SEQUÊNCIA DIDÁTICA – JOGOS DE PERCURSO

Nessa sequência didática, as crianças podem aprender a:

- contar de um em um, correspondendo um deslocamento para a casa seguinte a cada número contado (para 3 a 5 anos);
- operar com números "baixos", utilizando estratégias como contagem e sobrecontagem (para 4 e 5 anos).

ETAPA 1 – FAMILIARIZAÇÃO

Pistas simples – as crianças pequenas (entre 3 e 4 anos) ou as que não conhecem esse tipo de jogo podem ter dificuldade em jogar com outras crianças, cumprir as regras e esperar sua vez de jogar. Assim, para começar a jogar, o professor pode escolher (ou confeccionar) jogos com pistas simples, não muito longas, e com poucas regras para serem seguidas, para que as crianças se familiarizem com esse tipo de jogo.

Espaço. Tempo – a organização do espaço, do tempo e das crianças para o jogo influi no andamento da proposta. Por isso, é importante prever um local adequado para jogar – colocar o tabuleiro no chão costuma ser bom, pois as crianças podem se movimentar mais livremente e jogar o dado próximo a elas.

Tema – considerar o tema do jogo também é relevante na escolha e na confecção dos tabuleiros: apostar uma corrida com carrinhos ou com cavalos, libertar uma princesa presa na torre pela bruxa má, realizar um passeio dos animais pela floresta, entre outros, costumam envolver crianças que estão em plena fase do faz de conta.

Trilha Animais no Restaurante realizada pelas crianças da Escola Santi, São Paulo.

A aparência do jogo também é relevante: as crianças preferem jogos visualmente atraentes.

O momento do jogo é um momento especialmente rico, tanto para o professor como para as crianças. Nesta etapa, é importante observar os diferentes grupos, retomando as regras do jogo para aquelas que não as compreenderam ou as esqueceram.

Para que as crianças se familiarizem com esse tipo de jogo, é importante que joguem diversas vezes, em dias diferentes.

ETAPA 2 – CONVERSANDO SOBRE O JOGO

Intervenções – quando as crianças já tiverem mostrado maior familiaridade com o jogo, é possível fazer algumas intervenções para que reflitam sobre determinados aspectos, tendo o cuidado para não interromper continuamente o jogo. O professor pode perguntar quem está ganhando e como as crianças fazem para saber. Com os maiores, ele pode perguntar também à criança que jogou o dado, antes que desloque seu peão:

- *Em que casa ela chegará?*
- *Quanto tem que tirar no dado para alcançar determinada casa?*

A observação dos momentos de jogo permite planejar intervenções mais ajustadas às necessidades das crianças. Por exemplo, é comum que em jogos desse tipo as crianças digam "um" contando a casa em que estão. O professor pode organizar uma conversa sobre essa situação no momento da roda e perguntar:

- *O que acontece no jogo quando tiramos 1 no dado? Ficamos no mesmo lugar ou avançamos 1?*

ETAPA 3 – AVANÇANDO NO JOGO

Desafios – conforme as crianças avançam no jogo, é preciso pensar em novos desafios. Utilize, por exemplo:

- dois dados;
- um dado convencional, com "bolinhas", e outro com os números de 1 a 6;
- um dado convencional e outro com duas cores, em que azul significa **+1** e vermelho significa **–1**.

Outro desafio pode ser combinar entre todos ações específicas que acontecem em determinada casa do tabuleiro. Por exemplo, quem cai na casa 5 deve voltar 2 casas, quem cai na casa 7 deve avançar 1 casa ou, ainda, quem cai na casa 8 fica uma rodada sem jogar.

Estratégias para contar – os jogos de percurso, assim como outros jogos com dados, são bons contextos para observar as estratégias empregadas pelas crianças para contar:

- *Elas precisam contar todos os pontos do dado?*
- *Ao jogar com dois dados, elas partem da quantidade de um deles e seguem contando a outra?*
- *Elas reconhecem os pontos sem contar?*
- *Elas deslocam corretamente o peão no tabuleiro?*

Quer dizer:

- *Correspondem um deslocamento para a casa seguinte a cada número contado?*

É importante, de tempos em tempos, propor rodas de conversa para compartilhar as estratégias de contagem utilizadas pelas crianças.

ETAPA 4 – PROPOR SITUAÇÕES-PROBLEMA

Com base nas questões encontradas pelas crianças durante o jogo:

Compartilhar ideias e estratégias – além de jogar, é importante que as crianças reflitam sobre o jogo. Para tanto, o professor pode organizar as crianças em duplas e propor que resolvam situações-problema sobre uma determinada ocorrência durante a partida. É como se tirar uma fotografia de um momento de jogo permitindo que todos reflitam sobre ele para, em seguida, compartilhar ideias e estratégias. É comum, por exemplo, que algumas crianças voltem para a casa cujo número foi indicado no dado ou, como foi dito anteriormente, que contém a casa em que estão. Para discutir essa questão, é possível propor problemas como:

- *Meu peão estava na casa 8. Tirei 6 no dado. Em que casa fui parar?*
- *Meu peão estava na casa 28. Tirei 4 no dado. Em que casa fui parar?*
- *Meu peão estava na casa 12. Quanto eu preciso tirar nos dados para ir para a casa 15?*

Depois que cada dupla tiver resolvido a situação a seu modo, o professor pode recolher as atividades e ver o que há em comum entre as soluções encontradas. Depois de analisar as produções, por sua vez, ele pode colocar no quadro as diferentes respostas e propor que as crianças conversem sobre elas.

No caso do primeiro problema, por exemplo, algumas crianças podem responder que o peão vai para a casa 6, considerando o número da casa como seu nome, ou seja, ao tirar 6 no dado, o peão deve ir para a casa identificada com o 6.

MEU PEÃO ESTAVA NA CASA Nº 8. JOGUEI OS DADOS E TIREI 6. EM QUE CASA FUI PARAR?

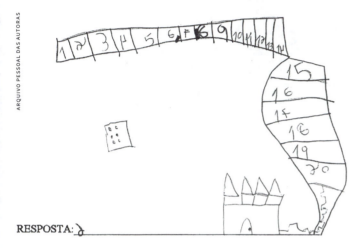

Outras podem iniciar a contagem pela casa em que estão e, assim, avançam até a casa 13.

MEU PEÃO ESTAVA NA CASA Nº 8. JOGUEI OS DADOS E TIREI 6. EM QUE CASA FUI PARAR?

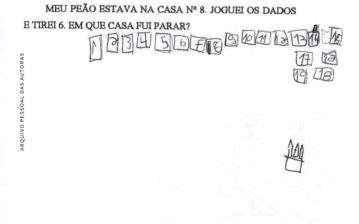

RESPOSTA: 14

Outras crianças, ainda, podem avançar seis casas contando a partir do 9, parando na casa 14.

Uma forma de problematizar as diferentes estratégias é apresentá-las a todos e propor que as crianças conversem sobre elas, procurando explicar suas respostas. Algumas perguntas feitas pelo professor auxiliam nesse processo:

- *Afinal, em que casa o peão vai parar?*
- *Mas se o dado indica 6, não é para pôr na casa 6?*
- *Como saber em que casa devemos começar a contar 6?*
- *O que acontece quando se tira 1 no dado? Permanece no mesmo lugar ou avança uma casa?*

Sistematização – ao longo dessa sequência didática com a turma de 5 anos, é possível começar a sistematizar alguns cálculos conhecidos de memória. Por exemplo, depois de várias partidas com um dado convencional e outro com duas cores, pode-se anotar em um cartaz o que acontece quando se adiciona 1 a um número ou se subtrai 1 de um número.

É esperado que as crianças possam observar que sempre obteremos o número que vem antes ou o que vem depois na sequência numérica.

CAPÍTULO 3 | NO MUNDO DOS NÚMEROS   175

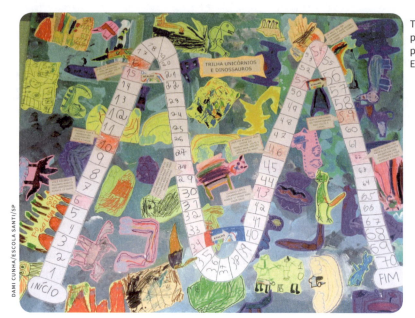

Trilha Dinossauros e Unicórnios produzida como jogo de percurso pelas crianças da Escola Santi, São Paulo.

PROJETO POSSÍVEL

Confecção de jogos de percurso

Uma proposta interessante é que as crianças confeccionem seus jogos de percurso.

A professora Lisiane Hermann Oster propôs um trabalho desse tipo para seus alunos de 5 anos, no Sesquinho, escola de Educação Infantil do Sesc no município de Ijuí, RS.

As crianças do grupo conheciam jogos de percurso de anos anteriores e haviam trabalhado com eles no 1º semestre. Lisiane viu, na confecção de jogos de percurso, uma excelente oportunidade para que as crianças pensassem sobre a representação numérica, lessem e escrevessem números de um e dois algarismos.

Tipos de tabuleiro – as crianças aceitaram o desafio de construir jogos de percurso com entusiasmo. Na primeira etapa do projeto, a professora organizou a turma em grupos e propôs que analisassem tabuleiros disponíveis na escola, observando

Mapa de localização da cidade de Ijuí, RS.

Após decidirem como seria cada percurso, as crianças passaram à construção dos tabuleiros.

176 APRENDER COM A CRIANÇA

os diferentes formatos de suas pistas, o local de início e término de cada uma e a variedade de temas.

Temas – depois disso, cada grupo definiu um tema para seu jogo e fez esboços para decidir como traçar o percurso do jogo.

O material utilizado foi escolhido considerando a durabilidade e a estética, de forma a valorizar as produções dos alunos e tornar o jogo atrativo.

CADA GRUPO CONSTRUIU SEU JOGO

O primeiro passo foi traçar o esboço das pistas.

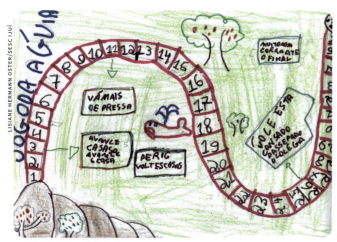

EM SEGUIDA, FOI A HORA DE NUMERÁ-LAS.

CAPÍTULO 3 | NO MUNDO DOS NÚMEROS 177

ÀS VEZES ERA NECESSÁRIO CONSULTAR...

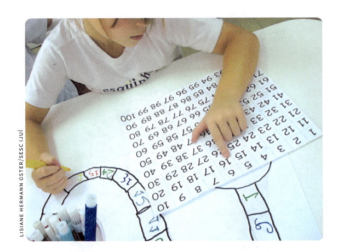

JOGOS PRONTOS, FALTAVA O ACABAMENTO...

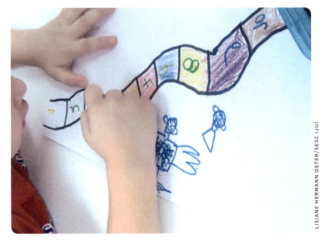

DEPOIS, FOI SÓ JOGAR!

PRÉ-ESCOLA

MATERIAIS GRÁFICOS

ARTIGO
Jogos de percurso –
Contribuições para o ensino
da matemática na Educação Infantil

CRECHE

MATERIAIS GRÁFICOS

ARTIGO
As crianças e o
conhecimento matemático
Priscila Monteiro

Ler e escrever nos jogos de percurso

Os jogos de percurso também podem contextualizar situações interessantes e significativas de leitura e escrita para as crianças na Educação Infantil. Isso ocorre, por exemplo, quando as regras – construídas coletivamente pela turma ou compartilhadas na etapa de apresentação do jogo – são consultadas pelas crianças para esclarecer impasses e dúvidas nas partidas. Ocorre, também, quando algumas casas são acompanhadas de instruções especiais, como avançar ou voltar algumas casas.

As crianças experimentam ler, ainda que não convencionalmente, um texto de cujo conteúdo já se apropriaram. Em etapas anteriores do jogo, para favorecer que as crianças consultem as regras a partir da intervenção do professor, alguns cuidados são importantes:

- as regras devem ser bem conhecidas da turma – em várias situações o professor já fez sua leitura em voz alta para os pequenos;
- as regras devem estar acessíveis – escritas num cartaz e afixadas na sala à altura dos olhos das crianças, ou numa folha plastificada que fica disponível na mesa do jogo;
- as regras devem ser escritas em tópicos – em uma lista, com letras maiúsculas e números escritos com algarismos, já que isso facilita a abordagem de seu conteúdo pelas crianças.

É importante estimular a troca de ideias entre as crianças nesses momentos de leitura. Incentivar para que as crianças leiam acompanhadas de sua dupla ou grupo, em que todos colaboram para procurar a informação desejada. Para tanto, o professor deve mostrar-se disponível para ler algum trecho das regras indicado pelas crianças.

O texto das instruções especiais ou desafios que acompanham certas casas do jogo pode ser construído coletivamente para tornar mais desafiante um jogo que as crianças já dominam, ou algumas vezes, já acompanha o jogo desde o início. Nestes casos, é importante ler os textos para as crianças na roda, discutindo o que fazer em cada situação, de forma a familiarizar o grupo com essa novidade, ou aspecto, do jogo. É importante, também, registrar por escrito esses pequenos textos, de forma que estimulem as crianças a construir estratégias de leitura que lhes permitam abordar esses textos com certa autonomia. Por exemplo, AVANCE 5 CASAS e VOLTE 2 CASAS são duas mensagens usuais e possíveis para estes textos. Escolher começar cada texto com AVANCE e VOLTE e registrar o número de casas com algarismos favorece que as crianças utilizem aspectos qualitativos do sistema de escrita e do sistema de numeração para distinguir, apoiadas na letra inicial – ir para frente ou para trás – no percurso. E o uso de algarismos favorece que as crianças possam certificar-se – apoiadas em fontes de informação numérica da sala ou no conhecimento dos números que já têm – de quantas casas é preciso mover o peão.

Os professores ticuna construíram um projeto de tal tipo para alfabetizar as crianças em sua língua materna.

Vamos acompanhá-los?

MODELOS DE TABULEIROS

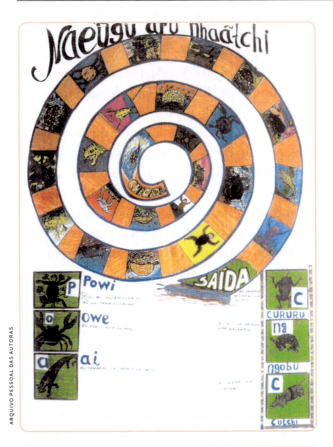

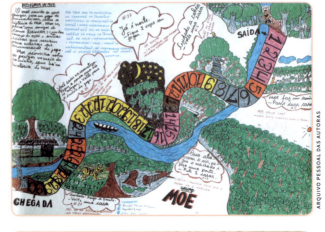

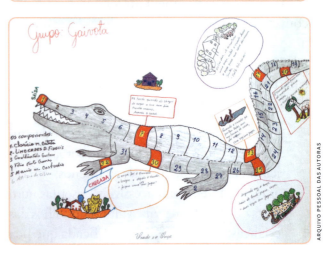

Receitas

Textos instrucionais – quando seguimos uma receita para cozinhar, estamos organizando nossa ação com base nas orientações de um texto instrucional. É o que fazemos quando consultamos as regras de um jogo para aprender a jogá-lo, quando seguimos os passos indicados para realizar uma experiência científica ou as instruções para montar um brinquedo e, até mesmo, quando nos deixamos guiar pelas orientações de alguém para chegar a um endereço que não conhecíamos antes.

> Os textos instrucionais permeiam muitas experiências da vida cotidiana.

Ler para seguir instruções, isto é, ler para poder fazer uma determinada coisa tem certas particularidades. Não lemos do mesmo modo um texto instrucional e um texto expositivo, ou um literário. Quando lemos as regras de um jogo ou uma receita, precisamos ler tudo o que está escrito minuciosamente e seguir os passos, sem pular nenhum deles.

O texto instrucional pode ser trabalhado na Educação Infantil em diversas situações: lendo receitas culinárias para preparar um bolo para os aniversariantes do mês, preparando uma salada de frutas para apreciá-la em um dia de calor ou fazer uma guloseima para a hora do lanche.

A leitura de receitas, por exemplo, pode proporcionar diferentes aprendizados na turma de 4 e 5 anos, como usar os números em um contexto de medidas. Além disso, esse é um tipo textual com características que facilitam sua leitura. O título é destacado e o texto é organizado em duas partes bem demarcadas: uma lista de ingredientes, acompanhados por números que indicam as quantidades, e o modo de preparo.

SEQUÊNCIA DIDÁTICA – RECEITAS PARA A HORA DO LANCHE

ETAPA 1 - CONVERSAR SOBRE RECEITAS CULINÁRIAS

Grandezas – entre os textos instrucionais, as receitas culinárias têm a particularidade de contextualizar situações de medições de diferentes grandezas, como:

- quantidade;
- massa;
- capacidade.

Para medir os ingredientes, é possível utilizar diferentes instrumentos de medida, convencionais e não convencionais. Na sua vida cotidiana, fora da

Criança prepara um pão seguindo uma receita.

CAPÍTULO 3 | NO MUNDO DOS NÚMEROS | 181

escola, as crianças costumam ver e às vezes participar de situações em que se faz uma comida, em que se segue ou se ensina uma receita. Assim, em um primeiro momento, é importante compartilhar esses conhecimentos entre todos. Para isso, o professor pode organizar uma roda de conversa em torno de perguntas como as seguintes:

- Vocês já viram alguém cozinhar?
- Viram alguém ensinar uma receita para outra pessoa?
- Para que serve uma receita?
- Você já fez alguma receita junto com um adulto?

Ao final da roda, o professor convida as crianças a fazer uma receita para comer na hora do lanche.

ETAPA 2 – EXPLORAÇÃO DE LIVROS DE RECEITAS

Depois da conversa inicial, o professor comenta que trouxe alguns livros para escolherem as receitas que farão juntos. Então ele organiza a turma em pequenos grupos e entrega para cada um entre quatro e cinco livros; entre eles, um de receitas. Em seguida, pede que os grupos separem o livro e marquem a página de uma receita para compartilhar com os demais.

As crianças sabem muito sobre as receitas de cozinha, por isso, explorar diferentes livros permite que coloquem em jogo esses saberes, olhando as capas e os títulos, folheando as páginas e observando a diagramação e as ilustrações.

Em roda, as crianças podem compartilhar a receita escolhida e as pistas utilizadas para decidir qual era o livro de receitas.

PÃO DE MINUTO

INGREDIENTES

- 3 XÍCARAS (DE CHÁ) DE FARINHA DE TRIGO
- 1 COLHER (DE SOPA) DE AÇÚCAR
- 1 COLHER (DE CHÁ) DE SAL
- 1 COLHER (DE SOPA) DE FERMENTO PARA BOLO
- 3 COLHERES (DE SOPA) DE MANTEIGA
- 1 OVO
- 1 XÍCARA (DE CHÁ) DE LEITE
- 1 GEMA

▶ RENDE 15 PÃEZINHOS.

MODO DE PREPARO

1. LIGUE O FORNO NA TEMPERATURA MÉDIA (180 °C) E DEIXE PREAQUECER DURANTE O PREPARO DA MASSA.
2. COLOQUE EM UMA TIGELA A FARINHA, O AÇÚCAR, O SAL E O FERMENTO, MISTURE E ABRA UM BURACO NO MEIO.
3. COLOQUE A MANTEIGA, O OVO E O LEITE. MISTURE PRIMEIRAMENTE COM UM GARFO E DEPOIS COM AS MÃOS ATÉ FORMAR UMA BOLA.
4. RETIRE PEQUENAS PORÇÕES DE MASSA COM UMA COLHER E MODELE BOLINHAS.
5. COLOQUE EM UMA FORMA UNTADA E ENFARINHADA.
6. PINCELE CADA PÃOZINHO COM A GEMA BATIDA.
7. DEIXE ESPAÇO ENTRE AS BOLINHAS, POIS ELAS CRESCEM UM POUCO.
8. LEVE AO FORNO E DEIXE ASSAR ATÉ DOURAR. ■

ETAPA 3 – EXPLORAÇÃO DE RECEITAS

Fazer pão – em outro dia, o professor conta para as crianças que encontrou três receitas de pão. E propõe que escolham uma para fazer para a hora do lanche.

As receitas de pão podem ser trocadas por outras três receitas, como de massa de modelar ou melecas, bolo, biscoito, desde que guardem algumas características:

- o nome das três deve começar com a mesma palavra, por exemplo: **bolo** de cenoura, **bolo** de chocolate e **bolo** de fubá;
- devem estar escritas em letra de imprensa maiúscula;
- os ingredientes e modo de fazer devem estar separados, sendo que os ingredientes devem estar organizados em lista;
- o preparo da receita deve permitir a participação das crianças, pelo menos em algumas etapas.

O professor lê para a turma os títulos das três receitas selecionadas por ele. Depois, organiza a turma em pequenos grupos e entrega as cópias das receitas, pedindo que identifiquem qual é qual:

- *Agora que já sabemos o nome de cada receita, vamos ver qual é qual?*
- *Qual leremos primeiro?*
- *Vamos começar procurando qual é a receita de PÃO CASEIRO?*

PÃO CASEIRO

INGREDIENTES

- 2 XÍCARAS (DE CHÁ) DE LEITE MORNO
- 1 ENVELOPE DE FERMENTO BIOLÓGICO SECO (10 g)
- 1 COLHER (DE SOPA) DE AÇÚCAR
- 3 XÍCARAS (DE CHÁ) DE FARINHA DE TRIGO
- 2 COLHERES (DE SOPA) DE AZEITE DE OLIVA
- 1 COLHER (DE SOPA) RASA DE SAL

▶ RENDE 1 PÃO MÉDIO.

MODO DE PREPARO

1. COLOQUE EM UMA TIGELA O LEITE MORNO, O AÇÚCAR E O FERMENTO E MISTURE COM UM GARFO.
2. ACRESCENTE O AZEITE, A FARINHA DE TRIGO E MISTURE NOVAMENTE COM UM GARFO.
3. POR ÚLTIMO, COLOQUE O SAL E MISTURE NOVAMENTE.
4. COLOQUE A MASSA EM UMA FORMA UNTADA (COM MANTEIGA OU ÓLEO) E ENFARINHADA. PODE SER FORMA DE PÃO OU FORMA DE BOLO COM BURACO NO MEIO; O IMPORTANTE É QUE SEJA ALTA. NESSE MOMENTO, SE VOCÊ QUISER, PODE POLVILHAR O PÃO COM GERGELIM, ORÉGANO OU QUEIJO RALADO PARA QUE FIQUE MAIS BONITO E GOSTOSO.
5. DEIXE A MASSA DESCANSAR POR 1 HORA EM LOCAL SEM VENTO, COM A FORMA COBERTA COM UM PANO DE PRATO.
6. DEPOIS DE 1 HORA, COLOQUE A FORMA NO FORNO EM FOGO BAIXO (160 °C), SEM PREAQUECER. DEIXE NESSA TEMPERATURA POR 15 MINUTOS.
7. AUMENTE A TEMPERATURA DO FORNO PARA 180 °C E DEIXE MAIS 20 MINUTOS OU ATÉ QUE O PÃO FIQUE LEVEMENTE DOURADO.

PÃO DE QUEIJO

INGREDIENTES
- 3 OVOS
- 1 COPO DE LEITE
- 1/2 COPO DE ÓLEO DE SOJA
- 250 g DE QUEIJO MEIA-CURA
- 1/2 kg DE POLVILHO DOCE
- 1 COLHER (SOBREMESA) DE SAL

MODO DE PREPARO
1. RALE O QUEIJO E SEPARE.
2. COLOQUE O POLVILHO EM UMA BACIA.
3. NUMA PANELA, LEVE AO FOGO O ÓLEO, O LEITE E O SAL.
4. QUANDO FERVER, DESLIGUE O FOGO E ESCALDE O POLVILHO.
5. MEXA BEM, COM AUXÍLIO DE UMA COLHER DE PAU.
6. EM SEGUIDA, ADICIONE OS OVOS, UM A UM, ATÉ QUE A MASSA FIQUE MEIO MOLE.
7. TRABALHE A MASSA COM AS MÃOS E JUNTE O QUEIJO MEIA-CURA RALADO. A MASSA DEVE FICAR SOLTA E FÁCIL DE MOLDAR.
8. FAÇA AS BOLINHAS E COLOQUE-AS SEPARADAS UMAS DAS OUTRAS EM UMA ASSADEIRA SEM UNTAR.
9. LEVE PARA ASSAR EM FORNO MÉDIO, PREAQUECIDO, POR CERCA DE 30 MINUTOS.
10. RETIRE OS PÃES DE QUEIJO DO FORNO ASSIM QUE COMEÇAR A DOURAR LEVEMENTE EMBAIXO.

▶ RENDE CERCA DE 30 PÃES DE QUEIJO.

Para enfrentar essa tarefa de leitura, as crianças podem utilizar diferentes recursos. Podem observar, por exemplo, quantas palavras compõem o título de cada receita:

- pão de queijo e pão de minuto são escritos com três palavras cada um;
- pão caseiro é o único título que se escreve com apenas duas palavras.

Elas podem concluir que a primeira palavra de cada título é PÃO, apoiados na informação oral dada pelo professor. Podem também se basear no início das palavras – DE QUEIJO, DE MINUTO, CASEIRO – estabelecendo relações entre os nomes conhecidos, como os das crianças da turma.

CAROLINA, por exemplo, ajuda a identificar onde está escrito CASEIRO.

Depois que as crianças encontrarem a receita de PÃO CASEIRO, a tarefa é saber qual é qual dentre as receitas de PÃO DE QUEIJO e PÃO DE MINUTO.

Terminada essa etapa, o professor organiza uma roda para compartilhar entre todos os indícios que cada grupo utilizou para saber qual era a receita de cada pão.

PARA AVALIAR
OBSERVAR, ESCUTAR E REGISTRAR

Professoras e professores, aqui vamos avaliar nossa interação com as crianças, ficando atentos a alguns dos seguintes tópicos:

- *Os problemas propostos são suficientemente claros e compreensíveis para as crianças?*
- *Estamos provendo todas as informações necessárias para que as crianças possam resolver problemas?*
- *Oferecemos informação ao ler os títulos das receitas, que favoreça as crianças ao descartar ou confirmar suas antecipações sobre o que está escrito?*

Ao ler os títulos das receitas e pedir que as crianças identifiquem qual é uma determinada receita, o professor informa, lendo acerca do que dizem os textos e propõe outro problema: como identificar o que é dito em cada parte do enunciado.

Também estamos ensinando quando favorecemos a troca de ideias entre pares sobre os problemas formulados – o trabalho em dupla dá oportunidade de coordenar diferentes pontos de vista para resolver os problemas propostos.

Mais uma vez e sempre, é importante anotar estratégias de leitura realizadas pela dupla de crianças.

PRÉ-ESCOLA | **MATERIAIS DE AVALIAÇÃO**
RECEITAS

ETAPA 4 – ESCOLHA DE RECEITA PARA O LANCHE

Depois de identificar qual é a receita de cada pão, o professor propõe a leitura compartilhada dos ingredientes de cada uma. Em seguida, pergunta ao grupo:

- *Em que parte leio para saber quais são os ingredientes?*

Para resolver esse problema, as crianças podem se apoiar em diferentes conhecimentos: a diagramação em lista, a presença de números que indicam quantidades ou até mesmo uma palavra conhecida. Após essa primeira troca de ideias, o professor propõe que os grupos sigam a leitura junto com ele.

Contexto significativo – essa situação de leitura de texto instrucional permite que as crianças leiam uma lista de palavras em um contexto significativo – uma lista cujos elementos são conhecidos das crianças e, por isso, se caracteriza como texto previsível. Por exemplo, elas podem imaginar que todas as receitas levam leite.

Além disso, ao ler os ingredientes das três receitas, as crianças podem observar que o 3 aparece para indicar diferentes quantidades:

- 3 COLHERES (DE SOPA) DE MANTEIGA
- 3 XÍCARAS (DE CHÁ) DE FARINHA DE TRIGO
- 3 OVOS

Vale a pena conversar com o grupo sobre isso, explicitando as diferentes funções dos números nas receitas.

Ao tentar reconhecer esses elementos e explorá-los numa leitura geral, as crianças escolhem uma receita para ler com mais atenção e seguir suas instruções para fazer o lanche.

ETAPA 5 – PREPARAR-SE E FAZER A RECEITA

Rendimento da receita – nessa etapa, o professor chama a atenção das crianças para o rendimento da receita escolhida, distribuindo uma cópia do texto para cada dupla e perguntando:

• *Onde é possível encontrar a informação de quanto rende a receita?*

O professor pode propor que circulem a informação e, em seguida, compartilhar na roda os achados das crianças, problematizando:

• *Essa receita rende (tanto), será que uma receita dá para todos nós comermos no lanche?*

Estimativa – dessa forma, ele incentiva as crianças a estimar, estabelecendo uma relação entre quantidade de crianças e rendimento, e decidindo se será preciso uma receita ou duas.

Para isso, as crianças podem consultar a merendeira da escola ou outros adultos, perguntando, por exemplo:

• *Quantos pães você costuma utilizar para fazer o lanche de todos?*

> Nessa situação, não se espera que as crianças façam um cálculo exato, mas que pensem sobre as quantidades, estabelecendo uma relação aproximada, uma estimativa.

É hora de fazer a receita!

É importante separar previamente todos os ingredientes e utensílios necessários e combinar com as crianças que etapas da receita elas farão e quais outras ficarão aos cuidados de um adulto.

No momento de separar os ingredientes, vale a pena explorar as informações numéricas que aparecem nas embalagens e comparar as quantidades que cabem em cada instrumento de medida utilizado, por exemplo:

• *Quantas colheres de sopa são necessárias para encher uma xícara?*

Ideia de tempo – a culinária também permite trabalhar com a ideia de tempo exato:

> Em meia hora vamos ver o que aconteceu com nosso pão, isto é, quando o ponteiro do relógio estiver aqui.

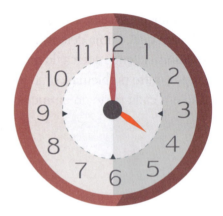

> Hora do lanche! Comer os pãezinhos carinhosamente preparados é também um momento de conversar sobre a escolha da receita, retomando os passos necessários que levaram a sua realização.

PARA ASSISTIR, PENSAR E CONVERSAR

Título: *Central do Brasil*
Direção: Walter Salles
Estado: RJ
Formato: 35'
Categoria: Drama/Nacional
Duração: 113'
Ano: 1998

Em 1998 é lançado o filme *Central do Brasil*, do diretor Walter Salles: um drama cinematográfico com a força de, ao mesmo tempo, trazer uma linguagem audiovisual nova e dar um painel da situação marginalizada de grande parte da população brasileira, desde seu ponto central, o Rio de Janeiro, até o interior do Nordeste brasileiro. Tudo se liga e se enreda por intermédio de dois personagens: Dora (Fernanda Montenegro) e Josué (Vinícius de Oliveira). Dora escreve cartas para os trabalhadores analfabetos que mandam notícias para seus entes queridos no interior distante do Nordeste. Josué é um garoto que perde a mãe, atropelada na frente da estação, logo depois que ela dita e deixa a carta com Dora para colocar no correio. A carta se torna o único elo possível entre Josué e seus irmãos. É um filme que pouco a pouco vai mostrando como Dora recupera sua humanidade, e Josué, com apenas 8 anos, desenvolve sua compreensão da solidariedade entre as pessoas.

PARA LER E VER COM AS CRIANÇAS

Título: *Lá e aqui*
Autora: Carolina Moreyra
Ilustrações: Odilon Moraes
Editora: Pequena Zahar
Ano: 2015

A ideia nasceu de um questionamento comum a tantos pais feito pelo casal que assina o livro: como seria a vida dos filhos se eles se separassem? A resposta é uma narrativa poético-visual repleta de delicadezas. Sem mencionar em momento algum as palavras tristeza, medo ou separação, a história se constrói em torno de uma sintaxe da perda que prioriza os não ditos. É o que se observa, por exemplo, na página vazia, completamente em branco, logo depois que a "casa vira duas" – a "de lá", do papai, e a "daqui", da mamãe. Explorando com primazia os recursos que o suporte oferece, o livro convida a visitar espaços internos e ouvir silêncios guardados.

PARA **LER** E **VER** COM AS CRIANÇAS

Título: *Pode pegar!*
Autora e ilustradora: Janaína Tokitaka
Editora: Boitatá
Ano: 2017

Ele pode pegar a saia dela e ela pode usar suas calças. O mesmo vale para a troca das botas pelo salto alto. Assim, um coelho e uma coelha brincam de usar a roupa um do outro, buscando bem-estar, acima de tudo. Seguem colhendo frutas, saltando montanhas e voando como super-heróis até encontrarem o coelho adulto que, com suas roupas sisudas, logo os repreende, dizendo o que pode e o que não pode: "quem deixou vocês andarem desse jeito?". Uma tempestade então se arma, tensionando o que até então era brincadeira gostosa. Com a chuva, o chapéu florido da coelha é oferecido gentilmente ao seríssimo coelho adulto, assim como a saia que servia de capa. Ele aceita meio sem graça, veste e adora! Recomeça a diversão, agora a três, sem cara feia, testa franzida ou dedo em riste. A leveza e o colorido das ilustrações compõem muito bem com a concisão do texto, abrindo espaço para experimentações interpretativas, semelhantes às vividas pelos personagens. Uma singela ode à liberdade, ao universo lúdico e imaginativo da infância, tantas vezes reprimido pelos adultos.

(Resenha de Cristiane Tavares)

Título: *Limeriques do bípede apaixonado*
Autora: Tatiana Belinky
Ilustrações: Andrés Sandoval
Editora: Editora 34
Ano: 2001

As aventuras de um menino apaixonado que se disfarça de diferentes bichos para atrair a atenção de sua amada são graciosamente apresentadas ao leitor nos limeriques criados por Tatiana Belinky e ilustrados por Andrés Sandoval. As características de cada animal, sob a pele do qual o menino se exibe em suas tentativas de conquista, tornam-se engraçadas e intencionalmente exageradas, como é próprio do estado apaixonado. O traço leve dos desenhos de Sandoval, cheios de detalhes, e a escolha da fonte rebuscada na impressão do texto lembram os bilhetes românticos, escritos a próprio punho. Texto e ilustração são indissociáveis neste livro e deixam no leitor a vontade de ler e reler, ver e rever, como acontece quando se recebe uma declaração de amor.

(Resenha de Cristiane Tavares)

PARA LER E VER COM AS CRIANÇAS

Título: *Terra de cabinha*
Autora: Gabriela Romeu
Fotos: Samuel Macedo
Ilustrações: Sandra Jávera
Editora: Peirópolis
Ano: 2016

O olhar apurado e a escrita poética da jornalista Gabriela Romeu juntaram-se às fotos de um original cabinha do Cariri e ao sempre cuidadoso tratamento editorial, produzindo esse incrível "inventário da vida de meninos e meninas do sertão". Lá chamados "cabinhas", os meninos descendentes dos kariri têm voz e rosto nesse livro. Suas brincadeiras, rezas e parecenças são apresentadas aos leitores de todas as idades, num formato delicioso. E como o conteúdo é tanto e tão diverso, há também a possibilidade de acessar minidocumentários pelo código impresso nas páginas. Acessa-se, sobretudo, um universo encantado e preservado em meio ao semiárido cearense, onde se acha de tudo um pouco: uma galeria de caretas (máscaras) inventadas para o Domingo de Ramos; um jogo de futebol feito com vidrinhos de vacina; uma coleção de adivinhas; uma história de princesa que vira serpente e até um cabinha encantador de jumento. Pode-se resumir o convite feito pelo livro na fala roseana de Dona Preta, personagem real, lá da Mata Escura: "Espia o mundo, menino...".

(Resenha de Cristiane Tavares)

Pedro (4 anos e 6 meses): "É um cinema!". Casa do Aprender, Osasco, SP.

O CONVÍVIO NA DIVERSIDADE

NOSSA DIVERSIDADE CULTURAL

OBJETIVOS DE APRENDIZAGEM E DESENVOLVIMENTO

CAMPO DE EXPERIÊNCIAS
- **EO** O EU, O OUTRO E O NÓS
- **CG** CORPO, GESTOS E MOVIMENTOS
- **TS** TRAÇOS, SONS, CORES E FORMAS
- **OE** ORALIDADE E ESCRITA
- **ET** ESPAÇOS, TEMPOS, QUANTIDADES, RELAÇÕES E TRANSFORMAÇÕES

TABELA DE OBJETIVOS | EX: **EI03ET08**
- **EI** EDUCAÇÃO INFANTIL
- **ET** CAMPO DE EXPERIÊNCIA
- **03** FAIXA ETÁRIA
- **08** NÚMERO DO OBJETIVO

Fonte: *Base Nacional Comum Curricular*. Brasil: MEC, 2017.

LIBERTAÇÃO

CRECHE

EI01EO04 – Comunicar necessidades, desejos e emoções, utilizando gestos, balbucios, palavras.

EI01EO06 – Construir formas de interação com outras crianças da mesma faixa etária e adultos, adaptando-se ao convívio social.

EI02EO02 – Demonstrar imagem positiva de si e confiança em sua capacidade para enfrentar dificuldades e desafios.

EI01TS02 – Traçar marcas gráficas, em diferentes suportes, usando instrumentos riscantes e tintas.

EI02TS02 – Utilizar diferentes materiais, suportes e procedimentos para grafar, explorando cores, texturas, superfícies, planos, formas e volumes.

EI02OE01 – Dialogar com crianças e adultos, expressando seus desejos, necessidades, sentimentos e opiniões.

PRÉ-ESCOLA

EI03EO01 – Demonstrar empatia pelos outros, percebendo que as pessoas têm diferentes sentimentos, necessidades e maneiras de pensar e agir.

EI03EO02 – Atuar de maneira independente, com confiança em suas capacidades, reconhecendo suas conquistas e limitações.

EI03EO03 – Ampliar as relações interpessoais, desenvolvendo atitudes de participação e cooperação.

EI03EO07 – Manifestar oposição a qualquer forma de discriminação.

EI03TS02 – Expressar-se livremente por meio de desenho, pintura, colagem, dobradura e escultura, criando produções bidimensionais e tridimensionais.

EI03OE01 – Expressar ideias, desejos e sentimentos sobre suas vivências, por meio da linguagem oral e escrita (escrita espontânea), de fotos, desenhos e outras formas de expressão.

MENIN⊙, MENIN✭?

PRIMEIRA INFÂNCIA, IMAGEM MENTAL E MEMÓRIA

CRECHE

EI01EO04 – Comunicar necessidades, desejos e emoções, utilizando gestos, balbucios, palavras.

EI01EO06 – Construir formas de interação com outras crianças da mesma faixa etária e adultos, adaptando-se ao convívio social.

EI01EO08 – Desenvolver confiança em si, em seus pares e nos adultos em situações de interação.

EI02EO01 – Demonstrar atitudes de cuidado e solidariedade na interação com crianças e adultos.

EI02EO02 – Demonstrar imagem positiva de si e confiança em sua capacidade para enfrentar dificuldades e desafios.

EI02EO07 – Valorizar a diversidade ao participar de situações de convívio com diferenças.

PRÉ-ESCOLA

EI03EO02 – Atuar de maneira independente, com confiança em suas capacidades, reconhecendo suas conquistas e limitações.

EI03EO03 – Ampliar as relações interpessoais, desenvolvendo atitudes de participação e cooperação.

EI03EO04 – Comunicar suas ideias e sentimentos com desenvoltura a pessoas e grupos diversos.

EI03EO07 – Manifestar oposição a qualquer forma de discriminação.

A MORINGA RESPIRA NO ESPAÇO DA BIBLIOTECA

CRECHE

EI01OE03 – Demonstrar interesse ao ouvir histórias lidas ou contadas, observando ilustrações e os movimentos de leitura do adulto-leitor (modo de segurar o portador e de virar as páginas).

EI02OE03 – Demonstrar interesse e atenção ao ouvir a leitura de histórias e outros textos, diferenciando escrita de ilustrações, e acompanhando, com orientação do adulto-leitor, a direção da leitura (de cima para baixo, da esquerda para a direita).

PRÉ-ESCOLA

EI03OE03 – Escolher e folhear livros, procurando orientar-se por temas e ilustrações e tentando identificar palavras conhecidas.

EI03OE07 – Levantar hipóteses sobre gêneros textuais veiculados em portadores conhecidos, recorrendo a estratégias de observação gráfica e de leitura.

EI03OE08 – Identificar gêneros textuais mais frequentes, recorrendo a estratégias de configuração gráfica do portador e do texto e ilustrações nas páginas.

EI03ET03 – Identificar e selecionar fontes de informações, para responder a questões sobre a natureza, seus fenômenos, sua preservação.

VIDA EM COMUNIDADE

CONVIVER E COMPARTILHAR

CRECHE

EI01EO03 – Interagir com crianças da mesma faixa etária e adultos ao explorar materiais, objetos, brinquedos.

EI01EO06 – Construir formas de interação com outras crianças da mesma faixa etária e adultos, adaptando-se ao convívio social.

EI02EO03 – Compartilhar os objetos e os espaços com crianças da mesma faixa etária e adultos.

CONVIVER E COMPARTILHAR

PRÉ-ESCOLA

EI03EO06 – Compreender a necessidade das regras no convívio social, nas brincadeiras e nos jogos com outras crianças.

EI03ET04 – Registrar observações, manipulações e medidas, usando múltiplas linguagens (desenho, registro por números ou escrita espontânea), em diferentes suportes.

EI03ET05 – Classificar objetos e figuras, de acordo com suas semelhanças e diferenças.

LINGUAGENS E COMUNICAÇÃO

CRECHE

EI01EO04 – Comunicar necessidades, desejos e emoções, utilizando gestos, balbucios, palavras.

EI02EO04 – Comunicar-se com os colegas e os adultos, buscando compreendê-los e fazendo-se compreender.

EI01OE06 – Comunicar-se com outras pessoas usando movimentos, gestos, balbucios, fala e outras formas de expressão.

PRÉ-ESCOLA

EI03EO01 – Demonstrar empatia pelos outros, percebendo que as pessoas têm diferentes sentimentos, necessidades e maneiras de pensar e agir.

EI03EO04 – Comunicar suas ideias e sentimentos com desenvoltura a pessoas e grupos diversos.

EI03OE01 – Expressar ideias, desejos e sentimentos sobre suas vivências, por meio da linguagem oral e escrita (escrita espontânea), de fotos, desenhos e outras formas de expressão.

"O NOME DA ROSA"

CRECHE

EI01OE01 – Reconhecer quando é chamado por seu nome e reconhecer os nomes de pessoas com quem convive.

EI02OE07 – Manusear diferentes portadores textuais, demonstrando reconhecer seus usos sociais e suas características gráficas.

EI01ET06 – Experimentar e resolver situações-problema do seu cotidiano.

EI02ET06 – Analisar situações-problema do cotidiano, levantando hipóteses, dados e possibilidades de solução.

PRÉ-ESCOLA

EI03OE07 – Levantar hipóteses sobre gêneros textuais veiculados em portadores conhecidos, recorrendo a estratégias de observação gráfica e de leitura.

EI03OE08 – Identificar gêneros textuais mais frequentes, recorrendo a estratégias de configuração gráfica do portador e do texto e ilustrações nas páginas.

EI03OE09 – Levantar hipóteses em relação à linguagem escrita, realizando registros de palavras e textos, por meio de escrita espontânea.

EI03ET06 – Resolver situações-problema, formulando questões, levantando hipóteses, organizando dados, testando possibilidades de solução.

EI03ET07 – Relatar fatos importantes sobre seu nascimento e desenvolvimento, a história dos seus familiares e da sua comunidade.

EI03ET08 – Relacionar números às suas respectivas quantidades e identificar o antes, o depois e o entre em uma sequência.

MEMÓRIA DO GRUPO

AO PEQUENO ETNÓGRAFO

CRECHE

EI01EO06 – Construir formas de interação com outras crianças da mesma faixa etária e adultos, adaptando-se ao convívio social.

EI02EO07 – Valorizar a diversidade ao participar de situações de convívio com diferenças.

EI01CG05 – Imitar gestos, sonoridades e movimentos de outras crianças, adultos e animais.

EI02CG01 – Apropriar-se de gestos e movimentos de sua cultura no cuidado de si e nos jogos e brincadeiras.

EI01TS04 – Explorar diferentes fontes sonoras e materiais para acompanhar brincadeiras cantadas, canções, músicas e melodias.

EI02TS01 – Criar sons com materiais, objetos e instrumentos musicais, para acompanhar diversos ritmos de música.

EI02TS02 – Utilizar diferentes materiais, suportes e procedimentos para grafar, explorando cores, texturas, superfícies, planos, formas e volumes.

EI02TS03 – Expressar-se por meio de linguagens como a do desenho, da música, do movimento corporal, do teatro.

EI02TS04 – Utilizar diferentes fontes sonoras disponíveis no ambiente em brincadeiras cantadas, canções, músicas e melodias.

EI02TS05 – Imitar e criar movimentos próprios, em danças, cenas de teatro, narrativas e músicas.

PRÉ-ESCOLA

EI03EO03 – Ampliar as relações interpessoais, desenvolvendo atitudes de participação e cooperação.

EI03CG02 – Criar movimentos, gestos, olhares, mímicas e sons com o corpo em brincadeiras, jogos e atividades artísticas como dança, teatro e música.

EI03TS01 – Utilizar sons produzidos por materiais, objetos e instrumentos musicais durante brincadeiras de faz de conta, encenações, criações musicais, festas.

EI03TS02 – Expressar-se livremente por meio de desenho, pintura, colagem, dobradura e escultura, criando produções bidimensionais e tridimensionais.

EI03TS03 – Apreciar e participar de apresentações de teatro, música, dança, circo, recitação de poemas e outras manifestações artísticas.

EI03TS04 – Reconhecer as qualidades do som (intensidade, duração, altura e timbre), utilizando-as em suas produções sonoras e ao ouvir músicas e sons.

EI03TS05 – Reconhecer e ampliar possibilidades expressivas do seu corpo por meio de elementos da dança.

EI03OE01 – Expressar ideias, desejos e sentimentos sobre suas vivências, por meio da linguagem oral e escrita (escrita espontânea), de fotos, desenhos e outras formas de expressão.

EI03OE05 – Recontar histórias ouvidas para produção de reconto escrito, tendo o professor como escriba.

EI03OE06 – Produzir suas próprias histórias orais e escritas (escrita espontânea), em situações com função social significativa.

NOSSO LIVRO ILUMINADO

CRECHE

EI02TS02 – Utilizar diferentes materiais, suportes e procedimentos para grafar, explorando cores, texturas, superfícies, planos, formas e volumes.

EI01OE03 – Demonstrar interesse ao ouvir histórias lidas ou contadas, observando ilustrações e os movimentos de leitura do adulto-leitor (modo de segurar o portador e de virar as páginas).

EI02OE03 – Demonstrar interesse e atenção ao ouvir a leitura de histórias e outros textos, diferenciando escrita de ilustrações, e acompanhando, com orientação do adulto-leitor, a direção da leitura (de cima para baixo, da esquerda para a direita).

EI02OE09 – Manusear diferentes instrumentos e suportes de escrita para desenhar, traçar letras e outros sinais gráficos.

NOSSO LIVRO ILUMINADO

PRÉ-ESCOLA

EI03CG06 – Coordenar com precisão e eficiência suas habilidades motoras no atendimento a seus interesses e necessidades de representação gráfica.

EI03TS02 – Expressar-se livremente por meio de desenho, pintura, colagem, dobradura e escultura, criando produções bidimensionais e tridimensionais.

EI03OE01 – Expressar ideias, desejos e sentimentos sobre suas vivências, por meio da linguagem oral e escrita (escrita espontânea), de fotos, desenhos e outras formas de expressão.

EI03OE03 – Escolher e folhear livros, procurando orientar-se por temas e ilustrações e tentando identificar palavras conhecidas.

EI03OE04 – Recontar histórias ouvidas e planejar coletivamente roteiros de vídeos e de encenações, definindo os contextos, os personagens, a estrutura da história.

EI03OE05 – Recontar histórias ouvidas para produção de reconto escrito, tendo o professor como escriba.

EI03OE06 – Produzir suas próprias histórias orais e escritas (escrita espontânea), em situações com função social significativa.

EI03OE07 – Levantar hipóteses sobre gêneros textuais veiculados em portadores conhecidos, recorrendo a estratégias de observação gráfica e de leitura.

EI03OE08 – Identificar gêneros textuais mais frequentes, recorrendo a estratégias de configuração gráfica do portador e do texto e ilustrações nas páginas.

EI03OE09 – Levantar hipóteses em relação à linguagem escrita, realizando registros de palavras e textos, por meio de escrita espontânea.

MAIS LEITURA

CRECHE

EI01EO08 – Desenvolver confiança em si, em seus pares e nos adultos em situações de interação.

EI02EO02 – Demonstrar imagem positiva de si e confiança em sua capacidade para enfrentar dificuldades e desafios.

EI01CG05 – Imitar gestos, sonoridades e movimentos de outras crianças, adultos e animais.

EI01OE02 – Demonstrar interesse ao ouvir a leitura de poemas e a apresentação de músicas.

EI01OE03 – Demonstrar interesse ao ouvir histórias lidas ou contadas, observando ilustrações e os movimentos de leitura do adulto-leitor (modo de segurar o portador e de virar as páginas).

EI01OE04 – Reconhecer elementos das lustrações de histórias, apontando-os, a pedido do adulto-leitor.

EI02OE03 – Demonstrar interesse e atenção ao ouvir a leitura de histórias e outros textos, diferenciando escrita de ilustrações, e acompanhando, com orientação do adulto-leitor, a direção da leitura (de cima para baixo, da esquerda para a direita).

EI02OE04 – Formular e responder perguntas sobre fatos da história narrada, identificando cenários, personagens e principais acontecimentos.

EI02OE05 – Relatar experiências e fatos acontecidos, histórias ouvidas, filmes ou peças teatrais assistidos etc.

EI02OE06 – Criar e contar histórias oralmente, com base em imagens ou temas sugeridos.

PRÉ-ESCOLA

EI03EO02 – Atuar de maneira independente, com confiança em suas capacidades, reconhecendo suas conquistas e limitações.

EI03CG03 – Demonstrar controle e adequação do uso de seu corpo em momentos de cuidado, brincadeiras e jogos, escuta e reconto de histórias, atividades artísticas, entre outras possibilidades.

EI03OE01 – Expressar ideias, desejos e sentimentos sobre suas vivências, por meio da linguagem oral e escrita (escrita espontânea), de fotos, desenhos e outras formas de expressão.

EI03OE02 – Inventar brincadeiras cantadas, poemas e canções, criando rimas, aliterações e ritmos.

EI03OE03 – Escolher e folhear livros, procurando orientar-se por temas e ilustrações e tentando identificar palavras conhecidas.

MAIS LEITURA

PRÉ-ESCOLA

EI03OE04 – Recontar histórias ouvidas e planejar coletivamente roteiros de vídeos e de encenações, definindo os contextos, os personagens, a estrutura da história.

EI03OE05 – Recontar histórias ouvidas para produção de reconto escrito, tendo o professor como escriba.

EI03OE06 – Produzir suas próprias histórias orais e escritas (escrita espontânea), em situações com função social significativa.

EI03OE07 – Levantar hipóteses sobre gêneros textuais veiculados em portadores conhecidos, recorrendo a estratégias de observação gráfica e de leitura.

EI03OE08 – Identificar gêneros textuais mais frequentes, recorrendo a estratégias de configuração gráfica do portador e do texto e ilustrações nas páginas.

EI03OE09 – Levantar hipóteses em relação à linguagem escrita, realizando registros de palavras e textos, por meio de escrita espontânea.

CIRANDAS

CRECHE

EI01EO02 – Perceber as possibilidades e os limites de seu corpo nas brincadeiras e interações das quais participa.

EI02EO07 – Valorizar a diversidade ao participar de situações de convívio com diferenças.

EI01CG03 – Experimentar as possibilidades de seu corpo nas brincadeiras e interações em ambientes acolhedores e desafiantes.

EI02CG01 – Apropriar-se de gestos e movimentos de sua cultura no cuidado de si e nos jogos e brincadeiras.

EI01OE02 – Demonstrar interesse ao ouvir a leitura de poemas e a apresentação de músicas.

EI02OE02 – Identificar e criar diferentes sons e reconhecer rimas e aliterações em cantigas de roda e textos poéticos.

EI01ET07 – Vivenciar diferentes ritmos, velocidades e fluxos nas interações e brincadeiras (em danças, balanços, escorregadores etc.).

PRÉ-ESCOLA

EI03EO01 – Demonstrar empatia pelos outros, percebendo que as pessoas têm diferentes sentimentos, necessidades e maneiras de pensar e agir.

EI03CG02 – Criar movimentos, gestos, olhares, mímicas e sons com o corpo em brincadeiras, jogos e atividades artísticas como dança, teatro e música.

EI03TS01 – Utilizar sons produzidos por materiais, objetos e instrumentos musicais durante brincadeiras de faz de conta, encenações, criações musicais, festas.

EI03TS03 – Apreciar e participar de apresentações de teatro, música, dança, circo, recitação de poemas e outras manifestações artísticas.

EI03TS04 – Reconhecer as qualidades do som (intensidade, duração, altura e timbre), utilizando-as em suas produções sonoras e ao ouvir músicas e sons.

EI03TS05 – Reconhecer e ampliar possibilidades expressivas do seu corpo por meio de elementos da dança.

EI03OE02 – Inventar brincadeiras cantadas, poemas e canções, criando rimas, aliterações e ritmos.

NO MUNDO DOS NÚMEROS

RECITAR E CONTAR

CRECHE

EI01ET06 – Experimentar e resolver situações-problema do seu cotidiano.

EI02ET06 – Analisar situações problema do cotidiano, levantando hipóteses, dados e possibilidades de solução.

EI02ET08 – Contar oralmente objetos, pessoas, livros etc., em contextos diversos.

EI02ET09 – Registrar com números a quantidade de crianças (meninas e meninos, presentes e ausentes) e a quantidade de objetos da mesma natureza (bonecas, bolas, livros etc.).

PRÉ-ESCOLA

EI03ET04 – Registrar observações, manipulações e medidas, usando múltiplas linguagens (desenho, registro por números ou escrita espontânea), em diferentes suportes.

EI03ET06 – Resolver situações-problema, formulando questões, levantando hipóteses, organizando dados, testando possibilidades de solução.

EI03ET08 – Relacionar os números às suas respectivas quantidades e identificar o antes, o depois e o entre em uma sequência.

JOGOS DE PERCURSO

CRECHE

EI02EO06 – Respeitar regras básicas de convívio social nas interações e brincadeiras.

EI02CG03 – Fazer uso de suas possibilidades corporais ao se envolver em brincadeiras e atividades de diferentes naturezas.

EI02TS02 – Utilizar diferentes materiais, suportes e procedimentos para grafar, explorando cores, texturas, superfícies, planos, formas e volumes.

EI02OE08 – Ampliar o contato com diferentes gêneros textuais (parlendas, histórias de aventura, tirinhas, cartazes de sala, cardápios, notícias etc.).

EI02OE09 – Manusear diferentes instrumentos e suportes de escrita para desenhar, traçar letras e outros sinais gráficos.

EI02ET04 – Identificar relações espaciais (dentro e fora, em cima, embaixo, acima, abaixo, entre e do lado) e temporais (antes, durante e depois).

EI02ET06 – Analisar situações-problema do cotidiano, levantando hipóteses, dados e possibilidades de solução.

EI02ET08 – Contar oralmente objetos, pessoas, livros etc., em contextos diversos.

PRÉ-ESCOLA

EI03EO06 – Compreender a necessidade das regras no convívio social, nas brincadeiras e nos jogos com outras crianças.

EI03CG03 – Demonstrar controle e adequação do uso de seu corpo em momentos de cuidado, brincadeiras e jogos, escuta e reconto de histórias, atividades artísticas, entre outras possibilidades.

EI03CG06 – Coordenar com precisão e eficiência suas habilidades motoras no atendimento a seus interesses e necessidades de representação gráfica.

EI03TS02 – Expressar-se livremente por meio de desenho, pintura, colagem, dobradura e escultura, criando produções bidimensionais e tridimensionais.

EI03OE06 – Produzir suas próprias histórias orais e escritas (escrita espontânea) em situações com função social significativa.

EI03OE07 – Levantar hipóteses sobre gêneros textuais veiculados em portadores conhecidos, recorrendo a estratégias de observação gráfica e de leitura.

EI03OE08 – Identificar gêneros textuais mais frequentes, recorrendo a estratégias de configuração gráfica do portador e do texto e ilustrações nas páginas.

JOGOS DE PERCURSO

PRÉ-ESCOLA

EI03OE09 – Levantar hipóteses em relação à linguagem escrita, realizando registros de palavras e textos, por meio de escrita espontânea.

EI03ET04 – Registrar observações, manipulações e medidas, usando múltiplas linguagens (desenho, registro por números ou escrita espontânea), em diferentes suportes.

EI03ET06 – Resolver situações-problema formulando questões, levantando hipóteses, organizando dados, testando possibilidades de solução.

EI03ET08 – Relacionar os números às suas respectivas quantidades e identificar o antes, o depois e o entre em uma sequência.

RECEITAS

CRECHE

EI01ET01 – Explorar e descobrir as propriedades de objetos e materiais (odor, cor, sabor, temperatura).

EI01ET02 – Explorar relações de causa e efeito (transbordar, tingir, misturar, mover e remover etc.) na interação com o mundo físico.

EI01ET06 – Experimentar e resolver situações-problema do seu cotidiano.

EI02OE08 – Ampliar o contato com diferentes gêneros textuais (parlendas, histórias de aventura, tirinhas, cartazes de sala, cardápios, notícias etc.).

EI02ET01 – Explorar e descrever semelhanças e diferenças entre as características e propriedades dos objetos (sonoridade, textura, peso, tamanho, posição no espaço).

EI02ET06 – Analisar situações-problema do cotidiano, levantando hipóteses, dados e possibilidades de solução.

PRÉ-ESCOLA

EI03OE07 – Levantar hipóteses sobre gêneros textuais veiculados em portadores conhecidos, recorrendo a estratégias de observação gráfica e de leitura.

EI03OE08 – Identificar gêneros textuais mais frequentes, recorrendo a estratégias de configuração gráfica do portador e do texto e ilustrações nas páginas.

EI03OE09 – Levantar hipóteses em relação à linguagem escrita, realizando registros de palavras e textos, por meio de escrita espontânea.

EI03ET02 – Observar e descrever mudanças em diferentes materiais, resultantes de ações sobre eles, em experimentos envolvendo fenômenos naturais e artificiais.

EI03ET04 – Registrar observações, manipulações e medidas, usando múltiplas linguagens (desenho, registro por números ou escrita espontânea), em diferentes suportes.

EI03ET06 – Resolver situações problema, formulando questões, levantando hipóteses, organizando dados, testando possibilidades de solução.

EI03ET09 – Expressar medidas (peso, altura etc.), construindo gráficos básicos.

Durante os seis primeiros anos de vida, acontece uma explosão de cores, luzes e sons que impulsionam a criança para a criação do que ainda não existe. As sensações da primeira infância guiam nosso sentimento pela vida afora. Guardar dentro de si esse tesouro, expandi-lo e enriquecê-lo significa ter em mãos tudo aquilo que nos constitui. Na Educação Infantil temos o privilégio de trabalhar com essas pessoas em estado criativo, que são as crianças que chegam ao tempo e espaço da creche e da escola.

Neste capítulo 4 propomos fundamento e prática para trabalhar com pintura, desenho e escultura, de modo a tornar a experiência das crianças ainda mais significativa e duradoura. Brincar com jogos de construção, fazer massas e melecas proporcionam base essencial para o conhecimento.

Cor, luz, equilíbrio

CAPÍTULO 4

- **202** · Tabela de cores
- **209** · Pintura
- **218** · Materiais, suportes e situações
- **231** · Empilhar, derrubar e reconstruir
- **234** · Melecas e massinhas
- **240** · Sentir e agir – o binômio da criação

Pintura ganha vida

TÁ FICANDO VERDE, QUE EU ADORO!
VOU FAZER A PERNA DE OUTRA COR.
PEGO UMA AGORINHA E FAÇO A PERNINHA.
CADÊ O VERDE?

(Você que fez)

ABRE AZUL E TACA AMARELO! AH! E EXISTE JACARÉ DE PAPO AMARELO.

FICOU PRETO, QUE FEIO.

MOLEZINHO, MOLEZINHO, JOGANDO ÁGUA, JOGANDO ÁGUA, MÁGOA, MÁGOA, NA, NA.

(Água fica vermelha)

AI! ESTOU SANGRANDO.

Akira, 5 anos.

ARQUIVO PESSOAL DAS AUTORAS

Falando alto consigo mesmo, Akira deixou entrever a importância das sensações que as cores proporcionavam a ele enquanto pintava.

Misturando azul e amarelo, obteve um verde!

Naquele momento, a criança trabalhava em um ateliê de alunos adultos sob orientação do artista e professor Michinori Inagaki. Ali fazíamos parte de um grupo chamado: Cores Primárias – Azul Ciano, Magenta e Amarelo.

Com essas cores, Akira pintava em uma folha tamanho A2, meia garrafa PET cheia d'água para lavar o pincel – de cabo amarelo comprido, cerdas "orelha-de-boi" arredondadas e um pano para enxugá-lo.

Tabela de cores a partir das três cores primárias, em guache e sobre cartolina.

200 APRENDER COM A CRIANÇA

Carimbos para pintar

No clube da Cooperativa Agrícola de Cotia (CAC), em um sábado ensolarado, nós, alunos adultos, oferecemos oficina de pintura para crianças desde 1 ano e meio de idade. Trabalhando com as cores primárias e metades de batata que as crianças esculpiram e usaram como carimbo, a ideia que muitas coisas podem servir para carimbar ganhou força, a começar pelas paletas individuais que cada um recebeu.

GLOSSÁRIO
Paleta de cores

Depois veio a vez das sandálias havaianas, ótimas para receber tinta devido às ranhuras da sola.

E para que a sandália?

Uma criança de 1 ano e meio passou tinta na sola dos pés e ensaiou seus passos na grande folha de papel, maravilhada com as pegadas coloridas que deixou no caminho.

As crianças maiores passaram a imitá-lo; as batatas esculpidas já não atraíam seu interesse. Isso foi sábado, e quando Akira veio nos visitar na segunda-feira, acompanhado de sua mãe, as cores primárias ainda vibravam dentro dele.

O QUE APRENDEMOS COM AKIRA?

Mobilização estética – deixar-se afetar pela cor.

Implicação subjetiva – ficar absorvido na própria atividade.

Autorregulação e disciplina – organizar-se com as cores e a água.

Ritmo – deslizar o pincel no suporte, produzindo variações ordeiras.

Experiência estética – prazer e sentidos emergem da pintura.

Carimbos de batata.
ARQUIVO PESSOAL DAS AUTORAS

TABELA DE CORES

"O objetivo da maioria de nossos estudos da cor é provar que ele é o mais relativo dos meios na arte, que quase nunca percebemos o que ela é fisicamente. A essa influência mútua das cores damos o nome de interação. [...] Devido à imagem consecutiva (o contraste simultâneo), as cores se influenciam e se transformam mutuamente. Elas interagem continuamente – em nossa percepção."

Josef Albers, *A interação da cor*

Luz e cor

Vamos imaginar que vemos uma maçã vermelha sobre um prato branco, iluminada pela luz do sol que entra pela janela. Parece simples, sim, esta maçã é vermelha. No entanto, acontece um dos fenômenos mais complexos que conhecemos, os portadores de visão. Se mudamos a maçã para um prato azul, outro será o vermelho da maçã, o mesmo acontecendo se o prato e a maçã estiverem sobre uma mesa de madeira escura ou de fórmica amarelada. À noite, com iluminação artificial, muito diferente parecerá a maçã. De modo que não podemos compreender sua cor como sendo **vermelho**. Sempre haverá tantos vermelhos quantas forem as situações e as pessoas que, no caso de nosso exemplo, observam uma maçã.

Em nossa experiência cotidiana, isso acontece o tempo todo. É um fenômeno que envolve sempre luz, cor e percepção, seja dos nossos olhos ou das lentes de uma câmera fotográfica.

Luzes são sempre cambiantes, mudam o tempo todo.

Cores interagem entre si – uma mesma blusa vermelha parece diferente se a vestimos com calça branca, preta, azul-marinho...

Em nossa percepção, imagens resultantes da interação entre luz e cor permanecem por alguns segundos na retina, de modo que as imagens também interagem umas com as outras.

Cores

Somos todos filhos do sol e vivemos sob sua luz com a dádiva do maravilhoso mundo das cores.

DEHEINZELIN, Monique. Para sempre. Problemas de representação e geração de conhecimentos. In: CAVALCANTI, Zélia (Org.). *30 olhares para o futuro*. São Paulo: Escola da Vila, Centro de Formação, 2010. p. 225.

Para representar pictoricamente um objeto, é necessário participar do mundo das cores e procurar objetivar, em algum suporte, a qualidade sensível de nossa observação, mobilizada pelo modo como a realidade nos afeta por meio da nossa percepção estética.

Compreender o funcionamento de sistemas de cores pode ser ferramenta poderosa para criação e para aprendizagem.

Em toda geração de conhecimentos, nos deparamos com problemas de representação da realidade. As cores nos permitem apreender o momento que é fugidio, enquanto o sentimento sobre uma determinada cena persiste devido ao valor da experiência sensível. Esta pode nos levar à completude ou à insuficiência, abstração ou apreensão sincrética da figura e a um embate com a matéria, fonte da imaginação.

Nossa percepção da cor é momento singular que bem exemplifica o que caracteriza uma interação: o que acontece não depende apenas da sensibilidade do observador, nem de características do objeto. A cor pode ser considerada qualificação ou atribuição sensível individual a fenômenos de interação entre os componentes da luz e os pigmentos de objetos.

Giotto di Bondone. *Lenda de São Francisco* – Cena Número 2, 1297. São Francisco dando seu manto para um homem pobre. Afresco, 270 cm × 230 cm. Igreja de São Francisco, Assis, Itália.

A luz branca do sol incide sobre a superfície pigmentada de seres e objetos, por exemplo, uma folha verde. Esta absorve todos os comprimentos de onda da luz que não são verdes e reflete o verde, captado pelos cones e bastonetes de nosso olho, sensíveis às cores primárias.

A visão das cores configura-se, assim, como um sistema complexo e cambiante em que gamas de cores podem ser obtidas de dois sistemas:

- **Sistema aditivo R G B (vermelho, verde e azul)**
  Cores primárias, obtidas pela difração da luz branca do sol. Adicionando, duas a duas, as cores primárias de luz no sistema R G B, obtêm-se as cores primárias do sistema C M Y:

  VERMELHO + AZUL = MAGENTA
  VERMELHO + VERDE = AMARELO
  VERDE + AZUL = AZUL CIANO

- **Sistema subtrativo C M Y (azul ciano, magenta, amarelo)**
  Cores primárias, obtidas de elementos naturais ou pigmentos sintéticos. Adicionando, duas a duas, as cores primárias de pigmentos no sistema C M Y, obtêm-se as cores primárias no sistema R G B:

  AZUL CIANO + MAGENTA = AZUL
  AZUL CIANO + AMARELO = VERDE
  AMARELO + MAGENTA = VERMELHO

GLOSSÁRIO
Pintura: afresco

Os materiais a serem oferecidos às crianças foram selecionados a partir de nossa própria experiência com pintura, em que as cores primárias do sistema C M Y dão margem a uma gama infinita de possibilidades expressivas.

CAPÍTULO 4 | TABELA DE CORES

As interdependências entre os dois sistemas configuram, assim, relações de notável complexidade e beleza, acessíveis à sensibilidade dos portadores de visão.

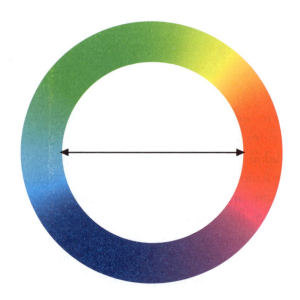

Cores complementares – são cores diametralmente opostas no círculo das cores.

Mescla aditiva – mistura das cores primárias de origem luminosa. O branco resulta da união dessas cores primárias.

Mescla subtrativa – mistura das cores primárias de origem pigmentosa. O preto resulta da união dessas cores primárias.

 GLOSSÁRIO
Mescla de cores

No trabalho com pintura, podemos pesquisar sensibilidade e percepção às cores que as crianças têm – oferecidas pelos olhos – músculo fotossensível, que atua com sensibilidade a cores e a suas complementares. A observação sensível e desinteressada de classificação de atributos permite visualizar uma espécie de aura ao redor dos objetos, que corresponde às cores complementares dos pigmentos desse objeto.

Verifica-se uma perda paulatina da sensibilidade às cores, em função de uma lógica que não se origina das ações sensório-motoras da criança que todos fomos, mas que é imposta ou adquirida externamente, como nome ou ideia de cor, independentemente da própria experiência do observador.

Ao oferecer às crianças para pintar apenas as três cores primárias do sistema C M Y, colaboramos muito para que elas exerçam sua criatividade, ampliando cada vez mais sua sensibilidade natural.

ATIVIDADE

Tabela de cores

MATERIAL NECESSÁRIO
- Tinta guache TGA nas três cores primárias: azul ciano, magenta e amarelo.
- Uma paleta para colocar as cores.
- 1/4 de folha de papel cartolina.
- Um pincel tamanho 16 ou 18.
- Um pote grande cristalino cheio de água.
- Um pano ou papel para enxugar o pincel.

A atividade de realizar tabelas de cores é simples, instrutiva e necessária.

Simples, *porque sua consigna é a seguinte: faça bolinhas de cores diferentes, misturando as cores primárias duas a duas.*

Instrutiva, *porque depararemos com nossos procedimentos, e cedo estaremos enredados em uma floresta de problemas: usar mais água, menos água; misturar as cores na paleta ou no papel; como manter limpas as cores primárias; lavar ou não o pincel cada vez que mudamos de cor; quanta tinta colocar na paleta; como clarear ou escurecer uma cor; como dispor as bolinhas no papel; e assim por diante. São problemas que parecem triviais, mas que dizem respeito ao nosso modo de ser, à nossa intimidade. Sejam muito exigentes também quanto às possíveis e infinitas soluções. Experimentem e saberão do que se trata! São procedimentos que exigem autorregulação e disciplina.*

Necessária, *para que tomemos consciência do uso sensível que podemos fazer das cores.*

Neste caso, podemos pegar a tabela como referência para pintar, mas também como auxiliar na observação da natureza.

Chegamos à janela, olhamos a paisagem que se descortina e tentamos localizar em nossa tabela as nuances das cores – os verdes, por exemplo, tão instáveis, cambiantes.

Tabela de cores elaborada a partir das três cores primárias pela professora Fabiana. Centro Paulo Freire, AME, Osasco, SP.

Eva aos 4 anos e 3 meses – "Olha quantos verdes!".

Monique Deheinzelin, 2009. Óleo sobre tela, 120 cm × 100 cm, Campinas, SP.

Escala de cinza

Os lápis pretos são instrumentos capazes de produzir muita magia. Quando macios, produzem traço em infinitas nuances, ou gradações de cinza, que vão do mais clarinho possível (para aquele grafite) ao mais escuro, a depender da força com a qual apoiamos a ponta do lápis no papel.

Experimente – em uma tira de papel, experimente traçados indo de um extremo ao outro do papel. Vá primeiro do mais claro ao mais escuro, da extrema leveza da mão até toda a sua força. Depois, vá do mais escuro ou pesado possível ao mais leve. O segredo consiste nas variações internas que a mão é capaz de originar nas transições da escala de cinza.

Os tons diversos correspondem a nossa possibilidade interna de graduar os sentimentos. Se uma pessoa é "8 ou 80", tende a ir do claro ao escuro em dois tempos! Mas se você se propuser a suavizar sua escala, procurando traçar maior variedade de tonalidades, verá que um sentimento mais ameno invadirá sua alma.

Além disso – se não fosse pouco –, para desenhar os recursos que o lápis preto oferece, podem-se obter resultados em gradações de cor, em efeitos luminosos de grande efeito. Observe esta gravura do pintor e gravador holandês Rembrandt van Rijn

> Se fizer sua tabela de cinza todas as manhãs, comparando-as com as anteriores e tomando consciência do que precisa mudar, em um mês terá se tornado pessoa de grande flexibilidade afetiva.

Cada pessoa tem um modo próprio de grafar suas nuances.

Rembrandt van Rijn. *Autorretrato*, 1648. Galeria Uffizi, Florença, Itália.

Na matriz de metal, a imagem é invertida.
Rembrandt van Rijn. *Virgem e criança com gato e cobra*, 1654. Victoria and Albert Museum, Londres.

(1606-1669), um autorretrato realizado em 1648, de acordo com o que lemos na assinatura no canto esquerdo superior.

Da claridade da janela ao escuro do fundo da sala, há uma sutilíssima gradação de tonalidades de cinza que, nessa gravura em metal, é obtida de duas maneiras: sobrepondo vários tracinhos e graduando a força da mão no instrumento que sulca o metal, de modo que resultem em sulcos mais profundos e produzam traço mais escuro.

Lembremos que, na gravura em metal, traçados são indeléveis – não podem ser apagados ou corrigidos. E quando o artista – mestre inconteste da gravura! – quer representar, por exemplo, uma paisagem, as figuras que estão mais atrás, no fundo da imagem, vêm de um traço leve, fininho, e vão se adensando para chegar ao primeiro plano. O trabalho é realizado ao inverso do que se vê, a construção da imagem indo de trás para frente.

Realizar tabelas de cinza ou desenhos com o máximo possível de tonalidades de um mesmo lápis nos possibilita expressar nossas emoções – como os objetos desenhados nos afetam e, ao mesmo tempo,

modulam ou amenizam. Tornamo-nos melhores! Sem a pretensão de sermos Rembrandt, podemos aprender algo dos procedimentos que ele criou.

O desenho

Desenhar é um ato natural na criança.

Será?

O escritor mineiro Bartolomeu Campos de Queirós (1944-2012) afirmou:

> Aprendi em sala de aula que a criança é a mais intensa das metáforas. Não se pode compreendê-la como objeto a serviço do mundo. A tarefa do magistério é paciente e deve esperar que a mais rica das metáforas aflore continuamente. E para tanto a liberdade, somente a liberdade, confirmará que não existe um conceito de criança. Cada criança é um conceito. Cada criança é mais um intenso mistério que nos visita e nos surpreende pela singularidade.
>
> CAMPOS DE QUEIRÓS, Bartolomeu. *Nos caminhos da literatura*. São Paulo: Peirópolis, 2008. p. 162.

A criança pequena age sob o predomínio do pensamento sensório-motor, em que sentir e agir proporcionam extraordinária dinâmica entre movimentos endógenos e exógenos. Esse pensamento sincrético imprime um ritmo aos movimentos de atribuição sensível aos fenômenos.

PERCEPÇÃO SENSÍVEL É IMAGEM MOTORA, EM QUE OS FRAGMENTOS DOS FENÔMENOS MOBILIZAM A CRIANÇA POR AFETO.

Os sentimentos, esses afetos mais organizados e estruturados, são reguladores da ação da criança. No plano metafórico, como no concreto, a criança compreende o mundo enquanto se constitui como indivíduo.

GLOSSÁRIO
Pensamento sensório-motor

No desenho, conhecimentos de si e do mundo conjugam-se de modo prazeroso, original e portátil.

Prazeroso, porque aliam sensibilidade e movimento.

Original, porque em cada folha de papel ou superfície o que ali se cria não existia antes.

Portátil, porque papel e lápis não apenas se levam para qualquer lugar, mas também trazem o registro do desenho – ao qual podemos voltar sempre que quisermos.

> Questão fundamental para nós, educadores, e mais ainda para o desenhista: não é qualquer papel e lápis que servem, é preciso observar a materialidade de cada um deles.

Nas cartas a seu irmão Theo, Vincent Van Gogh fala sobre um lápis com o qual estava desenhando como de um amigo, um parceiro, um aliado incondicional do qual dependia para desenhar. Pois certamente esse lápis obedecia aos sonhos de sua mão e viabilizava seu passeio purificador pela realidade.

PRÉ-ESCOLA

MATERIAIS GRÁFICOS

RESENHA | FILME
Sonhos
Akira Kurosawa

Vincent Van Gogh. *Rua em Saintes-Maries*. Arles, princípio de junho de 1888. Caneta, 30,5 cm × 47 cm.

Vincent Van Gogh. *Rua em Saintes-Maries*. Arles, princípio de junho de 1888. Óleo sobre tela, 38,3 cm × 46,1 cm.

APRENDER COM A CRIANÇA

PINTURA

"Pode-se afirmar que o 'si mesmo' só se torna real quando é expresso nas ações da pessoa no espaço e no tempo."

Marie Louise von Franz, *Alquimia*

CRIATIVIDADE PODE SER A POSSIBILIDADE DE EXPRESSÃO ESTÉTICA.

Em nossas leituras de textos de Piaget (2007), compreendemos que, para esse autor, a percepção é desde sempre imagem motora, isto é, mobilizadora de imagens. E que o sentimento é desde sempre ação. Algo nos afeta, nossa percepção mobiliza imagens, nossos sentimentos regulam as ações para dar vida a essas imagens: desenho, pintura, canto, fala, texto, movimento – tudo o que realizamos criativamente.

Se nossas ações são mobilizadas pelo afeto e reguladas pelos sentimentos e sensações, então elas são estéticas. São transformadoras, geram aprendizagem: constroem simultaneamente visão de si próprio / visão do mundo.

Essa permeabilidade entre mundo interno e mundo externo nos dá tranquilidade, felicidade para lidar com qualquer circunstância e, portanto, não nos exaure. Ao contrário, ela nos reanima. As crianças que recebemos na Educação Infantil são assim, criativas; para não as tirar do bom caminho, nós temos que aprender com elas.

Temos que recuperar procedimentos autorregulados e disciplinados da criança pequena.

Espiral de desenvolvimento – é preciso que nós, educadores, estejamos implicados subjetivamente nas situações, presentes, senhores do próprio eixo. Exercendo a própria criatividade de modo que se cumpra, para cada um de nós e para nossos alunos, uma espiral de desenvolvimento em que aprendizagem, criação, transformação e conhecimento sejam equivalentes.

Experiência estética

A força da imaginação
Dona Ivone Lara e Caetano Veloso

FORÇA DA IMAGINAÇÃO, VAI LÁ
O QUE A MÃO AINDA NÃO TOCA
O CORAÇÃO UM DIA ALCANÇA
FORÇA DA IMAGINAÇÃO

É possível que seja devido às virtudes purificadoras da observação que, ao desenhar, artistas se refiram à felicidade da soltura no gesto e no movimento da mão. Soltura como suspensão da tirania do pensamento – em geral crítico e exigente. Entretanto, suspensão do pensamento não nos faz ingressar necessariamente em uma suposta irracionalidade, mas em um modo de agir com prevalência sensível, ou mobilizado esteticamente, tal como fazem as crianças.

Essas ações podem abrir espaço para uma espécie de conhecimento revelado – ou intuído – subtraído que foi da tirania do julgamento crítico e da lógica causal. E é possível que seja por intermédio dessas ações transformadoras que se produzam as grandes descobertas.

Observou Matisse (2007):

> *Se confio em minha mão* ao desenhar, é porque, enquanto eu a habituei a me servir, sempre me esforcei em não deixar que ela se adiantassse a meu sentimernto. A mão é apenas o prolongamento da sensibilidade e da inteligência. Quanto mais flexível, mais obediente ela é.
>
> MATISSE, Henri. *Escritos e reflexões sobre arte*. Tradução Denise Bottmann. São Paulo: Cosac Naify, 2007. p. 267. (Grifo do autor.)

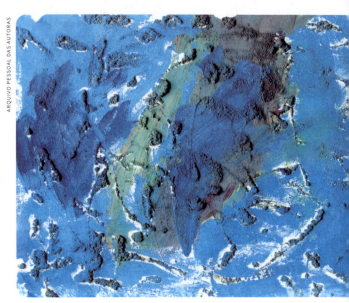

Alex (5 anos e 8 meses). Areia, cola e guache sobre papel cartolina.

Afeto e percepção

Se as coisas – aquelas feitas pelo homem – não estão prontas, como ganham existência? Uma pintura, por exemplo, como nasce, cria problemas, admite soluções, chega a ser um quadro pronto? Por um pintor que a concebe e realiza; mas como, com quais procedimentos ele faz seu trabalho?

Em primeiro lugar, compromete-se com seu próprio afeto, com o modo como sente ou percebe as coisas.

Em *Arte como experiência* (2010), o filósofo e pedagogo norte-americano John Dewey (1859-1952) nos esclarece, ao longo de dez conferências realizadas na Universidade de Harvard, em 1931, como a pintura ganha existência quando o indivíduo se lança em uma experiência completa, ou estética. Nesse tipo de experiência, há

> A energia pede passagem ou expressão, alia-se à imaginação para um embate de forças com materiais e substâncias até se realizar ritmicamente na experiência estética que resulta em uma pintura.

GLOSSÁRIO
Estética

uma energia provocada por emoção, sensação ou percepção de uma criatura viva em sua interação com a natureza e com as pessoas.

Para Dewey, estamos no campo estético quando não há dissociação entre sujeito e objeto, entre razão e imaginação, entre forma e conteúdo, e entre corpo e mente.

Observa-se nas ações das crianças essa energia que se expressa em movimentos, que se organiza ritmicamente à procura de um equilíbrio ou harmonia sempre dinâmicos – e não estáticos.

PRÉ-ESCOLA

MATERIAIS GRÁFICOS

VÍDEO
Móbiles da ação – crianças e pinturas
Monique Deheinzelin

Sequência de três pinturas com guache nas três cores primárias, em que o ritmo das pinceladas rege sua pesquisa com cores.

Energia e movimento 1.
Sabrina (1 ano e 7 meses).

Energia e movimento 2.
Sabrina (1 ano e 7 meses).

Energia e movimento 3.
Sabrina (1 ano e 7 meses).

Experiência estética – reflexão

Há espaço e tempo, nas escolas de Educação Infantil, para experiência estética?

> A experiência é uma questão de interação do organismo com seu meio, um meio que é tanto humano quanto físico, que inclui o material da tradição e das instituições, bem como das circunvizinhanças locais.
>
> DEWEY, John. *Arte como experiência*. Organização Jo Ann Boydston. Tradução Vera Ribeiro. São Paulo: Martins Fontes, 2010. p. 430.

Experiência estética 1. Alan (5 anos e 6 meses).

Experiência estética 2. Alan (5 anos e 6 meses).

Cores e ritmo das pinceladas atestam mergulho na própria experiência estética. Alan empregou guache, com suporte de papel cartolina.

Pedro (5 anos e 7 meses).
Material: areia, cola e guache sobre papel cartolina.

Nesta pintura, a maestria do Pedro, autor, em deixar três janelas para cada uma das cores primárias, enquanto ao redor ele realiza uma dança muito apurada de cores secundárias, terciárias e complementares. O equilíbrio rítmico resultante provoca impacto estético no espectador. Disse a ele:

– Pedro, você é um pintor.

Ele respondeu:

– Eu sei.

Desenho ou cor?

Há pelo menos três séculos, pintores procuram situar-se, tanto em seus trabalhos quanto em suas reflexões, no debate sobre o que é mais importante na pintura – o desenho ou a cor.

Delacroix, Monet e Seurat — uma característica forte da pintura romântica de Eugène Delacroix (1798-1863) é a criação da forma e expressão do movimento pela cor e a divisão em tonalidades, criando assim um método de pintar que os pintores impressionistas e "pointilistas", como Claude Monet (1840-1926) e Jean Seurat (1859-1891), respectivamente, levaram em consideração.

O pintor francês Eugène Delacroix escreveu em seu *Diário*:

> Os coloristas, que são aqueles que possuem todas as partes da pintura, devem estabelecer ao mesmo tempo, e desde o início, tudo aquilo que é próprio e essencial a sua arte. Eles devem modelar com a cor assim como o escultor modela com a argila,

o mármore ou a pedra; seus esboços, assim como os do escultor, devem também apresentar a proporção, a perspectiva, os efeitos e a cor.

LICHTENSTEIN, Jacqueline (Org.). *A pintura: o desenho e a cor*. São Paulo: Editora 34, 2006. v. 9, p. 110.

Quando observamos as crianças pintarem, vemos que elas se deixam conduzir pelas sensações que as cores provocam, sem preocupação formal. Com seus procedimentos, aproximam-se muito mais do pintor Delacroix do que de nossas exigências na Educação Infantil, em que o desenho deve ser garantido, e que pintar é colorir as formas desenhadas.

Gestos, movimentos, texturas e densidades – nas atividades de desenho, as crianças produzem traços decorrentes de seus gestos e movimentos. E nas atividades de pintura, elas produzem massas de cores, com texturas e densidades reguladas em sua ação expressiva. Em ambos os casos, nossa responsabilidade consiste em oferecer os materiais adequados – lápis e caneta para o desenho, tintas e pincéis para a pintura. Com os mais variados suportes. É muito importante que as crianças possam criar suas próprias cores, pois só assim exercem ou expressam toda gama de sua sensibilidade: o que se obtém na tela ou papel encorpado corresponde à escala interna de emoções. Eis o motivo pelo qual enfatizamos que se deve oferecer às crianças apenas as três cores primárias a partir das quais gamas infinitas de cores podem ser criadas.

Thamires (5 anos e 2 meses). Casa do Aprender, Osasco, SP, 2001. Com tinta guache, cola branca e areia, Thamires cria um universo próprio, cheio de sutilezas no modo de combinar massas de cor.

Alternativa 1 – oferecer apenas uma das cores, digamos, o azul ciano, tinta branca e tinta preta para que as crianças possam explorar as tonalidades mais escuras e mais claras da cor primária empregada.

Alternativa 2 – colocar à disposição uma paleta (que será sempre individual) com as cores primárias nos dois sistemas, , de modo que pouco a pouco a criança vá configurando suas próprias preferências de cores e tons.

GLOSSÁRIO
Textura

Eugène Delacroix. *O mar do alto do Dieppe*, 1852. Museu do Louvre, Paris, França.

Dicas do pintor
Henri Matisse

As cores podem ser multiplicadas pelo branco nas gradações ou quando adicionadas ao preto.
– Que diferença entre um preto tingido de azul-da-prússia e um preto tingido de azul-ultramar!
O preto com o azul-ultramar tem o calor das noites tropicais; o tingido com azul-da-prússia, o frio das geleiras [...] (MATISSE, 2007, p. 229).

Henri Matisse. *Zorah no terraço*. 1912.
Óleo sobre tela, 115x100 cm.
Museu de belas Artes Pushkin, Moscou, Rússia.

Para Matisse, não existe alegria maior para o pintor do que preservar o frescor das próprias percepções e exprimi-las pela cor. Diz ele:

As cores possuem uma beleza própria que deve ser preservada, assim como em música procura-se preservar os timbres. Questão de organização, de construção, de modo a manter esse belo frescor da cor. [...]
Uma avalanche de cores perde a força. A cor só atinge sua plena expressão quando é organizada, quando corresponde à intensidade emotiva do artista. [...]
A cor é acima de tudo, talvez ainda mais do que o desenho, uma libertação. A libertação é o alargamento das convenções, os meios antigos renovados pelas contribuições da nova geração. [...]
Em pintura, as cores só mantêm seu poder e eloquência se empregadas em estado puro, quando seu brilho e pureza não foram alterados, reduzidos por misturas adversas a sua natureza (o azul e o amarelo, que formam o verde, podem ser apenas justapostos e não misturados, pois aí pode-se usar o verde fabricado pela indústria, assim como, para o alaranjado, a mistura do vermelho e do amarelo resulta apenas num tom sem pureza nem vibração). É evidente que as cores empregadas em estado puro ou graduadas com branco podem render mais do que sensações na retina: elas ganham com a riqueza mental de quem lhes dá vida (MATISSE, 2007, p. 223, 224, 225, 229).

Em 1952, com 83 anos de idade e menos de dois anos antes de sua morte, Matisse afirma:

É preciso olhar a vida com olhos de criança. Criar é próprio do artista – onde não há criação, não existe arte. Mas seria um engano atribuir esse poder criador a um dom inato. Em matéria de arte, o autêntico criador não é apenas um ser dotado, é um homem que soube ordenar em vista de seus fins todo um feixe de atividades, cujo resultado é a obra de arte. É por isso que a criação, para o artista, começa pela visão. Ver já é uma operação criativa e que exige esforço. Tudo o que vemos na vida corrente sofre maior ou menor deformação gerada pelos hábitos adquiridos, e esse fato talvez seja mais sensível numa época como a nossa, em que o cinema, a publicidade e as grandes lojas nos impõem diariamente um fluxo de imagens prontas, que, em certa medida, são para a visão aquilo que o preconceito é para a inteligência. O esforço necessário para se libertar delas exige uma espécie de coragem; e essa coragem é indispensável ao artista, que deve ver a vida toda como quando era criança; e a perda dessa possibilidade lhe tira a oportunidade de se exprimir de maneira original, isto é, pessoal (MATISSE, 2007, p. 370).

Henri Matisse. *O caracol*, 1953. Guache sobre papel recortado e colado sobre papel branco, 287 cm × 288 cm. Tate Modern, Londres, Inglaterra.

Água

Quem já foi professor de crianças de 2, 3 anos de idade sabe o fascínio que atividades de transvasamento de água entre copinhos exerce sobre essas crianças.

Tinta dissolvendo-se na água – Nicolas, aos 2 anos e 2 meses, quis vir pintar conosco em sua creche Casa do Aprender. Dispunha de meia folha de cartolina branca de gramatura alta, um pincel grande de cerdas grossas e firmes chamadas orelha-de-boi, uma paleta com tinta guache nas três cores primárias a que já nos referimos, um vidro grande com água e um papel toalha para enxugar o pincel. Pintou um pouco sobre o papel, mas quando foi lavar o pincel, pôs-se a observar maravilhado o efeito luminoso da tinta dissolvendo-se na água.

> Experimentar o contínuo, a solvência, o frescor, o volume e as mudanças de estado da água são motivos de alegria para as crianças e podem motivar professores a propor a elas atividades significativas.

Com o pincel limpo e muito enxuto, pegou mais tinta na paleta e pintou um pouquinho mais; o que ele queria mesmo era ver o efeito da tinta na água:

Ficou roxa – *como a água estava azulada, com o magenta, ficou roxa.*

Ficou cinza esverdeado – *procedendo da mesma forma com a tinta amarela, a água ficou cinza esverdeado, já um tanto escura.*

Colorir água – pegou o pote e foi trocar a água suja por uma limpa, no tanque da sala de aula. Aquele verde lodo escorrendo nos azulejos brancos deixou-o fora de si... Voltou à mesa para pintar, mas seu interesse já era outro – colorir água, transvasá-la de vidros, lavar pincéis para colorir os azulejos. Mudou-se para o tanque, onde permaneceu por uns 40 minutos totalmente absorvido lavando o material de pintura dos colegas. Vendo que ele não se machucaria com os vidros, colocamos um avental de plástico que o cobriu até os pés. Eu teria aprendido muito com ele se tivesse podido observar seus procedimentos com a água.

A mesma tinta e suporte proporcionam sensações e efeitos muito diferentes conforme adicionamos mais ou menos água.

Tinta e água 1. Nicolas (2 anos e 3 meses). Casa do Aprender, Osasco, SP.

Tinta e água 2. Nicolas (2 anos e 3 meses). Casa do Aprender, Osasco, SP.

Observação: crianças do berçário

As crianças, todas com pouco menos de 2 anos de idade, pintam em um silêncio litúrgico – sérias, concentradas e limpíssimas. Muito cuidadosas com o material: Bianca segura o pincel com maestria. Às vezes se distraem com o entorno, às vezes é como se o mundo todo dependesse daquele cantinho do papel que estão pintando de magenta com um carinho impressionante. Não misturam as cores nos vidros, mas eu diria que a coordenação entre o que está acontecendo no papel e o olhar é uma conquista: várias vezes, Sabrina olhava inquisitivamente para o pincel como quem se perguntasse se tudo não estaria saindo dali.

Essa combinação de concentração – entrega total – com uma não consciência (será?) das próprias ações é intrigante.

Em que medida o que resulta no papel sensibiliza a eles próprios?

Existe um fascínio, um profundo mistério na materialidade da tinta e da cor: como fica no jornal que forra a mesa – quando vai parar lá por acaso; como fica nos dedinhos.

A mãozinha esquerda de Bianca (ela pinta com a direita) se abre e fecha em gestos experimentais, miméticos. Parece que seus gestos tentam mimetizar sensações. As crianças ficam muito sérias, a situação é de gravidade e torna-se para nós uma situação muito emocionante estar junto a elas. Quando as mãozinhas se mexem, assim, abrindo e fechando em gestos miméticos, intervém a representação. Talvez, então, o que dê esse caráter litúrgico seja o exercício profundo da função simbólica. As crianças não pegam na tinta diretamente, não melecam as mãos, não a põem na boca, é um ato mediado. Como se as crianças dissessem de algum modo – tenho que sentir com as minhas mãos o que acontece. Sentir com as mãos o que é o material, um instrumento de concretude não imediata. ■

Professora Eliete, Creche Casa do Aprender,
21 jun. 2001.

Concentrada durante 1 hora, Bianca (1 ano e 6 meses) mergulha na própria experiência estética.

MATERIAIS, SUPORTES E SITUAÇÕES

"Sentimentos, interesses, conhecimentos, devaneios, toda uma vida riquíssima, vêm ocupar o mais pobre dos minutos tão logo aceitamos as imagens materiais, as imagens dinâmicas. Um verdadeiro *impressionismo da matéria* expressa nosso primeiro contato com o mundo resistente. Nele encontramos a juventude de nossos atos."

Gaston Bachelard, *A terra e os devaneios da vontade*: ensaio sobre a imaginação das forças

A juventude de nossos atos está na infância!

Que oportunidades, na Educação Infantil, damos às crianças para brincar, interagir com água, com terra, com brinquedos que voam, caem, flutuam e até mesmo com o fogo de uma vela?

Grande força criadora da imaginação emerge do trabalho com materiais – desde que adequados a nossos desejos de expressão. Professores e instituições, não comprem lápis e canetas que não produzem traço satisfatório! Não utilizem papéis com pautas ou outras inscrições no verso, ou ainda finos demais para receberem grafite ou ponta de caneta. Testem o material antes de oferecê-lo à criança – o que não for bom para nós desenharmos também não será para a criança.

Lembremo-nos sempre que a Educação Infantil incide sobre os três anos cruciais na vida de uma pessoa.

Nossa intenção até aqui é compartilhar com o leitor a aliança entre observação e imaginação dinâmica – ou material –, que nos faz sair do estado indiferenciado inicial entre o mundo interno e o externo, o subjetivo e o objetivo, e que está na origem da criação e do conhecimento.

Depois de muitos anos de experiência com propostas de desenho às crianças, vendo-as desenhar, e desenhando, revelou-se que papel sulfite com lápis grafite tenro (6B) e cartolina com caneta hidrográfica preta de ponta com cerca de 1 mm compõem as melhores duplas. Lápis de cor e giz de cera e canetinhas coloridas são materiais de difícil manejo – especialmente os lápis de madeira com pedras de cor muito duras, que produzem pouco traço. Aqui se somam duas dificuldades: a escolha de cores e a produção de traço sobre o papel. A segunda é insolúvel, se o material for ruim. A primeira não pode ser negligenciada, e uma forma de colaborar com o desenvolvimento do desenho da criança é deixar algumas cores no estojo, tirando fora as cores terciárias como marrom e roxo, assim como preto e branco – ausência de luz e luz total, respectivamente. Podemos oferecer à criança grupos de cores complementares: azul – amarelo; verde – magenta; vermelho – azul ciano, entre outros. Especialmente com giz de cera, veremos que seus desenhos serão mais luminosos e expressivos, pois a criança desenhará mais tempo e com mais prazer.

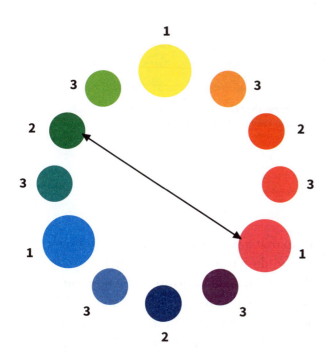

Círculo de cores complementares.
As cores de número 1 são primárias; as de número 2 são secundárias; as de número 3, terciárias.

COR É MATÉRIA-PRIMA ESSENCIAL NA PINTURA.

DESENHO É LINGUAGEM SENSÍVEL EM QUE TRAÇO, GESTO E MOVIMENTO CONJUGAM-SE NO RITMO PRÓPRIO DE CADA CRIANÇA.

Muitos autores têm excelentes contribuições para que possamos compreender, estimular e enriquecer o desenho da criança.

Lowenfeld – aprendemos com o arte-educador austríaco Viktor Lowenfeld (1903-1960) a ver, em *El desarrollo de la capacidad creadora* [*O desenvolvimento da capacidade criadora da criança*] (1972), etapas evolutivas do desenho que se tornam observáveis para nós: garatuja, garatuja circular, garatuja circular nomeada, pré-esquema, diagrama, esquema. Para Lowenfeld, o importante é o processo da criança, seu pensamento, seus sentimentos, suas percepções e reações afetivas ao ambiente. Na creche Casa do Aprender, em Osasco, SP, pudemos observar parte do percurso de crianças pintando, para compreender melhor o aprendido com Lowenfeld. Vendo as crianças trabalharem em suas pinturas, a percepção é de muito movimento, um movimento ordenado que parece buscar algo cujo resultado não se sabe a princípio. Elas próprias não sabem. Entretanto, algo as mobiliza – um afeto, uma sensação ou um sentimento.

Luquet – outro autor importante para compreender o desenho da criança é o filósofo francês Georges-Henri Luquet (1876-1965), pioneiro na observação do que ele chamou de realismo, com base nos desenhos de sua filha Simone. Seus primeiros trabalhos publicados nessa área são de 1910. O livro que influenciou nossa geração é *O desenho infantil* (1969), originalmente publicado em 1927. Para Luquet, a criança desenha o que ela sabe sobre aquilo que vê. Assim, por exemplo, no desenho de uma mulher grávida, vemos o bebê desenhado dentro de sua barriga.

Podemos propor às crianças um passeio purificador na realidade visível ou em desenhos feitos por artistas, com desenhos de observação, respeitando a materialidade do papel e do lápis e a postura do desenhista diante da cena. Deixar-se levar pelos delicados contornos de uma flor ou a pujança de uma planta, aspectos da paisagem, o rosto de um amigo, o interior da escola, a fotografia de um animal querido, ou uma natureza morta na mesa do professor pode ser instigante para o pensamento da criança, levando-a a procedimentos ao desenhar antes insuspeitados.

Wilian (4 anos e 10 meses). Desenho e pintura com guache evidenciam seu modo próprio de expressão.

Na caverna de Lascaux

Em uma quinta-feira, 12 de setembro de 1940, a caverna de Lascaux foi descoberta por quatro moços entre 15 e 18 anos, que moravam na cidadezinha de Montignac, no vale do rio Vézère, sul da França.

Uma senhora da localidade, que tinha enterrado uma mula em um buraco deixado por uma árvore caída, garantia que ali havia uma antiga passagem medieval subterrânea que levava até um castelinho construído no sopé do morro. Os rapazes foram até esse buraco, munidos de uma lanterna e decididos a explorar a passagem. Entraram e viram que em seu fundo havia outro buraco mais estreito; por ali jogaram uma pedrinha e ficaram ouvindo-a cair e correr durante um longo caminho. Munidos de uma pá, aumentaram sua abertura até que um deles, Marcel Ravidat, que tinha na época 16 anos, passou por ela e se projetou em pé no solo da caverna. Acendendo a lanterna, maravilhou-se com as pinturas representando animais nas paredes de pedra.

As pinturas na caverna são provavelmente datadas do começo da Idade Paleolítica Superior, entre 15.000 e 20.000 a.C. Foram feitas, portanto, por indivíduos do alvorecer de nossas espécies próximas, a quem chamamos *homo sapiens*.

Ao longo das paredes de rocha, vemos um tipo de cavalgada de animais. Mas essa animalidade é *para nós* o primeiro sinal impensado e ainda o vívido sinal íntimo de *nossa* presença no mundo real. As pinturas nos provocam uma emoção íntima e calorosa. Na caverna, ao contrário dos museus, somos assaltados por uma sensação clara e calorosa de presença.

BATAILLE, Georges. *Lascaux or The Birth of Art*.
Lausanne: Skira, 1955. p. 11. (Tradução nossa.)

Podemos imaginar a grande sala de Lascaux com andaimes, dezenas de lâmpadas iluminando-a, o grupo de pessoas mantendo o artista ou os artistas à custa do trabalho dos demais, até completar a criação. Andaime e lâmpada foram encontrados nas pesquisas arqueológicas em Lascaux.

Nota: As lâmpadas antigas (lamparinas) consistiam de um recipiente em que se mantinham acesas com fogo certas substâncias oleosas (gordurosas).

PROCEDIMENTOS

Como as imagens tão vivas dos animais ganharam existência nas paredes da caverna?

Norbert Aujoulat empreendeu ampla e multidisciplinar pesquisa em Lascaux, de 1988 a 1999, para compreender o que mobiliza o Homem de Lascaux a realizar desenhos e pinturas que nos afetam em alegria e vivacidade até os dias de hoje.

Os dados que se seguem encontram-se disponíveis em <lascaux.culture.fr>, coordenado por Norbert Aujoulat até a data de sua morte, em 2011. Nesse site, de informações precisas, as paredes da caverna recobertas de calcita branca são chamadas de **suporte** para **pinturas** e **desenhos**; quando se trata de material frágil, nossos ancestrais ali realizaram **gravuras**.

A **paleta** de cores era constituída de pigmentos de origem mineral: vermelhos da hematita, amarelos das goethitas e corantes negros sempre obtidos à base de óxido de manganês.

Em Lascaux, observa-se nas pinturas a pulverização ou a projeção de pigmentos. Ossos com furos, que podiam ser soprados, foram encontrados em buscas arqueológicas com restos de pigmentos. Foram achados também pilões para macerar minérios e obter pigmentos, três godês e plaquinhas de calcário e de xisto com pigmentos diluídos – provavelmente em água, uma vez que não havia vestígios de matéria orgânica nas pinturas, excluindo-se assim as emulsões a óleo, feitas a partir de gordura animal. Esses achados arqueológicos demonstram o contraste entre a excelência das obras e a simplicidade das técnicas e meios materiais empregados.

Como pintar um cavalo?

Em sua pesquisa, Norbert Aujoulat verificou que todos os cavalos na caverna de Lascaux foram realizados em uma mesma sucessão de gestos: traços da crina; flancos, com pigmento soprado ou pintura, em ocre ou vermelho; linha dorsal em um único traço preto; patas; cascos; rabo e, por fim, a cabeça.

Procedimento – essa sucessão de gestos com finalidade expressiva configura um **procedimento**, bem diverso da **técnica**, que é, por exemplo, o uso de um osso oco para soprar pigmento. Torna-se claro, na apreciação e análise temporal das figuras, que os procedimentos são passos concatenados de uma ação que busca ter êxito – neste caso, expressar um cavalo que corresponda à sensação estética, ao sentimento, ao afeto que o pintor sente pelo cavalo. Esses procedimentos abrem espaço para que cada um de nós, e de nossos alunos, expresse sua própria imagem interiorizada de um cavalo – desde que tenhamos experiência vital com esse animal: e esta é a condição essencial para toda geração de conhecimento.

Norbert Aujoulat verificou um encadeamento sistemático de composição das imagens: "O cavalo é sempre traçado primeiro, em seguida são os auroques – bovinos extintos em 1627 –, depois desenham os cervos".

Em seu livro, Aujoulat enuncia uma hipótese:

> Esse encadeamento sistemático de gestos e figuras responde a necessidades de ordem biológica, na experiência do Homem com fenômenos próprios de cada uma das estações do ano. Pois na primavera, o Homem de Lascaux defrontava-se com manadas de cavalos soltas no pasto abundante; no verão eram os auroques que apareciam em grande quantidade, em meio à rica biomassa daquela época, cerca de 20.000 anos atrás. E no outono, os veados, organizando-se para o rigor do inverno que virá.
>
> AUJOULAT, Norbert. *Lascaux, le geste, l'espace et le temps.* Paris: Seuil, 2004. p. 68. (Tradução nossa.)

Assim, de acordo com a interpretação de Aujoulat, tempo biológico e tempo cósmico ganham vida nas paredes da caverna de Lascaux.

Procedimento e aprendizagem

O que se pode aprender – desenhar, pintar, esculpir – com o Homem de Lascaux?

Teríamos que considerar:

- o **suporte**, com texturas, relevos, a morfologia das paredes da caverna;
- a **paleta** – cores obtidas de minérios, processadas em pilões, diluídas com água, colocadas em godês ou plaquinhas;
- a incidência da **luz** – por iluminação indireta, com a maravilhosa lâmpada de cerâmica encontrada em Lascaux.

MINISTÈRE DE LA CULTURE/
CENTRE NATIONAL DE LA PRÉHISTOIRE/
NORBERT AUJOULAT

Antiga lâmpada encontrada no chão da caverna de Lascaux. Era segurada pelo cabo ornado, acendendo com fogo a gordura animal colocada na parte côncava.

Os procedimentos específicos de cada uma das linguagens expressas – desenho, pintura e gravura – dependem do suporte, das técnicas desenvolvidas para as finalidades pretendidas, como é o caso dos pincéis, ossos furados para soprar pigmento, bastões de carvão para desenhar. Dependem, fundamentalmente, da ação transformadora de alguém, que dá vida a imagens interiorizadas, em gestos que imprimem movimento às figuras.

PROJETO
Pinturas rupestres

Podemos aprender com o Homem de Lascaux o uso de relevos e sobreposições para formar imagens, o modo de representar cavalos, os recursos expressivos de técnicas usadas, mas não podemos realizar sua ação. Isso não é ensinável, e precisamos sempre estar conscientes desse limite, pois procedimento é aquilo que ninguém pode fazer por nós.

Ofereceremos a nossos alunos meios para que possam realizar aprendizagens significativas. Mas a condição para que elas de fato ocorram é que os alunos se lancem em experiências estéticas, completas, nos termos de Dewey, em série de conferências publicadas em seu livro *Arte como experiência* (2010).

PRÉ-ESCOLA — **MATERIAIS GRÁFICOS**
RESENHA | LIVRO
Arte como experiência
John Dewey

PRÉ-ESCOLA — **MATERIAIS GRÁFICOS**
ARTIGO
O valor dos procedimentos em arte
Monique Deheinzelin
Revista *Nova Escola* n. 266

Pintura em pedras

Para realizar pinturas em pedras, é necessário dispor de pedras que possam permanecer pintadas, mas também pesquisar pigmentos que sejam indeléveis. A expectativa é que daqui a 10 mil, 20 mil anos, crianças de épocas vindouras possam contemplar nossos trabalhos atuais, assim como nós podemos contemplar aqueles realizados por nossos ancestrais.

Pintura em têmpera – o pintor Alfredo Volpi (1896-1988) começou a pintar afrescos em murais com 15 anos de idade e desenvolveu, ao longo da vida, uma linda pintura colorida em têmpera.

Aprendemos com Volpi como testar se um pigmento resiste ao tempo:

Pinta-se com a tinta uma plaquinha de madeira – como uma peça de dominó; metade da plaquinha fica exposta, a outra metade é coberta por outra plaquinha menor, pregada sobre a debaixo. Esse dispositivo é deixado durante um mês exposto ao sol e à chuva – sobre o telhado, por exemplo, como fazia Volpi. Depois de um mês desprega-se a plaquinha superior; se a cor estiver idêntica nas duas metades da plaquinha inferior, o pigmento está aprovado – resistirá ao tempo (não saberemos se por mais de 10 mil anos).

Volpi viajava pelos estados brasileiros em busca desses pigmentos, especialmente toda a gama de amarelos, laranjas, vermelhos, marrons-escuros que ele coletava do solo, esfarelava, peneirava até transformar a substância em um fino pó.

Preparação de têmpera – para uma boa têmpera solúvel em água, separa-se a gema da clara de um ovo. Passando a gema em uma peneira fina, tiramos a película que envolve a gema. Ao conteúdo da gema, acrescentam-se algumas gotas de óleo de cravo, que é poderoso conservante, perfuma a mistura e a emulsiona. Acrescenta-se pigmento em pó, ou aqueles comprados em lojas especializadas, ou terra peneirada – por exemplo. A têmpera é uma tinta muito fácil de usar, que dá excelente cobertura e que resiste bem ao tempo.

Podemos proceder da mesma forma, obtendo pigmentos de cores variadas acondicionados em vidros.

ATIVIDADE

Pintar pedra

Para pintar, teremos que dissolver pigmentos em uma emulsão, que, no caso da têmpera, é a gema de ovo. Mas a têmpera é usada sobre paredes preparadas, sobre tela ou madeira, e teremos que descobrir a mistura que melhor funcione sobre pedras, cada pessoa em seu entorno, com as riquezas de sua região. Imagino que as substâncias gordurosas sejam mais duráveis do que as solúveis em água: gordura animal, de coco, óleo de cozinha, de automóvel – é preciso pesquisar com os recursos disponíveis, que variam muito nos vários lugares desse nosso imenso Brasil. Uma vez pronta a pintura, é possível encerar a superfície pintada na pedra, para ainda melhor conservá-la; cera de abelhas, de carnaúba, de passar no chão – testá-las é o melhor.

Para aplicação da tinta sobre a pedra, é interessante acompanhar nossos iniciadores pré-históricos: usar espátulas de madeira; gravetos esgarçados na ponta; chumaços de fios de cabelo, ou de crina de animal; bambus ou ossos ocos. Neste último caso, a emulsão é aplicada na pedra e o pigmento, soprado por uma das extremidades do segmento oco preenchido com o pó colorido. Nossas crianças de 4, 5, 6 anos de idade ficarão encantadas por participar de atividades dessa natureza.

Arte rupestre no Brasil

Um estudo preliminar é, entretanto, necessário. Livros, revistas e o vasto mundo de recursos da internet podem prover alunos e professores, pois nem todos nós moramos próximos a São Raimundo Nonato, do Parque Nacional Serra da Capivara, cerca de 530 km de distância da capital Teresina, no Piauí. Esses felizardos podem ver as mais importantes e antigas pinturas rupestres brasileiras, ao vivo e em cores – estima-se que datam até de 100 mil anos.

Pintura e estudo do meio – tudo isso envolve um estudo do meio – algumas pedras de médio porte podem ser levadas até a escola, mas o ideal é pintar naquelas que a circundam, no meio rural

Diferentes formas, cores e materiais em pinturas parietais no Parque Nacional Serra da Capivara.

ou litorâneo. Nas grandes cidades, sabemos que tudo isso se torna mais difícil. A extensão e a profundidade do estudo do meio realizado dependem da disponibilidade de tempo e das necessidades do projeto. Possibilitam também um estudo mais aprofundado dos tipos de solo (de onde podem ser colhidos pigmentos), da fauna e flora, de cavernas.

É interessante realizar anotações e desenhos durante o passeio – que depois poderão evoluir para estudos ou esboços, sobre papel, dos desenhos que serão impressos na pedra.

Em suas várias etapas, esse projeto de pinturas rupestres pode acompanhar todo o ano letivo, com registros parciais, mensais, do trabalho realizado.

GLOSSÁRIO
Pintura rupestre

O desenho como expressão

Projeto e fotografias: Maria da Paz Melo. E. M. Valéria Junqueira Paduan, Santa Rita do Sapucaí, MG.

O projeto surgiu da ideia de trabalhar o desenho em outras superfícies usando materiais inusitados, fora do papel e lápis.

O aluno está acostumado a um padrão, e esse padrão exige dele uma perfeição que não existe, que é um desenho um pouco massificado, estereotipado, então eu saí desse universo.

– *Vamos desenhar como vocês veem na cabeça de vocês. Cada um vai ver de um ângulo diferente, né?*

O desenho, ele tem que ter a cara da criança. Ele tem que ter o olhar dela, a personalidade dela.

Trabalhar fora da sala de aula, no espaço externo da escola, proporciona à menina um outro olhar.

Liga-ponto

– Todo mundo já fez liga-ponto? Alguém já fez alguma vez?

Para trabalhar a sintaxe visual, a gente começa com um ponto. A partir do ponto você desenvolve ponto, linha, formas orgânicas, formas geométricas e textura. A partir daí, começamos a trabalhar também esculturas.

Luiz Miguel (5 anos). Desenho com anilina sobre saco plástico.

Nayara (5 anos). Colagem, pintura e desenho usando flores secas coletadas no pátio da escola.

Escultura e desenho

As imagens que a gente usou foram a partir de DVDs e dos livros de artes que eu tenho aqui na sala. E a partir dali eles conseguem ter as ideias, ter os *insights* e aí começar a elaborar o trabalho deles.

Essas peças que foram, por sinal, também desenhadas. Tudo o que foi feito, foi desenhado. Sempre tem que deixar claro para o aluno:

– Você vai trabalhar com o que está caído no chão. Nós podemos usar o material que a natureza dispõe? Nós podemos. Mas nós vamos usar o material que ela já descartou.

As vezes eles me questionam:

– Eu não sei o que eu faço com isso!

– É simples, você tem que pensar!

 GLOSSÁRIO
Sintaxe visual

Desenho de observação. Carvão e tintas guache, branca e preta, sobre papel Kraft.

"Um outro tipo de desenho que é o movimento, que é o corpo, que é a cor." *Maria da Paz Melo*

Desenhar com o material orgânico que é encontrado debaixo das árvores teve uma dimensão muito grande.

Crianças pesquisam em livros de arte disponíveis para elas.

Desenhos de Friedensreich Hundertwasser (1928-2000) servem de inspiração para usar vários materiais.

De pontos e linhas fluem figuras, favorecidas pelo uso expressivo de marcadores e anilina sobre a textura transparente do plástico.

A escultura de Duchamp, *Roda de bicicleta*, 1903, recriada como desenho.

Caderno do artista

O projeto mudou totalmente a autoestima dos alunos. Como é que essas crianças conseguem criar? Como é que essa criança apreende tudo isso que ela está vendo e tudo isso que ela está ouvindo e transforma em outra coisa totalmente diferente? ■

> Esse processo do aprendizado, ele realmente é uma coisa que me deixa encantada.

O caderno contém percursos criadores de cada um dos alunos, sendo suporte para as mais variadas técnicas.

Liria e Victor Hugo (4 anos). Colagem usando embalagens protetoras de caixas de maçã.

A alegria de rever e mostrar desenhos do próprio caderno.

MELO, Maria da Paz. Prêmio Educador Nota 10, 2014. YouTube, 28 out. 2014. Disponível em: <goo.gl/KdPkvM>. Acesso em: 02 fev. 2018. Transcrição de trechos do áudio do vídeo.

PARA AVALIAR
OBSERVAR, ESCUTAR E REGISTRAR

Avaliação em artes visuais

A primeira condição para avaliar um desenho ou pintura da criança, um projeto de trabalho ou um percurso de criação em arte é se deixar afetar pela produção da criança, longe, bem longe, de preconceitos, estereótipos e imagens massificados.

Precisamos aprender com a criança a ver o que está acontecendo ao longo de seu processo de criação.

Os trabalhos precisam estar visíveis, acessíveis, para que todos possam contemplá-los, voltar a vê-los, pensar em desdobramentos, em outros caminhos, conversar com as outras crianças sobre o que se vê.

Fita crepe – uma boa dica é manter um rolo de fita crepe no pulso. Corte com a outra mão pedaços de mais ou menos 5 cm, encoste as duas pontas com o lado de cola para fora – um lado vai aderir em cada um dos quatro cantos no verso do desenho, e o outro vai na parede ou superfície onde o trabalho ficará visível. É prático, pode ser colocado e retirado com facilidade, não danifica o trabalho.

Ao longo do ano podemos combinar formas de guardar, distribuir e expor os trabalhos.

Exposições temporárias

É muito importante que o espaço viva com aquilo que é produzido no dia a dia pela criança. Podemos colocar trabalhos na parede, sem seleção prévia, por impulso, necessidade ou iniciativa da criança. Também colocar referências de imagens – reproduções de obras de outros artistas, fotos de objetos, flores e folhas secas, o que foi significativo para a vivência do grupo naquele dia. Ao mesmo tempo, outras produções ganham força, substituem aquelas expostas que vão para a pasta da criança, ou para seu portfólio.

Distribuição na roda

Ao menos uma vez por mês, é bom sentar em roda e distribuir desenhos e pinturas, que as crianças colocam em uma mesma prateleira ou caixote. Alguns desses trabalhos estarão sem nome, inacabados, ou fora da lembrança. Olhando um a um para guardá-los em pastas individuais, as crianças reconhecerão o que é seu e o que é do colega e farão comentários, como:

- *Como você conseguiu este verde?*
- *Ficou legal, você usou muita água, e eu, pouquinha.*
- *Vamos desenhar juntos?*

As crianças tendem a conversar sobre sua experiência estética e não fazer julgamento do tipo bonito ou feio, certo ou errado. Podemos, com elas, tentar adjetivar os trabalhos usando termos da sensação estética de como os trabalhos nos afetam – por exemplo, molinho ou duro, claro ou escuro, leve ou pesado –, e tentar associar essas impressões com os procedimentos usados – cores e texturas, mais água menos água, e assim por diante. Podemos também olhar para as variações de cores, de figuras e texturas e procurar ver como atendem as necessidades expressivas de cada criança. Para nós, professores, esses comentários são muito importantes para pensarmos que atividades, materiais e suportes propor para a criança.

Portfólio

O portfólio consiste em uma pasta ou local contendo produções de cada uma das crianças.

> Cada um dos portfólios apresenta o modo de ser da criança e sua evolução ao longo do ano, e é por isso essencial e muito valioso.

Assim, o portfólio serve o percurso criador da criança, que pode sempre voltar aos arquivos para relembrar e se situar. Além disso, o propósito de portfólios é prover recursos para realizar uma avaliação processual e contínua.

Exposições

Uma exposição corresponde à uma mostra dos trabalhos, organizada e sistematizada. Para realizá-la, são previstos os seguintes passos:

SELEÇÃO

Quais e quantos trabalhos serão expostos?

A quantidade pode ser avaliada em função do espaço onde vai ocorrer a exposição. Quanto à seleção, é preciso estabelecer critérios de comum acordo. Exposições em larga escala, como bienais (grandes exposições coletivas e internacionais que acontecem a cada dois anos), têm um ou mais curadores. Os curadores elegem um tema para a mostra, selecionam e convidam artistas para participar. Na Educação Infantil, o ideal é que as crianças conversem e cheguem a um consenso; verão que elas são sensatas e cordiais, e que nesse caso não se pautam por motivos de competição. Poderão eleger um tema e um título para a exposição.

ORGANIZAÇÃO

Uma vez selecionados os trabalhos, é preciso fixar uma data para a abertura da exposição, decidir se os trabalhos terão legenda (nome e idade do autor, comentário sobre seu próprio trabalho) e coletivamente escrever uma apresentação. O professor será escriba do texto oral que as crianças vão falando. Uma vez posto um texto no papel, o professor lê o que já foi escrito, pergunta se está bom, acrescenta outras partes, até que, também por consenso, se chegue à redação final do texto de apresentação, que será impresso e poderá fazer parte de convite ou *folder* de divulgação. Nessa altura, o grupo já terá preparado os suportes no espaço expositivo – onde e como os trabalhos serão apresentados. Já nos referimos à inconveniência de enfeites feitos pelos adultos, como flores de papel crepom, borboletas, molduras de papel brilhante.

> Trabalhos de crianças falam por si e são suficientemente eloquentes.

DIVULGAÇÃO

O objetivo de realizar uma exposição é compartilhar com a comunidade escolar os trabalhos realizados durante um semestre ou ano letivo. Além de pais e familiares, crianças de outras salas e idades, assim como de outras escolas estarão presentes na abertura (*vernissage*, que quer dizer "envernizar" em francês – o acabamento final dos artistas antes da inauguração). Para contar com a presença dos visitantes, é preciso anunciar a exposição, distribuir convites, colocar cartazes em lugares estratégicos. Um livro de registro dos visitantes pode ficar aberto na entrada do espaço expositivo. Depois, é só colher elogios! E registrar, com observações, fotos, vídeos e desenhos, as impressões de artistas e visitantes ao longo da exposição.

MATERIAIS DE AVALIAÇÃO

CRECHE

ATIVIDADE HABITUAL
Percurso de criação

EMPILHAR, DERRUBAR E RECONSTRUIR

> "Tudo à perfeição talvez se aplainasse
> Se uma segunda chance nos restasse."
>
> Goethe *apud* Walter Benjamin,
> *Reflexões sobre a criança, o brinquedo e a educação*

"A criança age segundo essa pequena sentença de Goethe. Para ela, porém, não bastam duas vezes, mas sim sempre de novo, centenas e milhares de vezes. Não se trata apenas de um caminho para assenhorear-se de terríveis experiências primordiais mediante o embotamento, conjuro malicioso ou paródia, mas também de saborear, *sempre* de novo e de maneira mais intensa, os triunfos e as vitórias."

Walter Benjamin, *Reflexões sobre a criança, o brinquedo e a educação*

Os brinquedos e brincadeiras de nossa infância costumam ficar marcados em nossa memória. Quem não se lembra de construir castelos na areia da praia ou com blocos de madeira?

Nos anos 1960 e 1970, o Pequeno Arquiteto era um brinquedo muito popular – e aliás, continua existindo até hoje. Esse conjunto de blocos de madeira, de diversos formatos, possibilita a construção de diferentes estruturas tridimensionais: cidades, castelos, pontes, garagens para carrinhos. Mas não é necessário comprar esse material para proporcionar esse tipo de experiência para as crianças.

> Leontiev chama de "brinquedos de largo alcance" os materiais não estruturados, como sucatas e elementos da natureza, que potencializam as experiências criativas das crianças, pois podem se transformar em muitas coisas.
>
> LEONTIEV, A. N. Os princípios da brincadeira pré-escolar. In: VIGOTSKI, L. S.; LURIA, A. R.; LEONTIEV, A. N. *Linguagem, desenvolvimento e aprendizagem*. São Paulo: Ícone, 1994. p. 131.

Ter disponível em sala materiais como caixas retangulares, embalagens cilíndricas, latas de diferentes tamanhos, cones, carretel de linha, pedaços de cabo de vassoura, tubos (de papelão, tecidos, filme ou alumínio), tampinhas de plástico, pedrinhas, sementes, embalagens vazias de leite longa

Construir é um desafio que sempre fez parte das brincadeiras das crianças.

PRÉ-ESCOLA — **MATERIAIS GRÁFICOS** — **AMBIENTES LÚDICOS**

vida ou sucos possibilita que as crianças explorem ações, atribuindo diferentes significados aos objetos: um pedaço de madeira vira um carrinho, logo depois se transforma em uma ponte ou na parede de um castelo. Esses objetos podem ser utilizados para criação de cenários lúdicos variados.

Ao construir, as crianças exploram as diferentes características e propriedades dos materiais, testando seus limites e descobrindo o que podem fazer com cada um deles. As peças podem ser empilhadas de

Intervenções dinâmicas

Novas dimensões

Durante a brincadeira, é possível fazer algumas intervenções com o intuito de mudar a dinâmica, enriquecer a construção e torná-la mais complexa ou para favorecer a interação entre as crianças. No entanto, é importante tomar cuidado para não interromper nem comprometer a espontaneidade.

Construir com blocos no chão cria a possibilidade de olhar a própria construção por diferentes pontos de vista.

diversas maneiras. Como não possuem nenhum tipo de encaixe, é preciso buscar o equilíbrio entre elas, e o que se monta pode ser desfeito com muita facilidade. Nesse sentido, para construir é preciso ajustar a ação às características do material utilizado considerando tamanho, equilíbrio e resistência entre as peças. Construções com caixas de papelão médias e grandes desafiam as crianças a resolver problemas em um espaço maior. Blocos de madeira ou caixinhas pequenas possibilitam construções em espaços menores e exigem maior controle dos movimentos.

> Uma possibilidade é oferecer novos materiais, de diferentes tamanhos e formas, ou brinquedos como carrinhos, bonecos e animais, desafiando as crianças a construir pontes, garagens e abrigos de diversas alturas e larguras para comportar os brinquedos de diferentes tamanhos.

"**CONSTRUIR COM PEÇAS** DE ACORDO COM UM MODELO OU INTENÇÃO SURGE A POSSIBILIDADE DE RECONSTRUIR O REAL."

MACEDO, L.; MACHADO, N.; ARANTES, V. *Jogo e projeto*: pontos e contrapontos. São Paulo: Summus, 2006. p. 67.

Construir uma "casa para animais" ou uma "garagem" desafia as crianças a considerar seu tamanho na escolha e na organização dos materiais.

- *Como fazer uma garagem para um pequeno carrinho?*
- *E para um caminhão?*

Ao construir, as crianças podem observar as diferentes disposições dos blocos para conseguir estabilidade.

A experiência de construção se estende na exploração e na criação de novos espaços.

Uma possibilidade interessante é oferecer às crianças representações planas de construções para que elas as reproduzam em um espaço tridimensional.

Caso a escola tenha vários tipos de blocos de encaixe, é importante separá-los em caixas ou potes diferentes, para viabilizar as construções.

É importante garantir uma quantidade de blocos adequada para que as crianças realizem seus projetos.

Se o material for insuficiente para todas as crianças, é importante oferecer alternativas. Por exemplo, cada subgrupo pode trabalhar com materiais de construção diferente.

É possível também propor atividades de construção em pequenos grupos ou em duplas para permitir tanto o intercâmbio verbal quanto a adequação da própria ação em função da participação do colega. Por exemplo, para desafiar as crianças a construir a torre mais alta possível com uma quantidade determinada de embalagens, os grupos precisarão considerar o objeto que o colega colocou, procurando o equilíbrio para que a torre não caia.

O tipo de material utilizado para construir as torres suscita diferentes reflexões. É muito diferente empilhar potes iguais de achocolatado em relação a cones de linha ou ainda caixas de diferentes formatos. Algumas perguntas podem ajudar nessa reflexão:

- *Quais são os materiais que dão melhor sustentação à torre?*
- *Como empilhar cada tipo de material? De pé ou deitado? Por quê?*

PRÉ-ESCOLA

MATERIAIS DE AVALIAÇÃO

ATIVIDADE HABITUAL
Empilhar, derrubar e reconstruir

Blocos de encaixe são estáveis e oferecem a possibilidade de criar objetos que podem ser deslocados para brincar.

MELECAS E MASSINHAS

"Modelagem! Sonho de infância, sonho que nos leva de volta à nossa infância! Foi dito frequentemente que a criança reunia todas as possibilidades. Crianças, éramos pintor, modelador, botânico, escultor, arquiteto, caçador, explorador. E o que aconteceu com tudo isso?"

Gaston Bachelard, *A terra e os devaneios da vontade: ensaio sobre a imaginação das forças*

Com a mão na massa

Todos nós, que trabalhamos com Educação Infantil, sabemos da importância das misturas para as crianças. Por exemplo, crianças em um tanque de areia, realizando experiências de transvasamento de água e areia em copinhos de plástico, ficam absorvidas horas e horas a fio se as deixarmos.

Que tipo de conhecimento ali está sendo engendrado?

Vamos lembrar que a conservação dos volumes, quando a pessoa compreende que um copo alto e estreito pode conter a mesma quantidade de líquido que um largo e curto, é esperada apenas em torno dos 10, 11 anos. De modo que não é o pensamento operatório que ali se prepara, ou não apenas este, mas toda a dimensão da imaginação humana que se baseia na experiência, no manuseio, na mistura, em massas, substâncias que se transformam pela nossa ação.

Receita de massa

Aqui, adiantamos uma receita de massa que fazemos com as crianças.

Ingredientes
- 1 quilo de farinha de trigo
- 1/2 quilo de sal
- Corante alimentício da cor desejada
- Óleo de cozinha

Modo de fazer – sente-se no chão, em roda com as crianças. Em uma bacia, misture a farinha, o sal (que tem aqui a função de conservante), e a porção de corante alimentício para chegar à tonalidade desejada. Coloque umas duas colheres (de sopa) de óleo. Vá acrescentando água aos poucos, procurando dar unidade à massa até chegar a uma única bola, ao mesmo tempo maleável e sem esfarelar. Reparta a bola em porções iguais para dá-las a cada criança de sua sala.

Que poder de encantamento tem esta massa para as crianças?

Esse longo tempo passado a fazer das bolas, cobrinhas; das cobrinhas, bonecos; dos bonecos, cachorrinhos, e assim por diante, revela um grande prazer que é, ao mesmo tempo, sensorial e cognitivo, sem dissociações entre sentir e agir.

Esse tipo de prazer teve no filósofo francês Gaston Bachelard um grande intérprete, procurando ver na literatura manifestações de uma "tese que afirma o caráter primitivo, o caráter psiquicamente fundamental da imaginação criadora" (BACHELARD, 1991, p. 2).

> Para Bachelard, a imaginação criadora produz o que ainda não existe, e o faz no embate ou convívio com a matéria.

As crianças pequenas conhecem o mundo por meio da ação e das sensações.

Ao explorar misturas e texturas, a criança testa e descobre possibilidades, por isso, o trabalho com melecas deve fazer parte do cotidiano da Educação Infantil. Trata-se de uma prática que pode ocorrer todos os dias, ou dia sim, dia não.

Fazer melecas é algo simples, basta farinha e água, mas possibilita muitas descobertas. Enquanto mexem na massa, as crianças podem observar o que acontece quando misturam os ingredientes, as mudanças de consistência e temperatura da massa. Podem aprender que quanto mais farinha se junta à água, mais densa a mistura fica, e que quando se coloca muita água, a massa escorre pelas mãos.

Organização – antes de propor as melecas, o espaço precisa ser organizado. Os recipientes podem ser bacias e vasilhas de diferentes tamanhos. É importante, também, dispor papéis no chão, na mesa ou na parede para que as crianças possam deixar suas marcas. Se for necessário, o piso pode ser forrado com jornal e as crianças podem usar uma camiseta velha ou avental por cima da roupa.

Interações – durante o trabalho é importante observar as reações das crianças e a interação entre elas. Pode ser que algumas queiram passar a mistura no corpo ou no cabelo. Outras podem se mostrar receosas em pegar a mistura, pois às vezes a textura causa estranheza. Quando isso ocorrer, o professor pode oferecer algum instrumento, como um palito de sorvete ou colher, que permita um contato indireto com a massa. Pode também mexer na massa com suas próprias mãos, convidando as crianças a participar dessa exploração.

Substâncias – para proporcionar experiências mais ricas para as crianças, podem-se utilizar diferentes ingredientes. Misturar água com sagu, goma de tapioca, amido de milho, sal ou óleo de cozinha cria texturas diferentes. Cores podem ser acrescentadas com o uso de gelatina em pó com cores fortes ou corante alimentício. É possível utilizar também terra, areia, folhas, sementes, xampu e cola. Mas é preciso ter cuidado, pois as crianças pequenas costumam colocar a massa na boca.

Texturas – embora seja interessante variar as combinações dos produtos utilizados para fazer as melecas, é possível também repetir os materiais para que as crianças possam reviver a experiência e testar variações, como a densidade da massa, acrescentando mais água ou mais farinha. Como a textura nunca fica exatamente igual, é interessante pensar em por que a mistura ficou diferente:

• *Será que puseram mais cola, mais farinha, mais água?*

As massas mais moles podem ser esparramadas sobre alguma superfície e utilizadas para desenhar com o dedo, palitos ou gravetos. As mais duras podem ser usadas para modelar ou fazer comidinha para o faz de conta.

Experiência – conversar com as crianças sobre a experiência que estão vivendo cria um contexto favorável para que descrevam as mudanças que observam ao misturar diferentes materiais. Algumas perguntas podem ajudar:

- *O que acontece se acrescentarmos mais farinha?*
- *E se colocar mais água?*
- *Qual massa ficou mais grudenta?*
- *Qual é mais fácil de modelar?*
- *Dá para desenhar com essa massa?*
- *O que aconteceu com a cor da massa?*

As melecas

As melecas oferecem uma infinidade de possibilidades. Experimentar misturas mornas, como um mingau de água e farinha, ou geladas, de amido de milho e anilina, passar a massa por um escorredor de macarrão, acrescentar um pouco de tinta em melecas mais líquidas e observar como a cor se mistura. Os maiores podem experimentar cortar com a tesoura uma meleca de consistência mais densa, acrescentar à massa alimentos ralados como beterraba, cenoura ou coco e observar quando e como muda a cor.

Receitas de massas e melecas

Fazer melecas também pode envolver práticas de leitura e escrita de receitas (veja mais no Capítulo 3), ao acompanhar a leitura de uma receita ou registrar coletivamente a receita de uma mistura que foi especialmente apreciada pela turma.

Areia movediça

Tempo de preparo – 20 min.
Dificuldade média.
Rendimento: 15 crianças.
(Indicado para crianças acima de 3 anos, pois o produto não pode ser ingerido.)

Ingredientes
- 1 colher (de chá) de corante alimentício em pó
- 1/4 xícara de xampu
- 4 xícaras de amido de milho
- 1 xícara de água morna

Modo de fazer – em bacias, convide as crianças a misturar o corante com o xampu. Acrescente o amido de milho para que misturem. No início essa mistura é mais difícil, porque há muito amido para pouco líquido. Acrescente água morna em colheradas, convidando as crianças a observar as mudanças na textura da massa. Gradualmente, a mistura vai se transformar em uma massa densa. Nesse momento, pare de acrescentar água, mesmo que não tenha colocado toda a xícara. Convide as crianças a experimentar a textura da massa ainda dentro da bacia com diferentes movimentos:

Quando manipulada com os dedos, a massa é maleável, mas quando se bate na superfície da massa com as palmas das mãos, a massa parece dura.

Depois da brincadeira, se quiser utilizar a massa nos próximos dias, guarde em um pote bem fechado para que ela não seque. A duração da massa nessas condições é de mais ou menos um mês.

Massa de modelar

Tempo de preparo – 40 min.
Dificuldade média.
Rendimento: 14 crianças.

Ingredientes
- 5 xícaras de água
- 2 1/2 xícaras de sal
- 3 colheres (de sopa) de cremor de tártaro (um pó branco, sem sabor e sem odor, que você encontra facilmente em supermercados, na sessão de temperos)
- 10 colheres (de sopa) de óleo de cozinha
- 5 xícaras de farinha de trigo
- Corante alimentício ou tinta guache

Modo de fazer – convide as crianças a misturar todos os ingredientes, menos o corante ou a tinta, em bacias. Em seguida, um adulto leva a mistura ao fogo baixo, mexendo continuamente até que a massa se solte do fundo da panela. O adulto desliga o fogo e coloca a massa em uma bacia. Quando a massa estiver morna, as crianças fazem bolinhas para misturar com corante ou tinta. Misturam bem, até a cor ficar uniforme.

Essa massa pode ser cortada com tesoura para misturar pedaços de cores diferentes para buscar novas tonalidades.

Guarde a massa em temperatura ambiente em um pote ou saco bem fechado. Nessas condições, ela pode durar mais de um mês.

Massa nuvem

Tempo de preparo – 5 min.
Dificuldade baixa.
Rendimento: 8 crianças.

Ingredientes
- 4 copos de farinha de trigo
- 1 copo de óleo de cozinha

Modo de fazer – coloque a farinha no centro da bacia. Oriente as crianças a fazer um "buraco" no meio da farinha. Coloque o óleo nesse buraco e proponha que as crianças misturem com as mãos. Quando a massa estiver uniforme, convide-as a dividir a massa em bolinhas para que todas tenham uma em suas mãos. Proponha novas explorações: apertar a massa nas mãos, fazer buraquinhos com os dedos, usar colheres, gravetos ou outros utensílios.

Guarde a massa em temperatura ambiente em um pote ou saco bem fechado. Nessas condições, ela pode durar alguns dias.

Geleca

Tempo de preparo – 20 min.
Dificuldade alta.
Rendimento: 4 crianças.

(Indicado para crianças acima de 3 anos, pois o produto não pode ser ingerido.)

Ingredientes
- 1/2 xícara de cola branca
- 1 pitada de corante alimentício
- 1 colher (de chá) de bórax diluído em 1/2 copo de água. (Bórax também é conhecido como borato de sódio e pode ser encontrado em lojas de jardinagem.)

Modo de fazer – convide as crianças a misturar a cola e o corante em uma bacia. Recolha a bacia e, aos poucos, acrescente o bórax diluído em água, mexendo rapidamente até que a massa se solte do fundo da bacia.

Entregue a massa para as crianças e proponha que elas explorem a textura e a temperatura. Ofereça diferentes utensílios de cozinha e sugira que passem a massa em um escorredor de macarrão ou encham potinhos e virem para observar quanto tempo a massa mantém o formato do pote.

Essa massa não pode ser colocada na boca.

Guarde a massa em temperatura ambiente em um pote ou saco bem fechado. Nessas condições, ela pode durar alguns dias.

Aqui, chegamos a uma hipótese que propomos aos leitores:

> *E se em vez de soterrarmos nosso pensamento sensório-motor, tão potente até os 4 anos de idade, com todo tipo de coisas prontas – brinquedos, imagens, comportamentos estereotipados –, nós seguíssemos experimentando as coordenações de sensações (sensório) e movimentos (motor), sensório-motoras, até o final da vida?*

Neste caso, é uma aposta, e todos nós poderíamos ter mais bem integrados sensações, sentimentos, intuições e pensamentos, com possibilidades de sermos mais criativos e felizes em qualquer circunstância. Seríamos como crianças, que nunca perdem o prazer de experimentações com uma boa massa bem melequenta e do conhecimento que daí pode se originar.

Afinal: culinária, desenho, pintura, escultura e esportes são exemplos de atividades humanas fundamentais nas quais a imaginação criadora origina-se da intimidade experimental com a matéria, e não de sistemas de ideias preestabelecidos.

Que viva sempre em nós nosso sensório-motor!

PARA ASSISTIR, PENSAR E CONVERSAR

Vídeo: *Shugo Izumi – Mestre ceramista*
Direção: Shogo Iso
Categoria: Documentário
Duração: 6'
País: Brasil
Ano: 2010

O ceramista japonês Shugo Izumi veio para o Brasil em 1975. No ano seguinte, montou sua oficina de cerâmica em Atibaia-SP. As peças produzidas por ele são queimadas em fornos a 1300 °C, o que confere maior resistência às peças. O vídeo mostra o artista trabalhando em um torno. Em suas mãos, surgem delicadas peças de cerâmica.

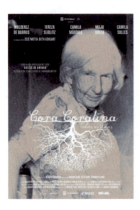

Título: *Cora Coralina – Todas as vidas*
Direção: Renato Barbieri
Categoria: Docuficção
Duração: 74'
País: Brasil
Ano: 2015

Título: *Caverna dos sonhos esquecidos*
Direção: Werner Herzog
Categoria: Documentário
Duração: 90'
País: Brasil
Ano: 2010

Mesclando realidade e a ficção, grandes atrizes do cinema brasileiro dão voz à poesia. Esta é a história da escritora e poetisa brasileira Cora Coralina, uma mulher que trabalhou como doceira durante quase toda sua vida, publicando seu primeiro livro aos 75 anos de idade. Nesse momento, contando com uma vasta produção, sua poesia brota como leite da pedra. Todos os anos de espera contribuíram para que ela se tornasse uma das autoras brasileiras mais importantes da poesia brasileira.

A caverna de Chauvet Pont D'Arc, no sudoeste da França, abriga um tesouro inestimável. Em seu interior, foram descobertos cerca de 400 desenhos e pinturas pré-históricas, datadas de 30 mil anos atrás. Descoberta em 1994, Chauvet foi imediatamente vedada para que as pinturas não se deteriorassem. Apenas pesquisadores têm acesso ao seu interior, gerando conhecimentos sobre o modo de produção das imagens. Abriu-se uma única exceção para que o cineasta alemão Werner Herzog e sua equipe registrassem essas imagens com suas câmeras e as exibissem ao mundo. Para visitação, uma réplica da morfologia da caverna teve que ser construída. Ver o filme *A caverna dos sonhos esquecidos* é a única maneira de conhecer essas imagens, testemunhas mudas da aurora da espécie humana tal qual a conhecemos.

PARA **LER** E **VER** COM AS CRIANÇAS

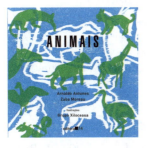

Título: *Animais*
Autores: Arnaldo Antunes e Zaba Moreau
Ilustrações: Grupo Xiloceasa
Editora: Editora 34
Ano: 2011

O livro *Animais*, assinado por um grande escritor e compositor, Arnaldo Antunes, foi impresso, inicialmente, numa tiragem de 125 exemplares, no ateliê de tipografia do Instituto Acaia, região oeste de São Paulo, que desenvolve ações educativas com jovens da comunidade. Os jovens foram responsáveis pelas xilogravuras. Dois anos depois, o livro ganhou tiragem maior pela Editora 34. Os micropoemas são formados por uma única palavra, espécie de neologismo, resultado da mistura de outras palavras, sendo uma delas sempre o nome de um animal. As misturas não seguem um padrão fixo: ora unem-se dois animais, como LEONÇA (leão + onça); ora um animal e sua característica, OVELÃ (ovelha + lã); às vezes, um animal e algum objeto a ele relacionado, como LIVRÉLULA (livro + libélula). As xilogravuras seguem a lógica da fusão de imagens, o que se observa também na tipologia das palavras – a escolha de dois tipos de letras lembra impressos populares como o lambe-lambe.

(Resenha de Cristiane Tavares)

Título: *O sol e as rãs*
Autor: Esopo
Ilustrador: Simone Rea
Editora: Pulo do Gato
Ano: 2013

O sol e as rãs é uma das 20 fábulas apresentadas nesse clássico de Esopo, em belíssima versão ilustrada pelo premiado artista italiano Simone Rea. Adaptadas em texto ainda mais conciso, as fábulas aqui reunidas tratam dos dilemas morais do ser humano, personificado na pele de animais como o rato, o leão, a raposa, o morcego, o burro, entre outros. Diferente das edições convencionais, que apresentam a moral da história descolada do texto, neste caso, a sentença ou fica subentendida nas entrelinhas, ou é apresentada na fala do narrador ou de um dos personagens. O projeto gráfico e as ilustrações destacam-se. Em tamanho grande, o formato do livro valoriza o traçado do artista e as expressões faciais dos animais retratados em cada fábula. Perspectivas diversas, em fundo sempre colorido, certamente vão atrair muito a atenção dos pequenos leitores, que terão inúmeros detalhes para observar em cada par de páginas.

(Resenha de Cristiane Tavares)

Título: *Eu queria ter...*
Autora: Giovanna Zoboli
Tradução e adaptação: Monica Stahel
Ilustrações: Simona Mulazzani
Editora: Martins Fontes – WMF
Ano: 2014

O antigo desejo de Ícaro encontra neste belíssimo livro ilustrado alguns correlatos: ter o pescoço comprido da girafa para ver o mundo lá de cima ou as orelhas enormes do elefante para ouvir os sons do céu e da terra. Pequenas frases traduzem a vontade da imensidão. As ilustrações inundam as páginas de beleza com uma profusão de cores que ampliam os desejos de posse do leitor e reservam-lhe surpresas. A baleia, por exemplo, não apenas canta as criaturas do mar, como diz o texto, mas contém todas elas em seu corpo imenso, como se vê na ilustração. Explorando com maestria efeitos de sombra e luz, a transparência e as dimensões, *Eu queria ter...* dá ao leitor mais do que ele poderia imaginar.

(Resenha de Cristiane Tavares)

SENTIR E AGIR – O BINÔMIO DA CRIAÇÃO

COR, LUZ, EQUILÍBRIO

OBJETIVOS DE APRENDIZAGEM E DESENVOLVIMENTO

CAMPO DE EXPERIÊNCIAS
- **EO** O EU, O OUTRO E O NÓS
- **CG** CORPO, GESTOS E MOVIMENTOS
- **TS** TRAÇOS, SONS, CORES E FORMAS
- **OE** ORALIDADE E ESCRITA
- **ET** ESPAÇOS, TEMPOS, QUANTIDADES, RELAÇÕES E TRANSFORMAÇÕES

TABELA DE OBJETIVOS | EX: **EI03ET08**
- **EI** EDUCAÇÃO INFANTIL
- **ET** CAMPO DE EXPERIÊNCIA
- **03** FAIXA ETÁRIA
- **08** NÚMERO DO OBJETIVO

Fonte: *Base Nacional Comum Curricular*. Brasil: MEC, 2017.

PINTURA GANHA VIDA

CARIMBOS PARA PINTAR

CRECHE

EI01EO01 – Perceber que suas ações têm efeitos nas outras crianças e nos adultos.

EI01EO03 – Interagir com crianças da mesma faixa etária e adultos ao explorar materiais, objetos, brinquedos.

EI02EO03 – Compartilhar os objetos e os espaços com crianças da mesma faixa etária e adultos.

EI01CG02 – Ampliar suas possibilidades de movimento em espaços que possibilitem explorações diferenciadas.

EI01CG03 – Experimentar as possibilidades de seu corpo nas brincadeiras e interações em ambientes acolhedores e desafiantes.

EI02CG06 – Desenvolver progressivamente as habilidades manuais, adquirindo controle para desenhar, pintar, rasgar, folhear, entre outros.

EI01TS02 – Traçar marcas gráficas, em diferentes suportes, usando instrumentos riscantes e tintas.

EI02TS02 – Utilizar diferentes materiais, suportes e procedimentos para grafar, explorando cores, texturas, superfícies, planos, formas e volumes.

PRÉ-ESCOLA

EI03EO02 – Atuar de maneira independente, com confiança em suas capacidades, reconhecendo suas conquistas e limitações.

EI03CG03 – Demonstrar controle e adequação do uso de seu corpo em momentos de cuidado, brincadeiras e jogos, escuta e reconto de histórias, atividades artísticas, entre outras possibilidades.

EI03TS02 – Expressar-se livremente por meio de desenho, pintura, colagem, dobradura e escultura, criando produções bidimensionais e tridimensionais.

TABELA DE CORES

LUZ E COR – ESCALA DE CINZA – O DESENHO

CRECHE

EI01EO03 – Interagir com crianças da mesma faixa etária e adultos ao explorar materiais, objetos, brinquedos.

EI01EO08 – Desenvolver confiança em si, em seus pares e nos adultos em situações de interação.

EI02EO02 – Demonstrar imagem positiva de si e confiança em sua capacidade para enfrentar dificuldades e desafios.

LUZ E COR – ESCALA DE CINZA – O DESENHO

CRECHE

EI01CG02 – Ampliar suas possibilidades de movimento em espaços que possibilitem explorações diferenciadas.

EI02CG01 – Apropriar-se de gestos e movimentos de sua cultura no cuidado de si e nos jogos e brincadeiras.

EI02CG06 – Desenvolver progressivamente as habilidades manuais, adquirindo controle para desenhar, pintar, rasgar, folhear, entre outros.

EI01TS02 – Traçar marcas gráficas, em diferentes suportes, usando instrumentos riscantes e tintas.

EI02TS02 – Utilizar diferentes materiais, suportes e procedimentos para grafar, explorando cores, texturas, superfícies, planos, formas e volumes.

PRÉ-ESCOLA

EI03EO01 – Demonstrar empatia pelos outros, percebendo que as pessoas têm diferentes sentimentos, necessidades e maneiras de pensar e agir.

EI03EO02 – Atuar de maneira independente, com confiança em suas capacidades, reconhecendo suas conquistas e limitações.

EI03EO06 – Compreender a necessidade das regras no convívio social, nas brincadeiras e nos jogos com outras crianças.

EI03CG03 – Demonstrar controle e adequação do uso de seu corpo em momentos de cuidado, brincadeiras e jogos, escuta e reconto de histórias, atividades artísticas, entre outras possibilidades.

EI03CG05 – Criar com o corpo formas diversificadas de expressão de sentimentos, sensações e emoções, tanto nas situações do cotidiano quanto em brincadeiras, dança, teatro, música.

EI03CG06 – Coordenar com precisão e eficiência suas habilidades motoras no atendimento a seus interesses e necessidades de representação gráfica.

EI03TS02 – Expressar-se livremente por meio de desenho, pintura, colagem, dobradura e escultura, criando produções bidimensionais e tridimensionais.

EI03OE01 – Expressar ideias, desejos e sentimentos sobre suas vivências, por meio da linguagem oral e escrita (escrita espontânea), de fotos, desenhos e outras formas de expressão.

EI01ET01 – Explorar e descobrir as propriedades de objetos e materiais (odor, cor, sabor, temperatura).

EI01ET02 – Explorar relações de causa e efeito (transbordar, tingir, misturar, mover e remover etc.) na interação com o mundo físico.

EI01ET03 – Explorar o ambiente pela ação e observação, manipulando, experimentando e fazendo descobertas.

PINTURA

EXPERIÊNCIA ESTÉTICA – DESENHO OU COR? – ÁGUA

CRECHE

EI01EO03 – Interagir com crianças da mesma faixa etária e adultos ao explorar materiais, objetos, brinquedos.

EI02EO03 – Compartilhar os objetos e os espaços com crianças da mesma faixa etária e adultos.

EI01CG03 – Experimentar as possibilidades de seu corpo nas brincadeiras e interações em ambientes acolhedores e desafiantes.

EI01CG06 – Utilizar os movimentos de preensão, encaixe e lançamento, ampliando suas possibilidades de manuseio de diferentes materiais e objetos.

EI02CG03 – Fazer uso de suas possibilidades corporais, ao se envolver em brincadeiras e atividades de diferentes naturezas.

EI02CG06 – Desenvolver progressivamente as habilidades manuais, adquirindo controle para desenhar, pintar, rasgar, folhear, entre outros.

EI01TS02 – Traçar marcas gráficas, em diferentes suportes, usando instrumentos riscantes e tintas.

EI02TS02 – Utilizar diferentes materiais, suportes e procedimentos para grafar, explorando cores, texturas, superfícies, planos, formas e volumes.

PRÉ-ESCOLA

EI03EO03 – Ampliar as relações interpessoais, desenvolvendo atitudes de participação e cooperação.

EI03EO04 – Comunicar suas ideias e sentimentos com desenvoltura a pessoas e grupos diversos.

EI03CG03 – Demonstrar controle e adequação do uso de seu corpo em momentos de cuidado, brincadeiras e jogos, escuta e reconto de histórias, atividades artísticas, entre outras possibilidades.

EXPERIÊNCIA ESTÉTICA – DESENHO OU COR? – ÁGUA

PRÉ-ESCOLA

EI03CG04 – Demonstrar valorização das características de seu corpo, nas diversas atividades das quais participa e em momentos de cuidado de si e do outro.

EI03CG06 – Coordenar com precisão e eficiência suas habilidades motoras no atendimento a seus interesses e necessidades de representação gráfica.

EI03TS02 – Expressar-se livremente por meio de desenho, pintura, colagem, dobradura e escultura, criando produções bidimensionais e tridimensionais.

EI03OE01 – Expressar ideias, desejos e sentimentos sobre suas vivências, por meio da linguagem oral e escrita (escrita espontânea), de fotos, desenhos e outras formas de expressão.

EI03ET02 – Observar e descrever mudanças em diferentes materiais, resultantes de ações sobre eles, em experimentos envolvendo fenômenos naturais e artificiais.

MATERIAIS, SUPORTES E SITUAÇÕES

NA CAVERNA DE LASCAUX – PROCEDIMENTO E APRENDIZAGEM

CRECHE

EI01EO01 – Perceber que suas ações têm efeitos nas outras crianças e nos adultos.

EI01EO03 – Interagir com crianças da mesma faixa etária e adultos ao explorar materiais, objetos, brinquedos.

EI01EO06 – Construir formas de interação com outras crianças da mesma faixa etária e adultos, adaptando-se ao convívio social.

EI01EO08 – Desenvolver confiança em si, em seus pares e nos adultos em situações de interação.

EI02EO02 – Demonstrar imagem positiva de si e confiança em sua capacidade para enfrentar dificuldades e desafios.

EI02EO07 – Valorizar a diversidade ao participar de situações de convívio com diferenças.

EI01CG01 – Movimentar as partes do corpo para exprimir corporalmente emoções, necessidades e desejos.

EI02CG01 – Apropriar-se de gestos e movimentos de sua cultura no cuidado de si e nos jogos e brincadeiras.

EI02CG06 – Desenvolver progressivamente as habilidades manuais, adquirindo controle para desenhar, pintar, rasgar, folhear, entre outros.

EI01TS02 – Traçar marcas gráficas, em diferentes suportes, usando instrumentos riscantes e tintas.

EI01TS03 – Utilizar materiais variados com possibilidades de manipulação (argila, massa de modelar), criando objetos tridimensionais.

EI02TS02 – Utilizar diferentes materiais, suportes e procedimentos para grafar, explorando cores, texturas, superfícies, planos, formas e volumes.

EI01ET01 – Explorar e descobrir as propriedades de objetos e materiais (odor, cor, sabor, temperatura).

EI01ET02 – Explorar relações de causa e efeito (transbordar, tingir, misturar, mover e remover etc.) na interação com o mundo físico.

EI02ET01 – Explorar e descrever semelhanças e diferenças entre as características e propriedades dos objetos (sonoridade, textura, peso, tamanho, posição no espaço).

PRÉ-ESCOLA

EI03EO01 – Demonstrar empatia pelos outros, percebendo que as pessoas têm diferentes sentimentos, necessidades e maneiras de pensar e agir.

EI03EO02 – Atuar de maneira independente, com confiança em suas capacidades, reconhecendo suas conquistas e limitações.

EI03EO03 – Ampliar as relações interpessoais, desenvolvendo atitudes de participação e cooperação.

EI03EO04 – Comunicar suas ideias e sentimentos com desenvoltura a pessoas e grupos diversos.

EI03CG03 – Demonstrar controle e adequação do uso de seu corpo em momentos de cuidado, brincadeiras e jogos, escuta e reconto de histórias, atividades artísticas, entre outras possibilidades.

EI03CG04 – Demonstrar valorização das características de seu corpo, nas diversas atividades das quais participa e em momentos de cuidado de si e do outro.

EI03CG05 – Criar com o corpo formas diversificadas de expressão de sentimentos, sensações e emoções, tanto nas situações do cotidiano quanto em brincadeiras, dança, teatro, música.

EI03CG06 – Coordenar com precisão e eficiência suas habilidades motoras no atendimento a seus interesses e necessidades de representação gráfica.

NA CAVERNA DE LASCAUX – PROCEDIMENTO E APRENDIZAGEM
PRÉ-ESCOLA
EI03TS02 – Expressar-se livremente por meio de desenho, pintura, colagem, dobradura e escultura, criando produções bidimensionais e tridimensionais.
EI03OE01 – Expressar ideias, desejos e sentimentos sobre suas vivências, por meio da linguagem oral e escrita (escrita espontânea), de fotos, desenhos e outras formas de expressão.
EI03ET02 – Observar e descrever mudanças em diferentes materiais, resultantes de ações sobre eles, em experimentos envolvendo fenômenos naturais e artificiais.
EI03ET06 – Resolver situações-problema, formulando questões, levantando hipóteses, organizando dados, testando possibilidades de solução.

EMPILHAR, DERRUBAR E RECONSTRUIR

INTERVENÇÕES DINÂMICAS
CRECHE
EI01ET01 – Explorar e descobrir as propriedades de objetos e materiais (odor, cor, sabor, temperatura).
EI02ET01 – Explorar e descrever semelhanças e diferenças entre as características e propriedades dos objetos (sonoridade, textura, peso, tamanho, posição no espaço).
EI01ET05 – Manipular materiais diversos e variados para comparar as diferenças e semelhanças entre eles.
EI02ET05 – Classificar objetos, considerando determinado atributo (tamanho, peso, cor, forma etc.).
EI01CG06 – Utilizar os movimentos de preensão, encaixe e lançamento, ampliando suas possibilidades de manuseio de diferentes materiais e objetos.
EI02CG06 – Desenvolver progressivamente as habilidades manuais, adquirindo controle para desenhar, pintar, rasgar, folhear, entre outros.
EI03CG06 – Coordenar com precisão e eficiência suas habilidades motoras no atendimento a seus interesses e necessidades de representação gráfica.
PRÉ-ESCOLA
EI03ET01 – Estabelecer relações de comparação entre objetos, observando suas propriedades.
EI03ET05 – Classificar objetos e figuras, de acordo com suas semelhanças e diferenças.
EI03CG06 – Coordenar com precisão e eficiência suas habilidades motoras no atendimento a seus interesses e necessidades de representação gráfica.

MELECAS E MASSINHAS

COM A MÃO NA MASSA – RECEITAS DE MASSAS E MELECAS
CRECHE
EI01TS03 – Utilizar materiais variados com possibilidades de manipulação (argila, massa de modelar), criando objetos tridimensionais.
EI01ET02 – Explorar relações de causa e efeito (transbordar, tingir, misturar, mover e remover etc.) na interação com o mundo físico.
EI01ET06 – Experimentar e resolver situações-problema do seu cotidiano.
EI02ET06 – Analisar situações-problema do cotidiano, levantando hipóteses, dados e possibilidades de solução.
PRÉ-ESCOLA
EI03ET02 – Observar e descrever mudanças em diferentes materiais, resultantes de ações sobre eles, em experimentos envolvendo fenômenos naturais e artificiais.
EI03ET06 – Resolver situações-problema, formulando questões, levantando hipóteses, organizando dados, testando possibilidades de solução.

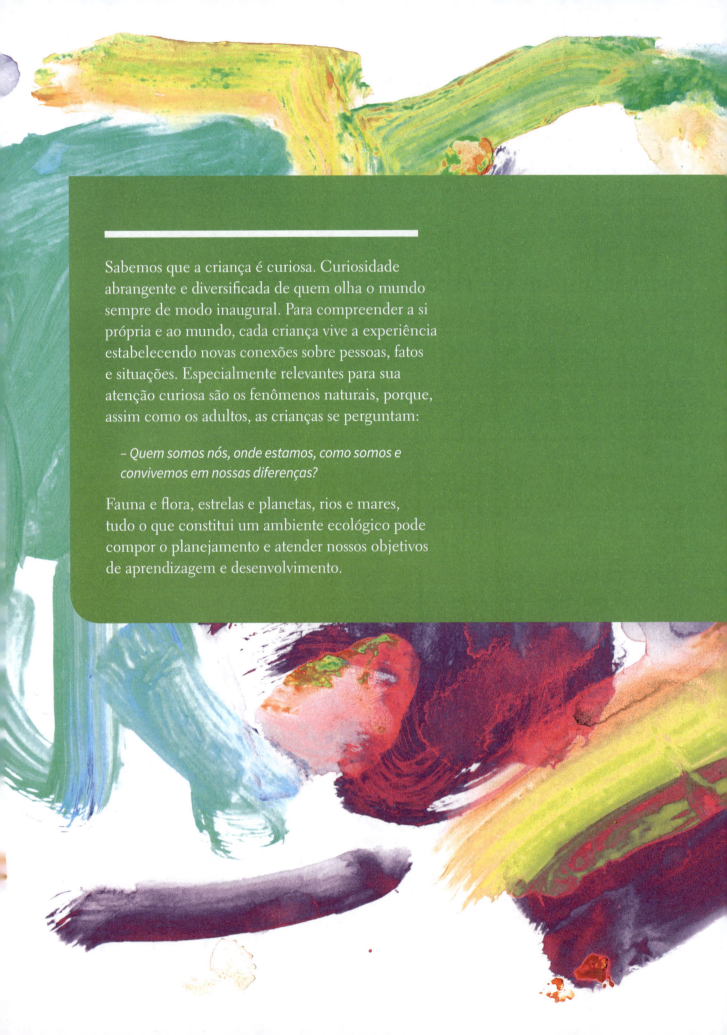

Sabemos que a criança é curiosa. Curiosidade abrangente e diversificada de quem olha o mundo sempre de modo inaugural. Para compreender a si própria e ao mundo, cada criança vive a experiência estabelecendo novas conexões sobre pessoas, fatos e situações. Especialmente relevantes para sua atenção curiosa são os fenômenos naturais, porque, assim como os adultos, as crianças se perguntam:

– Quem somos nós, onde estamos, como somos e convivemos em nossas diferenças?

Fauna e flora, estrelas e planetas, rios e mares, tudo o que constitui um ambiente ecológico pode compor o planejamento e atender nossos objetivos de aprendizagem e desenvolvimento.

CAPÍTULO 5

Natureza, experiência e conhecimento

248 · A criança é pesquisadora
256 · Sistema Solar
259 · Projeto investigativo: árvores
272 · Brincadeiras de avós
277 · Cantar com as crianças
280 · Para uma nova ecologia de aprendizagem
284 · Rotina, planejamento e composição de atividades
288 · Explorar, pesquisar e conhecer

É um boizinho, olha!

Um passeio com Gui, que tem 4 anos e 3 meses, na estradinha lá do alto, espinha dorsal do morro que leva ao lajedo. O sol, próximo ao poente, imprime figuras nas pedras, galhos, folhagens, nossas silhuetas.

– Tá vendo ali?

Pergunta Gui. Apuro os olhos nas reentrâncias e saliências da pedra, não vejo.

– É um boizinho, olha, os chifres, orelhas, o rabo dele.

E só então vemos nítida a imagem formada na pedra, que não era sombra, nem silhueta.

Uma imagem feita de luz e imaginação, um devaneio – deixar-se levar sem exigência formal.

Deitados no chão, olhamos as nuvens que passam, permanecem, desintegram-se. Histórias ali se desenrolam com personagens feitos dos infinitos tons do branco ao cinza chumbo.

Que paisagem fantástica quando, em um avião, passamos no meio dessas nuvens, altos castelos de suspiro, torneios e volutas macias.

Impondo seu ritmo às cores da guache, Leona (3 anos e 9 meses) cria com vigorosas pinceladas uma imagem que pode sugerir uma cabeça de boi.

ARQUIVO PESSOAL DAS AUTORAS

APRENDER COM A CRIANÇA

Desenhos na caverna

Não terá sido assim que nossos longínquos ancestrais imprimiram seus desenhos na Caverna de Lascaux?

Para que as pessoas pudessem visitar a caverna, foi necessário construir uma réplica. E o que foi replicado não foram apenas os desenhos, mas a própria morfologia da caverna, curvas, côncavos e convexos, as diferentes cores do estrato geológico da pedra que, tal como na visão do Gui, levaram os homens a atribuir à pedra figuras dos animais que lhes eram familiares.

Em muros, pisos de pedras e tantas outras superfícies irregulares, vemos todo tipo de pessoas, animais e bichos, desde que nos deixemos levar pela imaginação. ∎

Cabeça de bisonte, Caverna de Lascaux, França.

O QUE APRENDEMOS COM GUI?
Observar.
Observar e imaginar.
Observar, imaginar e pesquisar.
Observar, imaginar, pesquisar e agir.
Observar, imaginar, pesquisar, agir e conhecer!

Unindo observação e imaginação, pássaros, mamíferos e uma figura humana ganham vida no desenho de Leona (5 anos e 8 meses).

CAPÍTULO 5 247

A CRIANÇA É PESQUISADORA

"As árvores são fáceis de achar. Ficam plantadas no chão. Mamam do sol pelas folhas e pela terra bebem água. Cantam no vento e recebem a chuva de galhos abertos. Há as que dão frutas e as que dão frutos. As de copa larga e as que habitam esquilos. As que chovem depois da chuva, as cabeludas. As mais jovens; mudas. As árvores ficam paradas. Uma a uma enfileiradas na alameda. Crescem para cima, como as pessoas. Mas nunca se deitam. O céu aceitam. Crescem como as pessoas, mas não são soltas nos passos. São maiores mas ocupam menos espaço."

Arnaldo Antunes, *As coisas*

Experiência e conhecimento

Na maravilhosa intensidade do primeiro ano de vida, tivemos que aprender a andar. Nesse momento, com pouco mais de 1 ano de idade, a criança já desenvolveu muitos esquemas de ações, e é um aprendiz voraz.

Tudo lhe interessa, o mundo é seu constante objeto de pesquisa.

Se observarmos seus procedimentos para se colocar em pé e andar de forma autônoma, vai se evidenciar a atitude de pesquisa da criança.

Ela não se importa em cair e levantar inúmeras vezes.

SE está num solo de superfície lisa, busca um tapete mais áspero ou rugoso para ver se é melhor, se ele produz mais estabilidade.

SE a superfície é plana, busca degraus para explorá-los. A topologia dos móveis torna-se íntima para ela.

Nós não condescendemos errar em nada. Queremos evitar o erro na criança, quando para ela não se trata de certo ou errado. Trata-se de viver e cumprir esse ato épico, humano, de nos movermos na posição ereta. Sem pesquisar, a criança não poderá movimentar-se de acordo com o próprio eixo. Isso é muito importante. Andar é uma ação que tem de ser apreendida, mas que não tem como ser ensinada. Depende de procedimentos individuais.

PROCEDIMENTO – SEQUÊNCIA

Ações concatenadas em direção a uma meta

Bolinha de sabão
Adilson Azevedo e Orlandino

SENTADO NA CALÇADA
DE CANUDO E CANEQUINHA
DUBLEC DUBLIM
EU VI UM GAROTINHO
DUBLEC DUBLIM (BIS)
FAZER UMA BOLINHA
DUBLEC DUBLIM
BOLINHA DE SABÃO
EU FIQUEI A OLHAR
EU PEDI PARA VER
QUANDO ELE ME CHAMOU
E PEDIU PRA COM ELE BRINCAR
FOI ENTÃO QUE EU VI
COMO ERA BOM BRINCAR
COM BOLINHA DE SABÃO
SER CRIANÇA É BOM
AGORA VOU PASSAR
A FAZER BOLINHA DE ILUSÃO

Matheus, na vida dez!

O menino Matheus mora com seu irmão, mãe e avós em Santa Maria da Serra das Cabras, Campinas, SP. Da vida do campo ele tira o maior proveito. De longe enxerga um gavião caracará, o que informa sobre seus hábitos. Tem intimidade com o gado, localizando uma vaca extraviada no pasto a grande distância. Cavalos são sua paixão, e nos pintinhos sabe ver galo ou galinha. Movimentos dos ventos, nuvens e chuva, conhece-os todos, antecipando o tempo com precisão, como seu avô Benedito, parceiro e mentor.

Vivo, alegre, de inteligência rápida e certeira – Matheus enfrenta grande dificuldade na escola, onde tem que se haver com conteúdo e propostas de aprendizagem que não levam em consideração sua maneira de ser e de pensar. Cursando o segundo ano do Ensino Fundamental I, pergunto se ele poderia escrever a letra da canção "Atirei o pau no gato". Com muita paciência e labor, ele produz uma escrita coerentemente silábica, em

Com as cores primárias em guache sobre a cartolina, Matheus cria sua própria paisagem.

CAPÍTULO 5 | A CRIANÇA É PESQUISADORA

que, como sabemos, a criança utiliza uma letra com valor sonoro correspondente à sílaba grafada.

- *O que fazer, o que propor a Matheus?*
- *Como não invalidar essa manifestação de sua compreensão inteligente da língua que se escreve?*

Perguntas que nos fazemos em escolas de grandes cidades, do interior, litoral, caatinga e florestas, na beira de grandes rios ou no sertão.

Boa parte de nosso trabalho como educadores consiste em discutir, formular e executar propostas curriculares com atividades que produzam aprendizagem, envolvendo ações que têm valor de conhecimento.

Aqui propomos para a Educação Infantil que todo conhecimento tem, em sua origem, uma mobilização estética.

A vaca que bateu o pé no telhado

O Vô estava tirando leite, a vaca começou a pular, daí o Vô pegou um banquinho e deu bem nas costas da vaca. Daí a vaca começou a pular e daí depois deu com os dois pés no telhado e saiu até telha. E deu um coice e avoou até bosta no leite.

O Vô pôs o bezerro preso perto do cocho, estava quase enforcado, o bezerrinho até peidou. Aí a vaca parou de pular, daí o Vô foi lá e tirou leite dela. Era a primeira cria, e daí só dá um litro de leite. O bezerro está lá atrás, a vaca na frente, nós temos que empurrar o bezerro para a vaca vir atrás. O meu irmão Ronei jogou o laço feito com a peia para peiar a vaca, prender o bezerro no cocho, numa argola. Daí prendemos o bezerro e soltamos a vaca. ■

Matheus Rodrigues Lima

Matheus com sua avó, Ana, na fazenda Capoeira Grande, Joaquim Egídio, SP.

Benedito com os netos Matheus e Guilherme. Sítio Jacarandá, Serra das Cabras, SP.

Assim partiríamos da sensibilidade do Matheus, tentaríamos compreender em que pé ele está, qual é o seu modo de compreender o mundo e a si próprio. O leitor e a leitora podem alertar, com razão, que trabalhamos em situações coletivas, em salas tantas vezes com número excessivo de crianças, de alunos.

- *O que nos motiva a buscar a universalidade do que é singular, individual, em um ser humano?*
- *O que nos motiva a procurar fazer a interseção entre aprendizagem e desenvolvimento, cultura e conhecimento, sendo a escola o lugar preciso para que isso aconteça?*

Observando o desenrolar de um faz de conta ou uma série de desenhos, teremos indícios, ao mesmo tempo, do que a criança sabe e de como ela é. Ainda antes que a criança possa fazer evocações verbais, que ela se comunique conosco com a fala ou linguagem oral.

GLOSSÁRIO
Mobilização estética

GLOSSÁRIO
Experiência e informação

A língua que se fala – nesse registro escrito do relato de Matheus, lemos o acento da língua que se fala, da linguagem oral, coloquial, com que está habituado. Podemos burilar melhor o texto, aproximando-o das normas ditas cultas da língua-que-se-escreve, o que depende muito de nossos fins didáticos, assim como da destinação do texto a ser editado.

Quando se trata de levantar conhecimentos prévios, entramos em um domínio curioso e delicado. Ao perguntamos, por exemplo, a uma criança o que ela sabe sobre uma vaca, não nos referimos ao que nela é visível – tem chifres, grandes orelhas caídas em ponta, um olhar lânguido. Nem mesmo que uma vaca pode dar leite. O que gostaríamos de compreender são as relações que as crianças fazem mental, simbólica e afetivamente. Relações de semelhanças e diferenças com outros animais, de tamanho e de hábitos, de como a experiência de contemplar uma vaca afeta seu imaginário.

Uma coisa é repetir informações recebidas, outra bem diversa é processá-las e expressar seu modo original de compreendê-las.

Conhecimentos prévios
Tudo aquilo que nos constitui

Pensemos em um sonho, por exemplo. Nele, sensações são condensadas e expressas em imagens, cores, movimentos que escapam a nosso domínio lógico cotidiano. Com força emerge tudo aquilo que nos toca, que bate nas teclas vitais de todas as nossas possibilidades – ainda não efetivadas. Entretanto, as linguagens que já somos capazes de articular são sempre insuficientes para expressar o sentimento que perdura em nós, provocado pelo sonho. Podemos imaginar que os sonhos são como as estrelas, de dia não as vemos, mas elas estão lá.

Diante dos sonhos, como das estrelas, temos que elaborar uma linguagem que dê conta de dizer o que queremos e precisamos dizer – pressionados pelo afeto, de tal modo que verifiquemos uma correspondência, ou congruência, entre o que sentimos e o que dizemos.

Muitas vezes a necessidade de interpretar o sonho, de trazê-lo para domínios já adquiridos de compreensão nos afasta ainda mais de sua essência.

Busca Vida, Bahia.

A OBSERVAÇÃO É UMA FONTE PERENE DE IMAGINAÇÃO E DE CONHECIMENTO.

Na praia de Busca Vida, na Bahia – área preservada pelo projeto Tamar –, dos ovos depositados na areia, dezenas, centenas, de tartaruguinhas quebram ao mesmo tempo o invólucro em que nasceram e se lançam em corrida desenfreada para o mar. As estatísticas mostram uma realidade cruel... Mas a gente torce pela vida, admira os serezinhos trôpegos, com nadadeiras inábeis para se locomover na areia quente. Até que recebem as primeiras ondas e mergulham no oceano imenso.

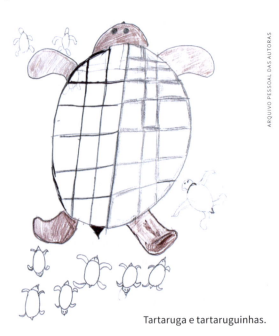
Tartaruga e tartaruguinhas.

Ao vermos essas tartaruguinhas lutando pela vida, um início dos tempos incendeia nossa imaginação.

Um olhar que é sempre novo, como uma manhã. Esse, como o das crianças, está na origem da imaginação e do conhecimento, na possibilidade de inventar linguagens.

Sofia nos ofertou um desenho da Terra

Sofia, aos 4 anos e 2 meses, interage com a proposta – mostramos a ela fotografias da Terra, da Lua e de outros corpos celestes para conversarmos, de modo a compreender suas noções sobre fenômenos naturais.

Dois meses depois, voltamos à Creche Central da Universidade de São Paulo (USP) para outra entrevista, dessa vez sobre as noções espaciais da criança, e Sofia vem voluntariamente, senta-se à mesa e faz um desenho da Terra, nela localizando

Sofia (4 anos e 4 meses). Creche Central da USP, São Paulo, SP.

o Japão (onde mora sua avó), a creche, sua casa e outros pontos importantes, sem que eu tenha dito uma só palavra! Veio, movida pelo afeto, e em memória de evocação, nos ofertou um desenho da Terra, que era exatamente o que precisávamos! Um acordo tácito, e emocionante.

Natureza imponente

ATIVIDADE 1
Para nos aproximar de uma árvore

Ver de perto uma árvore e desenhar partes dela, como flores, fruto, galho, a inserção das folhas, sementes. Para isso, uma boa tabela de cinza, feita com consciência, resultando em compreensão de nossos alcances e limites, é um ótimo instrumento. Podemos comparar tonalidades, por exemplo, nas folhas, com aquelas da tabela de cinza que elaboramos.

Uma árvore é planta grandiosa! E muito difícil de captar. Por isso, temos que nos haver com nossa sensibilidade e desenhar com instrumentos que nos deem possibilidades expressivas, como é o caso das tonalidades do lápis preto. Essas tonalidades variam conforme imprimimos mais ou menos força na superfície do papel. Crianças da Educação Infantil são particularmente sensíveis a essa forma de desenhar, e a tabela de cinza é uma forma de experimentar sua percepção.

Ao desenhar, observe atentamente as variações de luz sobre folhas e verá que, mais do que a forma, o que é difícil captar são os claros/escuros.

 GLOSSÁRIO
Cor e tonalidade

A paineira imponente

Nos estados de Bahia, Minas Gerais e Goiás, na caatinga arbórea do vale do rio São Francisco e no Mato Grosso e Mato Grosso do Sul, há ocorrência da bela paineira, onde o solo é bastante fértil e bem drenado.

Exuberante, a paineira rosa floresce nos meses de abril a junho, com a planta despida de folhagem.

Os frutos amadurecem em agosto e setembro. Os frutos ainda verdes são muito procurados por periquitos e papagaios. As plumas que envolvem as sementes foram muito utilizadas no passado para enchimento de travesseiros e colchões.

> Caso sua casa ou escola fique próxima a uma paineira, dita e tida como a mais desenvolvida espécie vegetal, aproveite a presença amiga dessa grande árvore para realizar atividades com as crianças.

Na época em que se abrem os frutos e que as painas vêm ao chão, a coleta e a apreciação da plumagem são motivo de admiração. Sua maciez sugere um toque de nuvens, assim como sua alvura. A leveza extrema de cada pluma agregada à semente nos deixa maravilhados, diante do engenho da natureza ao criar tal dispositivo para que o vento a leve a lugares propícios onde a semente possa germinar.

Uma vez coletadas, separar a paina ou pluma das sementes é trabalho delicado que exige paciência e precisão de gestos. Com a paina, podem-se fazer almofadinhas para cada criança.

A paineira produz anualmente grande quantidade de sementes viáveis, amplamente dispersas pelo vento. No ar dos travesseiros, produzirão lindos sonhos!

Observou Lorenzi (2002):

> Com as sementes, plantar algumas, se possível, lembrando que cada semente dará uma imensa árvore! Muito interessante é comparar de árvores diversas, as sementes e seus portadores no vento. Neste caso multiplicar-se-á por mil a maravilha diante do engenho da natureza. E muitas outras árvores do entorno em que se vive poderão ser estudadas, plantadas e admiradas.
> Para plantar uma paineira, lemos no livro que aqui é nossa referência:
> Nome científico *Ceiba Boliviana*. Família *bombacaceae*.
> Colocar as sementes para germinação logo que colhidas em canteiros a pleno sol contendo substrato arenoso. Em seguida, cobri-las com uma camada de 0.5 cm do substrato peneirado. A emergência ocorre em 5-10 dias e a taxa de germinação é elevada. O desenvolvimento das plantas no campo é considerado rápido.
>
> LORENZI, Harri. *Árvores brasileiras*: manual de identificação e cultivo de plantas arbóreas nativas do Brasil. Nova Odessa: Instituto Plantarum de Estudos da Flora, 2002. p. 58.

JOSÉ CARLOS GARCIA/WIKIMEDIA COMMONS

Paineira rosa em flor.

ATIVIDADE 2

Observar, imaginar, desenhar insetos

Às vezes, antes da chuva, besouros entram pela janela em busca da luz. Parecem guerreiros, têm chifres, armadura, patas incríveis que instigam nossa imaginação.

Ou então, deitados no chão, podemos observar o ir e vir de formigas. O voo de borboletas. O rastejar de minhocas e taturanas.

OS INSETOS COMPÕEM MUNDO VARIADO E FASCINANTE.

Insetos podem se transformar, como é o caso desta estranha aranha larva, que vai virar borboleta.

Na terça-feira 22 de junho de 2012, de manhã, deparamos com esta criatura na altura dos olhos. Imóvel na folha da roseira, deixou-se fotografar em todos os ângulos.

No início da tarde, começou a movimentar-se, desceu da roseira e ia sumir no mundo quando a levamos para o Instituto Butantã. Foi identificada pelo nome popular "lagarta-aranha", nome científico *Limacodidae Phobetron*. No estágio de larva, talvez tenha virado borboleta no Laboratório Especial de Coleções Zoológicas, onde se encontrava.

A lagarta-aranha não é peçonhenta, apenas inofensivamente monstruosa.

Pode-se visitá-la em: <www.butantan.gov.br>.

Coletar, observar, investigar e desenhar insetos pode ser uma boa forma de nos aproximar desses pequenos e nem sempre inofensivos seres da natureza.

Ser simétrico para efeito mimético contra predadores, finíssimas antenas com bolinhas nas pontas e uma quantidade de olhos de fazer inveja.

GLOSSÁRIO
Flora e fauna brasileiras

Lagarta-aranha, nome popular.
Limacodidae Phobetron, nome científico.

CAPÍTULO 5 | A CRIANÇA É PESQUISADORA | 255

SISTEMA SOLAR

"Minha condição humana me fascina. Conheço o limite de minha existência e ignoro por que estou nesta Terra, mas às vezes o pressinto. Pela experiência cotidiana, concreta e intuitiva, eu me descubro vivo para alguns homens, porque o sorriso e a felicidade deles me condicionam inteiramente, mas ainda para outros que, por acaso, descobri terem emoções semelhantes às minhas."

Einstein, *Como vejo o mundo*

Nossa Galáxia

A Galáxia tem um bojo central cercado de quatro braços espiralando para fora, contidos em um halo maior e menos denso. Não podemos observar a forma espiral, porque o Sistema Solar está em um de seus braços – o braço de Órion. É no cinturão de Órion, o caçador, que se localizam as estrelas conhecidas como Três Marias, tal como as vemos do Hemisfério Sul. Os braços espirais contêm, principalmente, estrelas azuis e jovens e

Onde estamos?
Apenas para relativizar um pouco nosso ponto de vista aqui da Terra, lembremo-nos de estrelas e nebulosas em nossa galáxia, conhecida como a galáxia Via Láctea ou, simplesmente, Galáxia.

nebulosas, que são nuvens de poeira e gás no interior das quais estão nascendo estrelas.

> A Galáxia é enorme – tem 100 mil anos-luz de diâmetro, lembrando que 1 ano-luz é aproximadamente a 13 bilhões de km. É também muito velha – estima-se que tenha cerca de 15 bilhões de anos. Toda a Galáxia gira no espaço, sendo que o Sol, que está a cerca de dois terços do centro, completa uma volta ao redor do centro da Galáxia a cada 220 milhões de anos.
>
> ATLAS Visuais. *O Universo*. São Paulo: Ática, 1995.

Como terá sido gerado esse conhecimento sobre nossa Galáxia, medidas e tudo mais?

Não terá sido apenas pela observação, mesmo com instrumentos poderosos como o telescópio Hubble de que dispomos hoje, mas dados que se tornam observáveis com um instrumento ainda mais poderoso – a Matemática.

O físico, matemático, astrônomo e filósofo italiano Galileu Galilei (1564-1642) foi o primeiro a fazer observações astronômicas com o telescópio (termo inventado na Itália em 1611). Galileu foi, durante 18 anos, professor de Matemática na Universidade de Pádua – de acordo com o pesquisador, professor e escritor, os mais felizes de sua vida.

Mais de mil alunos assistiam cada uma de suas aulas. Ele descobriu que a Via Láctea é composta de miríades de estrelas, viu os satélites de Júpiter, as montanhas e crateras da Lua. Essas observações, aliadas a seu conhecimento matemático, o levaram a compartilhar da teoria heliocêntrica do também astrônomo e matemático polonês Nicolau Copérnico (1473-1543).

O HELIOCENTRISMO CONCEBE O SOL NO CENTRO DO SISTEMA SOLAR, E NÃO A TERRA, COMO SE ACREDITAVA NA ENTÃO VIGENTE TEORIA GEOCÊNTRICA.

Na interação com pessoas, natureza e cultura, os homens conceberam um cosmos para si, e nele se criaram. Foi assim que chegamos a dimensionar nossa Galáxia. O que hoje sabemos sobre a Via Láctea não corresponde a uma

> Na imensidão do Universo, somos infinitamente menores que uma formiga, mas somos – fazemos parte da vida, temos uma existência. E nossa existência é dotada de consciência – fato raro entre as espécies do planeta Terra.

O planeta Terra visto do espaço; o lugar onde habitamos e que precisamos preservar.

descrição verdadeira do real, mas à construção de sistemas de representação que nos possibilitam compreender a realidade.

Para elaborar sistemas de representação, os procedimentos têm papel de maior relevância. Na observação e na leitura do movimento dos astros, por exemplo, o modo como Galileu desenvolveu a luneta, a partir da colocação de duas lentes em um tubo, contribuiu para a representação do sistema solar.

> Nossos procedimentos são o caminho para a diferenciação consciente entre o mundo subjetivo e o objetivo, entre a visão interna e a externa das coisas, no plano psicológico.

O Brasil e a Teoria da Relatividade

Há cem anos, em novembro de 1915, o físico alemão Albert Einstein (1879-1955) apresentava ao mundo sua Teoria da Relatividade.

No entanto, o que poucos sabem é que um dos testes sugeridos por Einstein, o do desvio da luz no campo gravitacional do Sol, viria a ser comprovado somente seis anos mais tarde por uma expedição científica enviada ao Brasil.

Einstein estava convencido de que uma das consequências de sua teoria – e que poderia comprovar a sua veracidade – era o caráter curvo da trajetória da luz no espaço, o que pode ser observado, por exemplo, durante um eclipse solar.

Duas equipes britânicas de cientistas foram enviadas para observar o fenômeno que ocorreu no dia 29 de maio de 1919. Uma foi para a Ilha do Príncipe, então território colonial português na costa africana, e outra veio para o Brasil, mais precisamente para a cidade de Sobral, no interior do Ceará.

Naquele dia, pediu-se à população da cidade para que se mantivesse calma, em silêncio e para que não soltassem fogos de artifício durante o eclipse. Os sobralenses foram atenciosos e prestativos. E o tempo também ajudou.

Em Sobral, os cientistas tiraram fotografias com um telescópio. Ao serem reveladas, elas puderam comprovar a existência do chamado "efeito Einstein", ou seja, a curvatura da luz ao se aproximar de um corpo de grande massa – no caso, o desvio da luz emitida pelas estrelas ao passar nas proximidades do Sol.

ALBUQUERQUE, Carlos. Teoria da relatividade foi comprovada em 1919 no Brasil. *Deutsche Welle*, 25 nov. 2015. Disponível em: <goo.gl/FyNMRp>. Acesso em: 13 nov. 2017.

Foto tirada por cientistas no dia 29 de maio de 1919 do eclipse total solar em Sobral.

Assim se manifestou Einstein:

> Eis sem contestação um dos aspectos fundamentais da teoria da relatividade: é sua ambição explicitar mais nitidamente as relações dos conceitos gerais com a experiência. [...] Por fim, reconheci no fim de 1915 que me havia enganado; descobri que devia ligar o conjunto aos fatos da experiência astronômica, depois de ter retomado o espaço curvo de Riemann. À luz do conhecimento já adquirido, o resultado obtido parece quase normal e qualquer estudante inteligente o adivinha com facilidade. Assim a pesquisa procede por momentos distintos e prolongados, intuição, cegueira, exaltação e febre. Vem dar, um dia, nesta alegria e conhece tal alegria aquele que viveu esses momentos incomuns.

EINSTEIN, Albert. *Como vejo o mundo*. 18. ed. Tradução H. P. de Andrade. Rio de Janeiro: Nova Fronteira, 1981. p. 155.

> "A questão que minha mente formulou foi respondida pelo radiante céu do Brasil."
> ALBUQUERQUE, 2015

Os dizeres do físico Albert Einstein, gravados no monumento que Sobral ergueu em sua homenagem, demonstram a importância do trabalho de observação realizado por cientistas ingleses e brasileiros no interior do Ceará.

PROJETO INVESTIGATIVO: ÁRVORES

"Na terra do povo Ticuna tem lagos, igarapés, rios, igapós, paranás. Tem árvores altas e baixas. Grossas e finas. Com âmago e sem âmago. Tem árvores verde-escuro e verde-claro. Tem árvores amarelas, vermelhas e brancas, quando dão flor. A floresta parece um mapa com muitas linhas e cores. Mas não é para ser recortado. Uma árvore é diferente da outra. E cada árvore tem sua importância, seu valor. Essa variedade é que faz a floresta tão rica."

Jussara Gomes Gruber, *O livro das árvores*

Investigar e aprender

Criar contextos de interação com situações que desafiem o pensamento da criança e propor questões que instiguem sua curiosidade favorecem a ampliação de seus saberes e o desenvolvimento de sua criatividade e criticidade.

Os projetos com foco na investigação colocam as crianças como protagonistas de suas aprendizagens.

Isso permite à criança interagir com suas narrativas e expressões, interpretá-las e relacioná-las com os objetivos do projeto. E, ainda, oferece condições para que elas tomem decisões sobre o desenho e o desenvolvimento do projeto e, assim, participem de uma construção compartilhada de saberes.

Árvores do Brasil

Esse projeto apresenta um percurso possível de investigação sobre árvores brasileiras com o objetivo de construir com as crianças o jogo SuperCarta Árvores do Brasil.

Para realizar essa proposta, é importante que as crianças conheçam o SuperTrunfo, jogo comum em escolas e disponível no mercado. Caso nem todas o conheçam, é fundamental organizar momentos de jogo antes de fazer a proposta.

Como jogar

SuperCarta Árvores do Brasil será um jogo de cartas com imagens e informações de árvores de regiões brasileiras para exploração e pesquisa. Uma criança compara sua carta com a do outro jogador.

– Menino, menina escolha bem a característica que vai utilizar a cada rodada, pois, se sua carta ganhar, você fica com a carta do outro jogador; se perder, ele fica com sua carta.

No final, vence quem tem o maior número de cartas.

Crianças comparam números altos em jogo similar ao SuperCarta Árvores do Brasil. Sesc Ijuí, RS.

A estrutura apresentada neste projeto pode também ajudar a orientar projetos de investigação de outros temas, como animais de nossas praias, insetos de jardim, flores, sementes, entre outros. No entanto, além do interesse das crianças e do professor por um determinado tema, é importante considerar a disponibilidade de fontes de informação como enciclopédias, revistas, jornais, livros, internet, gravuras, fotografias, vídeos, e, também, saídas a campo para visitar parques, institutos, zoológicos, museus. Também, se possível, entrevistar especialistas ou conhecedores do assunto estudado.

Preparação e desenvolvimento do jogo

ETAPA 1

Para levantar o conhecimento prévio das crianças e conhecer seu interesse sobre o assunto, não basta apenas uma roda de conversa inicial. É fundamental favorecer a interação das crianças com o tema proposto, pois alguns conhecimentos e hipóteses que não apareceriam em uma conversa emergem em uma experiência de interação com o meio.

Por isso, orienta-se aqui uma saída a campo para observar árvores. Pode ser na própria escola, em uma praça próxima ou em um parque da cidade. Antes de sair é importante compartilhar com as crianças o foco da observação, além de alguns combinados de segurança e convívio. Obviamente, esses combinados precisarão ser retomados durante a visita.

Características – chamar a atenção das crianças para diferentes características das árvores:

- a textura do caule;
- a forma como as raízes fixam a árvore na terra, se é possível observá-las ou não;
- a cor e o formato das folhas;
- flores e frutos, se houver;
- onde ficam as sementes;
- a altura da árvore comparada com as próprias crianças, com outras árvores e com construções próximas;
- a circunferência do tronco, isto é, quantas crianças são necessárias para circundá-la;
- se a árvore atrai passarinhos ou insetos;

Sair a campo para observar árvores favorece que as crianças falem sobre suas hipóteses.

- se houver mais de uma árvore, observar no que se parecem e no que se diferem.

De volta à sala – pode ser no dia seguinte. Vale organizar uma roda de conversa para que as crianças compartilhem suas observações e sensações. O professor registra as principais ideias para retomar mais tarde com a turma.

Desenho de memória – em seguida, propor que a turma produza um desenho de memória de uma das árvores observadas.

Exposição – ao final, organizar uma exposição dos desenhos, dispondo-os na parede da sala ou em um painel que acompanhará as investigações e explorações das crianças ao longo do projeto.

ETAPA 2

Após a primeira etapa, é hora de compartilhar com as crianças a proposta do projeto:

Construção de um jogo SuperCarta Árvores do Brasil.

Para construir o jogo, será preciso saber mais sobre as árvores, aprofundar o olhar sobre suas características, retomar o que as crianças conversaram, rever os desenhos que fizeram e ouvir o que elas têm a dizer sobre o desenvolvimento do projeto. Se necessário, convém incluir etapas ou fazer modificações.

Ampliar um pouco mais a conversa, perguntando sobre outras árvores que as crianças possam conhecer:

- *Tem árvores perto da casa de vocês?*
- *E no caminho da sua casa para a escola?*
- *Como são essas árvores?*
- *De que cor são suas folhas? E o tronco?*
- *Dá para ver suas raízes?*
- *Elas dão flores ou frutos?*
- *Vocês sabem como elas se chamam?*

Registro coletivo – nesse momento é possível fazer um registro coletivo em cartaz e afixá-lo junto ao painel de desenhos.

ETAPA 3

Agora o foco é o estudo das características comuns e das diferenças entre várias árvores.

Entregar para cada grupo de crianças um conjunto de imagens escolhido aleatoriamente (apresentado

> Promover uma roda de conversa para compartilhar o trabalho realizado em cada grupo. É importante conversar sobre os critérios que cada grupo usou para agrupar as imagens.

no material digital) e solicitar que conversem sobre elas e as agrupem de acordo com suas características.

Um grupo pode selecionar as imagens em que aparecem raízes, e outro, as árvores parecidas. Todo critério utilizado pelas crianças tem um valor. Não há certo, nem errado. Todo critério traz em si um conhecimento ou uma hipótese. É preciso procurar entender sua lógica e favorecer para que toda criança compreenda como o outro pensou. Concordando ou divergindo. Mas, de toda forma, contribuindo para um saber compartilhado.

Registro – as conclusões da turma, assim como suas dúvidas, precisam ser registradas para que possam alimentar a continuidade da pesquisa e enriquecer o painel coletivo.

PRÉ-ESCOLA

MATERIAIS GRÁFICOS

CONJUNTO DE IMAGENS
Árvores brasileiras

Um esquema de árvore como este pode ajudar a sistematizar algumas ideias.

ETAPA 4

Em contextos de conversa, apreciando desenhos dos colegas e de artistas, as crianças e todos da escola podem conhecer mais sobre como cada um desenha e utiliza a linguagem do desenho.

NALINI, Denise. *O que fazer com os desenhos das crianças?* Conversando sobre as produções infantis e a relação com a apreciação. (No prelo.)

Uma forma de ampliar o conhecimento de árvores da turma é por meio da apreciação de desenhos e pinturas sobre elas ou, ainda, da produção de desenhos de observação.

Esquema da estrutura de uma árvore.

Apresentar às crianças diferentes imagens de árvores e lhes pedir que as agrupem considerando suas semelhanças é um convite à utilização e ao aprimoramento de critérios e hipóteses.

262 APRENDER COM A CRIANÇA

Marianne North e sua viagem ao Brasil

Marianne North foi, em muitos aspectos, uma mulher à frente de seu tempo. Aristocrata, decidiu não se casar para dedicar-se às artes e ter a liberdade de conhecer as paisagens do mundo, pois era uma apaixonada pela natureza. Essa artista inglesa esteve no Brasil entre 1872 e 1873 para retratar em pinturas a paisagem e a flora brasileira e, já nessa época, revelava preocupações ecológicas em seu diário.

Marianne North realizando pintura de observação de árvore.

Bananeiras, laranjeiras, palmeira e touceira de bico-de-papagaio num jardim em Morro Velho, 44 cm x 35 cm.

CAPÍTULO 5 | PROJETO INVESTIGATIVO: ÁRVORES

Os quadros de North, com intensos tons de rosa, amarelo, escarlate, revelam uma paleta de cores tropicais na paisagem que, para um público britânico mais habituado a sutis variações de verdes em meio a um colorido aguado, beirava alucinações visuais. Essa inglesa, que aos 43 anos viajou sozinha ao Brasil, soube, como ninguém, capturar as maravilhas botânicas em seus ecossistemas, unindo a arte à ciência. ■

BANDEIRA, Julio. *A viagem ao Brasil de Marianne North* – 1872-1873. Rio de Janeiro: Sextante, 2012. p. 7.

Rubens Matuck, apaixonado pela natureza

Rubens Matuck é um artista, professor e autor de livros infantis. Suas obras abordam de maneira sensível a vegetação e os biomas brasileiros. Apaixonado pela natureza, Matuck planta uma árvore a cada semana.

Tem publicado cadernos com os desenhos que produz em suas viagens – Pantanal, Caatinga, Cerrado, entre outras. Sua produção inspira seus leitores tanto a conhecer esses lugares, árvores e animais como também a preservá-los.

Rubens Matuck publicou *Buriti,* um caderno de memórias, que mescla lembranças afetivas e registro científico do buriti, a maior palmeira brasileira.

MATUCK, Rubens. *Buriti*. São Paulo: Peirópolis, 2013.

Neste livro, versão fac-símile de um dos cadernos de viagem do artista plástico Rubens Matuck, um conjunto de aquarelas que tem como tema central o buriti, a maior palmeira brasileira, e a vereda, seu ecossistema. Dividida em três partes – "A fruta", "A vereda" e "O homem", numa referência a *Os sertões*, de Euclides da Cunha –, a obra enfoca o buriti de maneira abrangente, captando o lugar ocupado pela palmeira na vereda e a relação que o homem desenvolveu com a planta ao longo do tempo. Como ressalta Oscar D'Ambrosio no texto de apresentação, os desenhos concebidos são o resultado de um processo de sensibilização em que Matuck foi conhecendo melhor os seus objetos de estudo e aprimorando suas impressões, numa fascinante mescla entre documentação e criação artística.

MATUCK, Rubens. São Paulo: Peirópolis, 2012. Catálogo.

O povo Ticuna e seu livro das árvores

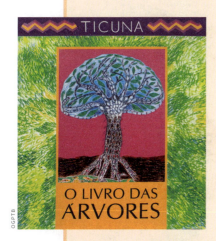

TICUNA. *O livro das árvores*. São Paulo: Global, 2000.

Os ticuna configuram o mais numeroso povo indígena na Amazônia brasileira. Com uma história marcada pela entrada violenta de seringueiros, pescadores e madeireiros na região do rio Solimões, foi somente nos anos 1990 que os ticuna lograram o reconhecimento oficial da maioria de suas terras.

Ticuna. Povos Indígenas no Brasil. Instituto Socioambiental. Disponível em: <goo.gl/pvyVy3>. Acesso em: 10 jan. 2018.

Surgiram grandes movimentos para a história recente dos ticuna como o Museu Magüta, a criação da Organização Geral dos Professores Ticuna Bilíngues (OGPTB) e a formação de um grupo de agentes de saúde indígena.

> Com a terra garantida, o foco dos ticuna mudou para assuntos como saúde, educação, cultura e sustentabilidade econômica e ambiental.

O livro acolhe o olhar dos ticuna sobre a natureza que os cerca e lhes serve de morada, trazendo textos e imagens que fixam suas concepções do real e do imaginário, numa linguagem onde se entremeiam conhecimentos práticos, valores simbólicos e inspiração poética. ■

GRUBER, 1997. Apresentação.

Imagens de O *livro das árvores*, pinturas dos ticuna.

266 APRENDER COM A CRIANÇA

Artistas representam o buriti

É interessante compartilhar as informações sobre os diferentes artistas e convidá-los a apreciar suas pinturas e desenhos de palmeiras de buriti, observando semelhanças e diferenças. Como cada artista representou o buriti, que técnicas utilizou, que elementos aparecem em cada obra. Sempre problematizando o que cada um queria mostrar.

Marianne North, por exemplo, tinha como encomenda um registro fiel da flora brasileira, que permitisse aos ingleses conhecê-la, pois em sua época as viagens eram mais longas e complexas e os meios de comunicação rápidos como a internet ainda não existiam. Já os ticuna não tinham a intenção de fazer um livro de botânica, mas, como diz Jussara Gruber (1997), na apresentação do livro: "[...] uma memória das árvores, que permite aos ticuna recordar a importância de cada uma delas na sua vida".

E os desenhos de Rubens Matuck são resultado de um processo de sensibilização, nos quais, como diz Oscar D'Ambrosio: "[...] foi conhecendo melhor seus objetos de estudo – o buriti, a vereda e os artífices que trabalham na região e a si mesmo" (MATUCK, 2012, p. 8).

Apreciar pinturas e desenhos de artistas que emprestaram sua sensibilidade para representar árvores brasileiras, nossa rica fauna e flora é um bom modo de inaugurar o projeto Árvores do Brasil.

Observar e conversar – outra proposta interessante para ampliar o conhecimento da turma sobre as árvores por meio da apreciação de desenhos e pinturas é propor que observem e conversem sobre as várias árvores desenhadas pelos ticuna em O *livro das árvores*. Esse livro teve seus direitos liberados pelo povo ticuna e encontra-se em domínio público.

Uma sugestão é projetar as páginas do livro com Datashow, se esse recurso estiver disponível na escola, ou, ainda, observar as imagens do livro, em pequenos grupos, na tela do computador.

Vale a pena chamar a atenção para os autores listados nas páginas 4 e 5 desse livro, pois se trata de obra coletiva. Ler em voz alta os três últimos parágrafos da apresentação que Jussara Gruber faz do livro ajuda as crianças a compreender o propósito ticuna e a se verem como destinatárias do livro.

Vale observar os desenhos e conversar sobre como as árvores aparecem na expressão de cada artista.

PRÉ-ESCOLA	MATERIAIS GRÁFICOS
	LIVRO O livro das árvores *Ticuna*

Palmeiras de buriti com velhas araucárias ao fundo, Marianne North.

O buritizal, temanecü, Laurentino Gaspar Bezerra.

MATUCK, Rubens. *Buriti*. São Paulo: Peirópolis, 2013. p. 27.

ETAPA 5

Para ampliar as informações de que as crianças dispõem sobre árvores, pode-se propor uma pesquisa, por meio de leitura de fichas técnicas, contendo dados científicos sobre árvores brasileiras.

Ficha técnica é um tipo de texto científico que organiza informações fundamentais sobre um assunto na forma de lista com subtítulos. Como nas fichas técnicas de um mesmo assunto, os subtítulos costumam ser os mesmos, é um texto que favorece a leitura das crianças pequenas e a busca autônoma de informações mesmo antes de saberem ler convencionalmente.

É bom conhecer muito bem o material que será oferecido como fonte de pesquisa para as crianças – em nosso caso, as fichas técnicas.

Para apresentar as fichas para as crianças, o professor pode, ao longo de uma semana, mais ou menos, propor rodas de leituras desse tipo de texto.

As rodas podem ser organizadas com todas as fichas no centro para que, se as crianças quiserem, possam pegá-las. (As fichas estão disponíveis para impressão no material digital.)

A cada roda, a leitura pode ser feita de diferentes maneiras. Por exemplo, em um dia, ler apenas o nome popular e o científico de cada ficha, conversando em seguida a respeito de as crianças conhecerem essas árvores e de saberem o que é um nome científico.

Famílias de árvores – outra proposta, que pode ser realizada em outro dia, é conversar sobre as famílias das árvores, convidando as crianças a descobrir se nas fichas há árvores de uma mesma família.

Vale chamar a atenção do grupo nesse momento para o fato de que as arvores costumam ter diversos nomes populares, mas apenas um científico, com o qual são conhecidas em todo o mundo, não importa a língua falada no local.

Nesse momento é fundamental ouvir as crianças, as ideias que têm sobre o termo "família" e seus significados.

Provavelmente elas se apoiarão nas famílias humanas conhecidas por elas. É possível que identifiquem que o coqueiro, o buriti e o açaí são da mesma família ao observar suas imagens. Já para identificar que paineira e samaumeira são da mesma família, provavelmente precisarão comparar as escritas nas fichas. Para ajudar nessa leitura, uma possibilidade é escrever no quadro o nome da família ao lado do nome de cada árvore, formando uma lista, ou escrever apenas o nome da árvore e sua família em cartões, para que as crianças comparem e agrupem os nomes que se escrevem da mesma forma.

PRÉ-ESCOLA

MATERIAIS GRÁFICOS

FICHAS TÉCNICAS DE ÁRVORES
Árvores do Brasil

Família em botânica

Em botânica, o termo "família" foi criado por Pierre Magnol para a classificação natural das plantas. A noção de família botânica é muito importante para classificar e pesquisar materiais no estudo da Botânica. O nome da família é formado pelo radical do nome do gênero de maior representatividade (em números ou popularidade) de espécies da família a que pertence, acrescido da terminação "-aceae". Por exemplo, a família da araucária é *araucari**aceae***. A da samaumeira é *malv**aceae***. ■

268 APRENDER COM A CRIANÇA

- ARECACEAE – AÇAÍ
- URTICACEAE – EMBAÚBA
- RUBIACEAE – JENIPAPO
- LECYTHIDACEAE – CASTANHEIRA
- ARAUCARIACEAE – ARAUCÁRIA
- MALVACEAE – SAMAUMEIRA
- ARECACEAE – BURITI
- FABACEAE – PAU-BRASIL
- MALVACEAE – PAINEIRA
- ANACARDIACEAE – CAJUEIRO
- MYRTACEAE – JABUTICABEIRA
- ARECACEAE – COQUEIRO
- EUPHORBIACEAE – SERINGUEIRA

Outras rodas podem ser dedicadas a ler uma ficha completa, para que as crianças saibam mais sobre uma determinada árvore.

É sempre interessante enriquecer as informações que a criança dispõe sobre as árvores. As curiosidades, por exemplo, costumam ser de grande interesse. Uma possibilidade é que as crianças pesquisem com seus familiares ou conhecidos curiosidades ou histórias interessantes que envolvam determinadas árvores. Outra possibilidade é ler a lenda do açaí, em que índios da Amazônia explicam o surgimento dessa fruta:

A lenda do Açaí, o fruto sagrado do povo de Itaki

Diz a lenda que muitos e muitos anos atrás, na Floresta Amazônica, onde hoje existe a cidade de Belém, existia uma nação indígena muito populosa. Com o passar dos tempos, o grupo foi ficando tão grande que os alimentos, mesmo sendo fartos na região, começaram a faltar.

Foi então que o cacique Itaki, grande líder da tribo, teve que tomar uma decisão muito cruel. Para que não faltasse alimento aos mais velhos, Itaki resolveu que, a partir daquele dia, as crianças que nascessem seriam sacrificadas. E assim foi até que a filha do cacique, uma jovem chamada Iaçã, teve que sacrificar sua linda filhinha recém-nascida.

Desesperada, Iaçã chorava todas as noites de saudades da filhinha que não pôde criar. Depois de ficar vários dias enclausurada em sua maloca, Iaçã pediu ao deus Tupã para mostrar a seu pai uma forma de alimentar seu povo sem ter de sacrificar os pequeninos. Sensibilizado com a dor de Iaçã, o deus indígena decidiu mostrar outro caminho ao cacique Itaki.

Em uma noite de lua cheia, Iaçã ouviu do lado de fora de sua oca o gungunar de uma criança. Ao olhar, viu que lá estava sua linda filhinha, sorridente, ao lado de uma palmeira. Iaçã correu rumo à palmeira e abraçou a filha que, misteriosamente, desapareceu no abraço da mãe. Inconsolável, Iaçã chorou a noite inteira, até desfalecer.

No dia seguinte, o corpo de Iaçã foi encontrado abraçado ao tronco da palmeira. No rosto, a moça triste trazia um semblante sereno, até mesmo feliz. Seus olhos negros fitavam o alto da palmeira, que estava salpicada de pequenos frutos escuros.

Interpretando a cena como uma bendição de Tupã, Itaki mandou apanhar os frutos. Com eles, foi possível fazer um forte e nutritivo suco avermelhado que dava para alimentar todo o povo de Itaki. Em homenagem à filha, Itaki deu à palmeira generosa o nome de Açaí, que significa Iaçã invertido. Desde aqueles tempos, lá pras bandas da Amazônia, a farturenta palmeira do Açaí alimenta o povo de Itaki e todos os povos indígenas da região. ∎

XAPURI socioambiental. *A lenda do Açaí, o fruto sagrado do povo de Itaki*. 13 maio 2015. Disponível em: <goo.gl/fiDBVJ>. Acesso em: 2 fev. 2018.

Vale salientar que, para dar às crianças condições para que busquem informações a fim de construir o SuperCarta, na próxima etapa, é essencial organizar também rodas para ler as informações sobre a altura máxima ou a circunferência máxima do tronco das diferentes árvores e fazer um convite para que reflitam sobre qual das árvores tem a maior dimensão. Para auxiliar a comparação das árvores, é importante oferecer ao grupo algumas referências.

Disponibilizar fitas métricas e informações sobre a altura de uma criança, casa ou prédio pode ajudar.

Por exemplo, uma criança entre 3 e 4 anos tem em média 1 metro de altura; uma casa térrea, com telhado, tem 4 metros de altura; um edifício de 4 andares tem mais ou menos 15 metros.

Para ter ideia da circunferência de um tronco, é possível cortar um pedaço de barbante na medida indicada na ficha, empregando um metro de marceneiro ou fita métrica e, assim, formar uma circunferência com o barbante no chão da sala.

Roda e registro – com a turma em roda, convém fazer um novo registro do que a turma aprendeu para alimentar o painel coletivo.

ETAPA 6

Nesta etapa, as crianças deverão ler as fichas para buscar informação numérica e para construir o SuperCarta Árvores do Brasil.

Para organizar o momento de pesquisa, é interessante formar duplas ou trios e entregar para cada criança uma Ficha Técnica de Árvore.

Antes de tudo, é preciso compartilhar com o grupo a tarefa:

Construir a carta da árvore de sua ficha completando as informações – nome, altura e circunferência do tronco – e, depois, ilustrá-la.

O professor entrega para cada grupo uma cartinha como esta:

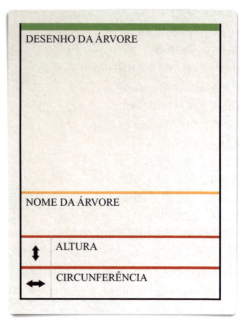

Modelo de carta para o jogo SuperCarta.

PRÉ-ESCOLA

MATERIAIS GRÁFICOS

MODELO DE CARTA
SuperCarta Árvores do Brasil

Para ajudar os alunos a encontrar as informações de que necessitam, é preciso ler as informações da carta do SuperCarta, que deverão completar, e retomar a leitura dos subtítulos das fichas técnicas. Em seguida, pedir que cada grupo localize onde estão as informações numéricas e, então, perguntar onde acham que está escrito ALTURA e onde está escrito CIRCUNFERÊNCIA.

Compartilhar as pistas – nesse processo, antes de confirmar as respostas e dizer onde está escrito o quê, é importante promover a troca de ideias, convidando as crianças a compartilhar as pistas que encontraram para localizar as informações, mesmo que não estejam certas, incentivando as turmas a pensar sobre elas e testá-las, até chegar a acordos comuns.

Durante a atividade, percorrer os grupos, observar como as crianças fazem para localizar a informação e fazer perguntas que possam ajudá-las a localizar o que precisam.

Com o jogo pronto, é hora de jogar!

As crianças podem convidar outros grupos ou podem jogar entre si.

A longevidade das árvores

As árvores podem ter uma vida muito longa. Elas estão entre os seres vivos mais longevos do planeta.

Pode-se propor que as crianças comparem e ordenem esses números. Esta atividade pode ser coletiva – com os números anotados no quadro – ou em pequenos grupos. Um encaminhamento possível é anotar os números em cartões e entregar um conjunto para cada grupo. Mas, coletivamente ou em grupo, é essencial ler todos os números, sem indicar qual é qual, para que as crianças tenham informações que apoiem a ordenação das escritas numéricas.

As idades das árvores são um bom contexto para comparar números altos. As crianças não precisam saber identificar e ler convencionalmente cada um desses números para compará-los. A ideia é que se apoiem nos conhecimentos de que dispõem para procurar descobrir qual a árvore mais velha.

Jomon Sugi é uma árvore japonesa com cerca de 6.000 anos. Foi declarada Patrimônio Mundial pela Unesco.

Este pinheiro na Suécia, conhecido como Velho Tjikko, tem cerca de 8.000 anos e pode ter estado na última Era do Gelo.

Jequitibá rosa gigante de 3.000 anos encontrado na Mata Atlântica.

Os baobás africanos podem viver até 5.000 anos.

Sumaúma "vovó", árvore de 1.200 anos considerada uma celebridade na comunidade amazônica Maguari. Para abraçá-la, precisa-se de no mínimo 30 pessoas.

CAPÍTULO 5 | PROJETO INVESTIGATIVO: ÁRVORES

BRINCADEIRAS DE AVÓS

"As crianças são sensíveis à atmosfera simbólica da comunidade e pressentem um envoltório, como que feito da substância das histórias ouvidas, do amplo código das impressões adultas e das sapiências dos mais velhos, dos cheiros das cozinhas, da súbita visão das mazelas nos corpos alheios, do burburinho e quietude das casas, das sonoridades da noite e do dia."

Gabriela Romeu, *Terra de cabinha*: pequeno inventário da vida de meninos e meninas do sertão

A infância é um estado que se sustenta pelo contínuo trabalho de instilar, peneirar e filtrar o mundo

Crianças são como espécies de pássaros garis da natureza: fazem continuamente o trabalho de renovar as sobras do mundo, digerindo-as em uma calórica forja imaginadora, transformando-as em novos nutrientes, artefatos da brincadeira, crenças e certezas jovens, recém-nascidas, porém embevecidas de fascínio.

ROMEU, Gabriela. *Terra de cabinha*: pequeno inventário da vida de meninos e meninas do sertão. São Paulo: Peirópolis, 2016. p. 8.

Outras histórias para indagar e conhecer na Educação Infantil
De si mesmo, desde o nascimento, da família, da comunidade.

CONHECER A HISTÓRIA DE SUA FAMÍLIA E DE SUA COMUNIDADE SÃO SABERES IMPORTANTES NA EDUCAÇÃO INFANTIL.

Perguntar, descobrir e relatar fatos importantes sobre seu nascimento e desenvolvimento, oferece às crianças possibilidades de ver com outros olhos sua experiência cotidiana.

Criar contextos – para que as crianças possam comparar sua experiência de vida com a dos colegas e com a de adultos que viveram a infância em outra época essa prática favorece que elas observem mais, exercitem sua criatividade, estabeleçam relações e aventurem-se em explicações mais complexas sobre a realidade, além de alimentar ricas situações de faz de conta e brincadeira.

Pensamos em propostas didáticas que alimentem esse movimento natural das crianças.

Projeto didático: brincadeiras de nossos avós

O objetivo deste projeto de investigação é aproximar as crianças da ideia de que o ambiente social que conhecem não foi sempre assim e que os brinquedos e brincadeiras foram mudando ao longo do tempo.

Este projeto visa a que as crianças:

- observem as mudanças e permanências trazidas na passagem do tempo, a partir da comparação entre as brincadeiras preferidas das crianças e as de seus avós;
- examinem documentos e objetos de valor histórico, a partir da apreciação de fotos e brinquedos antigos;
- pensem em organizar e realizar entrevistas;
- documentem informações na forma de tabelas;
- valorizem as histórias pessoais e familiares;
- ampliem o repertório de brincadeiras infantis.

ETAPA 1

Para as brincadeiras preferidas das crianças da turma, fazer, de início, um levantamento com as crianças. Pode-se organizar a turma em pequenos grupos. Assim, à vontade, cada um poderá falar sobre a brincadeira de que mais gosta.

Roda e registro – é hora de compartilhar em roda de conversa e construir uma lista das brincadeiras preferidas da turma. Propomos que as crianças escolham algumas delas para brincar na semana seguinte e selecionem os materiais necessários para cada brincadeira, de forma que estejam disponíveis nos dias combinados.

Ao terminar uma brincadeira, a conversa para troca de experiências pode ser:

- *Todos a conheciam?*
- *O que acharam da brincadeira?*
- *Eles brincavam de outra forma?*
- *Onde e com quem brincavam?*

ETAPA 2

Depois de muito brincar com o repertório das preferidas da turma, é hora de conhecer brincadeiras antigas e lançar a questão que norteia este projeto:

- *Do que brincavam seus avós quando crianças?*

A primeira ideia que precisa ser discutida é que os avós foram pequenos um dia. Algumas perguntas ajudam a troca de ideias:

- *Será que eu (professor) fui criança um dia?*
- *O adulto já nasce grande?*
- *Todo mundo nasce bebê?*
- *Todo adulto foi criança um dia?*

Em uma próxima roda, retomar a ideia que todo adulto foi criança um dia. Introduzir a conversa sobre do que brincavam os avós quando eram pequenos. É esperado que as crianças imaginem que eles brincavam das mesmas coisas que elas.

Um baú de fotos – propor uma rodada de apreciação de fotografias antigas é uma boa oportunidade para que as crianças entrem em contato com costumes e modos de vida do passado.

AS FOTOGRAFIAS SÃO FONTES VALIOSAS PARA CONHECER MAIS SOBRE O COTIDIANO DE OUTRAS ÉPOCAS.

O contexto da brincadeira, tão conhecido das crianças, possibilita aproximar da noção que existiram infâncias antes das delas.

Explorar uma cena de brincadeira em uma fotografia traz muitas informações sobre a época, local, costumes e modos de vida. Observar as roupas que utilizam, o panorama da cidade e postes de iluminação e a tecnologia da foto.

ETAPA 3

Agora que as crianças já tiveram oportunidade de pensar sobre algumas semelhanças e diferenças entre suas brincadeiras e as de crianças de outras épocas, este é o momento para descobrir do que brincavam seus avós.

Escrita coletiva – propor a escrita de um bilhete coletivo para os avós, compartilhando a curiosidade das crianças e convidando-os a registrar suas brincadeiras em relato ou desenho. E incentivar que conversem sobre elas com seus netos.

Tabela de brincadeiras – organizar momentos para compartilhar o conteúdo das mensagens e, se preciso, ajudar as crianças a lê-las. Essas informações podem ser organizadas em uma tabela com duas colunas, uma para as brincadeiras que os avós brincavam e que são conhecidas das crianças, e outra para as brincadeiras que desconhecem. Organizar as informações em tabela favorece a consulta das informações coletadas e possibilita que as crianças observem as mudanças e as permanências entre as brincadeiras dos avós e as atuais.

O objetivo é ampliar o repertório de brincadeiras das crianças e observar na tabela o crescimento do próprio conhecimento sobre o assunto.

É possível que as crianças conheçam algumas das brincadeiras de seus avós, mas que nunca as tenham brincado na escola. Nesse caso, é interessante propor uma nova rodada de brincadeiras que pode ser compartilhada com outras crianças da escola.

PRÉ-ESCOLA

MATERIAIS GRÁFICOS

BAÚ DE FOTOS
- Brincadeiras antigas
- Galeria

Fotos de brincadeiras antigas mostram como a tecnologia mudou a infância.

274 APRENDER COM A CRIANÇA

ETAPA 4

Os avós podem ensinar brincadeiras que as crianças desconhecem. Por isso, o professor pode convidar alguns avós (ou pessoas mais velhas) para virem à escola e ensinar alguma dessas brincadeiras.

Convites e entrevistas – para receber essa visita, crianças e professor escrevem um convite e planejam a entrevista que farão com os avós.

O primeiro passo para escrever o convite é conhecer textos desse tipo. A professora pode trazer alguns modelos para compartilhar com todos, lendo as mensagens de cada um. Em seguida, o grupo elabora uma lista de quais informações não podem faltar no convite e qual é a melhor forma de organizá-las, ditando o texto ao professor.

Preparar a entrevista, relacionando algumas perguntas para conhecer mais sobre as brincadeiras dos avós quando crianças:

- *Onde brincavam?*
- *Com quem brincavam?*
- *Em que momento do dia brincavam?*
- *De que materiais precisavam para brincar?*

Nos dias das visitas, os avós ensinam as brincadeiras e brincam com as crianças. Depois é hora de realizar a entrevista.

Antes de realizar a entrevista, é importante reler as perguntas para que todos possam relembrar o que queriam saber. Se possível, gravar a conversa para ouvi-la depois com as crianças.

Os brinquedos em museus
Museu do brinquedo

Visitas a museus, físicos ou virtuais, que se dedicam ao tema do brincar pode enriquecer essa pesquisa. Existem museus desse tipo em muitos lugares de nosso país. Uma boa forma de se preparar para realizar esse projeto é visitar os *links* aqui indicados e decidir se é possível fazer uma visita física ou se vale a pena fazer uma visita virtual com as crianças.

- Museu do Brinquedo Popular, Salvador, BA. É possível fazer uma visita física, mas conta também com um acervo virtual de imagens de brinquedos.
  goo.gl/Dej9nZ

- Museu do Brinquedo Popular, Instituto Federal de Educação, Ciência e Tecnologia do Rio Grande do Norte (IFRN), Natal, RN. É possível fazer uma visita física, mas conta também com um acervo virtual de imagens de brinquedos.
  goo.gl/N3AikZ
  goo.gl/8RZAYH

- Museu dos Brinquedos, Belo Horizonte, MG. Só visita física.
  goo.gl/FTQz1b

- Museu da Educação e do Brinquedo, USP, São Paulo, SP. Só visita física.
  goo.gl/8fJeF

- Museu de Arte Moderna (MOMA), Nova York, USA. Site interativo de exposição – *O século da criança: crescendo com design, 1900-2000* – traz imagens de crianças brincando ao redor do mundo nesse período. Vale a pena fazer uma visita virtual.
  goo.gl/iRL4Cu

PARA AVALIAR
OBSERVAR, ESCUTAR E REGISTRAR

A melhor imagem que nos corresponde, como professores avaliadores, é aquela do equilibrista em cima do muro.

De que muro se trata?

O caminho estruturado, mas sempre em aberto, de nossa postura didática. De um lado, as crianças em seus múltiplos processos de aprendizagem; de outro, os conteúdos de nossa cultura, temas e **campos de experiência** que oferecemos de forma organizada, compondo planejamento e rotinas de trabalho cotidiano.

Como avaliar?

Avaliamos o sistema complexo da sala de aula, que inclui disponibilidade de tempo e espaço, de materiais e livros, e não apenas o modo de ser e competências adquiridas das crianças.

Avaliamos os processos de aprendizagem de cada uma das crianças e da turma como um todo, nas condições que oferecemos a elas para que sejam exitosas em sua aprendizagem e desenvolvimento.

Para isso, precisamos ser, como educadores, observadores atentos, pesquisadores persistentes. É preciso praticar constantemente o exercício do registro escrito, em imagens fotográficas e audiovisuais.

Esses registros configuram, ao mesmo tempo, memória do grupo, de atividades de cada criança e material para reflexão, como diários do professor, relatórios aos pais e tematizações da prática com outros educadores.

Para avaliar **projetos didáticos**, registramos:

- planejamento passo a passo;
- desenvolvimento de cada etapa;
- mudanças de planejamento decorrentes da realização de atividades em cada etapa;
- falas, rodas de conversa e produções das crianças;
- andamento e compreensão do jogo SuperCarta Árvores do Brasil;
- elaboração de tabelas e andamento de brincadeiras dos avós;
- finalização e arquivo dos projetos.

> É essencial registrarmos todos os dias: falas, rodas de conversa e produções das crianças. Sem esse registro diário, não temos substância para nos guiar na avaliação de processos de aprendizagem.

CANTAR COM AS CRIANÇAS

"Carlos Drummond de Andrade, em um famoso texto, 'A educação do ser poético', pergunta ao leitor:

– Por que motivo as crianças, de modo geral, são poetas e, com o tempo, deixam de sê-lo?

Pois é a pergunta e não suas possíveis respostas, o mote, o motor propulsor desta antologia, pessoal e intransferível, que não tem a menor pretensão de esgotar o muito interessante assunto dos grandes poetas brasileiros que escreveram (também) para as crianças."

Adriana Calcanhoto, *Antologia ilustrada da poesia brasileira para crianças de qualquer idade*

Cantar, dançar e brincar

Uma boa forma de interação e brincadeira para crianças pequenas é cantar (e dançar!) o repertório inesgotável do cancioneiro popular brasileiro. Ouvindo, apreciando e cantando, cada criança compreende melhor a língua materna em seus ritmos, entoações e significados. Sem sermos repetitivos, podemos diariamente percorrer esse amplo repertório, proporcionando um ambiente de alegria e descoberta.

Se houver a possibilidade de alguém acompanhar com violão ou outro instrumento, maravilha! As crianças também podem acompanhar com instrumentos de percussão como chocalhos, percutindo no chão ou no próprio corpo. Importante é a sintonia e o prazer que vêm da música.

Repertório para os pequenos

As cantigas infantis embalam e permeiam a experiência de ser criança. Desde os bebês, que se encantam com seu ritmo e melodia, até os pequenos, que começam a falar e logo nos surpreendem cantando cantigas de ninar e dizendo parlendas que havíamos cantado e dito antes em momentos de colo e acalanto. E conforme crescem, descobrem nas cantigas convites para muitas brincadeiras. Muitas vezes, o tempo passa e, já adultos, as cantigas pareciam esquecidas, mas ressurgem na memória quando é preciso confortar e entreter uma criança que chora.

Por tudo isso, não há dúvida de que o acervo de cantigas infantis brasileiras é de fato um tesouro.

Ana Maria Machado (2014), em suas palavras, "sem nostalgia nem saudosismo, mas perfeitamente consciente de que a cultura que nos une e nos torna irmãos é tecida de fios que vêm desde a mais tenra infância", reuniu, em seus livros, uma coletânea de parlendas, cantigas e trovas, algumas simples e ingênuas, outras de refinada sutileza. Todas com um imenso potencial de encantar e divertir os pequenos. Todas elas ilustradas com humor e leveza por Cláudio Martins e disponíveis em dois CDs, um no final de cada livro.

MACHADO, Ana Maria (Org.). *O tesouro das cantigas para crianças*. Ilustração Cláudio Martins. Rio de Janeiro: Nova Fronteira, 2014.

Capelinha de melão
CAPELINHA DE MELÃO
É DE SÃO JOÃO
É DE CRAVO, É DE ROSA,
É DE MANJERICÃO...
SÃO JOÃO ESTÁ DORMINDO,
NÃO ACORDA, NÃO.
ACORDAI, ACORDAI,
ACORDAI, JOÃO.

Tangolomango
ERA UMA VELHA QUE TINHA NOVE FILHAS,
TODAS FAZIAM BISCOITO.
DEU TANGOLOMANGO NUMA DELAS,
E DAS NOVE FICARAM OITO.
ESSAS OITO, MEU BEM, QUE FICARAM
FORAM COMER CHICLETE.
DEU TANGOLOMANGO NUMA DELAS,
E DAS OITO FICARAM SETE.
ESSAS SETE, MEU BEM, QUE FICARAM
FORAM ESTUDAR FRANCÊS.
DEU TANGOLOMANGO NUMA DELAS,
E DAS SETE FICARAM SEIS.
ESSAS SEIS, MEU BEM, QUE FICARAM
FORAM BOTAR UM BRINCO.
DEU TANGOLOMANGO NUMA DELAS,
E DAS SEIS FICARAM CINCO.
ESSAS CINCO, MEU BEM, QUE FICARAM
FORAM FAZER TEATRO.
DEU TANGOLOMANGO NUMA DELAS,
E DAS CINCO FICARAM QUATRO.
ESSAS QUATRO, MEU BEM, QUE FICARAM
FORAM JOGAR XADREZ.
DEU TANGOLOMANGO NUMA DELAS,
E DAS QUATRO FICARAM TRÊS.
ESSAS TRÊS, MEU BEM, QUE FICARAM
FORAM VARRER AS RUAS.
DEU TANGOLOMANGO NUMA DELAS,
E DAS TRÊS FICARAM DUAS.
ESSAS DUAS, MEU BEM, QUE FICARAM
FORAM PARA INHAÚMA.
DEU TANGOLOMANGO NUMA DELAS,
E DAS DUAS FICOU SÓ UMA.
ESSA UMA, MEU BEM, QUE FICOU
FOI PRA CORREÇÃO.
DEU TANGOLOMANGO NESSA UMA,
E ACABOU-SE A GERAÇÃO.

Feijão com arroz
UM, DOIS,
FEIJÃO COM ARROZ.
TRÊS, QUATRO,
FEIJÃO NO PRATO.
CINCO, SEIS,
BOLO INGLÊS.
SETE, OITO,
COMER BISCOITO.
NOVE, DEZ,
COMER PASTÉIS.

Borboleta
BORBOLETA PEQUENINA,
SAIA FORA DO ROSAL
VENHA VER QUANTA ALEGRIA,
QUE HOJE É NOITE DE NATAL.
EU SOU UMA BORBOLETA,
PEQUENINA E FEITICEIRA,
ANDO NO MEIO DAS FLORES
PROCURANDO QUEM ME QUEIRA.
BORBOLETA PEQUENINA,
VENHA PARA O MEU CORDÃO,
VENHA VER CANTAR O HINO,
QUE HOJE É NOITE DE NATAL.

Sapo Cururu
SAPO CURURU
NA BEIRA DO RIO
QUANDO O SAPO CANTA, Ô MANINHA,
É PORQUE TEM FRIO.
A MULHER DO SAPO,
É QUE ESTÁ LÁ DENTRO,
FAZENDO RENDINHA, Ô MANINHA,
PARA O CASAMENTO.

Alecrim
ALECRIM, ALECRIM DOURADO,
QUE NASCEU NO CAMPO
SEM SER SEMEADO.
Ó MEU AMOR!
QUEM TE DISSE ASSIM,
QUE A FLOR DO CAMPO
É O ALECRIM?

CRECHE — MATERIAIS GRÁFICOS
ARTIGO
Cantigas de roda
Ricardo Breim

PRÉ-ESCOLA — MATERIAIS GRÁFICOS
ARTIGO
Cantigas de roda
Ricardo Breim

PARA AVALIAR
OBSERVAR, ESCUTAR E REGISTRAR

Para avaliar a evolução da oralidade e da compreensão de si mesmo e da língua que se fala, podemos registrar:

- movimentos rítmicos de corpo na entoação de canções;
- modos de enunciação das letras de canções;
- registros de "neologismos" – palavras que as crianças inventam ao ouvir as letras;
- progressivo aumento de uso e compreensão da Língua Portuguesa em suas modalidades;
- desenvoltura na descoberta de si e do outro ao compartilhar canções;
- progressivo aumento na apropriação de repertório de canções no Brasil.

Dicionário da mata

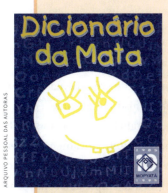

Dicionário da mata.
São Paulo:
Edição do autor, 1995.

Estudávamos com o grupo de crianças de 5 anos personagens do folclore brasileiro, e, paralelamente, cadeia alimentar, meio ambiente e a importância de sua preservação. Para complementar esses trabalhos fizemos uma aula-passeio pela mata da escola, com monitoria de professores e alunos do Ensino Médio. Durante o passeio, listei as novas informações que surgiam, tanto da parte das crianças como dos adultos e coletamos diversos materiais. Alguns dias depois, na classe, reli para eles as palavras que eu havia listado, perguntando seu significado. Eu ia escrevendo o que falavam e, depois, cada criança ilustrou uma página do que veio a ser nosso Dicionário da Mata.

Maria Priscila Bacellar Monteiro,
professora do Grupo 5, Colégio Mopyatã, SP.

PARA UMA NOVA ECOLOGIA DE APRENDIZAGEM

"Em lugar de serem polícias obrigados a forçar crianças a aprender coisas que elas não querem aprender, estar em uma posição mais desejável – ser fonte de conhecimento e ajuda para crianças que necessitam desse conhecimento para fazer alguma coisa que vem de seu coração."

Seymour Papert, *Thinking about Thinking about Seymour*

Do cinematógrafo ao celular

Vivemos conectados ao mundo, de forma portátil por um aparelho de recursos aparentemente ilimitados – um celular. Assim como nos dez anos que antecederam a invenção do cinema – imagens em movimento –, vivemos uma revolução criativa no uso de sons e imagens, que nos habilita a criar hipertextos multimídia em poucos toques por segundo. Os irmãos Lumière, Auguste (1864-1948) e Louis (1862-1954), registraram em 1895 a patente do cinematógrafo, máquina de filmar e projetor de cinema. Na última década do século XIX, o público assistiu a uma verdadeira explosão nos diferentes modos de montar e exibir imagens em movimento. Trata-se do que o videoartista brasileiro Raimo Benedetti chamou de pré-cinema.

O que é pré-cinema?

Em sua página na internet, Raimo Benedetti comenta:

Estamos chamando de pré-cinema o conjunto de práticas ópticas e ilusórias que antecederam o "cinematógrafo", aparato lançado no ano de 1895 pelos irmãos Lumière. Retroativamente no tempo, o período pré-cinematográfico vai descamando toda e qualquer mídia que emprestou seus recursos ao cinema, como a fotografia, a lanterna mágica, os panoramas e os objetos cinéticos.

 goo.gl/UGPMcM

Com esse aparelho, podemos nos comunicar e expressar em imagens e textos, explorar e pesquisar conteúdos, realizar compra e venda e transações bancárias, fazer e ouvir música, produzir e assistir audiovisuais, interagir em jogos e brincadeiras com pessoas do mundo inteiro. Computadores como um celular nos situam em qualquer tempo e espaço, simultaneamente. Adquirimos com a internet o dom da ubiquidade. E, com instrumentos tecnológicos podemos usar este dom, aprendendo nossos alcances e limites no estabelecimento de critérios e procedimentos que autodisciplinem seu uso.

Com esses aparelhos empreendemos uma via pessoal de aprendizagem e desenvolvimento.

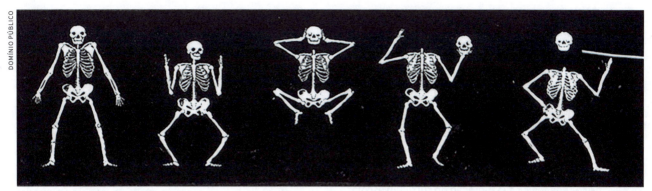

Choreutoscope slide, circa 1866.

Desde muito cedo as crianças interagem com eles, demonstrando habilidades intuitivas para clicar ou tocar em ícones que as levem ao desenho animado de sua preferência, a fotografar e acessar fotos e vídeos, a pintar e desenhar, a jogos interativos.

Cabe a nós fazer uma seleção do mar de informações disponíveis, sabendo que não é possível ignorá-las.

> Essa abertura para o mundo proporciona trajetórias pessoais de aprendizagem que a escola não pode desconsiderar. Intenções educativas organizadas em bases curriculares são fatores essenciais para aprendizagem e desenvolvimento das crianças, desde a Educação Infantil.

O início da possibilidade de se ter em casa imagens em movimento. Revista *L'Illustration*, 2 dez. 1922.

Do currículo à aprendizagem

César Coll, Catedrático de Psicologia Evolutiva e Educativa na Universidade de Barcelona, coordenou a reforma educativa na Espanha e assessorou a elaboração dos Parâmetros Curriculares no Brasil.

As importantes contribuições de César Coll para fundamentar e pensar currículos cujo objetivo central é aprender a aprender ao longo da vida são atualmente dedicadas ao uso e à influência das Tecnologias de Informação e Comunicação (TIC) no percurso de aprendizagem de alunos e alunas. Os itens após a citação de Coll na página seguinte foram transcritos de videoconferências desse autor (goo.gl/lwYZHA, goo.gl/gpzAEw), com tradução das autoras.

Tendo a flexibilidade de um junco solidamente enraizado, seja nas tradições populares, seja na produção científica e cultural, este marco de referência se nutre dos elementos que caracterizam a própria vida: o que resulta do trabalho de César Coll é a possibilidade de construção de uma outra ética, aquela resultante do acesso democrático ao conhecimento.

COLL, César. *Psicologia e currículo*: uma aproximação psicopedagógica à elaboração do currículo escolar. Tradução Cláudia Schilling. São Paulo: Ática, 1996.

ROMPER AS BARREIRAS ESPACIAIS E TEMPORAIS PARA FAZER MAIS EDUCAÇÃO, EM MENOS TEMPO E COM MAIS PESSOAS.

As TIC têm a peculiaridade de permear todas as atividades da vida cotidiana.

- **Ubiquidade** – criam espaços onde é possível aprender.
- **Mudanças** – pressionam a escola desde fora porque obrigam a repensar as finalidades da educação.
- **Brechas** – permitem acesso ao consumo ou ao conhecimento organizado; trabalho de mediação.

Os impactos das TIC em Nova Ecologia da Aprendizagem estão para além dos entornos de aprendizagem compreendidos como alfabetização digital.

CRIANÇAS SE AUTOALFABETIZAM NO MUNDO DIGITAL, DESDE MUITO CEDO INTERAGINDO COM MODOS DE ACESSO AOS ÍCONES.

O impacto das TIC na educação formal:

- **Direto** – incorporação das TIC como conteúdo de aprendizagem; ferramentas de aprendizagem; como entornos de aprendizagem.
- **Indireto** – TIC; sociedade de informação e cultura digital.
- **Amplo** – aprendemos em muitos contextos ao longo da vida, o que nos leva a valorizar trajetórias pessoais de aprendizagem. Com as TIC, incluímos e compartilhamos o conjunto de entornos que cada um participou, onde adquiriu competências. Diferentes vias da informação ao conhecimento, como formato e modo de representação, são multiplicadas em acessos que ampliam as trajetórias pessoais de aprendizagem.
- **Tendência** – rumo a uma maior personalização da aprendizagem, o que leva os estudantes a construir suas próprias trajetórias de aprendizagem contínuas, sem nichos ou contextos. Nesse sentido, uma nova ecologia da aprendizagem se manifesta com especial intensidade no âmbito do currículo.
- **Desafio** – tomada de consciência que hoje em dia acontece não só para a aquisição de conhecimentos concretos e particulares, mas também para o desenvolvimento de competências para formar alunos que continuem a aprender de forma ampla ao longo da vida.
- **Práticas educativas** – com a ubiquidade das TIC, a ação educativa é distribuída em diferentes cenários e agentes educativos. Podemos aprender em qualquer lugar e qualquer tempo. A aquisição de competências genéricas e transversais relacionadas com a capacidade de aprender nos leva a pensar currículos baseados em competência.

ARQUIVO PESSOAL DAS AUTORAS

ELEIÇÃO OU ESCOLHA DOS INTERESSES DO QUE SE QUER APRENDER.

Para uma ecologia da aprendizagem, é preciso considerar como, com quem e o que aprendemos, configurando trajetórias potentes e enriquecedoras de aprendizagem. Isso é especialmente relevante, uma vez que experiências subjetivas de aprendizagem estão na base da construção de si mesmo como aprendiz. Essas experiências podem ser conscientes ou não, mas continuam aí, operando no marco do que chamamos de currículo, gerando atividades. Que essas atividades significativas, incluindo o uso pessoal das TIC, possibilitem aprender continuamente ao longo da vida é o que propõe César Coll em suas pesquisas sobre currículo escolar.

ARQUIVO PESSOAL DAS AUTORAS

Os educadores, as TIC e a nova ecologia da aprendizagem

Vistas sob a perspectiva da sua função mediadora da atividade conjunta entre professores e alunos acerca dos conteúdos de aprendizagem, as TIC oferecem um enorme leque de opções e recursos para melhorar as práticas existentes e delinear outras novas. Elas permitem a introdução de novas formas de mediação entre o aluno e os conteúdos de aprendizagem (materiais multimídia e hipermídias, simulações etc.); entre o professor e esses conteúdos (bancos de dados, diretórios, arquivos de práticas educativas abertas etc.); entre professor e aluno e entre os próprios estudantes (comunicação a distância, comunidades de interesse etc.); e também entre as ações do professor e do aluno e os conteúdos e tarefas (solicitar, fornecer e trocar informações e pedir, dar e receber *feedback* e ajuda etc.).

A experiência acumulada, por outro lado, recomenda a revisão de alguns planejamentos habituais da incorporação das TIC aos projetos e o uso em classe. Em suma, tudo indica que a integração e o emprego das TIC não devem ser como um fim, nem um fator que necessariamente irá desencadear um processo de inovação e melhoria das práticas educativas.

As TIC são uma ferramenta a serviço de uma dinâmica que as transcende e engloba, e determina, em grande parte, a concretização e o alcance das possibilidades oferecidas aos educadores e alunos para aperfeiçoar a aprendizagem e o ensino. ■

COLL, C. Aprender y enseñar con las TIC: expectativas, realidad y potencialidades. In: CARNEIRO, R., TOSCANO, J. C.; Díaz, T. (Coords.). *Los desafíos de las TIC para el cambio educativo*. Madrid: OEI/Fundación Santillana, 2009. p. 113-126.

ROTINA, PLANEJAMENTO E COMPOSIÇÃO DE ATIVIDADES

"Em se tratando da lembrança o corpo conserva hábitos motores capazes de desempenhar de novo o passado; pode retomar atitudes em que o passado irá se inserir; ou ainda, pela repetição de certos fenômenos cerebrais que prolongaram antigas percepções, irá fornecer à lembrança um ponto de ligação com o atual, um meio de reconquistar na realidade presente uma influência perdida: mas em nenhum caso o cérebro armazenará lembranças ou imagens."

Henri Bergson, *Matéria e memória*: ensaio sobre a relação do corpo com o espírito

Organização do tempo didático

O trabalho nosso como educadores incide fortemente na vida cotidiana. Durante todo o ano letivo acompanhamos um grupo de crianças em suas trajetórias de aprendizagem e desenvolvimento. Dia a dia nos aproximamos de seu modo de ser e de pensar para conceber atividades especialmente desenhadas em função de nossas intenções educativas. Chegamos à escola atualizando sempre a memória do que nos constitui. Somos a mesma pessoa fora e dentro de espaços educativos, sendo a sinceridade garantia de continuidade entre vida particular e vida profissional. Todos os dias as crianças chegam à creche e à pré-escola com expectativa de nos rever, e aos colegas, de interagir e brincar no tempo e espaço propícios para criação de novos conhecimentos.

Formas de organização do trabalho na Educação Infantil

Projetos didáticos são um conjunto de **atividades** organizadas em etapas. Conforme avançamos com as crianças na elaboração de cada etapa, trabalhamos de forma aberta com material estruturado. Cada uma das etapas pode ser compreendida como uma **sequência** de atividades. E cada sequência é realizada em passos, ou **procedimentos** concatenados que caracterizam uma atividade. Desse modo, é a duração e a profundidade de pesquisa que melhor caracterizam nossa forma de trabalhar com projetos, sequência ou atividade didática. Para elaboração do planejamento e rotinas diárias, semanais, semestrais ou anuais de atividades, combinamos projetos semestrais, sequências semanais e atividades diárias ou habituais.

> Ao longo deste livro, aprender com a criança é mobilizar uma reflexão sobre o que diariamente propor a elas, e como avaliar nossas intenções educativas.

Professora, professor:
para usar este livro didático, a sugestão é combinar, em seu planejamento, algumas das atividades que procuramos desenvolver com outras que vão se impor e deverão ser elaboradas para atender às demandas das trajetórias pessoais de aprendizagem, de meninos e meninas, assim como dos adultos envolvidos no processo educativo. Flexíveis, mas necessárias, fichas ou tabelas podem nos ajudar a organizar dia a dia o ano letivo.
Bom trabalho!

CRECHE	MATERIAIS GRÁFICOS	**PLANEJAMENTO SEMANAL**
PRÉ-ESCOLA	MATERIAIS GRÁFICOS	**PLANEJAMENTO SEMANAL**
CRECHE	MATERIAIS DE AVALIAÇÃO	**PROCESSOS DE AVALIAÇÃO NA EDUCAÇÃO INFANTIL**
PRÉ-ESCOLA	MATERIAIS DE AVALIAÇÃO	**PROCESSOS DE AVALIAÇÃO NA EDUCAÇÃO INFANTIL**

PARA ASSISTIR, PENSAR E CONVERSAR

Cena do documentário
Jaú, sonhos e memórias.

Título: *Jaú, sonhos e memórias*
Direção: Fernando Passos
Categoria: Documentário
Duração: 18'
País: Brasil
Ano: 2010

Documentário sobre a população ribeirinha residente no Parque Nacional do Jaú – uma Unidade de Conservação (UC), sob administração do IBAMA. Comunidades que resistem a deixar o lugar onde vivem e constituíram família há mais de 80 anos – desde o ciclo da borracha. Moradores enfrentam pescadores predatórios que invadem a área de proteção e se organizam para residir nas margens externas da UC.

goo.gl/HV4eWX

PARA **LER** E **VER** COM AS CRIANÇAS

Título: *Bojabi – A árvore mágica*
Autor: Piet Grobler
Ilustrações: Dianne Hofmeyr
Tradução: Carolina Maluf
Editora: Biruta
Ano: 2013

Título: Zoo
Autor: João Guimarães Rosa
Seleção: Luiz Raul Machado
Ilustrações: Roger Mello
Editora: Nova Fronteira
Ano: 2008

Há muito tempo, um vento seco soprava sobre as planícies da África. Animais de todo tipo estão com muita, muita fome. Então eles veem uma árvore maravilhosa, coberta de frutos vermelhos e maduros, que exalam o aroma de doces mangas, são gordos como melões e suculentos como tâmaras. Mas, enrolada em volta do tronco de árvore, estava a maior serpente píton que os animais já tinham visto. Suas escamas subiam até os galhos mais elevados da árvore, e nem mesmo a mais alta das girafas poderia alcançar a fruta. E o Píton só vai deixar os animais comerem as frutas se eles disserem o nome da árvore. Qual será o nome? O Rei da Floresta é o único que sabe, e ele mora longe, muito longe. É preciso enfrentar o temor e a distância, e principalmente, lembrar-se do nome da árvore.

Bojabi faz parte do repertório de contadores de histórias da África, com rimas e repetições que configuram uma jornada. As ilustrações, delicadas e ricas em detalhes, conduzem os pequenos leitores para o interior das terras africanas.

(Resenha de Cristiane Tavares)

Um dos maiores escritores de língua portuguesa, o mineiro João Guimarães Rosa tinha várias manias. Entre elas, frequentar zoológicos nas cidades que visitava e tomar nota do que observava. As anotações fazem parte do livro *Ave, palavra* (1970), definido pelo autor como "miscelânea", já que reúne notas de viagem, diário, poemas, contos. *Zoo* apresenta algumas dessas anotações feitas nos zoológicos de Londres, Hamburgo, Rio de Janeiro e outros. Por isso a diversidade de animais que aparece nas belíssimas ilustrações do premiado artista Roger Mello: uma infinidade de aves e peixes coloridos, rinocerontes, cangurus, gazelas. Sob o olhar atravessado de um certo Miguilim em Rosa, os bichos ganham novos nomes: "elefantástico", "chimpanzefa", "orangovalsa". São descritos ao modo roseano, genialmente inventivo, com trocadilhos divertidos – "um leão ruge a plenos trovões" – e dimensões humanas filosóficas – "o peixe sem rastro: isto é, a água sem memória". Como num passeio cheio de boas surpresas, o livro oferece um percurso lúdico pelas páginas que se desdobram em diferentes formatos, a partir de um pórtico de entrada onde se lê: "Amar os animais é aprendizado da humanidade".

(Resenha de Cristiane Tavares)

PARA **LER** E **VER** COM AS CRIANÇAS

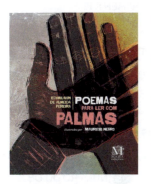

Título: *Poemas para ler com palmas*
Autor: Edimilson de Almeida Pereira
Ilustrações: Mauricio Negro
Editora: Mazza Edições
Ano: 2017

Em *Poemas para ler com palmas*, do poeta, professor e antropólogo mineiro Edimilson de Almeida Pereira, os poemas compõem um corpo percussivo que convida leitores de todas as idades a movimentarem-se pelos ritmos das culturas afrodiaspóricas, aqui inscritas em cinco mitopoéticas: a capoeira, o congado, o jongo, os orixás e os vissungos. Para cada uma dessas expressões culturais, são apresentados oito poemas. As belas ilustrações de Maurício Negro fogem do estereótipo e da obviedade, acentuando o aspecto mítico, portanto, não inteiramente revelado, que predomina nos textos. Há detalhes escondidos nos desenhos e nas xilogravuras – um pássaro branco nos olhos do rei do Congo, o reflexo branco do rosto negro no espelho – comungando com o caráter secreto que caracteriza muitas das poéticas afrodiaspóricas, sobretudo as de origem religiosa.

(Resenha de Cristiane Tavares)

Título: *Quem manda aqui?*
Autores: André Rodrigues, Larissa Ribeiro, Paula Desgualdo, Pedro Markun
Editora: Companhia das Letrinhas
Ano: 2015

Quem manda aqui? Um livro sobre política para crianças foi, inicialmente, produzido com financiamento coletivo por um grupo de jovens atuantes em diferentes áreas. Partindo de oficinas realizadas com crianças de diversas idades e procedências, discutindo noções sobre modos de governar e tomar decisões, o grupo criou uma versão on-line do livro, que ganhou também uma edição impressa pela Companhia das Letrinhas. O texto mantém uma estrutura fixa em estrofes compostas por quatro versos, que começam sempre com "Era uma vez" e narram uma breve história envolvendo personagens como rei, rainha, príncipe, princesa, militar, índia, escrava, prefeita, professora, famílias diversas. Em cada estrofe, discutem-se conceitos como poder, representação, direitos, autonomia. No final, insere-se o leitor mediante uma interpelação do narrador, convidando-o a refletir sobre os temas levantados. A questão de gênero também está presente em uma incomum opção editorial, como explica uma nota no final do livro: "Destaca-se a escolha intencional por equilibrar a quantidade de personagens femininos e masculinos e uma ligeira transgressão às normas gramaticais convencionais, já que o uso do coletivo é no feminino e não no masculino, como de costume".

(Resenha de Cristiane Tavares)

Disponível para download:
goo.gl/GddsMO

EXPLORAR, PESQUISAR E CONHECER

NATUREZA, EXPERIÊNCIA E CONHECIMENTO

OBJETIVOS DE APRENDIZAGEM E DESENVOLVIMENTO

CAMPO DE EXPERIÊNCIAS
- **EO** O EU, O OUTRO E O NÓS
- **CG** CORPO, GESTOS E MOVIMENTOS
- **TS** TRAÇOS, SONS, CORES E FORMAS
- **OE** ORALIDADE E ESCRITA
- **ET** ESPAÇOS, TEMPOS, QUANTIDADES, RELAÇÕES E TRANSFORMAÇÕES

TABELA DE OBJETIVOS | EX: **EI03ET08**
- **EI** EDUCAÇÃO INFANTIL
- **03** FAIXA ETÁRIA
- **ET** CAMPO DE EXPERIÊNCIA
- **08** NÚMERO DO OBJETIVO

Fonte: *Base Nacional Comum Curricular*. Brasil: MEC, 2017.

A CRIANÇA É PESQUISADORA

EXPERIÊNCIA E CONHECIMENTO – SISTEMA SOLAR
CRECHE
EI01ET01 - Explorar e descobrir as propriedades de objetos e materiais (odor, cor, sabor, temperatura).
EI01ET02 - Explorar relações de causa e efeito (transbordar, tingir, misturar, mover e remover etc.) na interação com o mundo físico.
EI01ET03 - Explorar o ambiente pela ação e observação, manipulando, experimentando e fazendo descobertas.
EI01ET04 - Manipular, experimentar, arrumar e explorar o espaço por meio de experiências de deslocamentos de si e dos objetos.
EI01ET05 - Manipular materiais diversos e variados para comparar as diferenças e semelhanças entre eles.
EI01ET06 - Experimentar e resolver situações-problema do seu cotidiano.
EI01ET07 - Vivenciar diferentes ritmos, velocidades e fluxos nas interações e brincadeiras (em danças, balanços, escorregadores etc.).
EI02ET01 - Explorar e descrever semelhanças e diferenças entre as características e propriedades dos objetos (sonoridade, textura, peso, tamanho, posição no espaço).
EI02ET02 - Observar, relatar e descrever incidentes do cotidiano e fenômenos naturais (luz solar, vento, chuva etc.).
EI02ET03 - Compartilhar, com outras crianças, situações de cuidado de plantas e animais nos espaços da instituição e fora dela.
EI02ET04 - Identificar relações espaciais (dentro e fora, em cima, embaixo, acima, abaixo, entre e do lado) e temporais (antes, durante e depois).
EI02ET05 - Classificar objetos, considerando determinado atributo (tamanho, peso, cor, forma etc.).
EI02ET06 - Analisar situações-problema do cotidiano, levantando hipóteses, dados e possibilidades de solução.
PRÉ-ESCOLA
EI03ET01 - Estabelecer relações de comparação entre objetos, observando suas propriedades.
EI03ET02 - Observar e descrever mudanças em diferentes materiais, resultantes de ações sobre eles, em experimentos envolvendo fenômenos naturais e artificiais.

EXPERIÊNCIA E CONHECIMENTO – SISTEMA SOLAR

PRÉ-ESCOLA

EI03ET03 - Identificar e selecionar fontes de informações, para responder a questões sobre a natureza, seus fenômenos, sua preservação.

EI03ET04 - Registrar observações, manipulações e medidas, usando múltiplas linguagens (desenho, registro por números ou escrita espontânea), em diferentes suportes.

EI03ET05 - Classificar objetos e figuras, de acordo com suas semelhanças e diferenças.

EI03ET06 - Resolver situações-problema, formulando questões, levantando hipóteses, organizando dados, testando possibilidades de solução.

EI03ET08 - Relacionar números às suas respectivas quantidades e identificar o antes, o depois e o entre em uma sequência.

EI03ET09 - Expressar medidas (peso, altura etc.), construindo gráficos básicos.

PROJETO INVESTIGATIVO: ÁRVORES

ÁRVORES DO BRASIL

CRECHE

EI01EO03 - Interagir com crianças da mesma faixa etária e adultos ao explorar materiais, objetos, brinquedos.

EI02EO06 - Respeitar regras básicas de convívio social nas interações e brincadeiras.

EI01CG06 - Utilizar os movimentos de preensão, encaixe e lançamento, ampliando suas possibilidades de manuseio de diferentes materiais e objetos.

EI02CG01 - Apropriar-se de gestos e movimentos de sua cultura no cuidado de si e nos jogos e brincadeiras.

EI01TS05 - Imitar gestos, movimentos, sons, palavras de outras crianças e adultos, animais, objetos e fenômenos da natureza.

EI01OE07 - Conhecer e manipular materiais impressos e audiovisuais em diferentes portadores (livro, revista, gibi, jornal, cartaz, CD, *tablet* etc.).

EI01OE08 - Ter contato com diferentes gêneros textuais (poemas, fábulas, contos, receitas, quadrinhos, anúncios etc.).

EI01OE09 - Ter contato com diferentes instrumentos e suportes de escrita.

EI02OE07 - Manusear diferentes portadores textuais, demonstrando reconhecer seus usos sociais e suas características gráficas.

EI02OE08 - Ampliar o contato com diferentes gêneros textuais (parlendas, histórias de aventura, tirinhas, cartazes de sala, cardápios, notícias etc.).

EI01ET03 - Explorar o ambiente pela ação e observação, manipulando, experimentando e fazendo descobertas.

EI01ET04 - Manipular, experimentar, arrumar e explorar o espaço por meio de experiências de deslocamentos de si e dos objetos.

EI01ET05 - Manipular materiais diversos e variados para comparar as diferenças e semelhanças entre eles.

EI02ET01 - Explorar e descrever semelhanças e diferenças entre as características e propriedades dos objetos (sonoridade, textura, peso, tamanho, posição no espaço).

EI02ET02 - Observar, relatar e descrever incidentes do cotidiano e fenômenos naturais (luz solar, vento, chuva etc.).

EI02ET03 - Compartilhar, com outras crianças, situações de cuidado de plantas e animais nos espaços da instituição e fora dela.

EI02ET04 - Identificar relações espaciais (dentro e fora, em cima, embaixo, acima, abaixo, entre e do lado) e temporais (antes, durante e depois).

EI02ET05 - Classificar objetos, considerando determinado atributo (tamanho, peso, cor, forma etc.).

PRÉ-ESCOLA

EI03EO06 - Compreender a necessidade das regras no convívio social, nas brincadeiras e nos jogos com outras crianças.

EI03EO07 - Manifestar oposição a qualquer forma de discriminação.

EI03EO08 - Usar estratégias pautadas no respeito mútuo para lidar com conflitos nas interações com crianças e adultos.

EI03CG03 - Demonstrar controle e adequação do uso de seu corpo em momentos de cuidado, brincadeiras e jogos, escuta e reconto de histórias, atividades artísticas, entre outras possibilidades.

ÁRVORES DO BRASIL
PRÉ-ESCOLA
EI03CG06 - Coordenar com precisão e eficiência suas habilidades motoras no atendimento a seus interesses e necessidades de representação gráfica.
EI03OE03 - Escolher e folhear livros, procurando orientar-se por temas e ilustrações e tentando identificar palavras conhecidas.
EI03OE06 - Produzir suas próprias histórias orais e escritas (escrita espontânea), em situações com função social significativa.
EI03OE07 - Levantar hipóteses sobre gêneros textuais veiculados em portadores conhecidos, recorrendo a estratégias de observação gráfica e de leitura.
EI03OE08 - Identificar gêneros textuais mais frequentes, recorrendo a estratégias de configuração gráfica do portador e do texto e ilustrações nas páginas.
EI03OE09 - Levantar hipóteses em relação à linguagem escrita, realizando registros de palavras e textos, por meio de escrita espontânea.
EI03ET01 - Estabelecer relações de comparação entre objetos, observando suas propriedades.
EI03ET03 - Identificar e selecionar fontes de informações, para responder a questões sobre a natureza, seus fenômenos, sua preservação.
EI03ET04 - Registrar observações, manipulações e medidas, usando múltiplas linguagens (desenho, registro por números ou escrita espontânea), em diferentes suportes.
EI03ET05 - Classificar objetos e figuras, de acordo com suas semelhanças e diferenças.
EI03ET08 - Relacionar números às suas respectivas quantidades e identificar o antes, o depois e o entre em uma sequência.
EI03ET09 - Expressar medidas (peso, altura etc.), construindo gráficos básicos.

BRINCADEIRAS DE AVÓS

PROJETO DIDÁTICO – BRINCADEIRAS DE NOSSOS AVÓS
CRECHE
EI02ET07 – Utilizar conceitos básicos de tempo (agora, antes, durante, depois, ontem, hoje, amanhã, lento, rápido, depressa, devagar).
EI01ET07 – Vivenciar diferentes ritmos, velocidades e fluxos nas interações e brincadeiras (em danças, balanços, escorregadores etc.).
PRÉ-ESCOLA
EI03ET07 – Relatar fatos importantes sobre seu nascimento e desenvolvimento, a história dos seus familiares e da sua comunidade.

CANTAR COM AS CRIANÇAS

REPERTÓRIO PARA OS PEQUENOS
CRECHE
EI01TS04 - Explorar diferentes fontes sonoras e materiais para acompanhar brincadeiras cantadas, canções, músicas e melodias.
EI02TS01 - Criar sons com materiais, objetos e instrumentos musicais, para acompanhar diversos ritmos de música.
EI01TS01 - Explorar sons produzidos com o próprio corpo e com objetos do ambiente.
EI01TS04 - Explorar diferentes fontes sonoras e materiais para acompanhar brincadeiras cantadas, canções, músicas e melodias.
EI01TS05 - Imitar gestos, movimentos, sons, palavras de outras crianças e adultos, animais, objetos e fenômenos da natureza.
EI02TS03 - Expressar-se por meio de linguagens como a do desenho, da música, do movimento corporal, do teatro.
EI02TS04 - Utilizar diferentes fontes sonoras disponíveis no ambiente em brincadeiras cantadas, canções, músicas e melodias.
EI02TS05 - Imitar e criar movimentos próprios, em danças, cenas de teatro, narrativas e músicas.

REPERTÓRIO PARA OS PEQUENOS

CRECHE

EI01OE02 - Demonstrar interesse ao ouvir a leitura de poemas e a apresentação de músicas.

EI01OE05 - Imitar as variações de entonação e gestos realizados pelos adultos, ao ler histórias e ao cantar.

EI01OE06 - Comunicar-se com outras pessoas usando movimentos, gestos, balbucios, fala e outras formas de expressão.

EI02OE02 - Identificar e criar diferentes sons e reconhecer rimas e aliterações em cantigas de roda e textos poéticos.

PRÉ-ESCOLA

EI03CG05 - Criar com o corpo formas diversificadas de expressão de sentimentos, sensações e emoções, tanto nas situações do cotidiano quanto em brincadeiras, dança, teatro, música.

EI03TS01 - Utilizar sons produzidos por materiais, objetos e instrumentos musicais durante brincadeiras de faz de conta, encenações, criações musicais, festas.

EI03TS03 - Apreciar e participar de apresentações de teatro, música, dança, circo, recitação de poemas e outras manifestações artísticas.

EI03TS04 - Reconhecer as qualidades do som (intensidade, duração, altura e timbre), utilizando-as em suas produções sonoras e ao ouvir músicas e sons.

EI03TS05 - Reconhecer e ampliar possibilidades expressivas do seu corpo por meio de elementos da dança.

EI03OE01 - Expressar ideias, desejos e sentimentos sobre suas vivências, por meio da linguagem oral e escrita (escrita espontânea), de fotos, desenhos e outras formas de expressão.

EI03OE02 - Inventar brincadeiras cantadas, poemas e canções, criando rimas, alterações e ritmos.

PARA UMA NOVA ECOLOGIA DE APRENDIZAGEM

DO CINEMATÓGRAFO AO CELULAR – DO CURRÍCULO À APRENDIZAGEM

CRECHE

EI01OE07 - Conhecer e manipular materiais impressos e audiovisuais em diferentes portadores (livro, revista, gibi, jornal, cartaz, CD, *tablet* etc.).

PRÉ-ESCOLA

EI03ET03 - Identificar e selecionar fontes de informações, para responder a questões sobre a natureza, seus fenômenos, sua preservação.

ROTINA, PLANEJAMENTO E COMPOSIÇÃO DE ATIVIDADES*

FORMAS DE ORGANIZAÇÃO DO TRABALHO NA EDUCAÇÃO INFANTIL

CRECHE

CAMPO DE EXPERIÊNCIAS (EO) "O EU, O OUTRO E O NÓS"

CRIANÇAS DE ZERO A 1 ANO E 6 MESES

EI01EO01 - Perceber que suas ações têm efeitos nas outras crianças e nos adultos.

EI01EO02 - Perceber as possibilidades e os limites de seu corpo nas brincadeiras e interações das quais participa.

EI01EO03 - Interagir com crianças da mesma faixa etária e adultos ao explorar materiais, objetos, brinquedos.

EI01EO04 - Comunicar necessidades, desejos e emoções, utilizando gestos, balbucios, palavras.

FORMAS DE ORGANIZAÇÃO DO TRABALHO NA EDUCAÇÃO INFANTIL

CRECHE

CAMPO DE EXPERIÊNCIAS (EO) "O EU, O OUTRO E O NÓS"

CRIANÇAS DE ZERO A 1 ANO E 6 MESES

EI01EO05 - Reconhecer as sensações de seu corpo em momentos de alimentação, higiene, brincadeira e descanso.
EI01EO06 - Construir formas de interação com outras crianças da mesma faixa etária e adultos, adaptando-se ao convívio social.
EI01EO07 - Demonstrar sentimentos de afeição pelas pessoas com as quais interage.
EI01EO08 - Desenvolver confiança em si, em seus pares e nos adultos em situações de interação.

CRIANÇAS DE 1 ANO E 7 MESES A 3 ANOS E 11 MESES

EI02EO01 - Demonstrar atitudes de cuidado e solidariedade na interação com crianças e adultos.
EI02EO02 - Demonstrar imagem positiva de si e confiança em sua capacidade para enfrentar dificuldades e desafios.
EI02EO03 - Compartilhar os objetos e os espaços com crianças da mesma faixa etária e adultos.
EI02EO04 - Comunicar-se com os colegas e os adultos, buscando compreendê-los e fazendo-se compreender.
EI02EO05 - Habituar-se a práticas de cuidado com o corpo, desenvolvendo noções de bem-estar.
EI02EO06 - Respeitar regras básicas de convívio social nas interações e brincadeiras.
EI02EO07 - Valorizar a diversidade ao participar de situações de convívio com diferenças.
EI02EO08 - Resolver conflitos nas interações e brincadeiras, com a orientação de um adulto.

CAMPO DE EXPERIÊNCIAS (CG) "CORPO, GESTOS E MOVIMENTOS"

CRIANÇAS DE ZERO A 1 ANO E 6 MESES

EI01CG01 - Movimentar as partes do corpo para exprimir corporalmente emoções, necessidades e desejos.
EI01CG02 - Ampliar suas possibilidades de movimento em espaços que possibilitem explorações diferenciadas.
EI01CG03 - Experimentar as possibilidades de seu corpo nas brincadeiras e interações em ambientes acolhedores e desafiantes.
EI01CG04 - Participar do cuidado do seu corpo e da promoção do seu bem-estar.
EI01CG05 - Imitar gestos, sonoridades e movimentos de outras crianças, adultos e animais.
EI01CG06 - Utilizar os movimentos de preensão, encaixe e lançamento, ampliando suas possibilidades de manuseio de diferentes materiais e objetos.

CRIANÇAS DE 1 ANO E 7 MESES A 3 ANOS E 11 MESES

EI02CG01 - Apropriar-se de gestos e movimentos de sua cultura no cuidado de si e nos jogos e brincadeiras.
EI02CG02 - Explorar formas de deslocamento no espaço (pular, saltar, dançar), combinando movimentos e seguindo orientações.
EI02CG03 - Fazer uso de suas possibilidades corporais, ao se envolver em brincadeiras e atividades de diferentes naturezas.
EI02CG04 - Demonstrar progressiva independência no cuidado do seu corpo.
EI02CG05 - Deslocar seu corpo no espaço, orientando-se por noções como em frente, atrás, no alto, embaixo, dentro, fora etc.
EI02CG06 - Desenvolver progressivamente as habilidades manuais, adquirindo controle para desenhar, pintar, rasgar, folhear, entre outros.

CAMPO DE EXPERIÊNCIAS (TS) "TRAÇOS, SONS, CORES E FORMAS"

CRIANÇAS DE ZERO A 1 ANO E 6 MESES

EI01TS01 - Explorar sons produzidos com o próprio corpo e com objetos do ambiente.
EI01TS02 - Traçar marcas gráficas, em diferentes suportes, usando instrumentos riscantes e tintas.
EI01TS03 - Utilizar materiais variados com possibilidades de manipulação (argila, massa de modelar), criando objetos tridimensionais.
EI01TS04 - Explorar diferentes fontes sonoras e materiais para acompanhar brincadeiras cantadas, canções, músicas e melodias.
EI01TS05 - Imitar gestos, movimentos, sons, palavras de outras crianças e adultos, animais, objetos e fenômenos da natureza.

FORMAS DE ORGANIZAÇÃO DO TRABALHO NA EDUCAÇÃO INFANTIL

CRECHE

CAMPO DE EXPERIÊNCIAS (TS) "TRAÇOS, SONS, CORES E FORMAS"

CRIANÇAS DE 1 ANO E 7 MESES A 3 ANOS E 11 MESES

EI02TS01 - Criar sons com materiais, objetos e instrumentos musicais, para acompanhar diversos ritmos de música.

EI02TS02 - Utilizar diferentes materiais, suportes e procedimentos para grafar, explorando cores, texturas, superfícies, planos, formas e volumes.

EI02TS03 - Expressar-se por meio de linguagens como a do desenho, da música, do movimento corporal, do teatro.

EI02TS04 - Utilizar diferentes fontes sonoras disponíveis no ambiente em brincadeiras cantadas, canções, músicas e melodias.

EI02TS05 - Imitar e criar movimentos próprios, em danças, cenas de teatro, narrativas e músicas.

CAMPO DE EXPERIÊNCIAS (OE) "ORALIDADE E ESCRITA"

CRIANÇAS DE ZERO A 1 ANO E 6 MESES

EI01OE01 - Reconhecer quando é chamado por seu nome e reconhecer os nomes de pessoas com quem convive.

EI01OE02 - Demonstrar interesse ao ouvir a leitura de poemas e a apresentação de músicas.

EI01OE03 - Demonstrar interesse ao ouvir histórias lidas ou contadas, observando ilustrações e os movimentos de leitura do adulto-leitor (modo de segurar o portador e de virar as páginas).

EI01OE04 - Reconhecer elementos das lustrações de histórias, apontando-os, a pedido do adulto-leitor.

EI01OE05 - Imitar as variações de entonação e gestos realizados pelos adultos, ao ler histórias e ao cantar.

EI01OE06 - Comunicar-se com outras pessoas usando movimentos, gestos, balbucios, fala e outras formas de expressão.

EI01OE07 - Conhecer e manipular materiais impressos e audiovisuais em diferentes portadores (livro, revista, gibi, jornal, cartaz, CD, *tablet* etc.).

EI01OE08 - Ter contato com diferentes gêneros textuais (poemas, fábulas, contos, receitas, quadrinhos, anúncios etc.).

EI01OE09 - Ter contato com diferentes instrumentos e suportes de escrita.

CRIANÇAS DE 1 ANO E 7 MESES A 3 ANOS E 11 MESES

EI02OE01 - Dialogar com crianças e adultos, expressando seus desejos, necessidades, sentimentos e opiniões.

EI02OE02 - Identificar e criar diferentes sons e reconhecer rimas e aliterações em cantigas de roda e textos poéticos.

EI02OE03 - Demonstrar interesse e atenção ao ouvir a leitura de histórias e outros textos, diferenciando escrita de ilustrações, e acompanhando, com orientação do adulto-leitor, a direção da leitura (de cima para baixo, da esquerda para a direita).

EI02OE04 - Formular e responder perguntas sobre fatos da história narrada, identificando cenários, personagens e principais acontecimentos.

EI02OE05 - Relatar experiências e fatos acontecidos, histórias ouvidas, filmes ou peças teatrais assistidos etc.

EI02OE06 - Criar e contar histórias oralmente, com base em imagens ou temas sugeridos.

EI02OE07 - Manusear diferentes portadores textuais, demonstrando reconhecer seus usos sociais e suas características gráficas.

EI02OE08 - Ampliar o contato com diferentes gêneros textuais (parlendas, histórias de aventura, tirinhas, cartazes de sala, cardápios, notícias etc.).

EI02OE09 - Manusear diferentes instrumentos e suportes de escrita para desenhar, traçar letras e outros sinais gráficos.

CAMPO DE EXPERIÊNCIAS (ET) "ESPAÇOS, TEMPOS, QUANTIDADES, RELAÇÕES E TRANSFORMAÇÕES"

CRIANÇAS DE ZERO A 1 ANO E 6 MESES

EI01ET01 - Explorar e descobrir as propriedades de objetos e materiais (odor, cor, sabor, temperatura).

EI01ET02 - Explorar relações de causa e efeito (transbordar, tingir, misturar, mover e remover etc.) na interação com o mundo físico.

EI01ET03 - Explorar o ambiente pela ação e observação, manipulando, experimentando e fazendo descobertas.

EI01ET04 - Manipular, experimentar, arrumar e explorar o espaço por meio de experiências de deslocamentos de si e dos objetos.

EI01ET05 - Manipular materiais diversos e variados para comparar as diferenças e semelhanças entre eles.

EI01ET06 - Experimentar e resolver situações-problema do seu cotidiano.

EI01ET07 - Vivenciar diferentes ritmos, velocidades e fluxos nas interações e brincadeiras (em danças, balanços, escorregadores etc.).

FORMAS DE ORGANIZAÇÃO DO TRABALHO NA EDUCAÇÃO INFANTIL

CRECHE

CAMPO DE EXPERIÊNCIAS **ET** "ESPAÇOS, TEMPOS, QUANTIDADES, RELAÇÕES E TRANSFORMAÇÕES"

CRIANÇAS DE 1 ANO E 7 MESES A 3 ANOS E 11 MESES

EI02ET01 - Explorar e descrever semelhanças e diferenças entre as características e propriedades dos objetos (sonoridade, textura, peso, tamanho, posição no espaço).

EI02ET02 - Observar, relatar e descrever incidentes do cotidiano e fenômenos naturais (luz solar, vento, chuva etc.).

EI02ET03 - Compartilhar, com outras crianças, situações de cuidado de plantas e animais nos espaços da instituição e fora dela.

EI02ET04 - Identificar relações espaciais (dentro e fora, em cima, embaixo, acima, abaixo, entre e do lado) e temporais (antes, durante e depois).

EI02ET05 - Classificar objetos, considerando determinado atributo (tamanho, peso, cor, forma etc.).

EI02ET06 - Analisar situações-problema do cotidiano, levantando hipóteses, dados e possibilidades de solução.

EI02ET08 - Contar oralmente objetos, pessoas, livros etc., em contextos diversos.

EI02ET09 - Registrar com números a quantidade de crianças (meninas e meninos, presentes e ausentes) e a quantidade de objetos da mesma natureza (bonecas, bolas, livros etc.).

PRÉ-ESCOLA

CAMPO DE EXPERIÊNCIAS **EO** "O EU, O OUTRO E O NÓS"

CRIANÇAS DE 4 ANOS A 5 ANOS E 11 MESES

EI03EO01 - Demonstrar empatia pelos outros, percebendo que as pessoas têm diferentes sentimentos, necessidades e maneiras de pensar e agir.

EI03EO02 - Atuar de maneira independente, com confiança em suas capacidades, reconhecendo suas conquistas e limitações.

EI03EO03 - Ampliar as relações interpessoais, desenvolvendo atitudes de participação e cooperação.

EI03EO04 - Comunicar suas ideias e sentimentos com desenvoltura a pessoas e grupos diversos.

EI03EO05 - Adotar hábitos de autocuidado, valorizando atitudes relacionadas a higiene, alimentação, conforto e cuidados com a aparência.

EI03EO06 - Compreender a necessidade das regras no convívio social, nas brincadeiras e nos jogos com outras crianças.

EI03EO07 - Manifestar oposição a qualquer forma de discriminação.

EI03EO08 - Usar estratégias pautadas no respeito mútuo para lidar com conflitos nas interações com crianças e adultos.

CAMPO DE EXPERIÊNCIAS **CG** "CORPO, GESTOS E MOVIMENTOS"

CRIANÇAS DE 4 ANOS A 5 ANOS E 11 MESES

EI03CG01 - Movimentar-se de forma adequada, ao interagir com colegas e adultos em brincadeiras e atividades.

EI03CG02 - Criar movimentos, gestos, olhares, mímicas e sons com o corpo em brincadeiras, jogos e atividades artísticas como dança, teatro e música.

EI03CG03 - Demonstrar controle e adequação do uso de seu corpo em momentos de cuidado, brincadeiras e jogos, escuta e reconto de histórias, atividades artísticas, entre outras possibilidades.

EI03CG04 - Demonstrar valorização das características de seu corpo, nas diversas atividades das quais participa e em momentos de cuidado de si e do outro.

EI03CG05 - Criar com o corpo formas diversificadas de expressão de sentimentos, sensações e emoções, tanto nas situações do cotidiano quanto em brincadeiras, dança, teatro, música.

EI03CG06 - Coordenar com precisão e eficiência suas habilidades motoras no atendimento a seus interesses e necessidades de representação gráfica.

FORMAS DE ORGANIZAÇÃO DO TRABALHO NA EDUCAÇÃO INFANTIL

PRÉ-ESCOLA

CAMPO DE EXPERIÊNCIAS (TS) "TRAÇOS, SONS, CORES E FORMAS"

CRIANÇAS DE 4 ANOS A 5 ANOS E 11 MESES

EI03TS01 - Utilizar sons produzidos por materiais, objetos e instrumentos musicais durante brincadeiras de faz de conta, encenações, criações musicais, festas.

EI03TS02 - Expressar-se livremente por meio de desenho, pintura, colagem, dobradura e escultura, criando produções bidimensionais e tridimensionais.

EI03TS03 - Apreciar e participar de apresentações de teatro, música, dança, circo, recitação de poemas e outras manifestações artísticas.

EI03TS04 - Reconhecer as qualidades do som (intensidade, duração, altura e timbre), utilizando-as em suas produções sonoras e ao ouvir músicas e sons.

EI03TS05 - Reconhecer e ampliar possibilidades expressivas do seu corpo por meio de elementos da dança.

CAMPO DE EXPERIÊNCIAS (OE) "ORALIDADE E ESCRITA"

EI03OE01 - Expressar ideias, desejos e sentimentos sobre suas vivências, por meio da linguagem oral e escrita (escrita espontânea), de fotos, desenhos e outras formas de expressão.

EI03OE02 - Inventar brincadeiras cantadas, poemas e canções, criando rimas, aliterações e ritmos.

EI03OE03 - Escolher e folhear livros, procurando orientar-se por temas e ilustrações e tentando identificar palavras conhecidas.

EI03OE04 - Recontar histórias ouvidas e planejar coletivamente roteiros de vídeos e de encenações, definindo os contextos, os personagens, a estrutura da história.

EI03OE05 - Recontar histórias ouvidas para produção de reconto escrito, tendo o professor como escriba.

EI03OE06 - Produzir suas próprias histórias orais e escritas (escrita espontânea), em situações com função social significativa.

EI03OE07 - Levantar hipóteses sobre gêneros textuais veiculados em portadores conhecidos, recorrendo a estratégias de observação gráfica e de leitura.

EI03OE08 - Identificar gêneros textuais mais frequentes, recorrendo a estratégias de configuração gráfica do portador e do texto e ilustrações nas páginas.

EI03OE09 - Levantar hipóteses em relação à linguagem escrita, realizando registros de palavras e textos, por meio de escrita espontânea.

CAMPO DE EXPERIÊNCIAS (ET) "ESPAÇOS, TEMPOS, QUANTIDADES, RELAÇÕES E TRANSFORMAÇÕES"

EI03ET01 - Estabelecer relações de comparação entre objetos, observando suas propriedades.

EI03ET02 - Observar e descrever mudanças em diferentes materiais, resultantes de ações sobre eles, em experimentos envolvendo fenômenos naturais e artificiais.

EI03ET03 - Identificar e selecionar fontes de informações, para responder a questões sobre a natureza, seus fenômenos, sua preservação.

EI03ET04 - Registrar observações, manipulações e medidas, usando múltiplas linguagens (desenho, registro por números ou escrita espontânea), em diferentes suportes.

EI03ET05 - Classificar objetos e figuras, de acordo com suas semelhanças e diferenças.

EI03ET06 - Resolver situações-problema, formulando questões, levantando hipóteses, organizando dados, testando possibilidades de solução.

EI03ET07 - Relatar fatos importantes sobre seu nascimento e desenvolvimento, a história dos seus familiares e da sua comunidade.

EI03ET08 - Relacionar números às suas respectivas quantidades e identificar o antes, o depois e o entre em uma sequência.

EI03ET09 - Expressar medidas (peso, altura etc.), construindo gráficos básicos.

---

*Nesta tabela, encontram-se todos os objetivos de aprendizagem e desenvolvimento organizados por campos de experiência. Desse modo, os objetivos são disponibilizados para a avaliação de quaisquer atividades compondo o planejamento de uma rotina de trabalho.

Apêndice

299 · Glossário
307 · Bibliografia consultada
311 · Bibliografia infantil recomendada

Glossário

"[...] 2. dicionário de palavras de sentido obscuro ou pouco conhecido; elucidário 3. conjunto de termos de uma área do conhecimento e seus significados; vocabulário <g. de botânica> 4. pequeno léxico agregado a uma obra, principalmente para esclarecer termos pouco usuais e expressões regionais ou dialetais nelas contidos; vocabulário."

Antônio Houaiss; Mauro de Salles Vilar, *Dicionário Houaiss da Língua Portuguesa*

Atividade significativa (p. 117) – É aquela em que os conteúdos de aprendizagem têm uma estrutura lógica interna coerente, assimilável e com potencial para motivar alunos e alunas a construir novos conhecimentos com base em seus conhecimentos prévios.

Circuitos motores (p. 40) – São compostos por mesas, bancos, bambolês, colchonetes, pneus – tudo aquilo que pode ser disposto como caminho com obstáculos para que as crianças subam, desçam, rolem, pulem experimentando alcances e limites de seus movimentos.

Cor e tonalidade (p. 253) – A luz do sol se difrata nas gotas de chuva – vemos o arco-íris, em sete cores do espectro visível. Nos limites do que se vê estão o preto, que é a ausência de luz, e o branco, luz total. Tonalidades das cores: as mais escuras se aproximam da pouca luz, são noturnas; as mais claras são solares, se aproximam da luz total.

> Sete em cores, de repente
> O arco-íris se desata
> Na água límpida e contente
> Do ribeirinho da mata

MORAES, Vinicius de. *A arca de Noé*. Rio de Janeiro: Sabiá, 1970.

Na pintura, quanto mais colocamos água, mais se dilui o pigmento. E, sobressaindo o branco do papel, as cores ficam claras. Com menos água uma mesma cor, azul ciano, por exemplo, ficará bem mais escura. De modo que apenas com água podemos modular as tonalidades das cores, sem ter que acrescentar tinta branca ou preta. O mesmo se passa quando trabalhamos com um mesmo lápis preto (como o 6B, com grafite mais macio): mais força da mão sobre o papel, mais escuro o traço; com leveza transparecem tonalidades claras. O mesmo foi feito por Rembrandt em uma gravura, e, neste caso, a imagem resultante é construída de trás para frente, os traços claros (menos força para sulcar o metal), compõem a paisagem de fundo, lá longe, à distância.

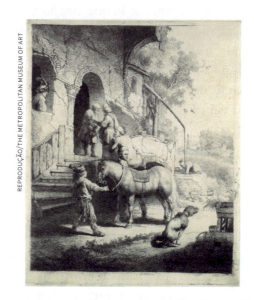

Nesta gravura de Rembrandt, *O bom samaritano* (1633), (que se retrata prestes a montar no cavalo), a paisagem mais clara se afasta do observador, enquanto o cachorro defecando, em contraste com uma elevação escura, vem para o primeiro plano.

Ao passo que quando o sulco é mais fundo (mais força no instrumento para gravar), a imagem escura no branco do papel de impressão vem para o primeiro plano.

As tonalidades mais claras ou mais escuras de uma mesma cor são recurso expressivo muito importante, e dependem tão somente dos procedimentos que criamos, como o gesto. Interagir com os materiais e aperfeiçoar nossa ação significa abertura para aprender e se expressar. É o que fazem as crianças.

Conhecimentos prévios (p. 96)
- Procedimentos
- Rotina
- Situações-problema

Conhecimentos prévios correspondem à nossa forma de ser e de pensar em cada instante. Mostram estruturas consolidadas de pensamento (compreender) e modos de agir (realizar).

Importante observar que conhecimentos prévios não são informações recebidas, mas o modo como cada um as processa e transforma. Essas transformações são realizadas por procedimentos que criamos para compreender as mais diversas situações.

- Lembrando que **procedimentos** são passos concatenados de uma ação que visa ao êxito. Por exemplo, êxito seria, neste caso, fazer coincidir uma necessidade expressiva com o trabalho realizado para alcançá-la, como a realização de uma pintura, a preparação de um prato de comida, a entoação de uma canção.

- Em uma **rotina** de trabalho na Educação Infantil, planejamos e organizamos atividades habituais, sequências didáticas e projetos que propiciem atividades significativas a crianças de 0 a 6 anos de idade.

- Diferentes de uma pergunta pontual, **situações-problema** envolvem vários campos de experiência, exigindo e configurando exploração e pesquisa para que as crianças compreendam e pensem em soluções cada vez mais abertas e abrangentes, por intermédio de seus procedimentos.

Estética (p. 208) – No senso comum, estética passou a designar o que é bonito, belo, lindo. Corresponde a um julgamento ou juízo crítico frequentemente associado ao *eu gosto/eu não gosto* que cada pessoa atribua a coisas prontas. Entretanto, precisamos remontar à origem grega da palavra, *aisthesis*, que significa percepção, sensação, sensibilidade. Anestesia é o inverso de estética, isto é, ausência de sensibilidade. Ao longo deste livro, trabalhamos com a ideia de que estética é percepção e sentido que mobilizam as pessoas a criar o que antes de sua ação não existia.

Uma experiência estética em arte, ou qualquer outro campo de conhecimento, é aquela em que a pessoa se afeta por um fenômeno (cor, por exemplo), confia em sua percepção e se lança na aventura de criar procedimentos para obter êxito, ou satisfação, em acordo com o próprio impulso estético que originou sua ação.

Experiência e informação (p. 251) – Em seu artigo, amplamente difundido e utilizado no âmbito da educação, "Notas sobre a experiência e o saber de experiência", Jorge Larrosa Bondía, da Universidade de Barcelona, Espanha, nos esclarece sobre o valor e alcance da experiência para uma pessoa imersa no tempo presente, de onde pode exercer seu pensamento e autonomia. Selecionamos aqui o tópico 1 do artigo, em que o autor diferencia experiência e informação.

> 1. Começarei com a palavra experiência. Poderíamos dizer, de início, que a experiência é, em espanhol, "o que nos passa". Em português se diria que a experiência é "o que nos acontece"; em francês a experiência seria "ce que nous arrive"; em italiano, "quello che nos succede" ou "quello che nos accade"; em inglês, "that what is happening to us"; em alemão, "was mir passiert".
>
> A experiência é o que nos passa, o que nos acontece, o que nos toca. Não o que se passa, não o que acontece, ou o que toca. A cada dia se passam muitas coisas, porém, ao mesmo tempo, quase nada nos acontece. Dir-se-ia que tudo o que se passa está organizado para que nada nos aconteça. Walter Benjamin, em um texto célebre, já observava a pobreza de experiências que caracteriza o nosso

mundo. Nunca se passaram tantas coisas, mas a experiência é cada vez mais rara. Em primeiro lugar pelo excesso de informação. A informação não é experiência. E mais, a informação não deixa lugar para a experiência, ela é quase o contrário da experiência, quase uma antiexperiência. Por isso a ênfase contemporânea na informação, em estar informados, e toda a retórica destinada a constituir-nos como sujeitos informantes e informados; a informação não faz outra coisa que cancelar nossas possibilidades de experiência. O sujeito da informação sabe muitas coisas, passa seu tempo buscando informação, o que mais o preocupa é não ter bastante informação; cada vez sabe mais, cada vez está melhor informado, porém, com essa obsessão pela informação e pelo saber (mas saber não no sentido de "sabedoria", mas no sentido de "estar informado"), o que consegue é que nada lhe aconteça. A primeira coisa que gostaria de dizer sobre a experiência é que é necessário separá-la da informação. E o que gostaria de dizer sobre o saber de experiência é que é necessário separá-lo de saber coisas, tal como se sabe quando se tem informação sobre as coisas, quando se está informado. É a língua mesma que nos dá essa possibilidade. Depois de assistir a uma aula ou a uma conferência, depois de ter lido um livro ou uma informação, depois de ter feito uma viagem ou de ter visitado uma escola, podemos dizer que sabemos coisas que antes não sabíamos, que temos mais informação sobre alguma coisa; mas, ao mesmo tempo, podemos dizer também que nada nos aconteceu, que nada nos tocou, que com tudo o que aprendemos nada nos sucedeu ou nos aconteceu.

<small>BONDÍA, Jorge Larrosa. Notas sobre a experiência e o saber de experiência. Tradução João Wanderley Geraldi. *Revista Brasileira de Educação*, Campinas, Universidade Estadual de Campinas, Departamento de Linguística, n. 19, p. 21-22, jan./fev./mar./abr. 2002. Disponível em: <goo.gl/MKAK9U>. Acesso em: 28 jan. 2018.</small>

Flora e fauna brasileiras (p. 255) – Como todos sabemos, "flora" é palavra que designa plantas, flores, árvores, tudo aquilo que pertence ao reino vegetal. E "fauna" diz respeito ao reino animal – das microbactérias aos experientes mamíferos, como a onça-pintada. O mundo maravilhoso dos insetos, a magnífica variedade de peixes, pássaros, répteis e anfíbios, como os sapos.

Flora e fauna compõem a vida no meio ambiente. O Brasil, país de dimensões continentais, tem flora e fauna das mais ricas e deslumbrantes do planeta Terra, sendo Ecologia a ciência que estuda possibilidades de equilíbrio para não as destruir. A preservação do meio ambiente em cada uma das cinco regiões brasileiras é um dos principais temas a serem tratados em atividades significativas na Educação Infantil.

Intencionalidade educativa (p. 19) – Durante o ano letivo, todos os dias atendemos crianças na Educação Infantil. É preciso propor a elas atividades significativas que atendam a objetivos de desenvolvimento e de aprendizagem; como organizá-las? Historicamente, datas comemorativas como Dia do Índio, por exemplo, aglutinavam atividades em torno da comemoração. Mais tarde, organizou-se o trabalho pedagógico em torno de temas geradores, como meios de transporte, animais etc. Em seguida, era importante combinar com as crianças uma rotina de trabalho que favorecesse sua autonomia; e, para isso, jogos e brincadeiras, assim como desenho, pintura, trabalho com massas e argilas passaram a ser realizados diariamente, de forma aberta.

A **intenção educativa** do professor se realizava artesanalmente, por intermédio de registros e reflexões continuadas, compartilhadas com colegas e parceiros. Essas reflexões levaram à necessidade de conceber, realizar e avaliar currículos de Educação Infantil com potencial para atender simultaneamente a quatro dimensões da vida humana: cultura, educação, desenvolvimento e aprendizagem. Neste livro, atividades habituais, sequências didáticas e projetos podem ser combinados para atender de forma consequente e articulada intencionalidades educativas de professores de cada uma das regiões brasileiras.

Mescla de cores (p. 204) – Trabalhamos neste livro com dois sistemas de cores: a cor luz, no RGB (*red, green, blue*), e cor pigmento, no CMY (*cyan, magenta, yellow*). Encontramos no mercado lápis de cor, giz de cera, guaches, aquarelas em grande variedade de cores prontas, ou já preparadas. Ao usá-las, precisamos nos colocar no lugar da criança, experimentando a relação entre material e suporte, e tendo em mente que, se as cores já estão prontas, qual o propósito de criá-las de acordo com as necessidades expressivas de cada um? Ao passo que, se oferecermos um trio de cores primárias ou secundárias, as crianças podem se lançar em pesquisas para criar novas cores – e isto é boa parte do trabalho de qualquer pintor. Além disso, as cores são fenômeno interativo: uma mesma cor "soa" diferente a depender da proximidade ou mescla com outras cores. É preciso então propiciar experiências estéticas às crianças, e para isso, a mescla de cores (assim como a de sons) é essencial.

Mobilização estética (p. 251) – Compreendendo estética etimologicamente, como afeto, percepção, sensibilidade, podemos nos aproximar da origem de nossas ações.

> Um organismo sensível (sujeito da ação), devido a uma mobilização estética inicial (afeto) e balizado pela emoção que garante a continuidade do vivo e da arte, gera uma experiência estética sensível ou completa, nos termos de Dewey (2010). Esta experiência acontece no chão da estética transcendental de Kant (1989) – as intuições de espaço e tempo. A experiência estética ou sensível pode ser considerada uma espécie de jogo, no qual o sujeito cria procedimentos – passos concatenados da ação – em busca do êxito: atender à demanda por expressão da mobilização estética inicial. Os procedimentos geram um objeto – algo que agora ganhou existência fora do Homem dotado inicialmente de um organismo sensível. O que gerou o objeto é agora conhecimento, um modo de ser do indivíduo que torna observável a experiência em que esteve subjetivamente, esteticamente, implicado.

[...] A mola propulsora da ação, ou móbile empírico, é a felicidade. Poderíamos então pensar que móbiles empíricos impulsionam a ação transformadora, garantem nossa continuidade funcional e abrem caminho para o mundo do trabalho criativo e não o do labor repetitivo. Ao longo deste trabalho, discorremos sobre possíveis móbiles empíricos na geração de cores em pinturas. Uma tentativa de transpor nossos resultados para outras áreas de conhecimento encontra-se no quadro a seguir.

Móbiles empíricos e áreas de conhecimento

FENÔMENO	AÇÃO	COORDENAÇÃO	EXPRESSÃO
Cor	Pintar	Compor	Pintura
Som	Tocar	Compor	Música
Movimento Som	Deslocar/ Movimentar	Dançar	Dança
Número	Ordenar/Seriar	Sistematizar	Matemática
Palavra	Falar/ Escrever	Compreender	Língua
Bola	Chutar/ Rolar/ Cabecear	Jogar	Futebol
Sabor	Cortar/ Fritar/Assar	Cozinhar	Culinária

> [...] Assumindo essas possíveis equivalências, teríamos na experiência estética possibilidade de ser e estar, de conhecer o que é próprio de cada área de conhecimento, o que é bastante diferente de ter acesso ou consumir objetos culturais independentes de nossa expressão sobre eles. É necessário realizar e compreender, tanto na criação, quanto na fruição, e assim tudo aquilo que a humanidade já construiu torna-se então, para nós, fenômeno. Algo novo aos quais nos lançamos, sobre os quais agimos mobilizados esteticamente, para gerar conhecimento. Só assim, pensamos, a cultura se torna patrimônio do indivíduo, faz parte de seu modo de ser e é transformada por ele. Neste sentido é que se aproximam aprendizagem e geração de conhecimento.
>
> DEHEINZELIN, Monique. *Móbiles da ação*: da cor à experiência estética. 2013. Tese (Doutorado em Psicologia e Educação) – Faculdade de Educação, Universidade de São Paulo, São Paulo, 2013. p. 205-209.

Objeto transicional (p. 59) – Na vida do bebê, um objeto transicional pode fazer toda diferença. Devemos sempre lembrar que somente em torno de 1 ano de idade é esperada a formação do objeto interno, a possibilidade que construímos de trazer dentro de nós, de alguma forma – como a representação em atos –, pessoas ou objetos que nos são familiares. Um ursinho de pelúcia acompanhando uma criança de casa à creche pode ser garantia de segurança e acolhimento, realizando a transição entre mundo interno e mundo externo, entre casa e escola, ao possibilitar interações e brincadeiras.

Observáveis (p. 114) – Segue texto de Monique Deheinzelin:

> Como exemplo do que compreendemos como observáveis, sistemas abstratos com sua interpretação podem ser aplicados à caverna de Altamira, na Espanha. Em 1868 um caçador que tentava liberar o seu cachorro, preso entre as frestas de uma rocha, descobriu a entrada da caverna, preservada durante 13.000 anos devido à queda de uma rocha que obstruiu a entrada. Marcelino Sanz de Sautuola soube do caçador a descoberta, mas só a visitou em 1876. Quatro anos depois retornou à caverna com sua filha Maria, então com oito anos de idade. Enquanto o pai buscava ossos e objetos de sílex que tinha visto na Exposição Universal de Paris em 1878, Maria enveredou-se caverna adentro e deve-se a ela a descoberta da Grande Sala dos Polícromos, o teto com bisões, cavalos, e veados magnificamente pintados. Entretanto, a descoberta não foi reconhecida pela sociedade científica senão em 1902, por intermédio de estudos e artigos de Henri Breuil, a quem já nos referimos nos estudos sobre a caverna de Lascaux. Antes disto, em lugar de tornar observáveis origem, datação, procedimentos e materiais empregados na arte parietal, especialistas da época negavam sua autenticidade. A descoberta de outras cavernas com arte parietal na região abriu espaço para uma pesquisa comparativa – não se podia mais negar a evidência das imagens visíveis. Mas para que elas se tornassem observáveis, e para que fossem preservadas, foi preciso que grupos interdisciplinares de pesquisa desenvolvessem teorias aplicáveis aos fenômenos – as pinturas, neste caso, para tentar compreender como foram geradas, e em que época. Assim, tornou-se possível aplicar à arte rupestre um método baseado em séries de Urano, que vinha sendo utilizado em datação de crostas e formações calcárias. A novidade consiste na redução do tamanho da mostra a apenas alguns miligramas, o que permite sua extração do precioso material pintado. Com este método foi possível datar um signo pintado em vermelho no centro da Sala dos Polícromos em 36.160 anos antes do presente.
>
> O conhecimento produzido sobre a arte parietal de Altamira, Chauvet e Lascaux tornou observável a produção dos homens que habitaram estas cavernas; este conhecimento mudou ao longo dos últimos 200 anos, transformando nossa visão sobre o homem e sua arte. É possível que daqui a mais 200 anos, outros aspectos desta arte se tornem observáveis – se ainda estiver preservada.
>
> DEHEINZELIN, 2013, p. 189-190.

Paleta de cores (p. 201) – Tradicionalmente, a paleta é um suporte de madeira ou similar, com uma abertura para segurá-la com o dedo polegar, onde são colocadas tintas de algumas cores, a serem tomadas ou misturadas com pincel ou espátula para pintura em uma superfície. Após uma sessão de pintura, a paleta diz muito do que se vê na tela – o modo como as cores foram mescladas, diluídas, preservadas. Por isso é muito importante que cada criança receba sua paleta, e na pré-escola, que ela mesma escolha e disponha as tintas a seu modo. Podemos usar materiais descartáveis, papelões plastificados, embalagens de isopor etc., desde que brancos ou neutros e que propiciem a autorregulação e disciplina própria das crianças ao pintar.

Pensamento sensório-motor (p. 207) – Seguem textos de Gaston Bachelard e de Monique Deheinzelin.

> Retomando o sentido original da palavra estética (do grego *aisthesis*) como sensação, sentimento, supomos que a inteligência sensório-motora tenha sempre uma mobilização estética, uma vez que é caracterizada pelo binômio sentir e agir. Observamos uma qualidade expressiva nas ações sensório-motoras, por estar o sujeito em um simbolismo fortemente centrado no eu, que investe e objetiva na realidade seu próprio afeto. E, ao mesmo tempo, nossa sensibilidade é em boa parte exercida em um mundo material, em que se experimenta substâncias diversas. Seria este embate fenomenológico a fonte de nossa imaginação, em que [...] sentimentos, interesses, conhecimentos, devaneios, toda uma vida riquíssima, vem ocupar o mais pobre dos minutos tão logo aceitamos as imagens materiais, as imagens dinâmicas. Um verdadeiro impressionismo da matéria expressa o nosso primeiro contato com o mundo resistente. Nele encontramos a juventude de nossos atos.
>
> BACHELARD, Gaston. *A terra e os devaneios da vontade*. Tradução Paulo Neves. São Paulo: Martins Fontes, 1991. p. 223.

Ora, para nós educadores, a questão central que se apresenta é de uma percepção, de uma sensibilidade às cores que parece ser inata, que se manifesta ou presentifica na criança de forma inequívoca e que poderia ter um papel estruturante extraordinário na produção de qualquer conhecimento.

DEHEINZELIN, Monique. Para sempre. Problemas de representação e geração de conhecimentos In: CAVALCANTI, Zélia (Org.). *30 olhares para o futuro*. São Paulo: Escola da Vila, Centro de Formação, 2010. p. 227

Percepção sensível (p. 52) – Seguem textos de Jean Piaget, Barbel Inhelder e de Monique Deheinzelin.

Como sabemos, no início da vida o bebê conta com recursos próprios, aparentemente incompletos e insuficientes para nosso olhar adulto, mas que proporcionam uma grande abertura para percepção e compreensão do mundo exterior. Um recém-nascido conta com percepções originárias de seu próprio organismo e com ações reflexas que possibilitam a ele satisfazer necessidades básicas, das quais a fome é a mais urgente. Cedo o bebê torna-se capaz de mamar; diante da meta de saciar a fome seus procedimentos, coordenando sucção e respiração, transformam-se, aprimoram-se, levam-no ao êxito, neste caso, mamar bem. Estamos nos primórdios da inteligência sensório-motora, fortemente caracterizada pela assimilação dos objetos aos esquemas de atividade do sujeito.

PIAGET, Jean. *A construção do real na criança*. Tradução Álvaro Cabral. Rio de Janeiro: Zahar, 1979.

Devido aos procedimentos sensório motores, [...] Efetua-se no curso dos primeiros dezoito meses uma espécie de revolução copernicana, ou mais simplesmente chamada de descentração geral, de tal natureza que a criança acaba por situar-se como um objeto entre outros num universo formado de objetos permanentes, estruturado no espaço e no tempo, e sede de uma causalidade ao mesmo tempo espacializada e objetivada nas coisas.

PIAGET, Jean; INHELDER, Barbel. *A Psicologia da criança*. Tradução Octavio Mendes Cajado. São Paulo: Difel, 1976.

Sentir e agir são, portanto, nossos recursos primeiros. Coordenando-se sucessiva e simultaneamente resultam em aprendizagens – ou compreensões de si mesmo e do mundo – de longo alcance. Neste marco de referência, sensibilidade é uma capacidade lógica (pois associada à inteligência sensório motora) e natural (associada a nosso organismo) de se afetar com os fenômenos da realidade. E são estas sensações que mobilizam as ações iniciais do sujeito.

DEHEINZELIN, Monique. Para sempre. Problemas de representação e geração de conhecimentos In: CAVALCANTI, Zélia (Org.). *30 olhares para o futuro*. São Paulo: Escola da Vila, Centro de Formação, 2010. p. 229.

Pintura: afresco (p. 203) – Um afresco é pintura realizada em superfícies, como uma parede, especialmente preparadas para recebê-la. Devido à mistura de pigmentos, afrescos como aqueles de Giotto, na Itália, resistem à passagem do tempo. Alguns desses afrescos foram realizados com têmpera – mistura de gema de ovo, pigmento e óleo de cravo –, um poderoso conservante. No Brasil, o pintor Alfredo Volpi, que teve formação como pintor de paredes, fazia a própria têmpera que usava em suas telas, obtendo cores e texturas translúcidas, com aspecto de preciosos afrescos.

Pintura rupestre (p. 225) – É aquela realizada sobre as reentrâncias e saliências das paredes internas de cavernas. Pode também ter sido feita em pedras com substâncias e instrumentos diversos, a céu aberto, como é o caso das pinturas rupestres (ou parietais) na Serra da Capivari, no Piauí. Para saber mais, acesse: <http://www.fumdham.org.br/>.

Referências topológicas (p. 38) – São construções que a criança realiza em suas ações no espaço. Dentro e fora, acima e abaixo, longe e perto, esquerda e direita e a própria noção de perspectiva dependem de nossas ações para serem construídas e não têm como serem ensinadas. Entretanto, referências topológicas, ou de lugar, podem ser dadas e evidenciadas para a criança, como a localização de brinquedos e materiais, a utilização de circuitos motores, jogos com bola etc. Com base nelas, a criança organiza pouco a pouco suas noções espaciais.

Relações causais (p. 109) – No movimento contínuo de aprender a aprender, acontecem dinâmicas entre causa e efeito que não se resumem a uma única direção. Na interação com fenômenos, objetos e pessoas, as crianças relacionam dados com sua própria experiência, com resultados afetivos e cognitivos que não se subordinam à fórmula pronta estímulo-resposta. Isso ocorre devido à ação transformadora, e não passiva, do sujeito da aprendizagem. Relações de analogia, transição, inferência dão ao conhecimento forma de rede, espiral, constelação, mais complexa que a linearidade entre causa e efeito como mera associação.

Sensório-motor (p. 114) – Fase inicial de nossa vida em que as ações são balizadas por sensações (sensório) e movimentos (motor), que acontecem ao mesmo tempo, sem que intervenha ainda representação ou pensamento. A inteligência sensório-motora daí resultante tem muita eficácia (aprender a andar, por exemplo) e longo alcance (realizar arte e ciência, como amplos exemplos). Está na origem da inteligência lógica e se perdurasse ao longo da vida, na base da experiência, faria de nós pessoas cada vez melhores, isto é, com compreensões mais abrangentes de pessoas e fenômenos. Aprender a aprender ao longo da vida depende da problematização da experiência pelo enriquecimento contínuo das ações sensório-motoras.

Sequência didática (p. 31) – Série de atividades significativas concatenadas, nas quais etapas anteriores se ligam às seguintes para propiciar construção de conhecimentos. Dados pesquisados, imagens, soluções encontradas em etapas anteriores são necessárias para compreender e realizar as atividades seguintes. Temos, então, uma didática que se consolida nas interações que a criança estabelece com materiais e propostas do professor, e não mais na expectativa de que a criança aprenda aquilo que é apenas perguntado ou informado pelo educador.

Sintaxe visual (p. 226) – Uma sintaxe revela as ligações que se estabelecem entre palavras, sons, imagens de modo a produzir sentido. Uma sintaxe visual ocorre quando cores, forma e conteúdo de imagens transmitem ou comunicam ao espectador uma experiência estética completa ou significativa. Pode ocorrer então uma ressonância entre o afeto de quem realizou aquela sintaxe visual (o artista) e quem a aprecia (o observador). Da interação entre ambos ocorre uma dupla transformação: um trabalho artístico não provoca o mesmo sentimento em todos, e cada um de nós não é idêntico a si próprio a partir da fruição estética.

Textura (p. 213) – É uma propriedade dos objetos que, de certo modo, impõe procedimentos diferenciados para lidar com sua materialidade. Por exemplo, quando uma criança quer aprender a andar, procura pisos mais lisos ou mais rugosos a depender do grau de dificuldade ou facilidade que oferecem a seus movimentos. Às vezes uma sensação estética nos conduz, intuitivamente, a buscar materiais leves ou pesados, secos ou viscosos, lisos ou ásperos. Problematizar o material oferecido às crianças, mudando texturas de objetos (como no cesto de tesouros), ou propondo suportes de diversas texturas (no caso da pintura, por exemplo), pode gerar abertura de novos caminhos para uma expressão antes estagnada, como no caso de estereótipos que perduram quando se usa sempre o mesmo material.

Bibliografia consultada

ALBERS, Josef. *A interação da cor*. São Paulo: Martins Fontes, 2009.

ALBUQUERQUE, Carlos. Teoria da relatividade foi comprovada em 1919 no Brasil. *Deutsche Welle*, 25 nov. 2015. Disponível em: <goo.gl/FyNMRp>. Acesso em: 13 nov. 2017.

ANDRADE, Mário de. *O turista aprendiz*. São Paulo: Duas Cidades, 1983.

ANDRADE, Mário de. *Macunaíma*: o herói sem nenhum caráter. Rio de Janeiro: Nova Fronteira, 2015.

ANTUNES, Arnaldo. *As coisas*. São Paulo: Iluminuras, 1992.

ARISTÓTELES. *Arte retórica e arte poética*. Tradução Antonio Pinto de Carvalho. São Paulo: Ediouro, [s.d.].

ASIMOV, Isaac. *No mundo dos números*. Rio de Janeiro: Francisco Alves, 1986.

AUJOULAT, Norbert. *Lascaux, le geste, l'espace et le temps*. Paris: Seuil, 2004.

ATLAS Visuais. *O Universo*. São Paulo: Ática, 1995.

BACHELARD, Gaston. *A terra e os devaneios da vontade*. Tradução Paulo Neves da Silva. São Paulo: Martins Fontes, 1991.

BANDEIRA, Julio. *A viagem ao Brasil de Marianne North – 1872-1873*. Rio de Janeiro: Sextante, 2012.

BATAILLE, Georges. *Lascaux or The Birth of Art*. Lausanne: Skira, 1955.

BENEDITO, Mouzar; OHI. *Paca, tatu, cotia!* Glossário ilustrado de tupi. São Paulo: Melhoramentos, 2014.

BENJAMIN, W. *Reflexões sobre a criança, o brinquedo e a educação*. Tradução M. V. Mazzari. São Paulo: Duas Cidades, 2002.

BERGSON, Henri. *Matéria e memória*: ensaio sobre a relação do corpo com o espírito. São Paulo: Martins Fontes, 1999.

BONDÍA, Jorge Larrosa. Notas sobre a experiência e o saber de experiência. Tradução João Wanderley Geraldi. *Revista Brasileira de Educação*, Campinas, Universidade Estadual de Campinas, Departamento de Linguística, n. 19, p. 21-22, jan./fev./mar./abr. 2002. Disponível em: <goo.gl/MKAK9U>. Acesso em: 28 jan. 2018.

BOSI, Ecléa. *O tempo vivo da memória*: ensaios de psicologia social. São Paulo: Ateliê, 2003.

BOSI, Ecléa. *Memória e sociedade*. 10. ed. São Paulo: Companhia das Letras, 2002.

BRANTLEY, Ben. Sam Shepard, Storyteller. *The New York Times*, 13 nov. 1994. Disponível em: <goo.gl/98W-gA4>. Acesso em: 10 jan. 2018.

BRITO, Teca Alencar de. *Música na Educação Infantil*. São Paulo: Peirópolis, 2013.

BROUGÉRE, Gilles. *Brinquedos e companhia*. São Paulo: Cortez, 2004.

BROUSSEAU, G. *Introdução ao estudo da teoria das situações didáticas*: conteúdos e métodos de ensino. São Paulo: Ática, 2008.

BROWNING, Robert. *O flautista de hamelin*. São Paulo: Martins Fontes, 2015.

CABREJO-PARRA, Evélio. Música literária na primeira infância. *Emília*, São Paulo, 1 set. 2011. Entrevista concedida a Gabriela Romeu. Disponível em: <goo.gl/FDAAqx>. Acesso em: 10 jan. 2018.

CABREJO-PARRA, Evélio. Entrevista com Evélio Cabrejo-Parra. *Nova Escola*, set. 2012. Entrevista concedida a Elisa Meireles.

CALCANHOTO, Adriana (Org.). *Antologia ilustrada da poesia brasileira para crianças de qualquer idade*. Ilustração Adriana Calcanhoto. Rio de Janeiro: Edições de Janeiro, 2014.

CAMPOS DE QUEIRÓS, Bartolomeu. *Nos caminhos da literatura*. São Paulo: Peirópolis, 2008.

CHAMBERS, Aidan. *Conversaciones*. México: Fondo de Cultura Económica, 2008.

COLL, Cesar. *Psicologia e currículo*: uma aproximação psicopedagógica à elaboração do currículo escolar. Tradução Cláudia Schilling. São Paulo: Ática, 1996.

CONNELL, Gill; MCCARTHY, Cheryl. *A Moving Child is a Learning Child*: How the Body Teaches the Brain to Think – Birth to Age 7. Minnesota: Free Spirit Publishing, 2014.

CORTEZ, Clélia; TONELLO, Denise Milan. Escrita do nome próprio: um passaporte para o mundo alfabético. *AVISAlá*, n. 7, jul. 2001.

DAMÁSIO, António. *E o cérebro criou o Homem*. Tradução Laura Teixeira de Motta. São Paulo: Companhia das Letras, 2011.

DEHEINZELIN, Monique. *Móbiles da ação*: da cor à experiência estética. 2013. Tese (Doutorado em Psicologia e Educação) – Faculdade de Educação, Universidade de São Paulo, São Paulo, 2013.

DEHEINZELIN, Monique. *Por um triz*: cultura e educação. Rio de Janeiro: Paz e Terra, 2002.

DEHEINZELIN, Monique. Para sempre. Problemas de representação e geração de conhecimentos. In: CAVALCANTI, Zélia (Org.). *30 olhares para o futuro*. São Paulo: Escola da Vila, Centro de Formação, 2010. p. 225-231.

DEHEINZELIN, Monique. *Uma experiência em Educação Infantil*. 11. ed. São Paulo: Vozes, 2016.

DEHEINZELIN, Monique; CAVALCANTI, Zélia. *Professor da pré-escola*. Rio de Janeiro: FRM/MEC, 1995.

DEWEY, John. *Arte como experiência*. Organização Jo Ann Boydston. Tradução Vera Ribeiro. São Paulo: Martins Fontes, 2010.

EINSTEIN, Albert. *Como vejo o mundo*. 18. ed. Tradução H. P. de Andrade. Rio de Janeiro: Nova Fronteira, 1981.

FERREIRO, Emilia; GÓMEZ PALACIO, M. (Org.). *Nuevas perspectivas sobre los procesos de lectura y escrita*. México: Siglo XXI, 1982.

FERREIRO, Emilia. O ingresso nas culturas da escrita. In: FARIA, Ana Lucia Goulart de (Org.). *O coletivo infantil em creches e pré-escolas*: falares e saberes. São Paulo: Cortez, 2007.

FERREIRO, Emília. *Escrita e conhecimento*. Conferência de encerramento na Homenagem Latino-Americana a Jean Piaget. México, abr. 1996.

FRANZ, Marie Louise von. *Alquimia*. São Paulo: Cultrix, 1999.

GARDNER, Howard. *A criança pré-escolar*: como pensa e como a escola pode ensiná-la. Porto Alegre: Artes Médicas, 1994.

GRUBER, Jussara Gomes. *O livro das árvores*. Benjamim Constant: Organização Geral dos Professores Ticuna Bilíngues, 1997.

GRUNFELD, Diana. La intervención docente en el trabajo con el nombre propio. Una indagación en jardines de infantes de la Ciudad de Buenos Aires. *Lectura y Vida*, La Plata, jan. 2004.

HELDER, Herberto. 17 dez. 1994. Entrevista concedida a *Expresso*. Disponível em: <goo.gl/a1ozXW>. Acesso em: 8 jan. 2018.

HOUAISS, Antônio; VILLAR, Mauro de Salles. *Dicionário Houaiss da Língua Portuguesa*. Rio de Janeiro: Objetiva, 2001.

IFRAH, Georges. *Os números*: a história de uma grande invenção. Rio de Janeiro: Globo, 1996.

JUNQUEIRA, Sonia. *Poesia na varanda*. Belo Horizonte: Autêntica, 2011.

KAMII, Constance; DEVRIES, Rheta. *Jogos em grupo na Educação Infantil*. Porto Alegre: Artmed, 2009.

KANT, Immanuel. *Crítica da razão pura*. Tradução Manuela Pinto dos Santos e Alexandre Fradique Morujão. Lisboa: Fundação Calouste Gulbenkian, 1989.

KLEE, Paul. *Sobre a arte moderna e outros ensaios*. Rio de Janeiro: Zahar, 2001.

KLISYS, Adriana. Muitos mundos numa única sala. *AVISAlá*, São Paulo, n. 29, jan. 2007.

KLISYS, Adriana; DALA STELLA, Carlos. *Quer jogar?* São Paulo: Sesc SP, 2007.

KOUDELA, Ingrid Dormien. *Jogos teatrais*. São Paulo: Perspectiva, 2013.

LEMINSKI, Paulo. *Vida*: Cruz e Sousa, Bashô, Jesus e Trótski – 4 biografias. São Paulo: Companhia das Letras, 2013.

LEONTIEV, A. N. Os princípios da brincadeira pré-escolar. In: VIGOTSKI, L. S.; LURIA, A. R.; LEONTIEV, A. N. *Linguagem, desenvolvimento e aprendizagem*. São Paulo: Ícone, 1994. p. 59, 85, 103.

LERNER, Delia. Hacia la comprensión del valor posicional: avances y vicisitudes en el trayecto de una investigación didáctica. In: *Matemáticas en la escuela primaria*. Buenos Aires: Paidós, 2013. p. 175.

LICHTENSTEIN, Jacqueline (Org.). *A pintura*: O desenho e a cor. São Paulo: Editora 34, 2006.

LISPECTOR, Clarice. Felicidade clandestina. In: _____. *Todos os contos*. Rio de Janeiro: Rocco, 2015. p. 393.

LORENZ, Günter. Diálogo com Guimarães Rosa. In: _____. *Obras completas de João Guimarães Rosa*. Rio de Janeiro: Nova Aguilar, 1994. v. 1. p. 47.

LORENZI, Harri. Árvores brasileiras: manual de identificação e cultivo de plantas arbóreas nativas do Brasil. Nova Odessa: Instituto Plantarum de Estudos da Flora, 2002.

LOWENFELD, Viktor. *A criança e sua arte*. São Paulo: Mestre Jou, 1977.

LOWENFELD, Viktor; BRITTAIN, W. Lambert. *El desarrollo de la capacidad creadora*. Tradução Iris Ucha de Davie. Buenos Aires: Kapelusz, 1972.

LUQUET, Georges-Henri. *O desenho infantil*. Porto: Minho, 1969.

MACEDO, Lino de; MACHADO, Nilson J.; ARANTES, Valéria A. *Jogo e projeto*: pontos e contrapontos. São Paulo: Summus, 2006.

MACEDO, Lino de. *Quatro cores, senha e dominó*: oficinas de jogos em uma perspectiva construtivista e psicopedagógica. São Paulo: Casa do Psicólogo, 1997.

MACEDO, Lino de. *Ensaios pedagógicos*: como construir uma escola para todos? Porto Alegre: Artmed, 2005.

MACEDO, Lino de. O modelo de Piaget sobre as regulações sensório-motoras. In: MOURA, Maria Lucia Seidl de (Org.). *O bebê do século XXI e a psicologia em desenvolvimento*. São Paulo: Casa do Psicólogo, 2004.

MACHADO, Ana Maria (Org.). *O tesouro das cantigas para crianças*. Ilustração Cláudio Martins. Rio de Janeiro: Nova Fronteira, 2014. 2 CDs.

MACEDO, Lino de. *Ensaios construtivistas*. São Paulo: Casa do Psicólogo, 2010.

MANDACARU. In: BENEDITO, Mouzar; OHI. *Paca, tatu, cotia!* Glossário ilustrado de tupi. São Paulo: Melhoramentos, 2014.

MATISSE, Henri. *Escritos e reflexões sobre arte*. Tradução Denise Bottmann. São Paulo: Cosac Naify, 2007.

MATUCK, Rubens. *Buriti*. São Paulo: Peirópolis, 2012.

MEEK, Margaret. *En torno a la cultura escrita*. Tradução Rafael Segovia Albán. México: Fondo de Cultura Económica, 2004.

MIRALLES, Francesc. La magia de conversar. *El País*, Espanha, 7 ago. 2015. Disponível em: <goo.gl/miGuLc>. Acesso em: 24 jan. 2018.

MELO, Veríssimo. *Folclore infantil*. Belo Horizonte: Itatiaia, 1985.

MONTEIRO, Maria Priscila Bacellar. *Dicionário da mata*. São Paulo: Edição do autor, 1995.

MORAES, Vinicius de. *A arca de Noé*. Rio de Janeiro: Sabiá, 1970.

NALINI, Denise. *O que fazer com os desenhos das crianças?* Conversando sobre as produções infantis e a relação com a apreciação. (No prelo.)

NEMIROVSKY, Myriam. Ler não é o inverso de escrever. In: _____; TEBEROSKY, A.; TOLCHINSKY, Liliana. *Além da alfabetização*: a aprendizagem fonológica, ortográfica, textual e matemática. São Paulo: Ática, 1996. p. 238.

PARRA, Cecilia; SAIZ, Irma (Orgs.). *Didática da Matemática*: reflexões psicopedagógicas. Tradução Juan Acuña Llorens. Porto Alegre: Artes Médicas, 1996.

PATTE, Geneviève. *Deixem que leiam*. Rio de Janeiro: Rocco, 2012.

PIAGET, Jean. *A construção do real na criança*. Tradução Álvaro Cabral. Rio de Janeiro: Zahar, 1979.

PIAGET, Jean. *Epistemologia genética*. Tradução Álvaro Cabral. São Paulo: Martins Fontes, 2007.

PIAGET, Jean; INHELDER, Barbel. A *Psicologia da criança*. Tradução Octavio Mendes Cajado. São Paulo: Difel, 1976.

PIKLER, Emmi. Entrevista concedida a rádio Húngara em 1970. Disponível em: <goo.gl/EDAJyy>. Acesso em: 9 jan. 2018.

RABITTI, Giordana. *À procura da dimensão perdida*: uma escola de infância de Reggio Emilia. Porto Alegre: Artes Médicas, 1999.

RAIMO BENEDETTI. O que é pré-cinema?, 27 jul. 2017. Disponível em: <goo.gl/UGPMcM>. Acesso em: 5 fev. 2018.

RATEAU, Dominique. *Lire des livres à des bébés*. Toulouse: Érès, 1998.

REYES, Yolanda. *El lugar de la literatura en la vida de un lector*. Bogotá: Espantapájaros Taller, 2003. Disponível em: <goo.gl/zYCa1T>. Acesso em: 7 jan. 2017.

REZENDE, Maria Valéria. *Hai-quintal*: haicais descobertos no quintal. Belo Horizonte: Autêntica, 2011.

SCARPA, Regina. Infinitas ideias sobre os números. *Nova Escola*, São Paulo, abr. 2015.

SEKKEL, Marie Claire. O brincar e a invenção do mundo em Walter Benjamin e Donald Winnicott., São Paulo, v. 27, n. 1, jan./abr. 2016. Disponível em: <http://dx.doi.org/10.1590/0103-656420140016>. Acessoem: 10 jan. 2018.

SENDAK, Maurice. *Na cozinha noturna*. São Paulo: Cosac Naify, 2015.

SPOLIN, Viola. *Improvisação para o teatro*. Tradução Ingrid Dormien Koudela e Eduardo José de Almeida Amos. 5. ed. São Paulo: Perspectiva, 2010.

SPOLIN, Viola. *Jogos teatrais na sala de aula*. Tradução Ingrid Dormien Koudela. 2. ed. São Paulo: Perspectiva, 2010 [1986].

SPOLIN, Viola. *Jogos teatrais*: o fichário de Viola Spolin. Tradução Ingrid Dormien Koudela. São Paulo: Perspectiva, 2012.

TAVARES, Cristiane Fernandes. Os lugares incomuns. *Emilia*, 21 jul. 2014. Disponível em: <goo.gl/QifU3V>. Acesso em: 7 jan. 2017.

TATIT, Luiz. *O cancionista*: composição de canções no Brasil. São Paulo: Edusp, 1996.

TICUNA. In: Povos Indígenas no Brasil. Instituto Socioambiental. Disponível em: <goo.gl/pvyVy3>. Acesso em: 10 jan. 2018.

TICUNA. *O livro das árvores*. São Paulo: Global, 2000.

TOM ZÉ. *Tropicalista lenta luta*. São Paulo: Publifolha, 2003.

VAN GOGH-BONGER, Jo. *Biografia de Vincent van Gogh por sua cunhada*. Porto Alegre: L&PM, 2004.

WINNICOTT, Donald W. *O brincar e a realidade*. Tradução J. O. de A. Abreu e V. Nobre. Rio de Janeiro: Imago, 1975.

WEISZ, Telma. *O diálogo entre o ensino e aprendizagem*. São Paulo: Ática, 1999.

WOLMAN, Susana. La enseñanza de los números en el nivel inicial y en el primer año de la EGB. In: KAUFMAN, Adam M. (Org.). *Letras y números*: alternativas didácticas para jardín de infantes y primer ciclo de la EGB. Buenos Aires: Santillana, 2001 (ed. bras. Artmed, 1996).

DOCUMENTOS

BRASIL. *Base Nacional Comum Curricular* – BNCC. Brasil: Ministério da Educação, 2017.

BELLO, A.; BRENA, G. (Org.). *Leer y escribir nombres y listas de palabras en el jardín*. Buenos Aires: Subsecretaría de Educación. Dirección Provincial de Educación Inicial, [s.d.]. Disponível em: <goo.gl/tdvvuP>. Acesso em: 10 jan. 2018.

BUENOS AIRES (Estado). Secretaría de Educación. *Diseño Curricular para la Educación Inicial*: niños de 4 y 5 años. Dirección de Curricula, 2000.

CUTER, M. *et al*. Prácticas del lenguaje. Situaciones habituales de escritura en la alfabetización inicial. Buenos Aires: Equipo de Practicas del Lenguaje de la Dirección Provincial de Educación Primaria, 2008. (Material para el docente.)

DIRECCIÓN Provincial de Educación Inicial. *La enseñanza del sistema de numeración*: propuestas que se encuadran en actividades cotidianas de la sala. Parte II – Problemas numéricos en torno al calendario. Buenos Aires: Subsecretaría de Educación, [s.d.]. Disponível em: <goo.gl/3WsZ1d>. Acesso em: 12 nov. 2017.

INDICADORES da Qualidade na Educação Infantil. Brasília: MEC/SEB, 2009.

MONTEIRO, Priscila. *As crianças e o conhecimento matemático*: experiências de exploração e ampliação de conceitos matemáticos. Disponível em: <goo.gl/DGHHHN>. Acesso em: 10 jan. 2018.

PARA COMER... Cinco sentidos y el corazón. Valle del Cauca: MaguaRED, 2015. Disponível em: <goo.gl/EszFyX>. Acesso em: 10 jan. 2018. (Tradução nossa.)

SAGUIER, Alejandra. *Juegos y juguetes, Narración y Biblioteca*. Núcleo de Aprendizajes Prioritarios. Dirección Nacional de Gestión Curricular y Formación Docente. Disponível em: <goo.gl/oKRwd5>. Acesso em: 10 jan. 2018.

SAIZ, Irma. *Los niños, los maestros y los números*. Buenos Aires: Secretaría de Educación, 1996.

SPAKOWSKY, Elisa (Coord.). *Diseño curricular para la educación inicial*. Dirección General de Cultura y Educación. 1. ed. La Plata: Dir. General de Cultura y Educación de la Provincia de Buenos Aires, 2008.

Bibliografia infantil recomendada

ANTUNES, Arnaldo; MOREAU, Zaba. *Animais*. São Paulo: Editora 34, 2011.

BELINKY, Tatiana. *Limeriques do bípede apaixonado*. São Paulo: Editora 34, 2011.

COUTO, Mia. *O beijo da palavrinha*. Rio de Janeiro: Língua Geral, 2006.

ESOPO. *O sol e as rãs*. São Paulo: Pulo do Gato, 2013.

FAULKNER, Keith. *O ursinho apavorado*. São Paulo: Companhia das Letrinhas, 2000.

MOREYRA, Carolina. *Lá e Aqui*. Rio de Janeiro: Pequena Zahar, 2015.

PEREIRA, Edimilson de Almeida. *Poemas para ler com palmas*. Belo Horizonte: Mazza, 2017.

RODRIGUES, André et alii. *Quem manda aqui?* São Paulo: Companhia das Letrinhas, 2015.

ROMEU, Gabriela. *Terra de cabinha*. São Paulo: Peirópolis, 2016.

ROSA, João Guimarães. *Zoo*. Rio de Janeiro: Nova Fronteira, 2008.

ROSA, João Guimarães. *Grande sertão*: veredas. Rio de Janeiro: José Olympio, 1963.

TOKITAKA, Janaína. *Pode pegar!* São Paulo: Boitatá, 2017.

WENZEL, Brendan. *Todos eles viram o Gato*. São Paulo: Publifolhinha, 2016.

WOOD, Audrey; WOOD, Don. *O ratinho, o morango vermelho maduro e o grande urso*. São Paulo: Brinque-Book, 2012.

WOOD, Audrey. *O Rei Bigodeira e sua banheira*. São Paulo: Ática, 2010.

ZOBOLI, Giovanna. *Eu queria ter*. São Paulo: Martins Fontes, 2014.